经济法基础

(第三版)

刘泽海 主编

清华大学出版社
北京

内 容 简 介

本书基于OBE(outcomes-based education)理念，以应用技能型人才培养为背景，结合经管类学生的专业，从实践的角度，以职业素能的培养为主、以学生乐学善用为目标，合理取舍教学内容。在教材体系设计上，与经管类职业资格考试对接，重点阐述经济法基础知识、企业与公司法律制度、合同法律制度、知识产权法律制度、市场规制法律制度、证券法律制度、票据法律制度、会计法律制度、税收法律制度、劳动合同法律制度等方面的内容，确保学生在校所学与就业所需紧密结合。

本书定位精准，内容简练，重点、难点突出，以生动活泼的方式将理论阐述与案例分析相结合，具有适切性、实用性和前瞻性的特点。本书可作为应用技术型本科院校、高等职业院校经管类专业的通用教材，也可作为成人教育和网络教育经管类专业的教材，还可作为社会从业人员的业务参考书及培训用书。

本书提供多元化动态教学服务，读者可扫描书中二维码获取相关教学资源。

本书封面贴有清华大学出版社防伪标签，无标签者不得销售。

版权所有，侵权必究。举报：010-62782989，beiqinquan@tup.tsinghua.edu.cn。

图书在版编目(CIP)数据

经济法基础/刘泽海 主编. —3版. —北京：清华大学出版社，2020.9（2023.12 重印）
ISBN 978-7-302-56309-9

Ⅰ.①经… Ⅱ.①刘… Ⅲ.①经济法—中国—高等学校—教材 Ⅳ.①D922.29

中国版本图书馆CIP数据核字(2020)第155988号

责任编辑：崔 伟 高晓晴
封面设计：周晓亮
版式设计：思创景点
责任校对：马遥遥
责任印制：杨 艳

出版发行：清华大学出版社
网　　址：https://www.tup.com.cn, https://www.wqxuetang.com
地　　址：北京清华大学学研大厦A座　　　　　　邮　编：100084
社 总 机：010-83470000　　　　　　　　　　　　邮　购：010-62786544
投稿与读者服务：010-62776969，c-service@tup.tsinghua.edu.cn
质 量 反 馈：010-62772015，zhiliang@tup.tsinghua.edu.cn

印 装 者：三河市龙大印装有限公司
经　　销：全国新华书店
开　　本：185mm×260mm　　　印　张：19.25　　　字　数：530千字
版　　次：2012年9月第1版 2020年9月第3版　　　印　次：2023年12月第5次印刷
定　　价：56.80元

产品编号：090140-01

第三版前言

本书是在《经济法基础(第二版)》的基础上修订①而成的升级版,面向的是非法学专业学生,尤其是应用技术型院校经济贸易类和工商管理类(以下简称经管类)专业的学生。

对于应用技术型院校经管类专业的学生而言,学好经济法课程有利于完善知识结构、增强法律风险的识别和防范意识、提高科学决策的水平和有效参与市场竞争的能力,这无疑有助于经管类专业学生职业素能的提升。经管类专业的学生在未来的经济管理活动中能否运用法商智慧,像懂法律的管理者那样思维并合规经营,是其现代营商能力的一个重要体现。一直以来,经济法是教育部规定的普通高校经济管理类专业的核心基础课程,也是各类经管类职业资格考试的必考科目。因而,这门课程颇为重要。

但是,长期以来,由于种种原因(法律基础知识薄弱、课程内容多、学时少、要求高等),很多应用技术型院校经管类专业的学生"害怕"学习经济法课程,觉得内容枯燥、难懂、不会应用,以致严重影响了高端技能型人才培养的质效。

《中华人民共和国民法典》的诞生及相关法律、法规的颁行、修订,意味着我国法治化营商环境得到进一步优化。与此同时,信息化和互联网对教育的影响日益扩大,新一代大学生获取知识的方式和学习行为都在发生着深刻的变化。面对新的学习环境和学习主体,如何选择合适的教学内容与教学方法,让学生在有限的学时内提高综合应用能力,是经济法课程教学实践中应直面并着力解决的问题。

在这一背景下,应用技术型院校经济法课程的教学理念、教学内容、教学方式及教学方法亟需得到改善,以积极应对这种变化。

在长期的教学实践中,经过调研与试验,我们认为,应用技术型院校经济法课程的教学活动应基于OBE理念和新形势下应用技能型人才培养的特点,立足于学生的认知和学习偏好,以学生综合职业素能的培养和提升为中心,结合经管类专业的特点和学生未来的职业规划来优化教学内容、革新教学方式、完善教学方法,以切实提升教学质效。

因此,本书基于OBE理念,以新形势下应用技能型人才培养为背景,紧密结合经管类专业学生的职业规划,合理取舍教学内容,突出经管类职业资格考试(CPA、会计师、税务师、资产评估师等)所涉及的重要经济法律知识,以确保学生在校所学与就业所需紧密结合。全书共分为十一章,重点阐述经济法基础知识、企业与公司法律制度、合同法律制度、知识产权法律制度、市场规制法律制度、证券法律制度、票据法律制度、会计法律制度、税收法律制度、劳动合同法律制度等方面的内容。

本书以经济法综合应用能力的培养为主线,以学生乐学善用为目标,力图贯彻实践性和应用性。为推动基于PBL(problem-based learning,问题式学习)理念的启发式、探讨式、互动式教学,教材设置"引例""课堂讨论""知识加油站""实务应用""法务实训""法务拓展"等栏目,并结合漫画、图表的形式,促使学生积极探索、主动思考。教材在内容表述上,力求理论阐述深入浅出、生动活泼,案例分析经典鲜活,并寻求二者的契合,以帮助学生理解和运用相关法律制度、提升法律思维能力;用二维码的形式呈现一些重要的理论、法律制度、法条、案例等,

---

① 本次修订,包括但不限于:删除与现行法律、法规不符的部分;改写因法律、法规的改变而涉及的内容;修正已发现的问题甚至错误;完善表述不通顺的地方;完善综合实训的内容;完善"法务拓展"等资源。

以促进学生的深度学习。同时，本书每章均设置了综合实训，书后附有综合模拟试题，通过大量具有典型性和针对性的题目多角度考查现代商务活动所涉及的重要法律制度，使学生在"学"和"做"的过程中切实提升法律风险的识别和防范能力。

为了便教利学，本书提供立体化动态教学服务，包括多媒体课件，电子教案，视频，习题答案，法律、法规查询系统，经管类职业资格考试相关的配套练习题和模拟试题等。需要的读者可扫描右侧二维码，也可直接与作者(elaw98@126.com)联系。

教学资源

本书的撰写工作由国内多所院校的一线资深教师和具有丰富实践经验的法官、律师和注册会计师共同完成。本书由刘泽海任主编，薛建兰、李之琳任副主编。具体分工为：刘泽海撰写第一章(第一节、第二节)、第四章(第一节、第三节、第七节)、第六章(第二节)、第十一章(第一节、第二节、第三节)；张长军撰写第一章(第三节)、第十一章(第五节)；刘蕾撰写第二章(第一节、第二节)；周玉利撰写第二章(第三节)；黄新撰写第三章(第一节)、第六章(第四节)；田龙山撰写第三章(第二节、第三节)；李之琳撰写第四章(第二节、第四节)；赵亮撰写第四章(第五节)；睢利萍撰写第四章(第六节)、第六章(第一节)；邬云霞撰写第五章；钟金撰写第六章(第三节)、第十一章(第四节)；陈彦晶撰写第七章；刘新民撰写第八章；万淑聪撰写第九章；薛建兰撰写第十章。本书的综合实训和综合模拟试题由刘泽海提供。高留志博士、蒋军洲博士对部分稿件进行了审阅和修改；全书由刘泽海统稿。

在编写过程中，邬云霞、田龙山老师深入教学第一线，进行了广泛的调研，获取了大量第一手资料，赵廉慧博士、周友军博士、原最高人民法院法官姜强博士为本书提供了宝贵的建议和资料，太原技师学院的孟治宇老师为本书制作了插图，他们为本书特色的形成作出了很大的贡献。

在本书的撰写、修订过程中，参考了国内外大量书籍和资料，鉴于篇幅有限，笔者仅将主要参考文献附于书后，在此，谨向所有作者表示真诚的谢意。本书出版过程中，得到了清华大学出版社的大力支持和多方指导，在此深表谢忱。

虽然笔者秉持"匠人"之心，以"止于至善"的理念，尝试着努力做好每一个细节，但由于编者水平有限且时间仓促，书中内容的不足、欠妥甚至是错误之处，敬祈读者批评指正，以便在下次修订时做到"从善如流"和"与时俱进"。

刘泽海

2020 年 8 月 15 日

目 录

第一章 经济法导论 ·················· 1
 第一节 经济法概述 ················ 1
 第二节 与经济法相关的基础知识 ····· 9
 第三节 经济纠纷的解决 ············ 36
 综合实训 ·························· 38

第二章 企业法律制度 ··············· 43
 第一节 企业法概述 ················ 43
 第二节 个人独资企业法 ············ 45
 第三节 合伙企业法 ················ 49
 综合实训 ·························· 64

第三章 公司法律制度 ··············· 69
 第一节 公司及公司法概述 ·········· 69
 第二节 有限责任公司 ·············· 79
 第三节 股份有限公司 ·············· 86
 综合实训 ·························· 93

第四章 合同法律制度 ··············· 99
 第一节 合同与合同法律制度概述 ····· 99
 第二节 合同的订立 ················ 103
 第三节 合同的效力 ················ 114
 第四节 合同的履行 ················ 119
 第五节 合同的担保 ················ 125
 第六节 合同的变更、转让与终止 ···· 137
 第七节 违约及其救济 ·············· 141
 综合实训 ·························· 146

第五章 知识产权法律制度 ·········· 155
 第一节 知识产权法 ················ 155
 第二节 著作权法 ·················· 156
 第三节 专利法 ···················· 163
 第四节 商标法 ···················· 167
 综合实训 ·························· 174

第六章 市场规制法律制度 ·········· 177
 第一节 反垄断法 ·················· 177
 第二节 反不正当竞争法 ············ 181
 第三节 产品质量法 ················ 187
 第四节 消费者权益保护法 ·········· 191
 综合实训 ·························· 200

第七章 证券法律制度 ··············· 205
 第一节 证券法概述 ················ 205
 第二节 证券市场主体 ·············· 207
 第三节 证券发行 ·················· 210
 第四节 证券交易 ·················· 213
 第五节 上市公司收购 ·············· 219
 综合实训 ·························· 222

第八章 票据法律制度 ··············· 225
 第一节 票据法基本理论 ············ 225
 第二节 汇票、本票与支票 ·········· 232
 综合实训 ·························· 237

第九章 会计法律制度 ··············· 241
 第一节 会计核算与会计监督 ········ 241
 第二节 会计机构和会计人员 ········ 246
 综合实训 ·························· 249

第十章 税收法律制度 ··············· 253
 第一节 税法概述 ·················· 253
 第二节 流转税法 ·················· 255
 第三节 所得税法 ·················· 258
 第四节 税收征收管理法 ············ 262
 综合实训 ·························· 264

第十一章 劳动合同法律制度 ········ 267
 第一节 劳动合同概述 ·············· 267
 第二节 劳动合同的订立 ············ 272
 第三节 劳动合同的履行 ············ 277
 第四节 劳动合同中的特殊问题 ······ 283
 第五节 劳动争议处理法律制度 ······ 287
 综合实训 ·························· 289

综合模拟试题 ························ 293

参考文献 ···························· 301

第一章 经济法导论

引 例

1905年,美国新闻记者阿普顿·辛克莱(Upton Sinclair)出版了一本小说《丛林》(Jungle),其中用了15页的篇幅对美国当时的肉食品加工过程进行了穷形尽相的描写,揭露了当时美国食品加工企业真实存在的混乱局面,引起了美国社会的震惊。1906年,美国参众两院一致同意通过了两部法案——《肉品检查法案》(Meat Inspection Act)和《食物及药物洁净法案》(Pure Food and Drug Act)。此后,随着美国食品药品监督管理局(FDA)的成立和相关法规的颁布实施,经过近100年的努力,美国成为世界上食品最安全的国家之一。

【提问】请你谈谈美国政府对食品安全进行监管对我们有何启示?

【点评】市场经济条件下应尊重市场对资源配置的作用。但是,由于垄断、市场的外部性、公共产品和信息的不完全性等原因,市场失灵往往会成为阻碍市场健康发展、威胁社会和谐的重要因素。为克服市场失灵,政府必须致力于形成能够有效发挥市场机制作用的经济环境。在此过程中,科学制定并严格实施各种法律,尤其是经济法律法规以严格市场准入、强化市场监管、规范市场交易秩序、健全市场交易机制、改善宏观调控、完善社会保障、促进社会和谐就显得十分必要和迫切。

第一节 经济法概述

一、法的概述

一般认为,法是由国家制定或认可,并由国家强制力保证实施的,反映统治阶级意志的规范体系。这一意志的内容由统治阶级的物质生活条件所决定,它通过规定人们在社会关系中的权利和义务,确认、保护和发展有利于统治阶级的社会关系和社会秩序。广义的法律指法的整体,即国家制定或认可,并由国家强制力保证实施的各种行为规范的总和。在一般情况下,"法"和广义的"法律"同义。

作为体现统治阶级意志的一种特殊的行为规则和社会规范，法具有强制性、规范性和科学性的特征。法通过指引、评价、预测、强制、教育等规范作用的发挥来调整人们的行为进而维护社会公共利益。

基于不同的标准，法具有不同的形式和分类。根据不同的调整对象和调整方法，可以划分不同的法律部门。中国特色社会主义法律体系，是以宪法为统帅，以法律为主干，以行政法规、地方性法规为重要组成部分，由宪法及宪法相关法、刑法、行政法、民商法、经济法、社会法、诉讼与非诉讼程序法等多个法律部门组成的有机统一整体。中国特色社会主义法治建设不仅需要良好的法律体系，更需要法律的良好运行或有效实施，将蕴含于法律体系中的价值理念和规范效力，切实转化为法治实效和治理效能。

 知识加油站

在现代法治社会中，法律制度不再仅仅作为一种行为规则和依据，而在事实上逐渐成为一种重要的"生产要素"广泛参与社会生产和生活的各个方面，深刻影响着企业的运营和人们的日常生活。实践中，法律环境是影响营商环境的重要因素，好的营商环境直接影响着经济活动的预期和微观经济行为，进而影响企业的经营行为。不可否认，良好的法律环境有利于促进社会主义市场经济的发展。

企业的经营管理人员在现代商务活动中，应秉持合规理念，强化法律风险的防范和控制管理，始终坚持依法合规经营。

因此，学好法律不仅可以培育社会主义法治意识，还可以在践行合规理念的过程中强化法律风险防范意识，依法行使并维护权利，积极履行义务，自觉与违法行为进行斗争。

二、经济法的概念与特征

经济法是在克服市场失灵和政府失灵，促进社会和谐的历史进程中不断发展和完善的一个法律部门。目前理论界对经济法的概念的理解和认识仍在不断的变化和发展中，学术界仍没有权威的定义，而经济法学界也未能取得统一的认识。毋庸置疑，在健全市场机制、改善宏观调控、巩固社会主义市场经济体制的进程中，经济法是不可或缺的。

事实上，经济法的含义历来有广义和狭义之分。狭义的经济法是指矫正市场失灵、调整市场秩序的法律，国家调控是经济法存在的经济基础和政治基础。广义的经济法不仅包括国家调控的内容，也包括有关商法的内容。基于通说，本书不对有关经济法概念的各种观点作系统阐述。本书认为，经济法是从社会本位出发，调整国家在经济管理和协调社会经济活动过程中所形成的各种经济关系的法律规范的总称。经济法是在民法、商法对市场经济初次调整的基础上进行的再次调整。作为一个独立的法律部门，经济法具有以下特征。

拓展阅读

如何理解市场失灵和政府失灵

1. 经济性

这是经济法最本质的特征。这是因为经济法是调节社会经济之法，发挥作用的领域是社会的经济生活领域，所以经济法通常把经济制度和经济活动的内容和要求直接规定为法律，这就使得经济法必然要反映基本经济规律，揭示基本经济问题。

2. 社会性

经济法的社会性主要体现为经济法以社会为本位的特征。经济法是顺应国家干预社会经济生活的要求而产生和发展起来的，为国家干预社会经济生活提供了法律依据和保障，其根本目标在于维护社会整体利益，促进社会经济的协调发展。

3. 政策性

经济法是国家调节经济活动、参与经济关系的产物。在此过程中，国家的经济体制和经济政策对经济法的发展和变化产生了重要影响，经济法也必须反映和回应社会经济生活和政治形势的变化，呈现出政策性的特性。这主要表现在经济法随时根据国家意志的需要赋予政策以法的效力，并根据经济体制和经济政策的变化而变化。

4. 综合性

经济法的综合性是由其所调整的社会经济关系的复杂性所决定的，表现为以下几个方面：一是法益的复合性，经济法不仅保护经济活动主体的个体法益，也保护不特定多数的社会法益，同时还保护作为公权力者的国家法益，而且三种法益并重。二是方法的多样性。经济法在调整国家调节经济行为时，不仅运用了民事的、行政的、刑事的等传统方法，还采用了公私法结合的新型调整手段，如褒奖手段、专业暨社会性调整手段等。三是责任的多重性。在法律责任上，经济法实行民事责任、行政责任和刑事责任并举的方式，多角度、全方位地实现对社会经济活动的调控。四是规范的多元性。规范的多元性表现为实体规范与程序规范相结合，强行性的规范、任意性规范与提倡性规范相结合，域内效力与域外效力相结合，公法规范与私法规范相结合等。

法眼观察

共享单车需要
依法规制

三、经济法的调整对象与范围

法的调整对象是一法区别于他法并作为独立法律部门而存在的根据。任何法律部门都有自身的调整对象，即该法所调整的独特的社会关系。但对于经济法的调整对象，与经济法的概念一样，如何界定一直存在争议。基于前述对于经济法基本概念的认识，本书认为，经济法调整的是国家在经济管理和协调社会经济活动过程中形成的各种经济关系。

如图 1-1 所示，经济法的调整范围包括以下几个方面。

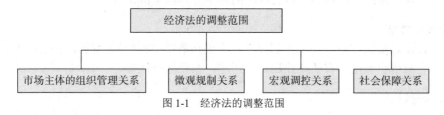

图 1-1 经济法的调整范围

1. 市场主体的组织管理关系

市场主体的组织管理关系是指市场主体的设立、变更、终止和市场主体内部组织机构在管理过程中发生的经济关系。调整这一关系的主要是企业法，包括个人独资企业法、合伙企业法、公司法、企业破产法等。

2. 微观规制关系

竞争是市场经济的必然要求,无竞争则无市场。然而竞争优胜劣汰的过程会使市场主体之间力量的差距拉大,这一差距达到一定程度之后,垄断与限制竞争就随之产生;除了垄断,竞争的发展必定伴随着不正当竞争。不管是垄断还是不正当竞争,都会使市场机制失灵,严重的话会导致国家经济整体发展受到影响。因此对市场这只"无形之手"的消极影响应由"国家之手"予以修正。同时由于垄断组织实力强大,不正当竞争普遍猖獗,为保证法律的顺利实施,这些法律规定多以强制性规范为主,具体以反垄断法为龙头,还有反不正当竞争法、消费者权益保护法、产品质量法等,其意义在于排除市场公平竞争的障碍,维护经济发展的微观秩序。

3. 宏观调控关系

现代市场经济的运行是一个极其复杂的过程,当经济运行到一定程度的时候,"市场之手"的缺陷就会暴露,其个体利益取向的单一会令社会经济发展的整体陷入资源配置无序化与严重浪费的"泥潭",社会迫切需要另一种超然于市场之上的力量对此进行规制与引导。任何国家任由其经济的自然发展是远远不能适应经济发展的需要的,需要"国家之手"的适当干预与促进,我们把这种由"国家之手"引导和促进产生的经济管理关系称之为宏观调控关系。相应地调整这类经济关系的法律可称为宏观调控法,包括计划法、财政税收法、金融调控法等。

4. 社会保障关系

社会保障是国家赋予社会成员的一项基本权利。社会保障关系是国家在从事社会保障各项事业的过程中与劳动者及全体社会成员之间所形成的物质利益关系。市场经济强调效率、兼顾公平,既要克服平均主义,又要保障全体社会成员的基本生活。但是,市场本身解决不了这个问题,需要国家出面进行干预,建立互助互济、社会化管理的社会保障制度。在实施社会保障过程中发生的这类经济关系由经济法加以调整,以利于充分开发和合理利用劳动力资源,保护劳动者的基本生活权利,维护社会稳定,促进经济发展。调整这部分关系的主要有劳动法、社会保险法等。

四、经济法的体系

经济法的体系是指经济法作为一个独立的法律部门,其内部具有逻辑联系的各项经济法律规范所组成的系统结构。依据一般的法学原理,一个部门法体系的构成主要取决于该部门法的调整对象,即该法所调整的社会关系。本书从经济法而非经济法学的角度,依据上述关于经济关系以及经济法调整的基本内容,将经济法的体系分为以下四部分。

1. 市场主体法

市场主体法是指国家对市场主体的设立、变更和消灭过程中发生的经济关系的法律规范总称,包括个人独资企业法、合伙企业法、公司法、企业破产法等。

2. 市场规制法

市场规制法是调整在国家权力直接干预市场、调节市场结构、规范市场行为、维护市场秩序、保护和促进公平竞争的过程中产生的各种经济关系的法律规范的总称。简言之,市场规制法就是调整市场规制关系的法律规范的总称。市场规制法体系由三大部分构成,即反垄断法、反不正当竞争法和消费者权益保护法。由于市场规制法与相关法律部门有所交叉,在涉及市场规制法体系的结构时,经济法学界存在不同看法。

3. 宏观调控法

宏观调控法是国家对国民经济和社会发展运行进行规划、调节和控制过程中发生的经济关系的法律规范的总称,包括计划法、财政税收法、金融调控法三大部分。财政税收法又包括流转税法、所得税法、税收征收管理法等,金融调控法包括银行法、证券法、保险法、票据法等。

4. 社会保障法

社会保障法即国家为维护社会安定和经济稳步发展,保障社会成员基本生活需要和经济发展享受权而制定的各种法律规范的总称,包括劳动法、社会保险法等。

以上经济法体系划分采取的是四分法,在经济法学界还有二分法、三分法,原因在于学者们采取的划分标准不同。

五、经济法的渊源

经济法的渊源,亦称经济法的形式,是指经济法的存在或表现形式。我国法律制度在形式上属于成文法,因此判例不作为法律渊源。就现有立法情况来看,经济法的法律渊源主要有以下几种,如图1-2所示。

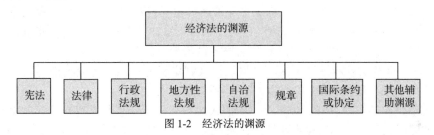

图1-2 经济法的渊源

(1) 宪法。宪法是国家的根本大法,规定国家的根本制度和根本任务、公民的基本权利和义务等内容,具有最高法律效力。经济法以宪法为渊源,除与其他法律、法规、规章、命令、指示等一样,不得与之相违背之外,主要是从中吸收有关经济法律制度的精神。

(2) 法律。这里的法律指的是狭义的理解,即仅指全国人民代表大会及其常务委员会制定的规范性文件。此外,全国人民代表大会及其常务委员会作出的具有规范性的决议、决定、规定、办法以及立法解释等,也属于"法律"类经济法的渊源。在我国经济法的渊源中,其效力和地位仅次于宪法,是经济法最主要的渊源。为了保护民事主体的合法权益,调整民事关系,维护社会和经济秩序,适应中国特色社会主义发展要求,弘扬社会主义核心价值观,根据宪法,第十三届全国人民代表大会第三次会议于2020年5月28日制定并通过了《中华人民共和国民法典》(以下简称《民法典》)。

知识拓展 1-1

与市场经济紧密相关的常见法律

(3) 行政法规。行政法规是指作为国家最高行政机关的国务院根据宪法和法律或者最高权力机关的授权而依法定程序制定的规范性文件。在我国经济法的渊源中,行政法规的数量要远远多于法律,其效力和地位仅次于宪法和法律、高于规章和地方法规,是经济法的重要渊源。此外,国务院发布的规范性的决定和命令,同行政法规具有同等的法律效力,也属于经济法的渊源。比如,为了加强对食盐的管理,保障食盐科学加碘工作的有效实施,确保食盐质量安全和供应安全,保护公民的身体健康,国务院制定了《食盐专营办法》。

(4) 地方性法规。地方性法规是指地方立法机关制定或认可的,其效力不能及于全国,而只能在地方区域内发生法律效力的规范性法律文件。省、自治区、直辖市的人民代表大会及其常务委员会根据本行政区域的具体情况和实际需要，在不同宪法、法律、行政法规相抵触的前提下，可以制定地方性法规。设区的市的人民代表大会及其常务委员会，在不同宪法、法律、行政法规和本省、自治区的地方性法规相抵触的前提下，可以依照法律规定制定地方性法规。

虽然地方性法规在效力上具有从属性，在适用范围上也具有地域局限性，但其是地方权力机关根据宪法的授权而制定的，同样具有法的效力，属于经济法的渊源。例如，为了加强对红树林资源的保护管理，保护生物物种多样性，抵御海潮、风浪等自然灾害，促进沿海生态环境改善，根据《中华人民共和国森林法》和《中华人民共和国海洋环境保护法》等有关法律、法规，结合海南省实际，2020 年 6 月 16 日，海南省第六届人民代表大会常务委员会第二十次会议对《海南省红树林保护规定》进行第三次修正。

知识拓展 1-2

地方性法规的立法权限

(5) 自治法规。自治法规，即民族自治地方(自治区、自治州、自治县)的权力机关所制定的特殊地方规范性法律文件(自治条例和单行条例)的总称。自治条例是民族自治地方根据自治权制定的综合的规范性法律文件；单行条例是根据自治权制定的调整某一方面事项的规范性法律文件。自治区的自治条例和单行条例，报全国人民代表大会常务委员会批准后生效；自治州、自治县的自治条例和单行条例，报省或自治区人民代表大会常务委员会批准后生效，并报全国人民代表大会常务委员会备案。如《内蒙古自治区鄂伦春自治旗自治条例》《湖北省恩施土家族苗族自治州自治条例》《广西壮族自治区巴马瑶族自治县自治条例》《宁夏回族自治区畜禽屠宰管理条例》等。自治条例和单行条例可作为民族自治地方的司法依据。

(6) 规章。规章是行政性法律规范文件，依其制定机关不同，可分为部门规章和地方政府规章。规章的名称一般称"规定""办法"，但不得称"条例"。

部门规章是指国务院各部、委员会、中国人民银行、审计署和具有行政管理职能的直属机构，在本部门的权限范围内，根据法律和国务院的行政法规、决定、命令，制定的规范性文件，内容主要限于执行法律或者国务院的行政法规、决定、命令的事项。如中国人民银行制定的《支付结算办法》、财政部制定的《会计专业技术人员继续教育规定》等。没有法律或者国务院的行政法规、决定、命令的依据，部门规章不得设定减损公民、法人和其他组织权利或者增加其义务的规范，不得增加本部门的权力或者减少本部门的法定职责。

地方政府规章是指省、自治区、直辖市和设区的市、自治州的人民政府依照法定职权和程序，根据法律、行政法规和本省、自治区、直辖市的地方性法规制定的规范性文件。没有法律、行政法规、地方性法规的依据，地方政府规章不得设定减损公民、法人和其他组织权利或者增加其义务的规范。

虽然规章不属于立法的范畴，但其是在执行法律、行政法规和地方性法规的基础上制定施行的，因而也属于经济法的渊源。

(7) 国际条约或协定。国际条约或协定是指我国作为国际法主体同外国或地区缔结的双边、多边协议和其他具有条约、协定性质的文件。上述文件生效以后，对缔约国的国家机关、团体和公民具有法律上的约束力，因而，国际条约或协定便成为经济法的重要形式之一，如我国加入 WTO 与相关国家签订的协议、我国与有关国家签订的双边投资保护协定等。

(8) 其他辅助渊源。一般认为，经济法的辅助渊源主要包括习惯、司法解释、行业自治规则、判例和学说等。

习惯是指人们在长期的生产、生活中所形成的一种行为规范，可以成为经济法的辅助渊源。《民法典》第十条规定，处理民事纠纷，应当依照法律；法律没有规定的，可以适用习惯，但是不得违背公序良俗。

司法解释是指最高人民法院、最高人民检察院就司法实践中有关案件的审理和法律适用提出的具有普遍司法效力的指导性意见和法律解释。如最高人民法院发布的《关于审理不正当竞争民事案件应用法律若干问题的解释》《关于审理民间借贷案件适用法律若干问题的规定》等。这种解释主要针对具体的法律条文，通常是有关法律适用的普遍性指导意见，一般采取规范性文件的形式发布，对市场主体具有普遍的约束力，因而可作为经济法的辅助渊源。最高人民法院、最高人民检察院作出的属于审判、检察工作中具体应用法律的解释，应当自公布之日起30日内报全国人民代表大会常务委员会备案。最高人民法院、最高人民检察院以外的审判机关和检察机关，不得作出具体应用法律的解释。

行业自治规则是指市场主体就其组织、运作和内部关系而自主制定规则，如公司章程、交易所业务规则、行业规约、标准合同或条款等。这些规则只要为法律法规所认可，对相关市场主体产生拘束力，而且在各自范围内处于优先适用的地位，就可以作为经济法的辅助渊源。

判例和学说是指依我国法制传统，不是我国法的渊源，但对立法和司法活动起着直接或间接的作用，可以作为经济法的间接渊源。

六、经济法律关系

法律关系是根据法律规范产生的，以主体间的权利与义务关系为内容的社会关系。法律规范是产生法律关系的前提和依据，法律事实(法律规范所规定的，能够引起法律后果即法律关系产生、变更和消灭的客观现象，包括法律事件和人的行为)是推动法律关系变化的重要原因。法律关系由法律关系的主体、内容和客体三个要素构成。法律关系的主体是指参加法律关系，依法享有权利和承担义务的当事人，自然人、法人、非法人组织都可以成为法律关系的主体。法律关系的内容是指法律关系主体所享有的权利和承担的义务。法律关系的客体是指法律关系主体的权利和义务所共同指向的对象，如物、精神产品、行为等。

米男与石女通过网络聊天认识并成为朋友，但双方一直没有见面。1年后，米男约石女于2020年5月12日在玫瑰餐厅见面。石女同意了米男的邀请，专门到美容院进行了美容，并按约定时间到达玫瑰餐厅。但石女从12日中午一直等到太阳落山，也未见到米男的影子。石女十分恼怒，便按照地址找到米男，质问此事。双方为此发生争执。石女怒而诉至法庭，要求米男赔偿其精神损失费1万元。

请问：米男与石女之间的关系为何种关系？

经济法律关系是指经济法律、法规对客观存在的经济关系进行调整之后形成的，由国家强制力保证其存在和运行的，经济权利与经济义务相统一的关系。经济法律关系具有如下特点。

(1) 经济法律关系的参加者是法律主体。凡是非法律确认和保护的主体，非依法律规定的条件和程序设立的主体均不能参加经济法律活动，也不能形成经济法律关系。

(2) 经济法律关系由经济法律规范所确认，并受经济法律规范的保护。可以说，经济法律关系的产生是国家运用经济法手段干预经济活动的必然反映，是国家干预经济关系为经济法律规范所确认的产物。

(3) 经济法律关系产生于特定的经济活动中，是特定的经济活动在法律上的反映。在非法律活动和非经济法律活动中不可能产生经济法律关系。经济法律关系产生的特定经济活动包括市场管理活动、宏观经济调控和可持续发展活动以及社会保障活动。

经济法律关系同一般法律关系一样，也是由主体、内容和客体三种要素构成的。

(一) 经济法律关系的主体

经济法律关系的主体，即经济法主体，是指在国家协调经济过程中依法独立享有经济法律权利，承担经济法律义务的当事人。一般包括国家机关、社会组织(包括企业、公司、事业单位、社会团体等)、内部组织(主要是指企业、公司等经济组织的内部组织)、个体工商户、农村承包户和其他自然人。

作为经济法主体的组织和个人，必须具有相应的主体资格。所谓经济法主体资格，通常是指当事人所具有的参加经济法律关系，享有经济权利和承担经济义务的资格与能力。也就是说，具有经济法主体资格的当事人，便具有享有经济权利的资格与承担经济义务的能力，可以参加经济法律关系；反之，则不能参加经济法律关系。

经济法的主体资格不能由任何组织或个人随意确定，更不能由当事人自封，它只能由国家制定的经济法律、法规赋予或确定，具有法定性。经济法的主体资格以成立的合法性为基础和前提。即取得经济法主体资格的当事人必须是依照法律和一定程序成立的，包括依照宪法和法律由国家各级权力机关批准成立；依照法律和法规由国家各级行政机关批准成立；依照法律、法规或章程由经济组织自身批准成立；依照法律、法规由主体自己向国家有关机关申请并经核准登记而成立；由法律、法规直接赋予一定身份而成立等各种情形。非法成立的组织，法律不会赋予其参加经济法律关系的主体资格。

依法成立的经济法主体只能在法律规定或认可的范围内参加经济法律关系，即经济法主体资格具有有限性，受法律规定或认可的活动范围限制。超越法律规定或认可的范围，则不再具有参加经济法律关系的主体资格。

(二) 经济法律关系的内容

经济法律关系的内容是指经济权利和经济义务。经济权利是指经济法主体在国家协调经济运行过程中，依法具有的自己为或不为一定行为，以及要求他人为或不为一定行为的资格。经济权利的本质就在于满足经济权利主体的经济利益，其中包括通过经济权利主体行使经济权利，实现国家利益、社会利益和自身利益。经济利益是经济权利的实质和核心内容，经济权利则是反映和确保一定经济利益的法律形式。法律赋予经济法主体一定的经济权利后，经济法主体就获得了意志和行为的自由，可以按照自己的独立意志去支配自己的行为，以实现自身的利益。

经济义务是相对经济权利而存在的。它是指经济法主体为了实现特定的权利主体的权利，在法律规定的范围内所承担的实施或不实施某种经济行为的义务。经济义务是法律对经济法主体的行为给予一定程度的强行限制和约束，这种法定限制和约束是实现权利主体的经济权利并满足其经济利益所必需的。

(三) 经济法律关系的客体

经济法律关系的客体，是指经济法律关系的主体享有的经济权利和承担的经济义务所共同指向的目标或对象。经济法律关系的客体多种多样，概括起来可以分为三大类：物、经济行为和智力成果。

(1) 物。物是指可以为人们控制和支配的、有一定经济价值的、以物质形态表现出来的物体。对于作为经济法律关系客体的物，可以根据实践的需要作不同的划分。例如，生产资料和生活资料、固定资产和流动资金、允许流通物与限制流通物、特定物与种类物、主物与从物、原物与衍生物等。此外，货币和有价证券也都属于物之类。货币是充当一般等价物的特殊商品，在生产流通过程中，货币是以价值形态表现的资金；有价证券是指具有一定票面金额、代表某种财产权的凭证，股票、债券、汇票、支票、本票等都是有价证券。

(2) 经济行为。经济行为是指经济法主体为达到一定经济目的所进行的经济活动，包括经济管理行为、完成一定工作的行为和提供一定劳务的行为。经济管理行为是指经济法管理主体行使管理权和经营管理权所指向的行为。如经济决策行为、经济命令行为、审查批准行为及经济监督检查行为等。所谓完成一定的工作，是指经济法主体的一方利用自己的资金和技术设备为对方完成一定的工作任务，而对方根据完成工作的数量和质量支付一定的报酬。例如，建筑安装、勘察设计和工程施工等。所谓提供一定的劳务，是指经济法主体的一方利用自己的设施和技术条件，为对方提供一定劳务或服务满足对方的需求，而对方为此支付一定的酬金。这种客体本身不是物，而是一种行为，但又往往折射为物。例如，仓储保管经济法律关系的客体不是保管物，而是保管行为这种劳务。

完成一定的工作和提供一定的劳务虽属同类，但又不完全相同。完成一定的工作是指通过劳动最终表现为一定的客观物质成果；而提供一定的劳务，则是通过一定的行为最终体现为一定的经济效果。

(3) 智力成果。智力成果是指能为人们带来经济价值的独创的脑力劳动成果，如专利权、专有技术、著作权、商标等。随着经济的发展以及科学技术的进步，智力成果在社会财富中将日益重要，其成为经济法律关系的客体也就是一种必然。

第二节 与经济法相关的基础知识

一、民事主体

民事法律关系主体的类型包括自然人、法人、非法人组织。

(一) 自然人
自然人是指基于自然规律而出生的人。

1. 自然人的民事权利能力

自然人的民事权利能力是指自然人享有民事权利和承担民事义务的作为民事主体的地位或资格。

自然人的民事权利能力一般始于出生，终于死亡。但在特殊情况下，人没有出生，就有某种权利。例如，《民法典》规定，遗产分割时，应当保留胎儿的继承份额。在特殊情况下，人死亡之后还会有相应的权利。又如，《中华人民共和国著作权法》(以下简称《著作权法》)规定，作者死亡后，仍然享有相应的著作权。

2. 自然人的民事行为能力

自然人的民事行为能力是指自然人作为民事主体以自己的行为独立地享有民事权利、承担民事义务的资格。根据《民法典》的规定，自然人的民事行为能力分为以下三种类型。

(1) 无民事行为能力(不满8周岁的未成年人、不能辨认自己行为的8周岁以上的未成年人以及不能辨认自己行为的成年人)。无民事行为能力人实施的民事法律行为无效。实践中，无民事行为能力人接受奖励、赠与、报酬，他人不应以行为人无民事行为能力为由，主张该行为无效。

(2) 限制民事行为能力(8周岁以上的未成年人和不能完全辨认自己行为的成年人)。限制民事行为能力人所实施的纯获利益的行为，与其年龄、智力、精神健康状况相适应的民事法律行为有效；超出民事行为能力范围而实施的合同行为为效力待定行为(其监护人追认的有效，否则无效)；超出行为能力范围而实施的单方民事法律行为为无效行为(如限制行为能力人所立的遗嘱无效)。

【例1-1】13岁的初中生魏信，拿着自己的6800元压岁钱到商场买了一个书包和几支笔(共花费68元)，看到商场柜台的某著名品牌的笔记本电脑不错，就花费5738元买了一台。请问：如何评判魏信行为的法律效力？

【解析】根据《民法典》的规定，魏信购买文具的行为是有效的，而购买笔记本电脑的行为是效力待定的行为。

(3) 完全民事行为能力(年满18周岁心智健全者；对已满16周岁未满18周岁的未成年人，如果以其自己的劳动收入为主要生活来源，视为完全民事行为能力人)。完全民事行为能力人所实施的行为是有效的行为，应对其行为负责，无须他人为其承担责任。

(二) 法人

1. 法人的概念与特征

《民法典》第五十七条规定，法人是具有民事权利能力和民事行为能力，依法独立享有民事权利和承担民事义务的组织。作为法律拟制的、具有独立人格的主体，与自然人以及非法人组织相比较，法人的基本法律特征主要有以下几点。

(1) 作为一种社会组织，法人是一种独立的组织体。这是法人与自然人之间的最大区别。法人是社会组织，但不是任何组织都能取得法人资格，只有那些具备法定的条件，并得到法律认可或依法获得批准的社会组织，才能取得法人资格。法人必须是一个集合体，必须有稳定的、独立的组织机构，才能形成不同于其成员的法人意志，从而独立从事民事活动。

(2) 法人拥有独立的财产或者经费。法人必须拥有独立归其所有并由其支配的财产或者经费(这些财产或经费应当与国家的财产、他人的财产、成员的财产严格分离)，是法人作为独立主体存在的基础和前提条件，也是法人独立地享有民事权利和承担民事义务的物质基础。

(3) 法人具有独立的人格。法人的独立人格具体表现为：①独立身份。能够以自己的名义独立参与民事活动、独立享有民事权利、承担民事义务。②独立意志。可以自主决定自己的民事活动、支配自己的民事行为。法人的意志完全独立于成员的个人意志。③独立利益。这是其作为独立民事主体的内在要求。因此，法人均具有与其成员不完全相同的独立利益要求。④独立责任。法人应独立承担由自己活动所产生的财产责任。除法律另有规定外，法人的成员或创立人个人对法人的债务不承担责任，而应由法人以自己的财产承担民事责任。在这一点上，法人与非法人组织存在明显区别。非法人组织通常不能独立承担民事责任，其出资人或者设立人通常要对非法人组织的债务承担无限责任。

现代公司法为了防止股东滥用公司有限责任和法人人格侵害债权人利益，又允许在特定条件下"刺破公司面纱"，否定公司法人人格，要求股东与公司承担连带责任。

2. 法人的分类

基于不同的标准，可以将法人作不同的划分。在学理上，可以将法人分为社团法人(以人的集合为成立基础、由两个以上的成员依法组成，如有限责任公司)与财团法人(以捐赠财产为成立基础、为一定目的而存在的财产集合体，如基金会)；营利法人与公益法人；本国法人与外国法人等。《民法典》将法人分为营利法人、非营利法人和特别法人。

知识拓展 1-3

法人的分类

3. 法人的设立条件

依照《民法典》第五十八条的规定，法人设立的条件包括以下几项。

(1) 依法成立。所谓依法成立，是指法人的设立须符合法定条件和法定程序。一方面，法人须依法定条件设立，即法人的设立要有法律依据(法律规定的实质条件)。另一方面，法人须依法定程序设立。如依法需要登记的，应当办理法人登记，登记机关应当依法及时公示法人登记的有关信息。如果法人的实际情况与登记的事项不一致的，不得对抗善意相对人。

(2) 应当有自己的财产或者经费。财产或经费是法人进行民事活动，独立承担民事责任的物质基础和基本保障。任何社会组织取得法人资格，都需要有与法人的设立宗旨、业务活动等相适应的财产或者经费。

(3) 应当有自己的名称、组织机构和住所。名称是一个社会组织特定化的必要条件。法人有自己的名称，才能以自己的名义进行民事活动，因此，法人必须有自己的名称，并且依法只能有一个名称。法人的组织机构是形成和执行法人的意志，对内管理法人事务，对外代表法人进行民事活动的常设机构。法人的住所是法人从事业务活动的地方。法人的场所可以有多处，但每个法人只能有一个住所。依照《民法典》第六十三条的规定，法人以其主要办事机构所在地为住所。依法需要办理法人登记的，应当将主要办事机构所在地登记为住所。

(4) 满足法律规定的其他条件。法人成立的具体条件和程序，依照法律、行政法规的规定。设立法人，法律、行政法规规定须经有关机关批准的，依照其规定，如《中华人民共和国公司法》(以下简称《公司法》)规定，设立公司必须依法制定公司章程。

4. 法人的民事能力

法人的民事权利能力是指法人作为民事主体，以自己的名义参与民事活动，独立享有民事权利并承担民事义务的资格。法人的民事权利能力的范围受制于自身性质的限制，取决于法律、法人章程的规定。

法人的民事行为能力是指法人通过自己的行为，为自己取得民事权利和承担民事义务的资格。法人的民事权利能力与民事行为能力均始于成立，终于终止，并且其民事行为能力不能超出其权利能力的范围。法人的民事行为能力通过法人的法定代表人或代理人的活动来实现。法人机关或代表人的行为即为法人的行为，法人应承担由此产生的一切民事法律后果。

法人的民事责任能力是指法人对自己实施违法行为造成的法律后果，应当承担相应民事责任的能力。一般认为，法人的民事责任能力具体体现在以下三个方面。

(1) 法人须对法定代表人的行为负责。《民法典》规定，法定代表人以法人名义从事的民事活动，其法律后果由法人承受。法人章程或者法人权力机构对法定代表人代表权的限制，不得对抗善意相对人。法定代表人因执行职务造成他人损害的，由法人承担民事责任。法人承担民事责任后，依照法律或者法人章程的规定，可以向有过错的法定代表人追偿。

法人对法定代表人所负的责任，包括越权行为的责任。《民法典》第五百零四条规定，法人的法定代表人或者非法人组织的负责人超越权限订立的合同，除相对人知道或者应当知道其超越权限外，该代表行为有效，订立的合同对法人或者非法人组织发生效力。

【例1-2】甲公司和乙公司在前者印制的标准格式《货运代理合同》上盖章。《货运代理合同》第四条约定："乙公司法定代表人对乙公司支付货运代理费承担连带责任。"乙公司法定代表人李红在合同尾部签字。后双方发生纠纷，甲公司起诉乙公司，并请求此时乙公司的法定代表人李蓝承担连带责任。关于李蓝拒绝承担连带责任的抗辩事由，下列表述能够成立的是(   )。

A. 第四条为无效格式条款
B. 乙公司法定代表人未在第四条处签字

C. 乙公司法定代表人的签字仅代表乙公司的行为
D. 李蓝并未在合同上签字

【解析】本题涉及法定代表人的责任认定，答案为 D。

(2) 法人对工作人员的职务行为负责。所谓职务行为是指法人的工作人员在执行职务期间实施的民事行为。法人对其工作人员因执行法人交付的任务而所为的行为负责，其中也包括侵权行为所致的民事责任。

课堂讨论

甲公司为花铎家装修新房，派丙、丁两人具体施工。房子装修好之后，丙踩在丁的肩上安装灯泡，丙对丁说："准备好了，你转圈吧。"丁不明所以。丙说："笨！灯泡是螺旋口的，你不转圈，我怎么能拧上呢？"丁大笑，致使丙跌落受伤，花费医药费900元。
请问：对此损害，双方应如何承担？

(3) 法人应负的非法活动责任。法人不得从事法律禁止的活动，损害国家利益或者社会公共利益，否则应依法承担相应的法律责任。

(三) 非法人组织

《民法典》第一百零二条规定，非法人组织是不具有法人资格，但是能够依法以自己的名义从事民事活动的组织。非法人组织包括个人独资企业、合伙企业、不具有法人资格的专业服务机构等。所谓不能独立承担民事责任，是指当发生以该组织的资产不足以偿还其债务的情况时，由出资设立该组织的人或单位承担补充甚至连带责任，而不能仅以该组织的资产为限。《民法典》第一百零四条规定，非法人组织的财产不足以清偿债务的，其出资人或者设立人承担无限责任。法律另有规定的，依照其规定。

非法人组织虽然不具有独立承担民事责任的能力，但也可以依法从事相应的活动，如合伙企业、个人独资企业、分公司等，也有权在营业执照明确的范围内从事经营。

二、民事权利

根据我国相关法律规定，民事主体依法享有多项民事权利，具体如表 1-1 所示。

表1-1 民事主体依法享有的民事权利

民事权利	人身权利	人格权	一般人格权	
			具体人格权(生命权、健康权、姓名权、肖像权、隐私权、名誉权等)	
		身份权	亲属权、监护权、荣誉权等	
	财产权利	物权	自物权	所有权(具体权能包括占有权、使用权、收益权、处分权)
			他物权(限制物权)	用益物权：土地承包经营权、建设用地使用权、宅基地使用权、居住权、地役权、自然资源使用权(海域使用权、探矿权、采矿权等)等
				担保物权：抵押权、质押权、留置权
			类物权	占有
		债权	法定之债	侵权之债、不当得利之债、无因管理之债及其他法定之债
			约定之债	合同之债

(续表)

民事权利	知识产权	工业产权	专利权(发明、实用新型及外观设计)、商标权
		著作权	版权、邻接权
		非专利技术	未授予专利的技术,如技术、诀窍等
	财产继承权		
	股权和其他投资性权利		
	其他合法权益		

基于体系的考虑,本章只重点介绍财产权利的物权(其中担保物权部分将在本书第四章"合同法律制度"部分阐述)和债权的相关知识,知识产权部分将在第五章"知识产权法律制度"部分阐述。

(一) 物权

1. 物权的概念

一般认为,物权是指权利人依法对特定的物享有直接支配和排他的权利,包括所有权、他物权(用益物权和担保物权)和类物权。它主要反映权利人对物的静态归属和动态利用的一种法律关系。

物权的权利人是特定的,义务人是不特定的,义务内容是不作为,因而物权是一种绝对权。物权是排他性的权利,物权人有权排除他人对物上权利行使的干涉,可以对抗一切不特定的人;同一物上不许有内容不相容的物权并存。同一标的物上有数个相互冲突的权利并存时,具有较强效力的权利排斥具有较弱效力的权利的实现,物权的这种优先效力存在于先后成立的物权之间及物权与债权之间。

2. 物权的变动

物权的变动,是指物权的产生、变更和消灭的总称,其实质就是人与人之间关于物的归属和利用的法律关系的变化。导致物权发生变动的原因主要如下。

(1) 民事法律行为。这是物权变动的最常见的法律事实。例如,因买卖、互易、赠与、遗赠等行为取得所有权,通过物的所有人与其他人的设定行为为他人设定典权、抵押权、地役权、质权等他物权;因抛弃或撤销权的行使而消灭物权。

(2) 民事法律行为以外的原因。主要有:因取得时效取得物权;因公用征收或没收取得物权;因法律的规定取得物权(如留置权);因附合、混合、加工取得所有权;因继承取得物权;因拾得遗失物、发现埋藏物取得所有权;因标的物的灭失,法定期间的届满、混同而消灭物权。

为保证交易的安全,物权变动时须遵循公示原则和公信原则。即不动产物权的变动以登记为公示方法,动产物权的变动以交付为公示方法。物权的变动以登记或交付为公示方法,当事人如果信赖这种公示而为一定的行为(如买卖、赠与),那么,即使登记或交付所表现的物权状态与真实的物权状态不相符合,也不能影响物权变动的效力。公信原则包括两方面的内容:其一,记载于不动产登记簿的人推定为该不动产的权利人,动产的占有人推定为该动产的权利人;除非有相反的证据证明。其二,凡善意信赖公示的表象而为一定的行为,在法律上应当受到保护,保护的方式就是承认发生物权变动的效力。

实践中,物权变动与原因行为相区分。《民法典》第二百一十五条规定,当事人之间订立有关设立、变更、转让和消灭不动产物权的合同,除法律另有规定或者当事人另有约定外,自合同成立时生效;未办理物权登记的,不影响合同效力。

3. 所有权

一般认为，所有权是所有权人依法按照自己的意志对其所有的物进行占有、使用、收益、处分，实现独占性地支配并排除他人非法干涉的永久性物权。它可分为国家所有权、集体所有权、私人所有权；不动产所有权和动产所有权。

(1) 善意取得。所有权的取得方式可分为原始取得和继受取得。原始取得的依据主要包括：劳动生产、天然孳息、善意取得、没收、无主财产收归国有等；继受取得的依据主要包括：买卖、赠与、继承、遗赠、互易等。为了保护交易安全，《民法典》对善意取得作出了相应的规定。

善意取得也称即时取得，是指财产由无处分权的占有人转让给善意的第三人占有时，第三人依法取得该财产的所有权(或其他物权)，原财产所有权人不得请求第三人返还财产，只能要求让与人赔偿损失的法律制度。该制度的目的在于保护交易安全，维护市场经济正常秩序。

依据《民法典》第三百一十一条的规定，善意取得应具备5个条件：①善意取得的标的物须为法律允许流通的财产，包括动产和不动产，但是，遗失物、漂流物、埋葬物或隐藏物、文物等不适用善意取得；②转让财产的让与人对财产无处分权，即占有财产并实施让与行为的让与人对该财产无处分权；③受让人受让财产时必须是善意的，即不知道或不应知道转让人是无处分权人；④受让人支付了合理的价格；⑤转让的财产完成了登记或交付(占有)即物权变动公示。

法条链接 1-1

《民法典》
第三百一十一条

关于善意取得的法律后果，除了产生财产所有权变动即受让人取得所有权而原所有权人丧失所有权外，立法还规定了两点：一是原所有权人有权向无处分权人请求赔偿损失；二是善意受让人取得动产后，该动产上的原有权利(主要表现为抵押权、质权等)消灭，但善意受让人在受让时知道或者应当知道该权利的除外。

课堂讨论

2020年5月18日，W市甲、乙二人结伙盗窃了三峰骆驼后在Y市进行销赃，将该三峰骆驼以36 000元价格(当时T市每峰骆驼的市场价至少为28 000元)卖给了丙，丙不知该骆驼为赃物，又以37 500元的价格卖给了丁。后公安机关破获甲、乙盗窃案件，将该骆驼作为赃物追缴后退还给失主。丁以此为由从丙处要回了37 500元价款。丙要求甲、乙返还36 000元款项未果而发生纠纷，诉至法院。

请问：本案该如何处理？

(2) 业主的建筑物区分所有权。建筑物区分所有权是指业主对建筑物内的住宅、经营性用房等专有部分享有所有权，对专有部分以外的共有部分享有共有和共同管理的权利。它是由专有部分所有权、共有权和共同管理权相结合而组成的一个"复合物权"。例如，业主买了一套商品房，他对套内面积享有的是专有部分的房屋所有权，对电梯、走廊以及小区绿地、道路等公共部分享有的是共有权，对小区财产和共同事务还享有管理权，由此就结合成为建筑物区分所有权。

① 专有部分所有权(专有权)。即专有权，是指业主对其建筑物内的住宅、经营性用房等专有部分所享有的占有、使用、收益和处分的权利。专有部分是指建筑物中在构造上和使用上具有独立性并可分割出来单独登记的部分。

专有权在建筑物区分所有权中居于主导地位，专有权的大小可决定共有权、管理权的大小，专有权的处分效力自然及于共有权、管理权，而共有权、管理权却不能单独处分。但从另一方面说，共有权、管理权也不可缺少，离开共有权、管理权，专有权则无法保障。

《民法典》规定，专有权的行使不得危及建筑物的安全，不得损害其他业主的合法权益。业主转让建筑物内的住宅、经营性用房，其对共有部分享有的共有和共同管理的权利一并转让。

② 共有权。共有权是指业主对建筑物专有部分以外的共有部分所享有的财产权利。

关于共有部分的范围，一般认为建筑物在构造上和使用上具有公共性或不具有独立性的部分，如壁、板、柱等承重结构，外墙、屋顶、楼梯、楼道、门厅、存车间、电梯、冷暖系统、消防设施、有关管线等都属于共有部分。

法条链接 1-2

《民法典》有关建筑物区分所有权的规定

另外，共有部分还包括被人们约定为共有和共用的建筑物专有部分，如管理用房、商业用房等。

③ 管理权。管理权是指业主对建筑物内的共同财产和公共事务参与决策、管理而所享有的权利。从性质上说，管理权属于成员权。其内容主要包括：设立业主大会，选举业主委员会；重大事项共同决定权；决定物业管理事宜；遵守法律、法规以及管理规约。

业主不得违反法律、法规以及管理规约，将住宅改变为经营性用房。业主将住宅改变为经营性用房的，除遵守法律、法规以及管理规约外，应当经有利害关系的业主同意。

业主大会和业主委员会对任意弃置垃圾、排放污染物或者噪声、违反规定饲养动物、违章搭建、侵占通道、拒付物业费等损害他人合法权益的行为，有权依照法律、法规及管理规约，请求行为人停止侵害、排除妨碍、消除危险、恢复原状、赔偿损失。业主对侵害自己合法权益的行为，可依法向人民法院提起诉讼。

4. 用益物权

用益物权是对他人所有的物，在一定范围内依法进行占有、使用和收益的他物权。基于不同的历史文化传统与经济制度，各国的用益物权类型多有不同。在我国，主要有土地承包经营权、建设用地使用权、宅基地使用权、居住权、地役权。

(1) 土地承包经营权。土地承包经营权就是农村集体经济组织成员对农民集体所有或者国家所有的，由农民集体经济组织使用的耕地、林地、草地以及其他用于农业的土地，依法进行承包并对承包的土地享有的占有、使用和收益的用益物权。

土地承包经营权可通过承包人与发包人之间订立承包经营合同取得，还可以通过土地承包经营权的流转取得。《民法典》规定，土地承包经营权人依照《中华人民共和国农村土地承包法》(以下简称《农村土地承包法》)的规定，有权将土地承包经营权采取转包、互换、转让等方式流转。流转的期限不得超过承包期的剩余期限。未经依法批准,不得将承包地用于非农建设。土地承包经营权人将土地承包经营权互换、转让,当事人请求登记的,应当向县级以上地方人民政府申请土地承包经营权变更登记;未经登记,不得对抗善意第三人。

通过招标、拍卖、公开协商等方式承包荒地等农村土地,依照《农村土地承包法》等法律和国务院的有关规定,其土地承包经营权可以转让、入股、抵押或者以其他方式流转。

同时,承包经营权还可以通过继承取得。《农村土地承包法》认可承包人应得的承包收益的继承,而有限地认可土地承包经营权的继承,即以家庭承包方式取得的林地承包经营权,承包人死亡的,其继承人可以在承包期内继续承包;以招标、拍卖、公开协商等方式设立的承包经营权,承包人死亡的,其继承人可以在承包期内继续承包。

(2) 建设用地使用权。建设用地使用权是指民事主体依法享有的,利用国有或集体土地建造建筑物、构筑物及其附属设施的用益物权。在国家所有的土地上可通过划拨、出让、流转等方式设立建设用地使用权。

所谓土地划拨,是指土地使用人只需按照一定程序提出申请,经主管机关批准即可取得土地使用权,而不必向土地所有人支付租金及其他费用。《民法典》规定,严格限制以划拨方式设立建设用地使用权。采取划拨方式的,应当遵守法律、行政法规关于土地用途的规定。根据《中华人民共和国土地管理法》(以下简称《土地管理法》)的有关规定,可以通过划拨方式取得的建设用地包括:国家机关用地和军事用地;城市基础设施用地和公益事业用地;国家重点扶持的能源、交通、水利等基础设施用地;法律、行政法规规定的其他用地。上述以划拨方式取得建设用地,须经县级以上地方人民政府依法批准。通过土地划拨及乡(镇)村建设用地程序取得的土地使用权是无期限的,除非法律、行政法规另有规定。通过这种程序取得土地使用权的土地使用权人,除了法律规定的使土地使用权消灭的原因外,可以无期限地使用土地。

所谓土地出让,是指国家以土地所有人身份将建设用地使用权在一定期限内让与土地使用者,并由土地使用者向国家支付建设用地使用权出让金的行为。建设用地使用权出让有三种形式:协议、招标和拍卖。《民法典》规定,工业、商业、旅游、娱乐和商品住宅等经营性用地以及同一土地有两个以上意向用地者的,应当采取招标、拍卖等公开竞价的方式出让。采取招标、拍卖、协议等出让方式设立建设用地使用权的,当事人应当采取书面形式订立建设用地使用权出让合同。

知识加油站

通过建设用地使用权出让取得建设用地使用权的,按照土地的不同用途,土地使用权出让的最高年限为:居住用地 70 年;工业用地 50 年;教育、科技、文化、卫生、体育用地 50 年;商业、旅游、娱乐用地 40 年;综合或者其他用地 50 年。每一块土地的实际使用年限,在最高年限内,由出让方和受让方双方商定。

所谓建设用地使用权流转,是指土地使用人将建设用地使用权再转移的行为,如转让、互换、出资、赠与等。建设用地使用权转让、互换、出资或者赠与的,当事人应当采取书面形式订立相应的合同,合同的期限由当事人约定,但不得超过建设用地使用权的剩余期限,同时应当向登记机构申请变更登记。基于土地使用权流转的法律事实,新建设用地使用权人即取得原建设用地使用权人的建设用地使用权。

建设用地使用权转让、互换、出资或者赠与的,附着于该土地上的建筑物、构筑物及其附属设施一并处分。建筑物、构筑物及其附属设施转让、互换、出资或者赠与的,该建筑物、构筑物及其附属设施占用范围内的建设用地使用权一并处分。

在集体所有的土地上设立的建设用地使用权,根据《民法典》的规定,集体所有的土地作为建设用地的,应当依照《土地管理法》等法律规定办理。

(3) 宅基地使用权。宅基地使用权指的是农村集体经济组织的成员依法享有的在农民集体所有的土地上建造个人住宅的权利。根据《民法典》的规定,宅基地使用权人依法对集体所有的土地享有占有和使用的权利,有权利用该土地建造住宅及其附属设施。

(4) 居住权。居住权是指居住权人为满足生活居住的需要,对他人所有的住房及其附属设施享有占有、使用的用益物权。居住权一般是无偿的(当事人另有约定的除外)、有期限的。根据《民法典》的规定,设立居住权,可以根据遗嘱或者遗赠,也可以按照合同约定。例如,某人在遗嘱中写明,其住宅由他的儿子继承,但应当让服务多年的保姆居住,直到保姆去世。设立居住权,应当向登记机构申请居住权登记,居住权自登记时起设立。《民法典》上的居住权,不包括因房屋租赁产生的居住权,不包括住旅馆等。居住权不得转让、继承。设立居住权的住宅不得出租,但是当事人另有约定的除外。居住权期限届满或者居住权人死亡的,居住权消灭。居住权消灭的,应当及时办理注销登记。

(5) 地役权。地役权是指为使用自己不动产的便利或提高效益而在他人的不动产上设立的,利用他人不动产的他物权。

为使用自己不动产的便利而利用他人土地的当事人为地役权人,将自己的土地提供给他人利用的当事人为供役地人,获得便利的不动产为需役地,供他人利用的不动产为供役地。

地役权的成立,以需役地和供役地的存在为前提,但不以需役地和供役地相邻为必要。当事人之间可通过合同来设定地役权,也可以依法取得地役权。地役权自地役权合同生效时设立。当事人请求登记的,可以向登记机构申请地役权登记;未经登记,不得对抗善意第三人。土地所有权人享有地役权或者负担地役权的,设立土地承包经营权、宅基地使用权时,该土地承包经营权人、宅基地使用权人继续享有或者负担已设立的地役权。需役地以及需役地上的土地承包经营权、建设用地使用权部分转让时,转让部分涉及地役权的,受让人同时享有地役权。供役地以及供役地上的土地承包经营权、建设用地使用权部分转让时,转让部分涉及地役权的,地役权对受让人具有约束力。

【例1-3】黄晖为了能在自己的房子里欣赏远处的风景,便与相邻的段念约定:段念不得在自己的土地上建设高层建筑;作为补偿,黄晖每年支付给段念3000元。一年后,赵瑾从段念处以市场价获得该土地使用权并着手建设高层建筑。请问:黄晖是否有权制止赵瑾的行为?
【解析】根据《民法典》的规定,黄晖有权制止赵瑾的行为。

(二) 债权

债是按照合同的约定或者依照法律的规定,在当事人之间产生的特定的权利和义务关系。一般认为,债是特定当事人之间请求为一定给付的民事法律关系。在债的法律关系中,一方享有请求对方为一定给付的权利,即债权,该方当事人称为债权人;另一方负有向对方为一定给付的义务,即债务,该方当事人称为债务人。当债和物权或物权关系相提并论时,也称债权或债关系。债权是一种财产权,它所反映的是民事活动中动态的财产流转关系。

一定法律事实的出现,会使债权债务关系消灭。该法律事实主要有债的履行、抵销、混同、提存、免除等。相关内容可参见第四章的相应阐述。

1. 债权法律关系

债是一种民事法律关系,因此作为债也应当具备法律关系成立时所必须具备的要素。债的

知识拓展 1-4

债权的特征

要素包括债的主体、债的内容、债的客体(也称"标的"),如图1-3所示。债的主体是指参与债的关系的当事人,债的内容是指债权和债务,债的标的是指债权债务所指向的对象。

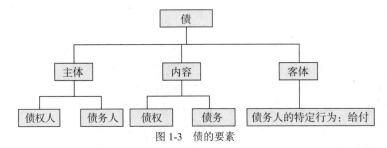

图1-3 债的要素

在某些债中,主体一方是债权人,主体另一方是债务人;在另一些债中,债的相对人可能互为权利人和义务人,这主要体现在双务(双方都有义务)合同中,如买卖合同,购买人有获得购买物的权利,但也有支付价款的义务;相反,对于出卖人而言,其有获得价款的权利,也有给付出卖物的义务。

在债的内容中,债权的权能包括:①给付请求权;②给付受领权;③债权保护请求权;④处分权能。在债的法律关系中,债务的内容具有特定性,这种特定性是由当事人的约定或法律的规定形成的。债务不许永久存在,债务可以附随义务。

债的客体所表现的是给付。债权人请求的是给付,债务人所要做的也是给付,所以给付是债权债务的共同指向。

2. 债的发生原因

债的发生原因是指引起债产生的法律事实,具体如图1-4所示。

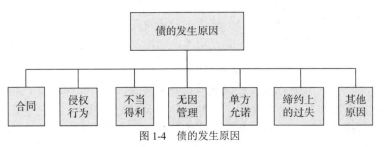

图1-4 债的发生原因

(1) 合同。合同是指民事主体之间设立、变更、终止民事法律关系的协议。基于合同产生的债的关系属于合同之债,它是当事人在平等基础上自愿设立的,是民事主体开展各种经济交往的法律表现,也是债的最常见、最主要的表现形式。

(2) 侵权行为。侵权行为是指不法侵害他人合法的民事权益,应承担民事责任的行为。依法律规定,侵权行为发生后,加害人负有赔偿受害人损失等义务,受害人享有请求加害人赔偿损失等权利。这种特定主体之间的权利义务关系,即侵权行为之债。《民法典》专门规定了各类侵权行为的责任。

(3) 不当得利。不当得利是指没有合法根据而获得利益并使他人利益遭受损失的事实。依法律规定,取得不当利益的一方应将所获利益返还于受损失的一方,双方因此形成债权债务

关系,即不当得利之债。不当得利之债的构成要件有三个方面:①取得利益无合法根据,但行为合法;②造成他人财产损失;③一方获利与另一方受损有因果关系。

【例1-4】2020年2月14日,宋炽德去某银行用存折要求取款6000元,取得钱款6000元后便匆忙赶往公司上班,当晚,宋炽德发现自己的存折上写着"续存6000元"。请问:宋炽德该怎么办?

【解析】此种行为属于不当得利。宋炽德应主动配合银行的工作,将存折上的错误予以纠正。

(4) 无因管理。无因管理,是指没有法定的或约定的义务,为避免他人利益受损失而为他人管理事务或提供服务的行为。无因管理一经成立,在管理人和本人之间即发生债权债务关系,管理人有权请求本人偿还其因管理而支出的必要费用,本人有义务偿还,此即无因管理之债。无因管理之债的构成要件有三个方面:①客观上为他人谨慎管理了事务;②主观上有为他人谋利益的意思;③无法定或约定的义务。

【例1-5】甲根据天气预报得知台风来临,看到长期外出的邻居——乙家的房屋(长期无人居住,濒临倒塌)无法抵挡,遂为之支付4000元费用予以修葺,但台风过大,乙家房屋倒塌。请问:甲的行为是否构成无因管理?

【解析】无因管理之债的成立以为他人谋利益为要件,但不以实际获得利益为要件。甲的行为虽然没有使乙得到利益,但仍构成无因管理。

(5) 单方允诺。单方允诺是指表意人向相对人作出的为自己设定某种义务,使相对人取得某种权利的意思表示。在社会生活中较为常见的单方允诺有悬赏广告、设立幸运奖和遗赠等。《民法典》第四百九十九条规定,悬赏人以公开方式声明对完成特定行为的人支付报酬的,完成该行为的人可以请求其支付。

(6) 缔约上的过失。缔约上的过失是指当事人在缔约过程中具有过失,从而导致合同不成立、无效、被撤销或不被追认,使他方当事人受到损害的情况。受害一方享有请求过失一方赔偿的权利,形成债的关系。

(7) 其他原因。除上述原因外,其他法律事实(主要有拾得遗失物、发现埋藏物、遗赠、抢救公物、抚养等)也可以引起债的发生。例如,因拾得遗失物,可在拾得人与遗失物的所有人之间产生债权债务关系;因防止、制止他人合法权益受侵害而实施救助行为,可在因此而受损的救助人与受益人之间产生债的关系。

法条链接1-3

《民法典》关于债发生原因的主要规定

3. 债的分类

基于不同的标准,可将债进行不同的分类。

(1) 法定之债与意定之债。法定之债是指债的发生及内容均由法律加以明确规定的债。不当得利之债、无因管理之债、侵权行为之债、缔约过失之债,都属于法定之债。意定之债是指债的发生及内容完全由当事人依其自由意思加以决定的债。单方允诺属于意定之债。

(2) 特定之债与种类之债。特定之债是指以特定物为标的的债。特定物可以是依物的性质而特定,如某幅字画,也可以是依当事人的意思指定的物,如某房屋、某牌号的小车等,不能用其他的物来代替。种类之债是指以种类物为标的的债。实践中,买卖、消费等合同大多以不特定物为标的物。

(3) 简单之债与选择之债。简单之债又称单纯之债,是指债的标的是单一的,当事人只能就该种标的履行的债。选择之债是指债的关系成立时有数个标的,有选择权的当事人有权从数个标的中选择一个标的为给付的债。选择之债中没有多个债存在,而是只有一个债,但履行债的标的有多个、选择其一为给付即可。从选择之债的数种给付中确定一种给付,被称为选择之债的特定。经特定后,债务才能得到履行,所以选择之债的特定对于双方当事人极为重要。

(4) 按份之债与连带之债。根据债的主体多少,可将债分为单一之债和多数之债。如果债权人和债务人均为一人,则为单一之债;如果债权人或债务人一方或双方为数个人,则为多数之债。《民法典》规定了两种多数之债,即按份之债与连带之债。

按份之债是指两个以上的债权人或债务人各自按照一定的份额(等份或不等份)享有债权或承担债务的债。两个以上的债权人各自就自身的债权份额享有请求权、受领权的,为按份债权;两个以上的债务人各自就自己的债务份额承担清偿义务的,为按份债务。多数之债,除法律有特别规定或者当事人有特别约定外,都属于按份之债。按份之债的主体仅在自己的份额内享有权利或承担义务,对其他债的当事人不产生影响。

连带之债是指两个以上的债权人或债务人,对外享有连带债权或负有连带债务的债。在连带之债中,多数债权人中的任何一个人都有请求债务人清偿全部债务的权利,这种连带关系被称为连带债权;多数债务人中的任何一人都负有清偿全部债务的义务,这种连带关系就称为连带债务。在连带之债中,每一个债务人对债务均负全部的清偿义务,债权人有权请求任何一个债务人履行全部义务,因而所有债务人以其所有的财产作为债权人债权实现的责任财产。当其中一个债务人无力清偿债务时,债权人可以向其他债务人提出请求,这样对债权人非常有利。

知识拓展 1-5

债的分类及其履行

三、民事法律行为

(一) 民事法律行为的概念和特征

《民法典》第一百三十三条规定,民事法律行为是民事主体通过意思表示设立、变更、终止民事法律关系的行为。作为一种以意思表示为核心要素的表示行为,民事法律行为具有以下特征。

(1) 民事法律行为是民事法律事实的一种。民事法律行为属于人的行为的一种,属于民事法律事实,能够引起民事法律关系的变动。

(2) 民事法律行为是民事主体实施的以发生一定民事法律后果为目的的行为。民事法律行为是民事主体实施的行为,既不同于行政行为,也不同于刑事行为。民事法律行为是以发生一定民事法律后果为目的的行为,因而不同于事实行为。所以,只有民事主体以发生一定民事法律后果(设立、变更、终止民事法律关系)为目的而实施的行为,才可成为民事法律行为。

(3) 民事法律行为以意思表示为要素。民事法律行为是当事人实施的以发生一定民事法律后果为目的的行为。这种目的只是行为人内在的一种意愿或意思,行为人只有将这种内在的意愿表达出来,才能为他人所了解。这种内在意思的外部表达方式就是意思表示。换言之,意思表示是指行为人将进行民事法律行为,达到某种预期民事法律后果的内在意思表现于外的行为。意思表示是民事法律行为的核心,没有意思表示就不会有民事法律行为,这也是民事法律行为与非表意行为,如事实行为等相区别的重要标志。

(二) 民事法律行为的分类

基于不同的角度，可将民事法律行为作不同的分类。不同的民事法律行为在法律上具有不同的法律意义。

1. 单方的民事法律行为和多方的民事法律行为

单方的民事法律行为是根据一方当事人的意思表示而成立的民事法律行为。该民事法律行为仅有一方当事人的意思表示而无须他方的同意即可发生法律效力，如委托代理的撤销、债务的免除、无权代理的追认等；多方的民事法律行为是两个以上的当事人意思表示一致而成立的民事法律行为。该民事法律行为的当事人有两个以上，不仅各自需要进行意思表示，而且意思表示还须一致，如合同行为等。

2. 有偿的民事法律行为和无偿的民事法律行为

有偿的民事法律行为是指当事人互为给付一定代价(包括金钱、财产、劳务)的民事法律行为。无偿的民事法律行为是指一方当事人承担给付一定代价的义务，而他方当事人不承担相应给付义务的民事法律行为。

3. 要式的民事法律行为和不要式的民事法律行为

要式的民事法律行为是指法律规定必须采取一定的形式或者履行一定的程序才能成立的民事法律行为。不要式的民事法律行为是指法律不要求采取一定形式，当事人自由选择一种形式即可成立的民事法律行为。

4. 负担行为与处分行为

根据法律行为效果的不同，可以将法律行为分为负担行为与处分行为。负担行为是使一方相对于他方承担一定给付义务的法律行为。这种给付义务既可以是作为，也可以是不作为。因此负担行为产生的是债法上的法律效果，其中负有给付义务的主体是债务人。处分行为是直接导致权利发生变动的法律行为。这种变动既可以是权利的产生，也可以是权利的变更或消灭。物权变动就是典型的处分行为。

5. 主民事法律行为和从民事法律行为

主民事法律行为是指无须其他法律行为的存在就可以独立成立的民事法律行为。从民事法律行为是指从属于其他民事法律行为而存在的民事法律行为。从民事法律行为的效力依附于主民事法律行为：主民事法律行为不成立，则从民事法律行为不能成立；主民事法律行为无效，则从民事法律行为亦不能生效。但是，主民事法律行为履行完毕，并不必然导致从民事法律行为效力的丧失。

民事法律行为除以上分类外，还有双务的民事法律行为和单务的民事法律行为、独立的民事法律行为和辅助的民事法律行为等之分。

(三) 民事法律行为的成立和生效

1. 民事法律行为的成立

具备民事法律行为的构成要素，民事法律行为方可成立。民事法律行为的成立仅解决民事法律行为是否存在这一事实认定。民事法律行为的一般成立要件如下。

(1) 行为人，即进行特定民事法律行为的民事主体，不同的民事法律行为对行为人的要求并不一致。

(2) 意思表示，即表意人将其期望发生某种法律效果的内心意思以一定方式表现于外部的行为。不同的民事法律行为对意思表示的要求并不相同。

(3) 标的，即意思表示的内容，是行为人实施民事法律行为欲达到的效果。没有标的，也就无意思表示的内容，民事法律行为也就不能成立。

实践中，一些特别的民事法律行为成立还需具备特有的条件。何种民事法律行为需要何种特别的成立条件，依民事法律行为的性质而有所不同。例如，要式行为的特别成立条件是必须具备特别要求的形式，即如民事法律行为没有采用特定的形式，则民事法律行为不能成立。

2. 民事法律行为的生效

民事法律行为的生效是指已经成立的民事法律行为因为符合法律规定的有效要件而取得法律认可的效力。民事法律行为的成立和生效是两个不同的概念。民事法律行为的成立是民事法律行为生效的前提，已成立的民事法律行为能否发生法律效力取决于是否符合法律规定的条件，只有具备一定有效要件的民事法律行为，才能生效并产生预期的法律效果。民事法律行为的有效要件包括实质有效要件和形式有效要件。

(1) 民事法律行为的实质有效要件，具体包括如下内容。

① 行为人具有相应的民事行为能力。民事法律行为的行为人必须具有预见其行为性质和后果的相应的民事行为能力。就自然人而言，完全民事行为能力人可以以自己的行为取得民事权利，履行民事义务；限制民事行为能力人只能从事与其年龄、智力和精神健康状况相当的民事法律行为，其他民事法律行为由其法定代理人代理，或者征得法定代理人同意后实施；无民事行为能力人不能独立实施民事法律行为，必须由其法定代理人代理。实践中，无民事行为能力人、限制民事行为能力人实施接受奖励、赠与、报酬等纯获益的民事法律行为时，他人不应以行为人无民事行为能力、限制民事行为能力为由，主张以上行为无效。

法人的民事行为能力是由法人核准登记的经营范围所决定的。但从维护相对人的利益和促进交易的角度出发，原则上认定法人超越经营范围从事的民事法律行为有效。基于《民法典》第五百零五条的规定，当事人超越经营范围订立的合同的效力，应当依照《民法典》有关民事法律行为效力的规定确定，不得仅以超越经营范围确认合同无效。

② 意思表示真实。意思表示真实是指意思表示是行为人基于自己的利益在自觉、自愿的基础上作出的，且内在意思与其外部表示相一致。只有意思表示真实的民事法律行为，才能产生法律效力。当事人的意思与其表示不一致，或者当事人的意思不是自愿形成的，则该意思表示即为不真实。所谓意思与表示不一致，是指当事人希望发生某种法律效力的意思与其表达于外部的意思不相同，如虚假的意思表示、重大误解的意思表示等。所谓意思表示不自由，是指行为人的意思表示不是在自愿的基础上形成的，而是因受到不正当的干预所形成的，如受欺诈的意思表示、受胁迫的意思表示等。意思表示不真实的民事法律行为，可以撤销或宣告无效。

③ 不违反法律、行政法规的强制性规定，不违背公序良俗。这是指意思表示的内容不得与法律的强制性或禁止性规范相抵触，也不得滥用法律的授权性或任意性规定达到规避强制性或禁止性规范。不违背公序良俗是指法律行为在目的上和效果上不得有损社会经济秩序、社会公共秩序和社会公德，不得损害国家及各类社会组织和个人的利益。

(2) 民事法律行为的形式有效要件。这是指行为人的意思表示的形式必须符合法律的规定。《民法典》第一百三十五条规定，民事法律行为可以采用书面形式、口头形式或者其他形式；法律、行政法规规定或者当事人约定采用特定形式的，应当采用特定形式。如果行为人进行某项特定的民事法律行为时，未能采用法律规定的特定形式，则不能产生法律效力。

(四) 无效的民事法律行为

1. 无效的民事法律行为的概念

无效的民事法律行为是指欠缺民事法律行为的有效要件，行为人设立、变更和终止权利义务的内容不发生法律效力的行为。

2. 无效的民事法律行为的种类

根据《民法典》的规定，无效的民事法律行为的种类主要如下。

(1) 无民事行为能力人实施的民事法律行为。《民法典》第一百四十四条规定，无民事行为能力人实施的民事法律行为无效。需要提及的是，对于无民事行为能力人纯获利益的民事法律行为，如接受赠与的行为，不应认定为无效。

(2) 限制民事行为能力人不能独立实施的单方行为。依据《民法典》第一百四十五条第一款规定，限制民事行为能力人实施的纯获利益的民事法律行为或者与其年龄、智力、精神健康状况相适应的民事法律行为有效；实施的其他民事法律行为经法定代理人同意或者追认后有效。限制民事行为能力人实施的其不能独立实施的民事法律行为，应属于行为人不具有相应民事行为能力的行为，至于双方行为，即使限制民事行为能力人不能独立实施，也可经其法定代理人的追认而有效，因此，只有限制民事行为能力人实施的其依法不能独立实施的单方行为，才为无效民事法律行为。例如，限制民事行为能力人订立遗嘱的行为，就是无效民事法律行为。

(3) 虚假的民事法律行为。《民法典》第一百四十六条第一款规定，行为人与相对人以虚假的意思表示实施的民事法律行为无效。当事人双方以虚假的意思表示实施民事法律行为，尽管双方存在着合意，但因该虚假的意思表示与表意人的内心意思不符，也即当事人并不存在效果意思，因此，虚假的民事法律行为为无效民事法律行为。但是，虚假的意思表示往往隐藏着真实的意思表示，被隐藏的民事法律行为是否有效，应依该民事法律行为是否符合有效条件加以认定。对此，《民法典》第一百四十六条第二款规定，以虚假的意思表示隐藏的民事法律行为的效力，依照有关法律规定处理。

(4) 恶意串通的民事法律行为。《民法典》第一百五十四条规定，行为人与相对人恶意串通，损害他人合法权益的民事法律行为无效。恶意串通的民事法律行为是指当事人双方故意合谋实施的损害他人合法权益的民事法律行为。这种行为虽然是当事人双方真实的意思表示，但因以损害他人合法权益为目的，因而是无效民事法律行为。在恶意串通的民事法律行为中，当事人双方必须有共同的故意，并且当事人合谋的后果损害了他人的合法权益。

(5) 违反法律、行政法规的强制性规定的民事法律行为。民事法律行为不得违反法律、行政法规的强制性规定，是民事法律行为的有效条件之一。对于强制性规定而言，有两种类型：一种是影响民事法律行为效力的效力性强制性规定；一种是不影响民事法律行为效力的管理性强制性规定。《民法典》第一百五十三条第一款规定，违反法律、行政法规的强制性规定的民事法律行为无效。但是，该强制性规定不导致该民事法律行为无效的除外。这表明：①除全国人民代表大会及其常务委员会制定的法律和国务院制定的行政法规外，地方性法规和规章不得作为判断民事法律行为是否无效的规范依据；②只有违反效力性强制性规定的民事法律行为才无效，违反管理性强制性规定的民事法律行为要视具体情况确定，而非一律无效。

实践中，在识别强制性规定时，应在考量强制性规定所保护的法益类型、违法行为的法律后果及交易安全保护等因素的基础上认定其性质。下列强制性规定，应当认定为"效力性强制性规定"：强制性规定涉及金融安全、市场秩序、国家宏观政策等公序良俗的；交易标的禁止买卖的，如禁止人体器官、毒品、枪支等买卖；违反特许经营规定的，如场外配资合同；交易方式严重违法的，如违反招投标等竞争性缔约方式订立的合同；交易场所违法的，如在批准的交易场所之外进行期货交易。关于经营范围、交易时间、交易数量等行政管理性质的强制性规定，一般应当认定为"管理性强制性规定"。需要提及的是，违反规章一般情况下不影响合同效力，但该规章的内容涉及金融安全、市场秩序、国家宏观政策等公序良俗的，应当认定合同无效。人民法院在认定规章是否涉及公序良俗时，要在考察规范对象的基础上，兼顾监管强度、交易安全保护及社会影响等方面进行慎重考量。比如，根据《中华人民共和国文物保护法》第五十一条、第七十一条的规定，禁止买卖国家禁止买卖的文物或者将禁止出境的文物转让、出租、质押给外国人。实践中，若行为人违反该规定将禁止出境的文物转让给外国人，则该转让行为当然无效。同时，根据《中华人民共和国商业银行法》第三十九条的规定，商业银行贷款时应当遵守有关资产负债比例管理的规定。实践中，商业银行违反该条相关规定的贷款，与借款人之间形成的借款合同不因此无效。

(6) 违背公序良俗的民事法律行为。民事主体从事民事活动，不得违背公序良俗，这是民法的基本原则。当事人实施的民事法律行为违背了公序良俗，也就是违反了民法的基本原则，就会损害社会公共利益，因此，《民法典》第一百五十三条第二款规定，违背公序良俗的民事法律行为无效。实践中，某在校女大学生通过某网络借款平台与某放贷人约定，女大学生以裸照获得贷款，当违约不还款时，放贷人以公开裸体照片和与借款人父母联系的手段催逼借款人还款。因违背公序良俗，该约定应属无效。

知识拓展 1-6

违背公序良俗的民事法律行为

3. 民事法律行为无效或者确定不发生效力的后果

民事法律行为无效或者确定不发生效力，行为人预期的法律效果不能实现，但并非不产生任何法律后果。依照《民法典》第一百五十七条的规定，民事法律行为无效、被撤销或者确定不发生效力后，发生如下法律后果：

(1) 返还财产。民事法律行为无效、被撤销或者确定不发生效力后，行为人因该行为取得的财产应当予以返还；不能返还或者没有必要返还的，应当折价补偿。

(2) 赔偿损失。民事法律行为无效、被撤销或者确定不发生效力，有过错的一方应当赔偿对方由此所受到的损失；各方都有过错的，应当各自承担相应的责任。

(3) 其他法律后果。如果法律对民事法律行为无效、被撤销或者确定不发生效力后的法律后果另有规定的，则依照其规定。

> 江东酒厂与兴隆商店于 2020 年 5 月 15 日签订了一份购销合同，合同规定：商店向酒厂购买 6000 瓶普通白酒，总价款为 8 万元，1 个月内提货交款，并约定酒厂必须加贴汾酒名牌商标，以便商店出售；如一方违约，按未履行部分价款的 10% 支付违约金。合同履行时，商店因资金紧缺，只支付了 5 万元便提走全部货物。酒厂一再催讨未果，遂诉至人民法院，要求商店立即支付尚欠的 3 万元价款及合同规定的违约金。
> 请问：该案应如何处理？

(五) 可撤销的民事法律行为

1. 可撤销的民事法律行为的含义及特征

可撤销的民事法律行为是指因意思表示有缺陷，当事人可以请求人民法院或者仲裁机构予以撤销的民事法律行为，具体特征如下。

(1) 可撤销的民事法律行为是意思表示有瑕疵的民事法律行为。从民事法律行为的生效条件来看，可撤销的民事法律行为在外观上具备民事法律行为的生效条件，只是欠缺意思表示真实这一生效条件。

(2) 可撤销的民事法律行为是可以撤销的民事法律行为。可撤销的民事法律行为从成立时起是有效的，只是因意思表示不真实，当事人可以撤销。民事法律行为被撤销的，该行为溯及行为开始时无效。

(3) 可撤销的民事法律行为是只有当事人才可以主张无效的民事法律行为。在可撤销的民事法律行为中，只有享有撤销权的当事人才能主张撤销民事法律行为而使之无效。当事人不主张民事法律行为无效的，人民法院或仲裁机构不能依职权主动确认其无效。

知识拓展 1-7

可撤销的民事法律行为与无效民事法律行为的区别

2. 可撤销的民事法律行为的类型

(1) 受欺诈的民事法律行为。欺诈，是指行为人故意告知虚假情况或者隐瞒真实情况，诱使他人作出错误意思表示的行为。在受欺诈的民事法律行为中，表意人须因受欺诈而陷入错误认识，并基于该错误认识作出违背其真实意思的表示而与欺诈人实施了民事法律行为。依照《民法典》的规定，受欺诈的民事法律行为包括两种情形：①一方以欺诈手段，使对方在违背真实意思的情况下实施民事法律行为的，受欺诈方有权请求人民法院或者仲裁机构予以

撤销；②第三人实施欺诈行为，使一方在违背真实意思的情况下实施民事法律行为的。对于这种欺诈行为，对方知道或者应当知道该欺诈行为的，受欺诈方有权请求人民法院或者仲裁机构予以撤销。

(2) 受胁迫的民事法律行为。胁迫，是指行为人以给表意人本人或亲友的身体、生命、健康、自由、名誉、财产造成损害为要挟，以使表意人产生恐惧，并作出违背其真实意思的表示。在受胁迫的民事法律行为中，表意人须因受胁迫而产生恐惧，并因此作出违背其真实意思的表示而与胁迫人实施了民事法律行为。依照《民法典》第一百五十条的规定，一方或者第三人以胁迫手段，使对方在违背真实意思的情况下实施的民事法律行为，受胁迫方有权请求人民法院或者仲裁机构予以撤销。

(3) 重大误解的民事法律行为。重大误解的民事法律行为是指行为人因对行为的性质，对方当事人以及标的物的品种，质量、规格和数量等认识错误，使自己的行为与自己的意思不一致并造成较大损失的民事法律行为。《民法典》第一百四十七条规定，基于重大误解实施的民事法律行为，行为人有权请求人民法院或者仲裁机构予以撤销。所谓重大误解，是指一般人若知道该错误就不会实施该行为，并且实施该行为的结果给当事人造成重大损失。若仅为一般的误解，并未给当事人造成较大损失，则不为重大误解的民事法律行为。

【例1-6】下列情形构成重大误解，属于可撤销的民事法律行为的是(　　)。
A. 甲立下遗嘱，误将乙的字画分配给继承人
B. 甲装修房屋，误以为乙的地砖为自家所有，并予以使用
C. 甲入住乙宾馆，误以为乙宾馆提供的茶叶是无偿的，并予以使用
D. 甲要购买电动车，误以为精神病人乙是完全民事行为能力人，并与之签订买卖合同

【解析】本题涉及重大误解的民事法律行为，答案为 C 项。选项 A 属于无效行为；选项 B 属于事实行为而非民事法律行为。选项 D 不属于可撤销的民事法律行为。如乙是限制民事行为能力人，则该行为属于效力待定民事法律行为；如乙是无民事行为能力人，则该行为属于无效民事法律行为。选项 C 是甲基于对行为性质的错误认识所为的消费行为，甲、乙之间成立买卖关系。但该买卖关系是基于甲的错误认识所为并造成其损失，故为可撤销的民事法律行为。

(4) 显失公平的民事法律行为。显失公平的民事法律行为，是指一方在从事某种民事法律行为时因情况紧急或缺乏经验而作出了明显对自己有重大不利的行为。《民法典》第一百五十一条规定，一方利用对方处于危困状态、缺乏判断能力等情形，致使民事法律行为成立时显失公平的，受损害方有权请求人民法院或者仲裁机构予以撤销。可见，显失公平的民事法律行为是使当事人双方的权利、义务明显不对等的行为，并且这种不对等是违反法律和交易习惯的。因此，只有依据实施民事法律行为当时的情况，社会公众认为是不公平的，获利的一方也明知不公平时，才可认定为不公平。

【例 1-7】李闯的妻子半夜临产需送医院，由于夜深及李闯家居住较偏僻而租不到车，正巧陶保开车路过，见状后提出以李闯支付每公里 200 元车费为条件，将李闯及其妻子送至医院。李闯无奈只好答应。请问：如何评析李闯与陶保之间的民事法律行为的效力？

【解析】李闯与陶保之间的民事法律行为属于一方(陶保)利用对方(李闯)处于危困状态的情形，致使民事法律行为成立时显失公平的可撤销的民事法律行为。根据《民法典》的规定，受损害方(李闯)有权请求人民法院或者仲裁机构予以撤销。

3. 可撤销的民事法律行为的撤销

(1) 撤销权的行使。可撤销的民事法律行为实施后，当事人一方享有撤销权。在可撤销的民事法律行为中，只有受到损害的一方即意思表示不真实的一方才享有撤销权。从性质上说，撤销权属于形成权，因为撤销权的行使是以一方的意思表示而使当事人之间的权利义务关系发生变动的。当事人行使撤销权，应向法院或仲裁机构提出撤销的请求，但其撤销的意思表示无须对方当事人同意。

当事人应当在规定期间内行使撤销权。撤销权的行使期间为除斥期间，当事人未在该期间内行使撤销权的，该权利消灭。依照《民法典》第一百五十二条的规定，有下列情形之一的，撤销权消灭：①当事人自知道或者应当知道撤销事由之日起 1 年内，重大误解的当事人自知道或者应当知道撤销事由之日起 90 日内没有行使撤销权；②当事人受胁迫，自胁迫行为终止之日起 1 年内没有行使撤销权；③当事人知道撤销事由后明确表示或者以自己的行为表明放弃撤销权。当事人自民事法律行为发生之日起 5 年内没有行使撤销权的，撤销权消灭。

(2) 可撤销的民事法律行为被撤销的后果。可撤销的民事法律行为经当事人行使撤销权而被撤销的，则该行为自成立时起归于无效，发生与无效民事法律行为相同的法律后果。

【例 1-8】下列民事法律行为中，可撤销的有(   )。
A. 甲医院以国产假肢冒充进口假肢，高价卖给乙
B. 甲乙双方为了在办理房屋过户登记时避税，将实际成交价为 100 万元的房屋买卖合同价格写为 60 万元
C. 有妇之夫甲委托未婚女乙代孕，约定事成后甲补偿乙 50 万元
D. 甲父患癌症急需用钱，乙趁机以极低的价格收购甲收藏的 1 幅名画，甲无奈与乙签订了买卖合同

【解析】本题涉及民事法律行为的效力，答案为 A、D 项，B、C 项属于无效的民事法律行为。

(六) 效力待定的民事法律行为

1. 效力待定的民事法律行为的含义和特征

效力待定的民事法律行为,是指民事法律行为虽已成立,但是否生效尚不确定,只有经由特定当事人的行为,才能确定生效或不生效的民事法律行为。其具有以下特征:

(1) 效力待定的民事法律行为成立后,其效力处于不确定状态。效力待定的民事法律行为欠缺民事法律行为的生效条件,因而民事法律行为成立时还不能生效,但又不是当然无效,其是有效还是无效处于不确定的状态。

(2) 效力待定的民事法律行为可以通过一定的事实予以补正而生效。效力待定的民事法律行为欠缺民事法律行为的生效条件,但这种欠缺是非实质性的,可以通过一定的事实加以补正。效力待定的民事法律行为一旦经过补正,即成为有效民事法律行为。

(3) 效力待定的民事法律行为的效力只能通过当事人意思以外的事实加以补正。效力待定的民事法律行为所欠缺的事项,不能由行为人自己的意思来补正,只能由他人的行为补正。

2. 效力待定的民事法律行为的类型

《民法典》第一百四十五条、第一百六十八条、第一百七十一条规定了效力待定的民事法律行为。效力待定的民事法律行为主要有以下3种类型。

(1) 限制民事行为能力依法不能独立实施的民事法律行为。《民法典》第一百四十五条规定,限制民事行为能力人实施的纯获利益的民事法律行为或者与其年龄、智力、精神健康状况相适应的民事法律行为有效;实施的其他民事法律行为经法定代理人同意或者追认后有效。故限制民事行为能力人依法不能独立实施的民事法律行为属于效力待定的民事法律行为。法定代理的追认权性质上属于形成权。仅凭其单方面意思表示就可以使得效力待定的合同转化为有效合同。

法律在保护限制民事行为能力人合法权益的同时,为避免合同相对人的利益因为合同效力待定而受损,特别规定了相对人的催告权和善意相对人的撤销权。相对人可以催告法定代理人在30日内予以追认。法定代理人未作表示的,视为拒绝。合同被追认之前,善意相对人有撤销的权利。撤销应当以通知的方式作出。其中的"善意"是指相对人在订立合同时不知道与其订立合同的人欠缺相应的行为能力。

(2) 无权代理人实施的民事法律行为。根据《民法典》第一百七十一条的规定,行为人没有代理权、超越代理权或者代理权终止后,仍然实施代理行为,未经被代理人追认的,对被代理人不发生效力。若无权代理行为构成表见代理,则为有效的民事法律行为。

相对人可以催告被代理人自收到通知之日起30日内予以追认。被代理人未作表示的,视为拒绝追认。被代理人已经开始履行民事法律行为中设定的义务的,视为对民事法律行为的追认。民事法律行为被追认之前,善意相对人有撤销的权利。撤销应当以通知的方式作出。行为人实施的行为未被追认的,善意相对人有权请求行为人履行债务或者就其受到的损害请求行为人赔偿,但是赔偿的范围不得超过被代理人追认时相对人所能获得的利益。相对人知道或者应当知道行为人无权代理的,相对人和行为人按照各自的过错承担责任。

无权代理异于无权处分。实践中,如果以有处分权人的名义实施处分行为,则属于无权代理。无权处分行为是指无权处分人在对他人财产(包括物和权利)没有处分权能的情况下,以自己的名义所实施的以引起财产权利变动(权利转移或者设定负担)为目的的民事法律行为。依据《民法典》第五百九十七条的规定，因出卖人未取得处分权致使标的物所有权不能转移的，买受人可以解除合同并请求出卖人承担违约责任。法律、行政法规禁止或者限制转让的标的物，依照其规定。

(3) 自己代理和双方代理的行为。所谓的自己代理是指代理人以被代理人名义与自己进行民事法律行为。例如，自然人甲委托乙购买无线键鼠，乙以甲的名义与自己订立合同，把自己的无线键鼠卖给甲。所谓的双方代理是指一人同时担任双方的代理人为同一民事法律行为。例如，甲受乙的委托购买笔记本电脑，又受丙的委托销售笔记本电脑，甲此时以乙丙双方的名义订立购销笔记本电脑的合同。

《民法典》第一百六十八条规定，代理人不得以被代理人的名义与自己实施民事法律行为，但是被代理人同意或者追认的除外。代理人不得以被代理人的名义与自己同时代理的其他人实施民事法律行为，但是被代理的双方同意或者追认的除外。

【例1-9】13岁男孩沈阳迷上了"鬼步舞"，在网上认识了一位主播并拜其为师。主播称可以教他跳舞，但必须"打赏"。沈阳瞒着家人偷偷"打赏"给主播2万多元。有人认为，沈阳是限制民事行为能力人，"打赏"主播2万多元的行为，其父母可主张撤销。也有人认为，限制民事行为能力人在进行网络交易时，因相对人无法判断其民事行为能力，为保护交易安全，其行为应当有效。请问：沈阳的行为效力如何？

【解析】沈阳的"打赏"行为，是效力待定的行为，其父母(法定代理人)对该行为不存在撤销的问题，只存在追认或者拒绝追认的问题。限制民事行为能力人的相对人分为善意和恶意两种，善意相对人只有撤销权，并无使合同生效的权利。若沈阳的父母拒绝追认，则"打赏"行为确定不生效(由效力待定转化为无效)。

(七) 附条件和附期限的民事法律行为

1. 附条件的民事法律行为

这是指在民事法律行为中指定一定的条件，把该条件的成就(或发生)或不成就(或不发生)作为民事法律行为效力的发生或终止的根据。

民事法律行为中所附的条件可以是事件，也可以是行为，但是能够作为民事法律行为所附条件的事实必须具备以下条件：①将来发生的事实，已发生的事实不能作为条件；②不确定的事实，即条件是否必然发生，当事人不能肯定；③当事人任意选择的事实，而非法定的事实；④合法的事实，不得以违法或违背道德的事实作为所附条件；⑤所限制的是法律行为效力的发生或消灭，而不涉及法律行为的内容，即不与行为的内容相矛盾。

《民法典》第一百五十九条规定，附条件的民事法律行为，当事人为自己的利益不正当地阻止条件成就的，视为条件已成就；不正当地促成条件成就的，视为条件不成就。

2. 附期限的民事法律行为

这是指在民事法律行为中指明一定的期限，把期限的到来作为民事法律行为生效或终止的依据。期限是必然到来的事实，这与附条件的民事法律行为所附的条件不同。民事法律行为所附期限可以是明确的期限，如某年某月某日，也可以是不确定的期限，如"某人死亡之日""果实成熟之时"等。

《民法典》第一百六十条规定，民事法律行为可以附期限，但是按照其性质不得附期限的除外。附生效期限的民事法律行为，自期限届至时生效。附终止期限的民事法律行为，自期限届满时失效。

【例1-10】下列各项中，属于有效民事法律行为的是(　　)。
A. 邱芬因故处于十分危急的境地，遂向谷雨借款，谷雨拒绝借款，但表示愿意按市场价购买邱芬的祖传珍宝一件，邱芬无奈只得同意
B. 斐闻患有间歇性精神病，在其患病期间模仿某电视剧情节写下遗嘱
C. 汪克与其外甥小唐约定，如果小唐考上重点小学，则赠与其2万元
D. 某照相机实际价格为7998元，营业员吴丽误看为1998元并售出

四、代理

(一) 代理的概念和特征

代理是指代理人在代理权限内，以被代理人的名义与第三人实施民事法律行为，由此产生的法律后果直接由被代理人承担的一种法律制度。代理中涉及三方当事人：本人(被代理人)、代理人、第三人(相对人)，如图1-5所示。

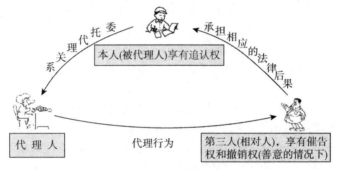

图1-5　代理法律关系

代理具有以下特征。

(1) 代理人以被代理人的名义实施法律行为。根据《民法典》的规定，代理人应以被代理人的名义实施代理行为。代理人如果以自己的名义实施民事法律行为，行为后果由自己承受，法律另有规定的除外(《民法典》第九百二十五条、第九百二十六条)。代理人只有以被代理人的名义进行代理活动，才能直接为被代理人取得权利、设定义务。

(2) 代理人在代理权限内独立地为意思表示。根据《民法典》的规定，代理人应在代理权限内实施代理行为。委托代理人应按照被代理人的委托行使代理权，法定代理人依照法律的规定行使代理权。代理人在代理权限内，有权根据情况，独立地进行判断，并进行意思表示。非独立进行意思表示的行为，不属代理行为，如传递信息、居间行为等均不属代理行为。

(3) 代理人直接向第三人进行意思表示。代理行为的目的在于与第三人设立、变更或终止权利义务关系。因此，只有代理人直接向第三人为意思表示，才能实现代理的目的。这使代理行为与其他委托行为，如代人保管物品等行为区别开来。

(4) 代理行为的法律效果直接归属于被代理人。代理行为是在代理人与第三人之间进行的，但却在被代理人与第三人之间设立、变更或终止了某种权利义务关系，因此，其法律后果当然也应由被代理人承担。该法律后果既包括对被代理人有利的法律后果，也包括不利的法律后果。这使代理行为与无效代理行为、冒名欺诈等行为区别开来。

(二) 代理的适用范围

《民法典》第一百六十一条规定，民事主体可以通过代理人实施民事法律行为。依照法律规

定、当事人约定或者民事法律行为的性质,应当由本人亲自实施的民事法律行为,不得代理。一般认为,代理的事项一般仅限于民事法律行为中的财产行为。下列行为不能代理:①违法行为不得代理;②事实行为即非表意行为不得代理;③民事法律行为中的身份行为不得代理,如结婚、离婚、遗嘱等均不得代理;④依照法律规定或按照双方当事人的约定,应当由本人亲自进行的民事法律行为,不得代理。

(三) 代理的种类

根据《民法典》第一百六十三条规定,代理包括委托代理和法定代理两类。委托代理人按照被代理人的委托行使代理权。法定代理人依照法律的规定行使代理权。

1. 委托代理

这是基于被代理人的委托而发生的代理。被代理人的委托可以基于授权行为发生,也可依据合伙关系、职务关系等发生。委托代理中的授权行为一般以代理证书(亦称授权委托书)的形式表现。根据《民法典》第一百六十五条的规定,委托代理授权采用书面形式的,授权委托书应当载明代理人的姓名或者名称、代理事项、权限和期间,并由被代理人签名或者盖章。实际生活中,介绍信也被作为授权委托书使用,具有单独的证明力。实践中,代理人实施代理行为,只需出具授权委托书,即可表明其代理权的存在。授权委托书的各种事项应记载明确,授权委托书授权不明的,应作出不利于被代理人的解释;同时,被代理人应当对第三人承担民事责任,代理人负连带责任。

《民法典》第一百七十条规定,执行法人或者非法人组织工作任务的人员,就其职权范围内的事项,以法人或者非法人组织的名义实施的民事法律行为,对法人或者非法人组织发生效力。法人或者非法人组织对执行其工作任务的人员职权范围的限制,不得对抗善意相对人。这一规定将职务代理(根据其所担任的职务而产生的代理)纳入委托代理的范畴。实践中,商店售货员出卖商品于顾客的行为、公司采购员以公司名义与第三人签订买卖合同的行为、公交车售票员售票给乘客的行为等,均为职务代理行为。

2. 法定代理

这是基于法律的直接规定而发生的代理。法定代理通常适用于被代理人是无行为能力人、限制行为能力人的情况。法律如此规定的目的在于保护处于特定情形下的民事主体的利益,维护交易安全。

(四) 代理权的行使

1. 代理权行使的一般要求

代理人行使代理权应以符合被代理人利益的方式亲自实施代理行为;同时,应谨慎、勤勉、忠实地处理好被代理人的事务以增进被代理人的福利。代理人不得利用代理权为自己牟取私利。

2. 代理权滥用的禁止

代理人不得滥用代理权。常见的代理权滥用的情况有:①代理他人与自己进行民事活动(但是他人同意或者追认的除外);②代理双方当事人进行同一民事行为(但是被代理的双方同意或者追认的除外);③代理人与第三人恶意串通,损害被代理人的利益。法律禁止代理权的滥用。滥用代理权的行为,视为无效代理。代理人滥用代理权给被代理人及他人造成损害的,应承担相应的赔偿责任。

【例1-11】 乙行政机关依法委托专门从事政府采购代理业务的甲公司代理采购一批专用设备，并授权甲公司与中标供应商签订采购合同。甲公司在与中标供应商签订采购合同时，双方秘密商定，甲公司在若干合同条款上对中标供应商予以照顾，中标供应商作为答谢提供给甲公司一批办公设备。请问：甲公司代理签订采购合同的行为是否有效？由此给乙行政机关造成的损失应由谁承担责任？

【解析】 根据《民法典》第一百五十四条的规定，行为人甲公司与相对人中标供应商恶意串通，损害乙行政机关合法权益的民事法律行为无效。依照《民法典》第一百六十四条第二款的规定，代理人甲公司和相对人中标供应商恶意串通，损害了被代理人乙行政机关的合法权益，应当承担连带责任。

（五）无权代理

1. 无权代理的概念

无权代理是指行为人没有代理权而以他人名义进行的民事行为。无权代理并非代理的种类，而仅仅具有代理的表象却因其欠缺代理权而不产生代理效力的行为。无权代理有广义和狭义之分。广义的包括狭义无权代理和表见代理。所谓狭义无权代理，是指行为人不仅没有代理权，也没有使第三人信其有代理权的表征，而以本人的名义所为之代理。在我国，无权代理一般指前者，包括根本未经授权的代理、超越代理权的代理和代理权终止后而为的代理三种情况。

2. 无权代理的法律后果

无权代理行为实施后，在被代理人与相对人、行为人与相对人、行为人与被代理人之间均发生一定的关系。

（1）被代理人与相对人之间的关系。无权代理行为属于效力待定的民事法律行为，其是否对被代理人产生效力取决于被代理人是否追认。如果被代理人追认了无权代理行为，该行为即发生有权代理的后果，对被代理人产生效力；反之亦反。

相对人享有催告权和撤销权。《民法典》第一百七十一条第二款规定，相对人可以催告被代理人自收到通知之日起30日内予以追认。被代理人未作表示的，视为拒绝追认。行为人实施的行为被追认前，善意相对人有撤销的权利。撤销应当以通知的方式作出。

（2）行为人与相对人之间的关系。在被代理人不追认无权代理行为时，无权代理的行为人应向相对人承担民事责任。依据《民法典》第一百七十一条第三款规定，行为人实施的行为未被追认的，善意相对人有权请求行为人履行债务或者就其受到的损害请求行为人赔偿，但是，赔偿的范围不得超过被代理人追认时相对人所能获得的利益。

（3）行为人与被代理人之间的关系。在被代理人未追认无权代理行为时，若该行为是为了使被代理人的利益免受损害而实施的，则行为人与被代理人之间可发生无因管理关系；若该行为损害了被代理人的利益，则其行为可构成侵权行为，行为人应向被代理人负赔偿责任。如果相对人知道或者应当知道行为人无权代理的，相对人和行为人按照各自的过错承担责任。

【例1-12】 甲用伪造的乙公司公章，以乙公司名义与不知情的丙公司签订了食用油买卖合同，以次充好，将劣质食用油卖给丙公司。合同没有约定仲裁条款。关于该合同，下列表述正确的是（　　）。

A. 如乙公司追认，则丙公司有权通知乙公司撤销

B. 如乙公司追认，则丙公司有权请求法院撤销

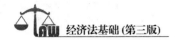

C. 无论乙公司是否追认，丙公司均有权通知乙公司撤销

D. 无论乙公司是否追认，丙公司均有权请求乙公司履行

【解析】本题涉及无权代理行为、可撤销的民事法律行为的效力，答案为 B。无权代理属于效力待定的民事法律行为，在该合同被乙公司追认前，善意相对人丙公司有权以通知的方式撤销合同；但若乙公司已追认，则丙公司无权以通知的方式撤销合同；如乙公司不追认，则丙公司无权请求乙公司履行合同。同时，甲以乙公司的名义将劣质食用油卖给丙公司，构成受欺诈的民事法律行为，属于可撤销的民事法律行为，若乙公司已追认，丙公司有权请求法院撤销该合同。

（六）表见代理

1. 表见代理的概念与特征

表见代理是指没有代理权、超越代理权或者代理权终止后的无权代理人，以被代理人名义进行的民事行为在客观上使善意第三人（或相对人）相信其有代理权而实施的代理行为。例如，有些企业为了提高工作效率，将印章、合同章、单位的空白证明信、空白委托书、空白合同文本等交给代理人去办理某项业务，但是如果代理人办理的业务并非企业实际要求他办理的业务，或是虽为授权业务，但在价格、数量等方面超出了企业的实际授权，善意相对人并不知道，在这种情况下所为的民事行为，构成表见代理。企业不能以"实际未交代代理人为某项法律行为"为由，拒绝承担表见代理的责任。

《民法典》第一百七十二条确立了表见代理制度，规定行为人没有代理权、超越代理权或者代理权终止后，仍然实施代理行为，相对人有理由相信行为人有代理权的，代理行为有效。

【例1-13】甲公司业务员刘蓓未经公司同意，利用盖有公司公章的空白合同书与不知情的乙公司订立了一份买卖钢材的合同。乙公司按合同约定向甲公司交付钢材后，未得到价款。请问：乙公司的债务应由谁承担？

【解析】根据我国法律规定，乙公司的债务应由甲公司承担。

实践中，导致表见代理产生的情形主要有：被代理人对第三人表示已将代理权授予他人，而实际并未授权；被代理人将某种有代理权的证明文件（如盖有公章的空白介绍信、空白合同文本、合同专用章等）交给他人，他人以该种文件使第三人相信其有代理权并与之进行法律行为；代理授权不明；代理人违反被代理人的意思或者超越代理权，第三人无过失地相信其有代理权而与之进行法律行为；代理关系终止后未采取必要的措施而使第三人仍然相信行为人有代理权，并与之进行法律行为。

表见代理实质上是无权代理，是广义无权代理的一种。如果无权代理行为均由被代理人追认决定其效力的话，会给善意第三人造成损害，因此，在表见的情形之下，规定由被代理人承担表见代理行为的法律后果，更有利于保护善意第三人的利益，维护交易安全，并以此强化代理制度的可信度。

2. 表见代理的构成要件

一般认为，构成表见代理应具备以下条件。

(1) 行为须符合代理的表面要件且行为人无代理权。即行为人须以被代理人的名义进行活动，与第三人缔结民事关系。无代理权是指实施代理行为时无代理权或者对于所实施的代理行为无代理权。

(2) 须有使第三人相信行为人具有代理权的事实或理由。这一要件是以行为人与被代理人之间存在某种事实上或者法律上的联系为基础的。这种联系是否存在或者是否足以使第三人相信行为人有代理权,应依一般交易情况而定。通常情况下,行为人持有被代理人发出的证明文件,如被代理人的介绍信、盖有合同专用章或者盖有公章的空白合同书,或者被代理人向相对人所作法人授予代理权的通知或者公告,这些证明文件构成认定表见代理的客观依据。对上述客观依据,依《民法典》的规定,第三人负有举证责任。在我国司法实践中,盗用他人的介绍信、合同专用章或者盖有公章的空白合同书签订合同的,一般不认定为表见代理,但被代理人应负举证责任,如不能举证则构成表见代理。对于借用他人介绍信、合同专用章或者盖有公章的空白合同书签订的合同,一般不认定为表见代理,由出借人与借用人对无效合同的法律后果负连带责任。

(3) 须第三人为善意且无过失。即第三人不知行为人所为的行为系无权代理行为。如果第三人出于恶意,即明知他人为无权代理,仍与其实施民事行为,不构成表见代理。《民法典》第一百七十一条第四款规定,相对人知道或者应当知道行为人无权代理的,相对人和行为人按照各自的过错承担责任。

(4) 须行为人与第三人之间的民事行为具备民事法律行为的有效要件。即行为人具有相应的民事行为能力、意思表示真实、内容不违背法律禁止性规定或者社会公共利益。

3. 表见代理的法律后果

(1) 表见代理成立,订立的合同有效,表见代理中的相对人不享有《民法典》第一百七十一条关于狭义无权代理产生的撤销权。

(2) 本人(被代理人)对相对人(善意第三人)承担民事责任。表见代理被认定成立后,其在法律上产生的后果同有权代理的法律后果一样,即由被代理人对代理人实施的代理行为承担民事责任。

(3) 代理人对本人(被代理人)承担民事赔偿责任。被代理人因表见代理成立而承担民事责任,因此给被代理人造成损失的,被代理人有权根据是否与代理人有委托关系、代理人是否超越代理权以及代理权是否已经终止等不同的情况,以及无权代理人的过错情况,依法请求无权代理人给予相应的赔偿。无权代理人应当赔偿给被代理人造成的损失。

(4) 无权代理人对被代理人的费用返还请求权。表见代理的法律后果使被代理人的利益受到损害时,无权代理人应依法赔偿。同时,并非所有的表见代理的法律后果都必然对被代理人不利,当表见代理的法律后果是使被代理人从中受益时,根据公平原则,权利义务应当对等,无权代理人有权要求被代理人支付因实施代理行为而支出的相关的合理费用。

课堂讨论

张莉是某公司的负责人兼业务主管,近期准备出国考察。出国前的 2020 年 2 月 18 日,张莉在电话中告知其老客户李煜:出国期间的公司业务将全权委托好友王鸿代为办理,欢迎继续合作。事后,张莉因出国仓促并未将委托之事告知王鸿。在张莉出国期间,李煜找到王鸿欲订购张莉公司的一批货物。王鸿因担心好友失去交易机会,便与李煜订立了一份货物买卖合同。2020 年 6 月 18 日,张莉回国,发现合同价格不合理,遂提出王鸿没有代理权,该合同自始无效。如果李煜向人民法院起诉张莉,你认为该案应如何处理?

五、诉讼时效

(一) 诉讼时效的概念与特征

诉讼时效,是指权利人在法定期间内不行使权利而失去诉讼保护的制度。诉讼时效期间,是指权利人请求法院或者仲裁机关保护其民事权利的法定期间。

诉讼时效期间届满，权利人丧失的是胜诉权，即丧失依诉讼程序强制义务人履行义务的权利；权利人的实体权利并不消灭，债务人自愿履行的则不受诉讼时效限制。

1. 诉讼时效的特征

(1) 有债权人不行使权利的事实状态存在，而且该状态持续了一段期间。

(2) 诉讼时效期间届满时消灭的是胜诉权，并不消灭实体权利。这意味着：①诉讼时效届满后，不影响债权人提起诉讼，即不丧失起诉权；义务人可以提出不履行义务的抗辩，但权利本身及请求权并不消灭。②债权人起诉后，如果债务人主张诉讼时效的抗辩，法院在确认诉讼时效届满的情况下，应驳回其诉讼请求，即债权人丧失胜诉权；当事人未提出诉讼时效抗辩，人民法院不应对诉讼时效问题进行释明及主动适用诉讼时效的规定进行裁判。③诉讼时效期间届满后，义务人同意履行的，不得以诉讼时效期间届满为由抗辩；义务人已自愿履行的，不得请求返还。

(3) 诉讼时效具有法定性和强制性。《民法典》第一百九十七条规定，诉讼时效的期间、计算方法以及中止、中断的事由由法律规定，当事人约定无效。当事人对诉讼时效利益的预先放弃无效。

2. 规定诉讼时效的主要目的

(1) 督促权利人及时行使权利。诉讼时效规定体现的是，如果权利人享有权利但不积极地行使，将产生权利消灭的法律后果。诉讼时效体现了法律保护勤勉者(积极行使权利者)，不保护懒惰者的原则。

(2) 维护既定的法律秩序的稳定。权利人长期不向义务人主张权利，就会使义务人认为权利人已经放弃其请求权，从而形成一种稳定的社会秩序和法律秩序。如果在经过相当长的时间后，权利人才行使权利，就会导致已经稳定的社会秩序遭到破坏，不利于法律秩序的稳定。

(3) 有利于证据的收集和判断，并及时解决纠纷。如果权利人长期不行使权利，有些事实和证据可能因年代久远，难以查证。法律规定诉讼时效，使当事人和法院免受陈年旧账的困扰。

诉讼时效不同于除斥期间。除斥期间是指法律规定某种权利预定存续的期间，债权人在此期间不行使权利，预定期间届满，便可发生该权利消灭的法律后果。二者在适用对象、性质、法律效力等方面均有不同。

知识拓展 1-8

诉讼时效与除斥期间的关联

(二) 诉讼时效的适用范围

诉讼时效并非适用于所有的请求权，根据《民法典》第一百九十六条规定，下列请求权不适用诉讼时效的规定：请求停止侵害、排除妨碍、消除危险；不动产物权和登记的动产物权的权利人请求返还财产；请求支付抚养费、赡养费或者扶养费；依法不适用诉讼时效的其他请求权。

《民法典》第一百九十八条规定，法律对仲裁时效有规定的，依照其规定；没有规定的，适用诉讼时效的规定。

(三) 诉讼时效的种类与起算

1. 诉讼时效的种类

诉讼时效的种类、期间都是法定的，不同的诉讼时效有不同的期间，不同的诉讼时效有不同的起算时间。根据《民法典》规定，诉讼时效有以下几种。

(1) 普通诉讼时效。除了法律有特别规定，民事权利适

用普通诉讼时效期间。《民法典》第一百八十八条规定，向人民法院请求保护民事权利的诉讼时效期间为 3 年。法律另有规定的，依照其规定。

(2) 特别诉讼时效。特别诉讼时效也称特殊诉讼时效，是指由民事单行法特别规定的仅适用于法律特殊规定的民事法律关系的诉讼时效。

(3) 最长诉讼时效。最长诉讼时效是指期间为 20 年的诉讼时效期间。根据《民法典》第一百八十八条的规定，自权利受到损害之日起超过 20 年的，人民法院不予保护。与其他诉讼时效相比，最长诉讼时效期间从权利被侵害时计算，而非从权利人知道或者应当知道之时起算。最长诉讼时效期间可以适用诉讼时效的延长，但不适用诉讼时效期间的中断、中止等规定。

特别诉讼时效的相关规定

2. 诉讼时效的起算

诉讼时效的起算是指诉讼时效期间开始计算的时点。《民法典》第一百八十八条第二款规定，诉讼时效期间自权利人知道或者应当知道权利受到损害以及义务人之日起计算。法律另有规定的，依照其规定。所谓知道是指权利人明确知悉其权利受到损害的事实和义务人；所谓应当知道是指根据客观事实，推定权利人知悉权利受到损害的事实和义务人。权利人于何时才为知道或者应当知道权利受到损害，在不同的情形下有不同的标准。

(四) 诉讼时效期间的中止、中断和延长

1. 诉讼时效期间的中止

诉讼时效的中止是指在诉讼时效期间的最后 6 个月内，因法定事由的发生，致使权利人不能行使请求权，暂停计算时效期间，待中止的事由消除后，再继续计算诉讼时效期间的法律制度。

依照《民法典》第一百九十四条的规定，诉讼时效中止的法定事由包括：①不可抗力；②无民事行为能力人或者限制民事行为能力人没有法定代理人，或者法定代理人死亡、丧失民事行为能力、丧失代理权；③继承开始后未确定继承人或者遗产管理人；④权利人被义务人或者其他人控制；⑤其他导致权利人不能行使请求权的障碍。

自中止时效的原因消除之日起满 6 个月，诉讼时效期间届满。

2. 诉讼时效期间的中断

诉讼时效的中断是指在诉讼时效进行中，因法定事由的发生，致使已经经过的诉讼时效期间全归无效，待中断时效的事由消除后，重新开始计算诉讼时效期间的法律制度。

依照《民法典》第一百九十五条的规定，有下列四种情形之一的，诉讼时效中断，从中断、有关程序终结时起，诉讼时效期间重新计算：①权利人向义务人提出履行请求；②义务人同意履行义务；③权利人提起诉讼或者申请仲裁；④与提起诉讼或者申请仲裁具有同等效力的其他情形。

3. 诉讼时效期间的延长

诉讼时效期间的延长是指在诉讼时效期间届满后，权利人基于某种正当理由要求法院根据具体情况延长时效期间，经法院审查确认后决定延长的制度。所谓正当理由，是指权利人因有客观的障碍在法定期间内不能行使请求权的特殊情况。

【例 1-14】甲公司开发的系列楼盘由乙公司负责安装电梯设备。乙公司完工并验收合格投入使用后，甲公司一直未支付工程款，乙公司也未催要。诉讼时效期间届满后，乙公司组织工人到甲公司讨要。因高级管理人员均不在，甲公司新录用的法务小王，擅自以公司名义签署了同意履行付款义务的承诺函，工人们才散去。其后，乙公司提起诉讼。关于本案的诉讼时效，

下列说法正确的是( )。
A. 甲公司仍可主张诉讼时效抗辩
B. 因乙公司提起诉讼,诉讼时效中断
C. 法院可主动适用诉讼时效的规定
D. 因甲公司同意履行债务,其不能再主张诉讼时效抗辩
【解析】本题涉及的是诉讼时效的效力,答案为 A 项。

实务应用

实践中,如何撰写借条以保障当事人的合法权益?在撰写借条时应注意哪些问题?

法务拓展

当债权超过诉讼时效时,可以采用哪些方法进行补救以降低法律风险?

(1) 要求债务人在债务履行通知书上签字或盖章。依据法律规定,在债权超过诉讼时效期间后,债务人又在履行债务通知单上签字或盖章的,视为对旧债务的重新确认。因此,该债权应当得到保护。此规定对于已超过诉讼时效期间的债权人的补救提供了很好的办法。

(2) 签订还款协议。超过诉讼时效期间,当事人双方就原债务达成的还款协议,属于新的债权债务关系,应当依法予以保护。签订还款协议意味着债权债务人对原债权债务进行了调整,同时,在当事人之间形成了新的债权,其诉讼时效可以独立计算。

(3) 更新合同。合同的更新是当事人签订一个新的合同来代替旧的合同,借新还旧是典型的合同更新。它与还款协议的区别在于:还款协议只改变了原来合同的部分内容,而合同更新则完全改变了原来的旧合同。旧合同的诉讼时效随之废止,诉讼时效按新合同签订的时间计算。

(4) 债务人放弃"超过诉讼时效期间"的抗辩。超过诉讼时效期间是债权人丧失胜诉权的法定事由,无论当事人是否就此起诉,法院在查知债权超过诉讼时效时,都不能判决债权人胜诉。若债权人能与债务人继续合作或进行友好谈判,促使债务人放弃丧失胜诉权的抗辩,且债务人自愿履行的,债权人享有受领权。

第三节 经济纠纷的解决

经济法律关系的主体在经济管理和经济活动中不可避免地会产生争议。为了保护当事人的合法权益,维护社会经济秩序,必须利用有效的手段及时处理这些争议。通常处理这些争议的方式有:当事人互相协商、进行行政调解、提交仲裁机构裁决、提起诉讼。

在解决当事人发生的经济纠纷的过程中,如果当事人通过协商或调解不能解决争议的,最主要的解决争议的方式有仲裁和诉讼,这是两种不同的争议解决方式。当事人发生争议只能在仲裁或者诉讼两种方式中选择一种解决方式。《中华人民共和国仲裁法》(以下简称《仲裁法》)第五条规定,当事人达成仲裁协议,一方向人民法院起诉的,人民法院不予受理,但仲裁协议无效的除外。据此,有效的仲裁协议可排除法院的管辖权,只有在没有仲裁协议或者仲裁协议无效,或者当事人放弃仲裁协议的情况下,法院才可以行使管辖权,以下分别加

以说明。

一、仲裁

仲裁是指经济法的各方当事人依照事先约定或事后达成的书面仲裁协议，共同选定仲裁机构并由其对争议依法作出具有约束力裁决的一种活动。

根据《仲裁法》的规定，仲裁机构是由直辖市和省、自治区人民政府所在地的市以及其他设区的市的人民政府组织有关部门和商会统一组建的仲裁委员会。仲裁委员会独立于行政机关，与行政机关没有隶属关系，仲裁委员会之间也没有隶属关系。中国仲裁协会是社会团体法人，是仲裁委员会的自律性组织。

当事人申请仲裁，应当具备以下条件：①有仲裁协议。该协议包括事先在合同中约定的仲裁条款，也包括事后达成的书面仲裁协议。仲裁协议一经成立，即具有法律效力。实践中，仲裁协议一般可采用下列推荐条款："凡因本合同引起的或与本合同有关的任何争议，均提交×××仲裁委员会，按照申请仲裁时该会现行有效的仲裁规则进行仲裁。仲裁地点在×××。仲裁裁决是终局的，对双方均有约束力。"②有具体的仲裁请求和所依据的事实、理由。③属于仲裁委员会受理的范围。④受理仲裁的仲裁机构有管辖权。

仲裁委员会受理仲裁申请后，应当按照法定要求组成仲裁庭。仲裁庭作出裁决前，可以先行调解。当事人自愿调解的，仲裁庭应当调解。调解不成的，应当及时作出裁决。调解达成协议的，仲裁庭应当制作调解书或根据协议结果制作裁决书。调解书与裁决书具有同等法律效力。仲裁庭根据多数仲裁员的意见作出裁决，并制作裁决书，裁决书自作出之日起发生法律效力。

如果当事人一方不履行裁决的，另一方当事人可以依照《中华人民共和国民事诉讼法》（以下简称《民事诉讼法》）的有关规定向人民法院申请执行。

二、诉讼

诉讼是指当事人不能通过协商解决争议，而在人民法院起诉、应诉，请求人民法院通过审判程序解决纠纷的活动。

根据《民事诉讼法》的规定，当事人提起诉讼必须符合下列条件：①原告是与本案有直接利害关系的公民、法人和其他组织；②有明确的被告；③有具体的诉讼请求和事实、理由；④属于人民法院受理民事诉讼的范围和受诉人民法院管辖。

知识拓展 1-10

民事起诉书

当事人起诉除了须具备《民事诉讼法》规定的有关条件外，还须具备以下条件：①当事人没有事先或事后约定由仲裁机构裁决的协议；②当事人没有就同一事实、同一诉讼标的再行向法院提起诉讼。

我国人民法院审理经济纠纷案件实行两审终审制。经济纠纷的诉讼一般包括一审程序、二审程序、执行程序三个阶段。不经过一审，不能进入二审程序，但并非每一案件必须经过这三个阶段。如果一审判决、裁定作出后，当事人不上诉或在法定期限内未上诉以及一审经过调解结案，则不发生二审程序，一审判决、裁定即发生法律效力。当事人不服一审判决、裁定而上诉，则进入二审程序。二审为终审，从二审判决、裁定作出之日起即发生法律效力。当事人不履行发生效力的判决、裁定，另一方当事人可以向法院申请强制执行。当事人对生效的判决、裁定仍不服的，可在 2 年内申请再审，但不影响判决、裁定的执行。

判决是指法院对民事案件依法定程序审理后,对案件的实体问题依法作出的具有法律效力的结论性判定。裁定是指法院在审理民事案件的过程中,对有关诉讼程序的事项作出的判定。两者都是国家行使审判权,依照法定程序作出的具有法律效力的结论性判定。两者的区别是:①判决解决的是案件的实体问题,是对当事人的实体争议和请求所作出的结论;裁定是解决诉讼中的程序事项,主要是法院行使指挥、协调诉讼活动权能的体现。②裁定发生于诉讼的各阶段,一个案件可能有多个裁定。判决在案件审理终结时作出,一般一个案件一个判决。③裁定可采用书面形式,也可采用口头形式,判决只能采用书面形式。④除不予受理、对管辖权的异议、驳回起诉的裁定可以上诉外,其他裁定一律不准上诉,一审判决则可以上诉。可以上诉的裁定,当事人有权在裁定书送达之日起 10 日内向上一级人民法院提起上诉;当事人不服第一审判决的,有权在判决书送达之日起 15 日内向上一级人民法院提起上诉。

 法务拓展

实践中,企业的经营者和管理者应将"在基本合法合规的前提下谋求企业利益最大化"作为基本原理贯穿企业生产经营的各个环节。

作为企业经营者和管理者,如何看待企业法律纠纷,对其处理持何种态度,怎样应对法律纠纷,不仅关系个案成败和利益得失,有时会影响企业经营秩序和声誉,甚至关乎企业生死存亡。

某一法律纠纷案件发生后,企业应对该案的形成进行系统分析并采取相应的措施。实践证明,对法律纠纷案件主动实施有效管理,不仅可以使企业减少损失,而且可以创造价值,使案件处理服从、服务于企业发展战略和中心工作,最终实现企业利益的最大化。

综合实训

一、判断题

1. 法律产生于社会经济生活的客观需要。（   ）
2. 法律具有鲜明的阶级性,因而法律的内容不可能具有科学性。（   ）
3. 现代社会条件下,仅依靠法律手段就可以实现对社会生活的有效治理。（   ）
4. 法律不仅是一种应被遵守的行为规范,还是一种重要的生产要素。（   ）
5. 经济法是一个独立的法律部门。（   ）
6. 任何经济现象和经济问题都可以由经济法来调整。（   ）
7. 行为人只有年满 18 周岁才是完全民事行为能力人。（   ）
8. 善意取得制度适用于一切动产和不动产。（   ）
9. A 公司未授权张涌代理权。某日,张涌以 A 公司的名义与 B 公司签订了购买 150 台电视机的买卖合同,A 公司得知后对张涌无权代理的行为未作否认表示,该买卖合同应由 A 公司履行。（   ）
10. 诉讼时效期间届满,权利人便不能向人民法院起诉。（   ）

二、单项选择题

1. 根据我国相关法律规定,下列情形中不能形成法律关系的是（   ）。

    A. 沈阳购买了丙公司生产的"南洋"牌暖手宝,在正常使用过程中因暖手宝爆炸致残

    B. 樊威欲在某银行自动取款机上取款 800 元,正常操作后,ATM 机"吐"出钱款 5600 元

C. 李亦辰在第二军医大学第三附属医院上海东方肝胆外科医院进行肝切除手术
D. 李逵因赌博欠宋江 3 万元

2. 下列行为中，属于民事法律行为的是( )。
   A. 甲殴打乙致伤的行为
   B. 甲赠与乙 1 万元的行为
   C. 甲为香客，赴寺庙进香的行为
   D. 甲有朋友来拜访，甲不在，乙代为招待的行为

3. 甲与乙签订了一份房屋租赁合同。合同约定，在甲搬入新居后，将甲现居住的房屋出租给乙。这一民事法律行为属于( )。
   A. 附始期的民事法律行为
   B. 附终期的民事法律行为
   C. 附延缓条件的民事法律行为
   D. 附解除条件的民事法律行为

4. 下列情形中，属于有效民事法律行为的是( )。
   A. 限制行为能力人甲临终立下遗嘱："我死后，我的全部财产归大姐"
   B. 甲、乙双方约定，若乙将与甲有宿怨的丙殴伤，甲愿付乙酬金 5000 元
   C. 甲因妻子病重，急需医药费，遂向乙筹款。乙提出，可按市场价买下甲的祖传清代青花瓷瓶，甲应允
   D. 甲要求乙为其债务提供担保，乙拒绝。甲向乙出示了自己掌握的乙虚开增值税发票的证据，并以检举相要挟。乙被迫为甲出具了担保函

5. 甲建筑安装公司从乙家电设备制造厂购进了 1000 只电源开关，价值 1 万元，但回来经检测发现其中 300 只电源开关的质量不合格。经双方协商，乙工厂同意全部退货。但甲公司退货后几经催讨都未取得退货款。后来乙工厂被丙电力设备公司兼并，成为其分公司。对于这 1 万元债务，应由( )。
   A. 乙承担
   B. 丙承担
   C. 乙与丙共同承担
   D. 乙与丙分担

6. 某日，公交司机李闯驾驶公共汽车在正常拐弯时，突然发现前面不远处赵芍驾驶一辆汽车违章迎面驶来，为避免车祸发生，李闯将车向右一拐，驶入人行道，却将人行道上的王利撞伤。对于王利的损失应由( )。
   A. 李闯承担
   B. 公交公司承担
   C. 赵芍承担
   D. 李闯与赵芍共同承担

7. 由于银行系统错误，王辰的存款账户多出 100 000 元存款。王辰将该 100 000 元存款取出 10 000 元用于日常消费。1 个月后银行发现了系统错误，要求王辰退钱，假定 90 000 元一个月的存款利息约为 450 元，则王辰应当退还( )。
   A. 100 000 元
   B. 100 450 元
   C. 90 000 元
   D. 100 500 元

8. 张扎开了一家小商店，某日，因急事需要离开，遂叫来店看望自己的好友王咏代为看店。恰好赵仁到商店购物，王咏将店里挂着的一套西服以市价卖给了赵仁。不料，该西服是张扎的弟弟准备结婚用的，张扎赶紧找到赵仁，要求退衣还款，赵仁不同意，为此引发纠纷。下列说法正确的是( )。
   A. 王咏的行为是无权代理，买卖行为无效
   B. 王咏的行为是表见代理，买卖行为有效
   C. 西服买卖显失公平，赵仁应该退衣还款
   D. 西服买卖乘人之危，赵仁应该退衣还款

9. 甲委托同村的乙代为带回一匹马。但乙在牧区未遇上好马，担心甲家中活重，就未买马，自己带回良骥一匹。甲将骥领回，并付给乙相应款项。下列说法中正确的是( )。
   A. 甲的领骥行为是基于对乙表见代理的接受
   B. 甲的领骥行为是基于对乙无权代理的追认
   C. 甲的领骥行为是基于对乙委托代理的承受
   D. 甲的领骥行为是基于与乙的买卖关系的受领

10. 张恒和李凡受甲鞋店委托，去外地买一批皮鞋，其时，张恒与某乡办鞋厂勾结，购进一批劣质皮鞋，李凡并不知情。张恒得了好处后，送了一条高档香烟给李凡，李凡因为张恒是其师傅，也未多问。此案中，应由( )对甲负连带责任。
    A. 张恒与李凡
    B. 张恒与乡办鞋厂

C. 李凡与乡办鞋厂　　　　　　　　　　D. 张恒、李凡和乡办鞋厂

11. 甲向乙借款 50 万元,双方约定一年后偿还。借款后,乙因与甲为好朋友,碍于情面,一直未向甲催要。至第四年,乙因资金周转困难,向甲要求还钱。甲拒绝归还,为此双方引起纠纷。对此下列表述正确的是(　　)。
    A. 乙对甲的债权诉讼时效中止,甲应向乙还钱
    B. 乙对甲的债权诉讼时效未过,甲应向乙还钱
    C. 乙对甲的债权诉讼时效中断,甲应向乙还钱
    D. 乙对甲的债权诉讼时效已过,甲可以拒绝还钱

12. 甲向首饰店购买钻石戒指一枚,标签证明该钻石为天然钻石,买回后即被人告知实为人造钻石。甲遂多次与首饰店交涉,历时一年零三个月,未果。现甲欲以欺诈为由诉请法院撤销该买卖关系,则甲的诉讼请求(　　)。
    A. 可以得到支持,因未过诉讼时效
    B. 可以得到支持,因首饰店主观上存在欺诈故意
    C. 可以得到支持,因双方系因重大误解订立合同
    D. 不可以得到支持,因已超过行使撤销权的 1 年除斥期间

13. 甲将自己的一套房屋出售给乙,双方于 2 月 5 日达成协议,乙于 2 月 6 日付清款项,拿到房间钥匙,并于 2 月 7 日搬进房屋,2 月 8 日双方办理过户手续。乙取得该房屋所有权的时间是(　　)。
    A. 2 月 5 日　　　　B. 2 月 6 日　　　　C. 2 月 7 日　　　　D. 2 月 8 日

14. 甲有一辆宝马汽车,因要到境外旅游一个月,担心汽车失窃,便委托好友乙保管。乙因买房钱紧,便以自己的名义将该车卖给丙,丙交付了钱款,取车时乙以车被朋友借走为由多次拖延。甲回国后得知此事,立即将车取回,为此发生纠纷。下列表述正确的是(　　)。
    A. 乙卖车的行为属于无权代理　　　　B. 丙有权请求甲向其交付汽车
    C. 丙有权请求乙向其交付汽车　　　　D. 丙有权请求乙向其赔偿损失

三、多项选择题

1. 王蕊和路遥均为 2004 年 5 月 1 日出生。由于家境优越,2020 年王蕊仍在父母的资助下读高中,无任何收入;而家境贫寒的路遥却中途辍学在火锅店打工,靠自己的收入养活自己。二人实施的下列行为中,有效的是(　　)。
    A. 王蕊以自己的压岁钱 1.98 万元购买了一台水果牌电脑
    B. 王蕊免除了路遥对自己的 2 万元债务
    C. 路遥与余果签订了一份房屋买卖合同
    D. 路遥将自己的 1.25 万元积蓄捐给了希望工程
    E. 路遥利用空闲时间做天天快递公司的派件员,并按件计酬

2. 村民甲因外出打工,将自己的一头水牛委托乙照料。乙因儿子结婚急需用钱,遂将该水牛以自己的名义按市价卖给陌生人丙。甲得知后,要求丙返还水牛。对此,下列判断正确的是(　　)。
    A. 甲有权要求丙返还水牛并承担侵权责任　　B. 乙丙所订合同为无效合同
    C. 乙卖牛的行为属于无权代理行为　　　　　D. 乙卖牛的行为属于无权处分行为
    E. 丙已经取得水牛的所有权,理由是善意取得

3. 甲向乙借款,并以自有房屋一套为乙设定抵押并办理了抵押登记,登记日期为 5 月 10 日。6 月 10 日,甲又以该房屋为债权人丙设定抵押,但一直拒绝办理抵押登记。9 月 10 日,甲擅自将该房屋转让给丁,双方签订了买卖合同,但未办理过户登记。借款到期,甲无力还款,引起纠纷。下列表述中,正确的

有( )。

　　A. 乙可对该房屋行使抵押权　　　　B. 甲与丙之间的抵押合同已生效

　　C. 甲与丁之间转让房屋的合同无效　　D. 丙可以要求甲赔偿自己所遭受的损失

　　E. 丁已经善意取得该房屋的所有权

4. 甲发现去年丢失的电动自行车被路人乙推行,便上前询问,乙称从朋友丙处购买,并出示了丙出具的付款收条。如甲想追回该自行车,可以提出( )理由支持请求。

　　A. 甲丢失该自行车被丙拾得

　　B. 丙从甲处偷了该自行车

　　C. 乙明知道该自行车是丙从甲处偷来的仍然购买

　　D. 乙向丙支付的价格远远低于市场价

5. 甲公司委托业务员乙到某地采购电视机,乙到该地发现丙公司的VCD机畅销,就用盖有甲公司公章的空白介绍信和空白合同与丙公司签订了购买500台VCD机的合同。双方约定货到付款。货到后,甲公司拒绝付款,下列表述正确的是( )。

　　A. 甲公司有权拒付货款　　　　　　B. 乙购买VCD机的行为没有代理权

　　C. 甲公司应接受货物并向丙公司付款　D. 若甲公司受到损失,有权向乙追偿

　　E. 乙购买VCD机的行为构成表见代理,产生有权代理的法律后果

6. 甲委托乙前往丙厂采购男装,乙觉得丙厂生产的女装质优价廉,便自作主张以甲的名义向丙订购。丙未问乙的代理权限,便与之订立了买卖合同,后引起纠纷。对此,下列说法正确的有( )。

　　A. 丙有权撤销该买卖合同　　　　　B. 乙的行为属于无权代理

　　C. 甲有权追认该买卖合同　　　　　D. 丙有权催告甲追认该合同

　　E. 甲与丙之间的合同为有效合同

四、简答题

1. 如何理解经济法的概念和调整对象?
2. 简述经济法律关系的主体、内容和客体。
3. 如何理解法人?法人的成立应具备哪些条件?
4. 简述民事法律行为的生效要件。
5. 简述无权代理与表见代理的区别和联系。
6. 如何理解物权?它具有哪些基本特征?
7. 如何理解建筑物区分所有权?
8. 如何理解善意取得?它的构成要件有哪些?
9. 简述诉讼时效中止与中断的区别和联系。
10. 简述仲裁与诉讼的关系。

五、案例分析题

案例一: 甲公司委托其在某省的子公司A公司向乙纺织厂购买一批真丝印花面料。A公司在购买真丝印花面料时,得知乙纺织厂正在对一批质量优良的真丝绣花面料进行降价促销,A公司知道这种面料也是甲公司加工成衣所需的面料,便代甲公司签订合同一并购买了一部分。甲公司知道上述情况后,并未提出异议。

　　请问:A公司代为购买真丝绣花面料行为的民事责任应由谁承担?

案例二: 2017年10月6日,张明欲出国学习两年,因办理出国手续一时钱不够用,遂向朋友胡颖借款10万元,并立字据约定张明在出国前将钱还清。但张明直到2018年3月8日出国,都一直没有还钱。此间,胡颖虽然经常来看望张明,但也对钱的事只字未提。张明在国外两年与胡颖也有过联系,但都没有

说钱的事。2020年3月8日，张明回国。4月1日，胡颖因买房急需钱，找到张明，张明当即表示，全部钱款月底还清，朋友赖文在场见证。10月8日，当胡颖再次来找张明要钱时，张明却称，他的一个律师朋友说他们之间的债务已超过3年的诉讼时效，可以不用还了。胡颖气愤不已，第2天就向法院提起了诉讼，请求张明偿还10万元的本金和利息。

请问：

1. 胡颖追要10万元借款的诉讼时效是否已经届满？
2. 张明在2020年4月1日还款的承诺有何种效力？
3. 胡颖能否通过诉讼取回张明欠他的钱款？

案例三：甲市某五金塑料厂与乙市某开发公司于2019年5月在甲市签订了一份聚乙烯塑料拉丝的购销合同。合同规定：开发公司于同年8月供应给塑料厂聚乙烯塑料拉丝12吨，每吨4000元。塑料厂预付款30 000元，余款于收到货后付清。此外，合同还规定了质量、提货方式等条款。可塑料厂预付款后，经多次催促，至2020年2月仍未见到货。经查该开发公司本身固定资金仅8000元，塑料厂于2020年5月向甲市某区人民法院起诉。

请问：

1. 五金塑料厂与某开发公司之间的经济合同纠纷有哪些解决方法？
2. 依据我国法律规定，五金塑料厂的合法权益该如何保护？
3. 法院可采取哪些措施保护五金塑料厂的合法权益？

第二章

企业法律制度

引 例

黄世仁是一家民营小企业的职工,由于其所在的企业效益连年下滑,收入很低,因此想创办一家企业,利用自己多余的时间经营管理,同时也可以增加收入。经过一系列的市场调查,黄世仁决定成立一家快餐店,取名为"悦来快餐食品有限责任公司"。黄世仁认为自己出资越低,承担的责任就越少,经营风险就越低。所以,企业资本暂定为400元,外加一些碗筷、几把桌椅。由于找不到合适的营业场地,黄世仁便借用了朋友的一处即将拆迁的临街门面房作为经营场地,雇用了3名职工,从事快餐制作销售,并决定不设置会计账簿,不配备专门的财务人员。同时由于黄世仁还必须到工厂上班,所以另外聘请一人担任经理来进行日常管理,重大事项由黄世仁自己决定。一切准备妥当后,黄世仁到市场监督管理部门申请营业执照准备开业。

【提问】对黄世仁的创业行为,请你谈谈你的看法。

【点评】法律对设立个人独资企业的注册资金没有限制,但个人独资企业的投资人要对企业债务承担无限责任。"悦来"快餐店的企业名称——"悦来快餐食品有限责任公司"不符合法律规定,同时,不设置会计账簿的做法是不当的。经过改正,如果符合法律规定,市场监督管理部门应予登记。

第一节 企业法概述

一、企业的概念和分类

(一)企业的概念

企业是指依法设立的,以营利为目的从事商品生产经营和服务活动的,独立核算的经济组织。它具有以下特征。

(1) 企业是社会经济组织。企业作为一种社会经济组织,表明其主要从事经济活动,并有相应的财产。因此，企业是一定人员和一定财产的组合。

(2) 企业是以营利为目的从事生产经营活动的社会经济组织。企业从事的生产经营活动是指创造社会财富的活动，包括生产、交易、服务等。企业从事生产经营活动是以营利为目的并在此过程中担负着重要的社会责任，即企业在谋取自身及其投资者最大经济利益的同时，从促进国民经济和社会发展的目标出发，为其他利害关系人履行某方面的社会义务，包括道德义务与法律义务。同时，企业营利的手段、利润的分配和使用还必须合法。

(3) 企业是实行独立核算的社会经济组织。实行独立核算是指要单独计算成本费用，以收抵支，计算盈亏，对经济业务作出全面反映和控制。不实行独立核算的社会经济组织不能称其为企业。

(4) 企业是依法设立的社会经济组织。企业通过依法设立，可以取得相应的法律地位，获得合法身份，得到国家法律的认可和保护。

（二）企业的分类

依据不同的标准，可将企业分为不同的类型。

(1) 按企业所有制的性质和形式不同，可将企业分为全民所有制企业、集体所有制企业、私营企业、混合所有制企业。采用这种划分方法除了可明确企业财产所有权的归属外，还可使国家对不同经济性质的企业采用不同的经济政策和监管办法。

(2) 按出资者的身份不同，可将企业分为内资企业和外资企业。这样划分的目的是适应国家统计、宏观决策的需要，适应国家管理的需要。需要说明的是，《中华人民共和国外商投资法》（以下简称《外商投资法》）规定，国家对外商投资实行准入前国民待遇加负面清单管理制度。外商投资在准入后享受国民待遇，国家对内资和外资的监督管理，适用相同的法律制度和规则。外商投资企业（全部或者部分由外国投资者投资，依照中国法律在中国境内经登记注册设立的企业）的组织形式、组织机构，适用《中华人民共和国合伙企业法》（以下简称《合伙企业法》）、《公司法》等法律的规定。

知识拓展 2-1

外商投资企业

(3) 按企业的责任形式和法律地位，可将企业分为法人企业和非法人企业。法人企业主要有公司制企业、非公司制企业；非法人企业主要有个人独资企业、合伙企业等。这样划分能明确地反映出企业的法律地位及能力，不仅有利于国家管理，而且也有利于企业间的经济交往。

除上述分类外，企业还可依据其他标准进行分类，如按企业规模大小的不同，可将企业分为大型企业、中型企业和小型企业；按企业的行政隶属关系的不同，可将企业分为中央企业、地方企业、乡镇企业等。

二、我国现行企业法律制度

企业法律制度是指关于企业设立、企业组织、企业运行和对企业实施管理的各种法律规范的总称。我国现行的有关企业的法律主要有《公司法》《合伙企业法》《中华人民共和国个人独资企业法》（以下简称《个人独资企业法》）、《外商投资法》《中华人民共和国企业破产法》（以下简称《企业破产法》）等。这些法律针对我国企业的经济性质、法律地位、设立条件、组织机构、活动要求等分别作出了规定。

本章主要介绍《个人独资企业法》《合伙企业法》等有关法律的内容。公司法律制度将在第三章专门介绍。

第二节 个人独资企业法

一、个人独资企业的概念及特征

个人独资企业是指依照《个人独资企业法》在中国境内设立,由一个自然人投资,财产为投资人个人所有,投资人以其个人财产对企业债务承担无限责任的经营实体。个人独资企业具有以下特征。

(1) 个人独资企业是由一个自然人投资的企业。根据《个人独资企业法》的规定,设立个人独资企业只能是一个自然人,国家机关、国家授权投资的机构或者国家授权的部门、企业、事业单位等都不能作为个人独资企业的设立人。这里的自然人只指中国公民。

(2) 个人独资企业的投资人对企业的债务承担无限责任。由于个人独资企业的投资人是一个自然人,对企业出资的多少、是否追加或减少资金、采取什么样的经营方式等事项均由投资人一人做主。当企业的资产不足以清偿到期债务时,投资人应以自己的全部财产用于清偿,这实际上是将企业的责任与投资人的责任连为一体。

(3) 个人独资企业的内部机构设置简单,经营管理方式灵活。个人独资企业的投资人既是企业的所有者,又可以是企业的经营者,因此,其内部机构的设置较为简单,决策程序也较为灵活。

(4) 个人独资企业是非法人企业。个人独资企业由一个自然人出资,投资人对企业的债务承担无限责任,企业的责任即是投资人个人的责任,企业的财产即是投资人的财产。因此,个人独资企业不具有法人资格,也无独立承担民事责任的能力。但个人独资企业是独立的民事主体,可以自己的名义从事民事活动。

知识拓展 2-2

个人独资企业与一人有限责任公司的比较

【例 2-1】下列关于个人独资企业的表述中,正确的是( )。
A. 个人独资企业的投资人可以是自然人、法人或者其他组织
B. 个人独资企业的投资人对企业债务承担无限责任
C. 个人独资企业不能以自己的名义从事民事活动
D. 个人独资企业具有法人资格
【解析】根据《个人独资企业法》的规定,正确答案是 B。

二、个人独资企业的设立

(一) 个人独资企业的设立条件

根据《个人独资企业法》的规定,设立个人独资企业应当具备下列条件。

(1) 投资人为一个符合条件的自然人。作为投资人的自然人,应满足的条件是:①具有中国国籍;②具有完全民事行为能力;③不属于法律、行政法规禁止从事营利性活动的人。根据我国有关法律、行政法规规定,国家公务员、党政机关领导干部、法官、检察官、商业银行工作人员等,不得作为投资人申请设立个人独资企业。

实践中,个人负有竞业禁止义务的人,在任职期间不得设立与任职公司同类性质的个人独资企业。

(2) 有合法的企业名称。个人独资企业的名称应当符合国家关于企业名称登记管理的有关规定,企业名称应与其责任形式及从事的营业相符合,可以叫厂、店、部、吧、中心、工作室

等，个人独资企业的名称中不得使用"有限""有限责任"或者"公司"字样。一般情况下，个人独资企业名称由"行政区划＋字号＋行业＋厂(店、部等)"构成，如广州市馨源鲜花店。

(3) 有投资人申报的出资。《个人独资企业法》对设立个人独资企业的出资数额未作限制。设立个人独资企业可以用货币出资，也可以用实物、土地使用权、知识产权或者其他财产权利出资。采取实物、土地使用权、知识产权或者其他财产权利出资的，应将其折算成货币数额。投资人申报的出资额应当与企业的生产经营规模相适应。投资人可以个人财产出资，也可以家庭共有财产作为个人出资。以家庭共有财产作为个人出资的，投资人应当在设立(变更)登记申请书上予以注明。

(4) 有固定的生产经营场所和必要的生产经营条件。生产经营场所包括企业的住所和与生产经营相适应的处所。住所是企业的主要办事机构所在地，是企业的法定地址。从事临时经营、季节性经营、流动经营和没有固定门面的摆摊经营，不得登记为个人独资企业。

(5) 有必要的从业人员。即要有与其生产经营范围、规模相适应的从业人员。

【例2-2】根据《个人独资企业法》的规定，下列事项中，不属于个人独资企业设立的必备条件的是(　　)。
A. 投资人只能是自然人　　　　B. 投资人必须具有完全民事行为能力
C. 须有企业章程　　　　　　　D. 有符合规定的法定最低注册资本
【解析】根据《个人独资企业法》的规定，正确答案是CD。

(二) 个人独资企业的设立程序

1. 提出申请

申请设立个人独资企业，应当由投资人或者其委托的代理人向个人独资企业所在地的登记机关提交设立申请书、投资人身份证明、生产经营场所使用证明等文件。委托代理人申请设立登记时，应当出具投资人的委托书和代理人的合法证明。个人独资企业设立申请书应当载明下列事项：①企业的名称和住所；②投资人的姓名和居所；③投资人的出资额和出资方式；④经营范围。

2. 市场主体登记

市场主体登记机关应当在收到设立申请文件之日起15日内，对符合《个人独资企业法》规定条件的，予以登记，并发给营业执照；对不符合《个人独资企业法》规定条件的，不予登记，并发给企业登记驳回通知书。个人独资企业营业执照的签发日期，为个人独资企业成立日期。在领取个人独资企业营业执照前，投资人不得以个人独资企业名义从事经营活动。

3. 分支机构登记

个人独资企业设立分支机构的，应当由投资人或者其委托代理人向分支机构所在地的登记机关申请登记，领取营业执照。分支机构经核准登记后，应将登记情况报该分支机构隶属的个人独资企业的登记机关备案。分支机构的民事责任由设立该分支机构的个人独资企业承担。

【例2-3】依照《个人独资企业法》的规定，个人独资企业分支机构的民事责任由(　　)承担。
A. 分支机构独立承担
B. 设立分支机构的个人独资企业和其投资人共同承担
C. 设立分支机构的个人独资企业承担
D. 设立分支机构的个人独资企业的投资人承担
【解析】根据《个人独资企业法》的规定，正确答案是C。

4. 变更登记

个人独资企业存续期间登记事项发生变更的,应当在作出变更决定之日起 15 日内依法向登记机关申请办理变更登记。个人独资企业分支机构比照个人独资企业申请变更、注销登记的有关规定办理。

三、个人独资企业的事务管理

个人独资企业投资人可以自行管理企业事务,也可以委托或者聘用其他具有民事行为能力的人负责企业的事务管理。投资人委托或者聘用他人管理个人独资企业事务的,应当与受托人或者被聘用的人签订书面合同。合同应订明委托的具体内容、授予的权利范围、受托人或者被聘用的人应履行的义务、报酬和责任等。受托人或者被聘用的人员应当履行诚信、勤勉义务,按照与投资人签订的合同负责个人独资企业的事务管理。

投资人对受托人或者被聘用的人员职权的限制,不得对抗善意第三人。所谓第三人是指除受托人或被聘用的人员以外与企业发生经济业务关系的人。所谓善意第三人是指第三人在就有关经济业务事项交往中,没有与受托人或者被聘用的人员串通,故意损害投资人利益的人。个人独资企业的投资人与受托人或者被聘用的人员之间有关权利义务的限制只对受托人或者被聘用的人员有效,对第三人并无约束力,受托人或者被聘用的人员超出投资人的限制与善意第三人的有关业务交往应当有效。

课堂讨论

> 2020 年 2 月 14 日,甲出资 6 万元设立了乙个人独资企业。甲聘请 A 管理企业事务,同时规定,凡 A 对外签订标的额超过 2 万元以上的合同,须经甲同意。5 月 22 日, A 未经甲同意,以乙企业名义向善意第三人 B 购买价值 3 万元的货物。5 月 24 日, B 将货物发至乙企业,但甲以 A 购买货物的行为超越其职权限制为由拒绝支付货款。双方协商未果。
> 请问:A 购买货物的行为是否有效?为什么?

《个人独资企业法》规定,投资人委托或者聘用的管理个人独资企业事务的人员不得从事下列行为:①利用职务上的便利,索取或者收受贿赂;②利用职务或者工作上的便利侵占企业财产;③挪用企业的资金归个人使用或者借贷给他人;④擅自将企业资金以个人名义或者以他人名义开立账户储存;⑤擅自以企业财产提供担保;⑥未经投资人同意,从事与本企业相竞争的业务;⑦未经投资人同意,同本企业订立合同或者进行交易;⑧未经投资人同意,擅自将企业商标或者其他知识产权转让给他人使用;⑨泄露本企业的商业秘密;⑩法律、行政法规禁止的其他行为。

四、个人独资企业的解散和清算

(一) 个人独资企业的解散

个人独资企业的解散是指个人独资企业终止活动使其民事主体资格消灭的行为;根据《个人独资企业法》的规定,个人独资企业有下列情形之一时,应当解散:①投资人决定解散;②投资人死亡或者被宣告死亡,无继承人或者继承人决定放弃继承;③被依法吊销营业执照;④法律、行政法规规定的其他情形。

(二) 个人独资企业的清算

个人独资企业解散的，应当进行清算。《个人独资企业法》对个人独资企业清算作了以下规定：个人独资企业解散，由投资人自行清算或者由债权人申请人民法院指定清算人进行清算。投资人自行清算的，应当在清算前15日内书面通知债权人，无法通知的，应当予以公告。债权人应当在接到通知之日起30日内，未接到通知的应当在公告之日起60日内，向投资人申报其债权。

个人独资企业解散的，财产应当按照下列顺序清偿：①所欠职工工资和社会保险费用；②所欠税款；③其他债务。个人独资企业财产不足以清偿债务的，投资人应当以其个人的其他财产予以清偿。

【例2-4】2016年2月22日，A出资5万元设立甲个人独资企业，同时聘请乙管理企业事务。2020年3月31日，甲企业严重亏损，不能清偿到期的丙的债务。A决定解散该企业，并请求人民法院指定清算人。9月15日，人民法院指定丁作为清算人对甲企业进行清算。经查，甲企业和A的资产及债权债务情况如下：①甲企业欠缴税款5000元，欠乙工资5000元，欠社会保险费用2000元，欠丙8万元；②甲企业的银行存款2万元，实物折价6万元；③A个人其他可执行的财产价值2万元。请问A应如何进行财产清偿？

【解析】根据《个人独资企业法》的规定，甲企业的财产清偿顺序为：①所欠职工工资和社会保险费用；②所欠税款；③其他债务。因此，首先，用甲企业的银行存款和实物折价共8万元清偿所欠乙的工资、社会保险费用、税款后，剩余68 000元用于清偿所欠丙的债务；其次，甲企业剩余财产全部用于清偿后，仍欠丙12 000元，可用A其他可执行的个人财产2万元清偿。

清算期间，个人独资企业不得开展与清算目的无关的经营活动。在按前述财产清偿顺序清偿债务前，投资人不得转移、隐匿财产。个人独资企业解散后，原投资人对个人独资企业存续期间的债务仍应承担偿还责任，但债权人在5年内未向债务人提出偿债请求的，该责任消灭。

【例2-5】谢虎于2014年3月15日成立一家个人独资企业。同年7月1日，该企业与甲公司签订一份买卖合同，根据合同约定，该企业应于同年10月1日支付给甲公司货款28万元，后该企业一直未支付该款项。2015年5月12日该企业因故解散。2015年6月12日，甲公司起诉谢虎，请求谢虎偿还上述15万元债务。下列有关此事的表述中，不正确的是（　　）。
A. 因该企业已经解散，甲公司的债权已经消灭
B. 甲公司可以请求谢虎以个人财产承担28万元的债务
C. 甲公司请求谢虎偿还债务已超过诉讼时效，其请求不能得到支持
D. 甲公司请求谢虎偿还债务的期限应于2017年5月12日届满

【解析】正确答案是ACD。《个人独资企业法》规定，个人独资企业解散后，原投资人对个人独资企业存续期间的债务仍应承担偿还责任，但债权人在5年内未向债务人提出偿债请求的，该责任消灭。据此，谢虎的个人独资企业解散后，其对企业存续期间的债务仍应承担偿还责任，甲公司有权请求谢虎偿还债务的期限应于2020年5月12日届满，故ACD三项表述错误。

个人独资企业清算结束后，投资人或者人民法院指定清算人应当编制清算报告，并于15日内到登记机关办理注销登记。

第三节 合伙企业法

一、合伙企业法概述

(一) 合伙企业的概念

合伙,是指两个以上的人为着共同目的,相互约定共同出资、共同经营、共享收益、共担风险的自愿联合。

合伙企业,是指自然人、法人和其他组织按照《合伙企业法》在中国境内设立的普通合伙企业和有限合伙企业。

(二) 合伙企业的分类

根据《合伙企业法》的规定,合伙企业分为普通合伙企业和有限合伙企业,普通合伙企业分为一般普通合伙企业和特殊的普通合伙企业,如图2-1所示。

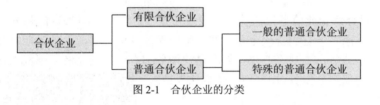

图2-1 合伙企业的分类

知识加油站

一般的普通合伙企业是通常的合伙企业,是由普通合伙人组成,全体合伙人对合伙企业债务承担无限连带责任的合伙企业。特殊的普通合伙企业是指以专业知识和专门技能为客户提供有偿服务而设立的合伙企业,合伙人在执业活动中因故意或重大过失造成合伙企业债务的,该合伙人承担无限连带责任,其他合伙人以其在合伙企业中的财产份额为限承担责任。有限合伙企业由普通合伙人和有限合伙人组成,普通合伙人对合伙企业债务承担无限连带责任,有限合伙人以其认缴的出资额为限对合伙企业债务承担责任。

(三) 合伙企业法的概念及其适用

合伙企业法是指国家立法机关或者其他有权机关依法制定的、调整合伙企业合伙关系的各种法律规范的总称。目前,我国调整合伙企业各种经济关系的主要法律规范是《合伙企业法》。

在理解和掌握《合伙企业法》的适用时,应注意以下两个问题。

(1) 采取合伙制的非企业专业服务机构的合伙人承担责任形式的法律适用问题。《合伙企业法》规定,非企业专业服务机构依据有关法律采取合伙制的,其合伙人承担责任的形式可以适用《合伙企业法》关于特殊普通合伙企业合伙人承担责任的规定。非企业专业服务机构,是指不采取企业(如公司制)形式成立的、不以营利为目的的、以自

己专业知识提供特定咨询等方面服务的组织。如律师事务所、会计师事务所等专业服务机构。

(2) 外国企业或者个人在中国境内设立合伙企业的管理办法问题。《合伙企业法》规定，外国企业或者个人在中国境内设立合伙企业的管理办法由国务院规定。《合伙企业法》没有禁止外国企业或者个人在中国境内设立合伙企业，但具体的如一些程序性的问题等，需要由国务院作出具体的规定。

知识拓展 2-3

合伙企业与其他企业形式的比较

二、普通合伙企业

(一) 普通合伙企业的概念

普通合伙企业，是指由普通合伙人组成，合伙人对合伙企业债务依法承担无限连带责任的一种合伙企业。普通合伙企业具有以下特点。

(1) 由普通合伙人组成。所谓普通合伙人，是指在合伙企业中对合伙企业的债务依法承担无限连带责任的自然人、法人和其他组织。《合伙企业法》规定，国有独资公司、国有企业、上市公司以及公益性的事业单位、社会团体不得成为普通合伙人。

(2) 合伙人对合伙企业债务依法承担无限连带责任，法律另有规定的除外。所谓无限连带责任，包括两个方面：一是当合伙企业财产不足以清偿其债务时，合伙人应以其在合伙企业出资以外的财产清偿债务；二是每一合伙人对企业债务都有清偿的义务，债权人可以就合伙企业财产不足以清偿的那部分债务，向任何一个合伙人请求全部偿还。

法律另有规定的除外，是指《合伙企业法》有特殊规定的，合伙人可以不承担无限连带责任。按照《合伙企业法》中"特殊的普通合伙企业"的规定，以专业知识和专门技能为客户提供有偿服务的专业服务机构，可以设立为特殊的普通合伙企业。在这种特殊的普通合伙企业中，对合伙人在执业活动中因故意或者重大过失造成合伙企业债务的，应当承担无限责任或者无限连带责任，其他合伙人以其在合伙企业中的财产份额为限承担责任；对合伙人在执业活动中非故意或者重大过失造成的合伙企业债务以及合伙企业的其他债务，全体合伙人承担无限连带责任。对合伙人执业活动中因故意或者重大过失造成的合伙企业债务，以合伙企业财产对外承担责任后，该合伙人应当按照合伙协议的约定对给合伙企业造成的损失承担赔偿责任。

(二) 合伙企业的设立

1. 合伙企业的设立条件

根据《合伙企业法》的规定，设立合伙企业，应当具备下列条件。

(1) 有两个以上合伙人。合伙人为自然人的，应当具有完全民事行为能力。合伙企业合伙人至少为两人以上。对于合伙企业合伙人数的最高限额，《合伙企业法》未作规定，完全由设立人根据所设企业的具体情况决定。

关于合伙人的资格，《合伙企业法》作了以下限定：①合伙人可以是自然人，也可以是法人或者其他组织。如何组成，除法律另有规定外不受限制。②合伙人是自然人的，应当具有完全民事行为能力。无民事行为能力人和限制民事行为能力人不得成为合伙企业的合伙人。③国有独资公司、国有企业、上市公司以及公益性的事业单位、社会团体不得成为普通合伙人。

(2) 有书面合伙协议。合伙协议，是指由各合伙人通过协商，共同决定相互间的权利义务，达成的具有法律约束力的协议。合伙协议应当依法由全体合伙人协商一致，以书面形式订立。合伙协议应当载明下列事项：合伙企业的名称和主要经营场所的地点；合伙目的和合伙经营范围；合伙人的姓名或者名称、住所；合伙人的出资方式、数额和缴付期限；利润分配、亏损分担方式；合伙事务的执行；入伙与退伙；争议解决办法；合伙企业的解散与清算；违约责任等。合伙协议经全体合伙人签名、盖章后生效。合伙人依照合伙协议享有权利、履行义务。修改或者补充合伙协议，应当经全体合伙人一致同意，合伙协议另有约定的除外。合伙协议未约定或者约定不明确的事项，由合伙人协商决定；协商不成的，依照《合伙企业法》和其他有关法律、行政法规的规定处理。

(3) 有合伙人认缴或者实际缴付的出资。合伙协议生效后，合伙人应当按照合伙协议的规定缴纳出资。合伙人可以用货币、实物、知识产权、土地使用权或者其他财产权利出资，也可以用劳务出资。合伙人以实物、知识产权、土地使用权或者其他财产权利出资，需要评估作价的，可以由全体合伙人协商确定，也可以由全体合伙人委托法定评估机构评估。合伙人以劳务出资的，其评估办法由全体合伙人协商确定，并在合伙协议中载明。合伙人应当按照合伙协议约定的出资方式、数额和缴付期限，履行出资义务。以非货币财产出资的，依照法律、行政法规的规定，需要办理财产权转移手续的，应当依法办理。

(4) 有合伙企业的名称和生产经营场所。普通合伙企业应当在其名称中标明"普通合伙"字样，其中，特殊的普通合伙企业，应当在其名称中标明"特殊普通合伙"字样，合伙企业的名称必须和"合伙"联系起来，名称中必须有"合伙"二字。合伙企业名称由行政区划、字号、行业、组织形式依次组成。如合伙企业名称："温州市嘉合装饰设计中心(普通合伙)"，其中"温州市"是行政区划，"嘉合"是字号，"装饰设计"是行业，"中心"是组织形式，"普通合伙"是法律规定合伙企业名称中应当标明的合伙形式。

经企业登记机关登记的合伙企业主要经营场所只能有一个，并且应当在其企业登记机关登记管辖区域内。

(5) 法律、行政法规规定的其他条件。

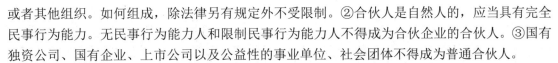

课堂讨论

> A、B、C拟设立一家普通合伙企业，并订立了一份合伙协议，部分内容如下：①A的出资为现金3000元和劳务作价4万元；②B的出资为现金6万元，于合伙企业成立后半年内缴付；③C的出资为作价12万元的房屋一栋，不办理财产权转移手续，且C保留对该房屋的处分权；④合伙企业的经营期限，于合伙企业成立满1年时再协商确定。
> 请问：该协议的上述四项内容是否符合《合伙企业法》的规定？

2. 合伙企业的设立登记

合伙企业的设立登记程序如下：①向企业登记机关提出申请，并提交全体合伙人签署的登记申请书、全体合伙人的身份证明、合伙协议、出资权属证明、经营场所证明以及其他文件。法律、行政法规规定设立合伙企业必须报经有关部门审批的，还应当提交有关批准文件。合伙协议约定或者全体合伙人决定,委托一名或者数名合伙人执行合伙事务的,还应当提交全体合伙人的委托书。②企业登记机关应当自收到申请登记文件之日起 20 日内,作出是否登记的决定。对符合《合伙企业法》规定条件的,予以登记,发给营业执照;对不符合《合伙企业法》规定条件的,不予登记,并应当给予书面答复,说明理由。

合伙企业的营业执照签发日期,为合伙企业的成立日期。合伙企业领取营业执照前,合伙人不得以合伙企业的名义从事经营活动。合伙企业设立分支机构的,应当向分支机构所在地企业登记机关申请登记,领取营业执照。

(三) 合伙企业财产

1. 合伙企业财产的构成

根据《合伙企业法》的规定,合伙人的出资、以合伙企业名义取得的收益和依法取得的其他财产,均为合伙企业的财产。从这一规定可以看出,合伙企业财产由以下三部分构成。

(1) 合伙人的出资。《合伙企业法》规定,合伙人可以用货币、实物、知识产权、土地使用权或者其他财产权利出资,也可以用劳务出资。这些出资形成合伙企业的原始财产。需要注意的是,合伙企业的原始财产是全体合伙人"认缴"的财产,而非各合伙人"实际缴纳"的财产。

(2) 以合伙企业名义取得的收益。合伙企业作为一个独立的经济实体,可以有自己的独立利益,因此,以其名义取得的收益作为合伙企业获得的财产,当然归属于合伙企业,成为合伙财产的一部分。以合伙企业名义取得的收益,主要包括合伙企业的公共积累资金、未分配的盈余、合伙企业债权、合伙企业取得的工业产权和非专利技术等财产权利。

(3) 依法取得的其他财产。即根据法律、行政法规的规定合法取得的其他财产,如合法接受赠与的财产等。

2. 合伙企业财产的性质

合伙企业的财产具有独立性和完整性两方面的特征。合伙人在合伙企业清算前,不得请求分割合伙企业的财产;但是,法律另有规定的除外。合伙人在合伙企业清算前私自转移或者处分合伙企业财产的,合伙企业不得以此对抗善意第三人。在确认善意取得的情况下,合伙企业的损失只能向合伙人进行追索,而不能向善意第三人追索。合伙企业也不能以合伙人无权处分其财产而对善意第三人的权利要求进行对抗,即不能以合伙人无权处分其财产而主张其与善意第三人订立的合同无效。

3. 合伙人财产份额的转让

合伙人财产份额的转让,是指合伙企业的合伙人向其他合伙人或者合伙人以外的人转让其在合伙企业中的全部或者部分财产份额的行为。基于转让对象的不同,合伙人财产份额的转让可以分为对内转让和对外转让。由于合伙人财产份额的转让将会影响到合伙企业以及合伙人的切身利益,因此,《合伙企业法》对合伙人财产份额的转让作了以下限制性规定:

(1) 对内转让。合伙人之间转让在合伙企业中的全部或者部分财产份额时,应当通知其他合伙人。合伙人财产份额的内部转让因不涉及合伙人以外的人参加,合伙企业存续的基础没有发生实质性变更,因此不需要经过其他合伙人一致同意,只需要通知其他合伙人即可产生法律效力。

(2) 对外转让。除合伙协议另有约定外,合伙人向合伙人以外的人转让其在合伙企业中的全部或者部分财产份额时,须经其他合伙人一致同意。

合伙人向合伙人以外的人转让其在合伙企业中的财产份额的,在同等条件下,其他合伙人有优先购买权;但是,合伙协议另有约定的除外。所谓优先购买权,是指在合伙人转让其财产份额时,在多数人接受转让的情况下,其他合伙人基于同等条件可优先于其他非合伙人购买的权利。优先购买权的发生存在两个前提:一是合伙人财产份额的转让没有约定的转让条件、转让范围的限制。二是优先受让的前提是同等条件。这一规定的目的在于维护合伙企业现有合伙人的利益,维护合伙企业在现有基础上的稳定。

合伙人以外的人依法受让合伙人在合伙企业中的财产份额的,经修改合伙协议即成为合伙企业的合伙人,依照《合伙企业法》和修改后的合伙协议享有权利,履行义务。合伙人以外的人成为合伙人须修改合伙协议,未修改合伙协议的,不应视为"合伙企业的合伙人"。

4. 合伙人财产份额的出质

合伙人财产份额的出质,是指合伙人将其在合伙企业中的财产份额作为质押物来担保债权人债权实现的行为。合伙人以其在合伙企业中的财产份额出质的,须经其他合伙人一致同意;如果未经其他合伙人一致同意,则其行为无效,由此给善意第三人造成损失的,由行为人依法承担赔偿责任。

【例2-6】A、B、C为某普通合伙企业的合伙人。2020年5月18日,在征得B、C同意的情况下,A将其在合伙企业中的财产份额转让给D,双方签订了转让协议并办理了相关手续。后A对E负债,无力用个人财产清偿,E决定向人民法院请求强制执行A在合伙企业的财产份额用于清偿。请问:E是否有权请求对该财产份额强制执行?

【解析】根据《合伙企业法》规定,A在取得其他合伙人一致同意的情况下,可以将其在合伙企业中的财产份额转让给D。A与D已签订了转让协议,那么A在合伙企业中已没有财产份额,E也就无权请求强制执行。所以,本例中E无权请求强制执行。

课堂讨论

一家合伙企业名曰"三义合"。合伙人黎铭因家人住院,急需一笔钱,向他人借款,并为此与债权人约定,以其在合伙企业中的出资份额作为质押。事后,黎铭还征求了其他合伙人的意见。合伙人张涵认为:"合伙出资份额是合伙企业的财产,是大家的财产,为个人借款质押不妥,该质押约定当然无效。"合伙人李雨认为:"我信任借款人,同意这项质押约定。"合伙人康福认为:"既然有合伙人不同意,这项质押就不能生效。"合伙人朱嘉认为:"既然如此,甲可以退伙,但必须对合伙企业以往的债务承担连带责任。"由于意见不一,他人请来"新世纪曙光律师事务所"的律师王哲咨询。

请问:假如你是律师,该如何回答?

(四) 合伙事务执行

1. 合伙事务执行的形式

合伙人执行合伙企业事务,有全体合伙人共同执行合伙企业事务、委托一名或数名合伙人执行合伙企业事务两种形式。

(1) 全体合伙人共同执行合伙事务是合伙企业事务执行的基本形式,也是在合伙企业中经常使用的一种形式。在采取这种形式的合伙企业中,按照合伙协议的约定,各个合伙人都直接参与经营,处理合伙企业的事务,对外代表合伙企业。

(2) 委托一名或数名合伙人执行合伙企业事务,即由合伙协议约定或者全体合伙人决定委托一名或者数名合伙人执行合伙企业事务,对外代表合伙企业。未接受委托执行合伙企业事务的其他合伙人,不再执行合伙企业的事务。

根据《合伙企业法》的规定,除合伙协议另有约定外,合伙企业的下列事项应当经全体合伙人一致同意:①改变合伙企业的名称;②改变合伙企业的经营范围、主要经营场所的地点;③处分合伙企业的不动产;④转让或者处分合伙企业的知识产权和其他财产权利;⑤以合伙企业名义为他人提供担保;⑥聘任合伙人以外的人担任合伙企业的经营管理人员。

【例2-7】A、B、C三人成立一普通合伙企业,推举A为负责人并管理合伙企业的日常事务。后A在执行企业事务时,未经其他合伙人同意,独自决定以合伙企业的房屋为D公司向银行贷款提供抵押。请问:A的行为是否符合法律规定?

【解析】根据《合伙企业法》的规定,以合伙企业的房屋为D公司向银行贷款提供抵押,属于合伙企业为他人提供担保,需经全体合伙人同意。而A独自决定实施了该行为,违反了《合伙企业法》的规定。

全体合伙人对合伙企业有关事项作出决议时,除《合伙企业法》另有规定或者合伙协议中另有约定外,经全体合伙人决定可以实行一人一票的表决办法。

2. 合伙人在执行合伙事务中的权利和义务

(1) 根据《合伙企业法》的规定,合伙人在执行合伙事务中的权利主要包括:①合伙人平等享有合伙事务执行权;②执行合伙事务的合伙人对外代表合伙企业;③不参加执行事务的合伙人有权监督执行事务的合伙人,检查其执行合伙企业事务的情况;④各合伙人有权查阅合伙企业的账簿和其他有关文件;⑤合伙人有提出异议权和撤销委托执行事务权。

在合伙人分别执行合伙事务的情况下,由于执行合伙事务的合伙人的行为所产生的亏损和责任要由全体合伙人承担,因此,《合伙企业法》规定,经合伙协议约定或者经全体合伙人决定,合伙人分别执行合伙企业事务时,合伙人可以对其他合伙人执行的事务提出异议。提出异议时,应暂停该项事务的执行。如果发生争议,可由全体合伙人共同决定。被委托执行合伙事务的合伙人不按照合伙协议或者全体合伙人的决定执行事务的,其他合伙人可以决定撤销该委托。

(2) 根据《合伙企业法》的规定,合伙人在执行合伙事务中的义务主要包括:①由一名或者数名合伙人执行合伙企业事务的,应当依照约定向其他不参加执行事务的合伙人报告事务执行情况以及合伙企业的经营状况和财务状况;②合伙人不得自营或者同他人合作经营与本合伙企业相竞争的业务;③除合伙协议另有约定或者经全体合伙人同意外,合伙人不得同本合伙企业进行交易;④合伙人不得从事损害本合伙企业利益的活动。

3. 合伙企业的损益分配

(1) 合伙损益分配原则。合伙损益,即合伙企业的利润或亏损。对合伙损益分配原则,《合伙企业法》作了原则规定,主要内容为:①合伙企业的利润分配、亏损分担,按照合伙协议的约定办理;合伙协议未约定或者约定不明确的,由合伙人协商决定;协商不成的,由合伙人按照实缴出资比例分配、分担;无法确定出资比例的,由合伙人平均分配、分担。②合伙协议不得约定将全部利润分配给部分合伙人或者由部分合伙人承担全部亏损。

(2) 合伙损益分配具体形式。合伙企业年度或者一定时期的利润分配或者亏损分担的具体方案,由全体合伙人协商决定或者按照合伙协议约定的办法决定。合伙损益分配的时间比较灵活,既可以按年度进行分配,也可以在一定时期内进行分配。合伙损益分配的具体方案应由全体合伙人共同决定。

4. 非合伙人参与经营管理

经全体合伙人同意，合伙企业可以聘任合伙人以外的人担任合伙企业的经营管理人员。被聘任的合伙企业的经营管理人员应当在合伙企业授权范围内履行职责，超越合伙企业授权范围从事经营活动，或者因故意或者重大过失，给合伙企业造成损失的，应依法承担赔偿责任。

A、B、C 成立一普通合伙企业，其合伙协议中约定："合伙企业的事务由 A 全权负责，B、C 不得过问，也不承担企业亏损的责任。"

请问：该约定的法律效力如何？

（五）合伙企业与第三人的关系

合伙企业与第三人关系是指有关合伙企业的对外关系，涉及合伙企业对外代表权的效力、合伙企业和合伙人的债务清偿等问题。

1. 合伙企业对外代表权的效力

根据《合伙企业法》的规定，执行合伙企业事务的合伙人，对外代表合伙企业。可以取得合伙企业对外代表权的合伙人，主要有三种情况：①由全体合伙人共同执行合伙企业事务的，全体合伙人都有权对外代表合伙企业，即全体合伙人都取得了合伙企业的对外代表权；②由部分合伙人执行合伙企业事务的，只有受委托执行合伙企业事务的那一部分合伙人有权对外代表合伙企业，而不参加执行合伙企业事务的合伙人则不具有对外代表合伙企业的权利；③由于特别授权在单项合伙事务上有执行权的合伙人，依照授权范围可以对外代表合伙企业。

执行合伙企业事务的合伙人，在取得对外代表权后，可以以合伙企业的名义进行经营活动，在其授权的范围内作出法律行为。这种行为对合伙企业有法律效力，由此而产生的收益应当归合伙企业所有，成为合伙财产的来源；由此而带来的风险，也应当由合伙人承担，构成合伙企业的债务。

合伙企业对合伙人执行合伙企业事务以及对外代表合伙企业权利的限制，不得对抗不知情的善意第三人。这里所说的合伙人，是指在合伙企业中有合伙事务执行权与对外代表权的合伙人。若第三人与合伙企业事务执行人恶意串通、损害合伙企业利益，则不属善意的情形。这里所指的限制，是指合伙企业对合伙人所享有的事务执行权与对外代表权权利能力的一种界定；这里所指的对抗，是指合伙企业否定第三人的某些权利，拒绝承担某些责任；这里所指的不知情，是指与合伙企业有经济联系的第三人不知道合伙企业所作的内部限制，或者不知道合伙企业对合伙人行使权利所作限制的事实；这里所指的善意第三人，是指本着合法交易的目的，诚实地通过合伙企业的事务执行人，与合伙企业之间建立民事、商事法律关系的法人、非法人团体或自然人。如果第三人与合伙企业事务执行人恶意串通、损害合伙企业利益，则不属善意的情形。需要指出的是，不得对抗善意第三人，主要是针对给第三人造成的损失而言，即当执行合伙事务的合伙人给善意第三人造成损失时，合伙企业不能因为有对合伙人执行合伙事务以及对外代表合伙企业权利的限制，就对善意第三人不承担责任。

保护善意第三人的利益是为了维护经济往来的交易安全，这是一项被广泛认同的法律原则。例如，合伙企业内部规定，有对外代表权的合伙人甲在签订合同时，须经乙和丙两个执行事务的合伙人同意,如果甲自作主张没有征求乙和丙的同意,与第三人丁签订了一份买卖合同,而丁不知道在合伙企业内部对甲所作的限制,在合同的履行中也没有从中获得不正当的利益,这种情况下,第三人丁应当为善意第三人,丁所得到的利益应当予以保护。合伙企业不得以其内部所作的在行使权利方面的限制为由,否定善意第三人丁的正当权益,拒绝履行合伙企业应承担的责任。

2. 合伙企业和合伙人的债务清偿

(1) 合伙企业的债务清偿与合伙人的关系。①合伙人的无限连带清偿责任。《合伙企业法》规定,合伙企业对其债务,应首先以其全部财产进行清偿。合伙企业财产不能清偿到期债务的,合伙人承担无限连带责任。所谓合伙人的无限责任,是指当合伙企业的全部财产不足以偿付到期债务时,各个合伙人承担合伙企业的债务不是以其投资额为限,而是以其自有财产来清偿合伙企业的债务。合伙人的连带责任,是指当合伙企业的全部财产不足以偿付到期债务时,合伙企业的债权人对合伙企业所负债务,可以向任何一个合伙人主张,该合伙人不得以其出资的份额大小、合伙协议有特别约定、合伙企业债务另有担保人或者自己已经偿付所承担的份额的债务等理由来拒绝。当然,合伙人由于承担连带责任,所清偿数额超过其应分担的比例时,有权向其他合伙人追偿。②合伙人之间的债务分担和追偿。以合伙企业财产清偿合伙企业债务时,其不足的部分由各合伙人按照合伙企业分担亏损的比例,用其在合伙企业出资以外的财产承担清偿责任。关于合伙企业亏损分担的比例,合伙协议约定的,按照合伙协议约定的比例分担;合伙协议未约定或者约定不明确的,由合伙人协商决定;协商不成的,由合伙人按照实缴出资比例分配、分担;无法确定出资比例的,由合伙人平均分配、分担。

合伙人之间的分担比例对债权人没有约束力。债权人可以根据自己的清偿利益,请求全体合伙人中的一人或数人承担全部清偿责任,也可以按照自己确定的清偿比例向各合伙人分别追索。如果某一合伙人实际支付的清偿数额超过其依照既定比例所应承担的数额,该合伙人有权就超过部分向其他未支付或者未足额支付应承担数额的合伙人追偿。

【例 2-8】甲、乙、丙设立广州市明睿装饰设计中心(普通合伙)(以下简称明睿合伙企业),约定损益的分配和分担比例为 4:3:3。明睿合伙企业欠丁 5 万元,无力清偿。债权人丁的下列做法中,正确的是(   )。
A. 即使明睿合伙企业有自己的财产,丁也不能首先从该企业的全部财产中求偿
B. 请求甲清偿 5 万元
C. 请求乙或者丙清偿 5 万元
D. 请求甲、乙分别清偿 2 万元、3 万元
E. 请求甲、乙、丙分别清偿 2 万元、2 万元、1 万元
F. 请求甲、乙、丙分别清偿 2 万元、1.5 万元、1.5 万元

【解析】正确答案是 BCDEF。根据《合伙企业法》规定,合伙企业不能清偿到期债务的,合伙人承担无限连带责任。债权人有权向普通合伙人中的任何一人、数人或全体要求清偿全部债务,被请求的合伙人有义务清偿全部债务。

(2) 合伙人的债务清偿与合伙企业的关系。为了保护合伙企业和其他合伙人的合法权益,同时也保护债权人的合法权益,《合伙企业法》作了如下规定:①合伙人发生与合伙企业无关的债务,相关债权人不得以其债权抵销其对合伙企业的债务,也不得代位行使合伙人在合伙企业中的权利。②合伙人的自有财产不足以清偿其与合伙企业无关的债务的,该合伙人可以以其从合伙企业中分取的收益用于清偿;债权人也可以依法请求人民法院强制执行该合伙人在合伙企

业中的财产份额用于清偿。

人民法院强制执行合伙人的财产份额时,应当通知全体合伙人,其他合伙人有优先购买权;其他合伙人未购买,又不同意将该财产份额转让给他人的,依照《合伙企业法》的规定为该合伙人办理退伙结算,或者办理削减该合伙人相应财产份额的结算。

【例2-9】某合伙企业合伙人A因个人购房,向非合伙人B借款3万元,而B曾与该合伙企业签订了一份买卖合同,还欠该合伙企业货款4万元。当该合伙企业向B催要货款时,B提出因A欠其3万元,所以他只需付合伙企业1万元即可。请问:B的说法是否正确?

【解析】根据《合伙企业法》规定,合伙人发生与合伙企业无关的债务,相关债权人不得以其债权抵销其对合伙企业的债务;也不得代位行使合伙人在合伙企业中的权利。因此,合伙人的债权人不得对合伙企业主张抵销权。如果允许两者抵销,就等于强迫合伙企业其他合伙人对个别合伙人的个人债务承担责任。这样做违反了合伙制度的本意,加大了合伙人的风险,不利于合伙企业这种经济组织形式的发展。所以,B的说法不正确。

(六) 入伙与退伙

1. 入伙

入伙是指在合伙企业存续期间,合伙人以外的第三人加入合伙,从而取得合伙人资格。新合伙人入伙时,应当经全体合伙人同意,并依法订立书面入伙协议。订立入伙协议时,原合伙人应当向新合伙人告知原合伙企业的经营状况和财务状况。入伙的新合伙人与原合伙人享有同等权利,承担同等责任。入伙协议另有约定的,从其约定。入伙的新合伙人对入伙前合伙企业的债务承担连带责任。

2. 退伙

退伙,是指合伙人退出合伙企业,从而丧失合伙人资格。合伙人退伙一般有两种原因:一是自愿退伙;二是法定退伙。

(1) 自愿退伙。自愿退伙是指合伙人基于自愿的意思表示而退伙。自愿退伙可以分为协议退伙和通知退伙两种。

关于协议退伙,《合伙企业法》规定,合伙协议约定合伙期限的,在合伙企业存续期间,有下列情形之一时,合伙人可以退伙:①合伙协议约定的退伙事由出现;②经全体合伙人一致同意;③发生合伙人难以继续参加合伙企业的事由;④其他合伙人严重违反合伙协议约定的义务。合伙人违反上述规定退伙的,应当赔偿由此给合伙企业造成的损失。

关于通知退伙,《合伙企业法》规定,合伙协议未约定合伙期限的,合伙人在不给合伙企业事务执行造成不利影响的情况下,可以退伙,但应当提前30日通知其他合伙人。由此可见,法律对通知退伙有以下三个条件的限制:①必须是合伙协议未约定合伙企业的经营期限;②必须是合伙人的退伙不给合伙企业事务执行造成不利影响;③必须提前30日通知其他合伙人。这三个条件必须同时具备,缺一不可。合伙人违反上述规定退伙的,应当赔偿由此给合伙企业造成的损失。

(2) 法定退伙。法定退伙是指合伙人因出现法律规定的事由而退伙。法定退伙分为当然退伙和除名两类。

关于当然退伙,《合伙企业法》规定,合伙人有下列情形之一的,当然退伙:①作为合伙人的自然人死亡或者被依法宣告死亡;②个人丧失偿债能力;③作为合伙人的法人或者其他组织依法被吊销营业执照、责令关闭、撤销或者被宣告破产;④法律规定或者合伙协议约定合伙人必须具有相关资格而丧失该资格;⑤合伙人在合伙企业中的全部财产份额被人民法院强制执行。

当然退伙以退伙事由实际发生之日为退伙生效日。

此外，合伙人被依法认定为无民事行为能力人或者限制民事行为能力人的，经其他合伙人一致同意，可以依法转为有限合伙人，普通合伙企业依法转为有限合伙企业。其他合伙人未能一致同意的，该无民事行为能力或者限制民事行为能力的合伙人退伙。

> 【例 2-10】黄弘是某普通合伙企业的合伙人，因车祸被撞成植物人，后被依法宣告为无民事行为能力人，其他合伙人也不同意将其转为有限合伙人。据此，黄弘当然退伙的日期不应是（　　）。
> A. 全体合伙人同意其退伙之日　　　　B. 过半数合伙人同意其退伙之日
> C. 发生车祸被撞成植物人之日　　　　D. 依法宣告为无民事行为能力人之日
> 【解析】正确答案是 ABC。《合伙企业法》规定，当然退伙以退伙事由实际发生之日为退伙生效日。需要指出的是，是否为无民事行为能力人必须经过法院的认定，因此宣告之日为"实际发生之日"。

关于除名，《合伙企业法》规定，合伙人有下列情形之一的，经其他合伙人一致同意，可以决议将其除名：①未履行出资义务；②因故意或者重大过失给合伙企业造成损失；③执行合伙事务时有不正当行为；④发生合伙协议约定的事由。对合伙人的除名决议应当书面通知被除名人。被除名人接到除名通知之日起，除名生效，被除名人退伙。被除名人对除名决议有异议的，可以自接到除名通知之日起 30 日内，向人民法院起诉。

(3) 退伙的效果。退伙的效果，是指退伙时退伙人在合伙企业中的财产份额和民事责任的归属变动。这分为两类情况：一是财产继承；二是退伙结算。

关于财产继承，《合伙企业法》规定，合伙人死亡或者被依法宣告死亡的，对该合伙人在合伙企业中的财产份额享有合法继承权的继承人，按照合伙协议的约定或经全体合伙人一致同意，从继承开始之日起，取得该合伙企业的合伙人资格。有下列情形之一的，合伙企业应当向合伙人的继承人退还被继承合伙人的财产份额：①继承人不愿意成为合伙人；②法律规定或者合伙协议约定合伙人必须具有相关资格，而该继承人未取得该资格；③合伙协议约定不能成为合伙人的其他情形。合伙人的继承人为无民事行为能力人或者限制民事行为能力人的，经全体合伙人一致同意，可以依法成为有限合伙人，普通合伙企业依法转为有限合伙企业。全体合伙人未能一致同意的，合伙企业应当将被继承合伙人的财产份额退还该继承人。据此，合伙人死亡时其继承人可取得该合伙企业的合伙人资格的条件为：一是有合法继承权；二是有合伙协议的约定或者全体合伙人的一致同意；三是继承人愿意。死亡的合伙人的继承人取得该合伙企业的合伙人资格，从继承开始之日起获得。

关于退伙结算，除合伙人死亡或者被依法宣告死亡的情形外，《合伙企业法》对退伙结算作了以下规定：①合伙人退伙，其他合伙人应当与该退伙人按照退伙时的合伙企业财产状况进行结算，退还退伙人的财产份额。退伙人对给合伙企业造成的损失负有赔偿责任的，相应扣减其应当赔偿的数额。退伙时有未了结的合伙企业事务的，待该事务了结后进行结算。②退伙人在合伙企业中财产份额的退还办法，由合伙协议约定或者由全体合伙人决定，可以退还货币，也可以退还实物。③合伙人退伙时，合伙企业财产少于合伙企业债务的，退伙人应当依照法律规定分担亏损，即如果合伙协议约定亏损分担比例的，按照合伙协议的约定办理；合伙协议未约定或者约定不明确的，由合伙人协商决定；协商不成的，由合伙人按照实缴出资比例分担；无法确定出资比例的，由合伙人平均分担。

合伙人退伙以后，并不能解除对于合伙企业既往债务的连带责任。根据《合伙企业法》的规定，退伙人对基于其退伙前的原因发生的合伙企业债务，承担无限连带责任。

（七）特殊的普通合伙企业

1. 特殊的普通合伙企业的概念

特殊的普通合伙企业，是指以专业知识和专门技能为客户提供有偿服务的专业服务机构。特殊普通合伙企业名称中应当标明"特殊普通合伙"字样，如瑞华会计师事务所(特殊普通合伙)。

2. 特殊的普通合伙企业的责任形式

(1) 责任承担。《合伙企业法》规定，一个合伙人或者数个合伙人在执业活动中因故意或者重大过失造成合伙企业债务的，应当承担无限责任或者无限连带责任，其他合伙人以其在合伙企业中的财产份额为限承担责任。合伙人在执业活动中非因故意或者重大过失造成的合伙企业债务以及合伙企业的其他债务，由全体合伙人承担无限连带责任。

根据这一规定，特殊的普通合伙企业的责任形式分为以下两种。

① 有限责任与无限连带责任相结合。即一个合伙人或者数个合伙人在执业活动中因故意或者重大过失造成合伙企业债务的，应当承担无限责任或者无限连带责任，其他合伙人以其在合伙企业中的财产份额为限承担责任。基于特殊的普通合伙企业的特殊性，为了保证其健康发展，必须对合伙人的责任形式予以改变，否则以专业知识和专门技能为客户提供服务的专业服务机构难以存续。因此，对一个合伙人或者数个合伙人在执业活动中的故意或者重大过失行为应与其他合伙人区别对待，对于负有重大责任的合伙人应当承担无限责任或者无限连带责任，其他合伙人只能以其在合伙企业中的财产份额为限承担责任。这也符合公平、公正原则，如果不分清责任，简单地归责于无限连带责任或者有限责任，不但对其他合伙人不公平，债权人的利益也难以得到保障。

② 无限连带责任。对合伙人在执业活动中非因故意或者重大过失造成的合伙企业债务以及合伙企业的其他债务，全体合伙人承担无限连带责任。这是在责任划分的基础上作出的合理性规定，以最大限度地实现公平、正义和保障债权人的合法权益。当然，这种责任形式的前提是合伙人在执业过程中不存在重大过错，即既没有故意，也不存在重大过失。

(2) 责任追偿。《合伙企业法》规定，合伙人执业活动中因故意或者重大过失造成的合伙企业债务，以合伙企业财产对外承担责任后，该合伙人应当按照合伙协议的约定对给合伙企业造成的损失承担赔偿责任。

【例2-11】甲、乙、丙三位注册会计师各出资200万元，设立了A会计师事务所(属于特殊的普通合伙企业)。甲、乙因重大过失出具了虚假的审计报告，致使合伙企业负担了1000万元的债务。请问：该债务应该如何承担？

【解析】①甲、乙以会计师事务所的名义出具审计报告，属于合伙企业的债务。应当首先以合伙企业的全部财产600万元清偿债务。②不足的400万元由当事人甲、乙承担连带责任，而丙无须承担责任，因为丙已经以其在合伙企业中的全部财产份额承担了责任。③当事人甲、乙对外承担了无限连带责任后，还应当按照合伙协议的约定对给合伙企业造成的损失承担赔偿责任。

3. 特殊的普通合伙企业的执业风险防范

特殊的普通合伙企业应当建立执业风险基金、办理职业保险。

执业风险基金，主要是指为了化解经营风险，特殊的普通合伙企业从其经营收益中提取相应比例的资金留存或者根据相关规定上缴至指定机构所形成的资金。执业风险基金用于偿付合伙人执业活动造成的债务，应当单独立户管理。

职业保险，又称职业责任保险，是指承保各种专业技术人员因工作上的过失或者疏忽大意所造成的合同一方或者他人的人身伤害或者财产损失的经济赔偿责任的保险。

三、有限合伙企业

（一）有限合伙企业的概念及法律适用

1. 有限合伙企业的概念

有限合伙企业，是指由有限合伙人和普通合伙人共同组成，普通合伙人对合伙企业债务承担无限连带责任，有限合伙人以其认缴的出资额为限对合伙企业债务承担责任的合伙组织。

知识拓展 2-4

有限合伙企业中各合伙人的权利与义务

有限合伙企业与普通合伙企业和有限责任公司相比较，具有以下显著特征：①在经营管理上，普通合伙企业的合伙人，一般均可参与合伙企业的经营管理。有限责任公司的股东有权参与公司的经营管理(含直接参与和间接参与)。而在有限合伙企业中，有限合伙人不执行合伙事务，而由普通合伙人从事具体的经营管理。②在风险承担上，普通合伙企业的合伙人之间对合伙债务承担无限连带责任。有限责任公司的股东对公司债务以其各自的出资额为限承担有限责任。而在有限合伙企业中，不同类型的合伙人所承担的责任则存在差异，其中有限合伙人以其各自的出资额为限承担有限责任，普通合伙人之间承担无限连带责任。

2. 有限合伙企业法律适用

在法律适用中，凡是《合伙企业法》中对有限合伙企业有特殊规定的，应当适用有关《合伙企业法》中对有限合伙企业的特殊规定。无特殊规定的，适用有关普通合伙企业及其合伙人的一般规定。

（二）有限合伙企业设立的特殊规定

1. 有限合伙企业人数

《合伙企业法》规定，有限合伙企业由 2 个以上 50 个以下合伙人设立；但是，法律另有规定的除外。有限合伙企业至少应当有 1 个普通合伙人。按照规定，自然人、法人和其他组织可以依照法律规定设立有限合伙企业，但国有独资公司、国有企业、上市公司以及公益性的事业单位、社会团体不得成为有限合伙企业的普通合伙人。

在有限合伙企业存续期间，有限合伙人的人数可能发生变化。然而，无论如何变化，有限合伙企业中必须包括有限合伙人与普通合伙人两部分，否则，有限合伙企业应当进行组织形式变化。《合伙企业法》规定，有限合伙企业仅剩有限合伙人的，应当解散；有限合伙企业仅剩普通合伙人的，应当转为普通合伙企业。

2. 有限合伙企业名称

《合伙企业法》规定，有限合伙企业名称中应当标明"有限合伙"字样。为便于社会公众以及交易相对人对有限合伙企业的了解，有限合伙企业名称中应当标明"有限合伙"的字样，而不能标明"普通合伙""特殊普通合伙""有限公司""有限责任公司"等字样。

3. 有限合伙企业协议

有限合伙企业协议除符合普通合伙企业合伙协议的规定外，还应当载明下列事项：①普通合伙人和有限合伙人的姓名或者名称、住所；②执行事务合伙人应具备的条件和选择程序；③执行事务合伙人权限与违约处理办法；④执行事务合伙人的除名条件和更换程序；⑤有限合伙人入伙与退伙的条件、程序以及相关责任；⑥有限合伙人和普通合伙人相互转变程序。

4. 有限合伙人出资形式

《合伙企业法》规定，有限合伙人可以用货币、实物、知识产权、土地使用权或者其他财产权利作价出资，不得以劳务出资。

5. 有限合伙人出资义务

《合伙企业法》规定，有限合伙人应当按照合伙协议的约定按期足额缴纳出资；未按期足额缴纳的，应当承担补缴义务，并对其他合伙人承担违约责任。

6. 有限合伙企业登记事项

《合伙企业法》规定，有限合伙企业登记事项中应当载明有限合伙人的姓名或名称及认缴的出资数额。

(三) 有限合伙企业事务执行的特殊规定

1. 有限合伙企业事务执行人

《合伙企业法》规定，有限合伙企业由普通合伙人执行合伙事务。执行事务合伙人可以要求在合伙协议中确定执行事务的报酬及报酬提取方式。合伙事务执行人除享有一般合伙人相同的权利外，还有接受其他合伙人的监督和检查、谨慎执行合伙事务的义务，若因自己的过错造成合伙财产损失的，应向合伙企业或其他合伙人负赔偿责任。

2. 禁止有限合伙人执行合伙事务

《合伙企业法》规定，有限合伙人不执行合伙事务，不得对外代表有限合伙企业。有限合伙人的下列行为，不视为执行合伙事务：①参与决定普通合伙人入伙、退伙；②对企业的经营管理提出建议；③参与选择承办有限合伙企业审计业务的会计师事务所；④获取经审计的有限合伙企业财务会计报告；⑤对涉及自身利益的情况，查阅有限合伙企业财务会计账簿等财务资料；⑥在有限合伙企业中的利益受到侵害时，向有责任的合伙人主张权利或者提起诉讼；⑦执行事务合伙人怠于行使权利时，督促其行使权利或者为了本企业的利益以自己的名义提起诉讼；⑧依法为本企业提供担保。

另外，《合伙企业法》规定，第三人有理由相信有限合伙人为普通合伙人并与其交易的，该有限合伙人对该笔交易承担与普通合伙人同样的责任。有限合伙人未经授权以有限合伙企业名义与他人进行交易，给有限合伙企业或者其他合伙人造成损失的，该有限合伙人应当承担赔偿责任。

3. 有限合伙企业利润分配

《合伙企业法》规定，有限合伙企业不得将全部利润分配给部分合伙人；但是，合伙协议另有约定的除外。

4. 有限合伙人的权利

(1) 有限合伙人可以同本企业进行交易。《合伙企业法》规定，有限合伙人可以同本有限合伙企业进行交易；但是，合伙协议另有约定的除外。有限合伙协议可以对有限合伙人与有限合伙企业之间的交易进行限定，如果有限合伙协议另有约定的，则必须按照约定的要求进行。普通合伙人如果禁止有限合伙人同本有限合伙企业进行交易，应当在合伙协议中作出约定。

(2) 有限合伙人可以经营与本企业相竞争的业务。《合伙企业法》规定，有限合伙人可以自营或者同他人合作经营与本有限合伙企业相竞争的业务；但是，合伙协议另有约定的除外。与普通合伙人不同，有限合伙人一般不承担竞业禁止义务。普通合伙人如果禁止有限合伙人自营或者同他人合作经营与本有限合伙企业相竞争的业务，应当在合伙协议中作出约定。

(四) 有限合伙企业财产出质与转让的特殊规定

1. 有限合伙人财产份额出质

有限合伙人将在有限合伙企业中的财产份额出质，是指有限合伙人以其在合伙企业中的财产份额对外进行权利质押。《合伙企业法》规定，有限合伙人可以将其在有限合伙企业中的财产份额出质，但是合伙协议另有约定的除外。

2. 有限合伙人财产份额转让

《合伙企业法》规定，有限合伙人可以按照合伙协议的约定向合伙人以外的人转让其在有限合伙企业中的财产份额，但应当提前30日通知其他合伙人。

(五) 有限合伙人债务清偿的特殊规定

《合伙企业法》规定，有限合伙人的自有财产不足以清偿其与合伙企业无关的债务的，该合伙人可以以其从有限合伙企业中分取的收益用于清偿；债权人也可以依法请求人民法院强制执行该合伙人在有限合伙企业中的财产份额用于清偿。人民法院强制执行有限合伙人的财产份额时，应当通知全体合伙人。在同等条件下，其他合伙人有优先购买权。

(六) 有限合伙企业入伙与退伙的特殊规定

1. 入伙

《合伙企业法》规定，新入伙的有限合伙人对入伙前有限合伙企业的债务，以其认缴的出资额为限承担责任。而在普通合伙企业中，新入伙的合伙人对入伙前合伙企业的债务承担连带责任。

2. 退伙

(1) 有限合伙人当然退伙。《合伙企业法》规定，有限合伙人出现下列情形之一时当然退伙：①作为合伙人的自然人死亡或者被依法宣告死亡；②作为合伙人的法人或者其他组织依法被吊销营业执照、责令关闭、撤销，或者被宣告破产；③法律规定或者合伙协议约定合伙人必须具有相关资格而丧失该资格；④合伙人在合伙企业中的全部财产份额被人民法院强制执行。

(2) 有限合伙人丧失民事行为能力的处理。《合伙企业法》规定，作为有限合伙人的自然人在有限合伙企业存续期间丧失民事行为能力的，其他合伙人不得因此要求其退伙。

(3) 有限合伙人继承人的权利。《合伙企业法》规定，作为有限合伙人的自然人死亡、被依法宣告死亡或者作为有限合伙人的法人及其他组织终止时，其继承人或者权利承受人可以依法取得该有限合伙人在有限合伙企业中的资格。

(4) 有限合伙人退伙后的责任承担。《合伙企业法》规定，有限合伙人退伙后，对基于其退伙前的原因发生的有限合伙企业债务，以其退伙时从有限合伙企业中取回的财产承担责任。

(七) 合伙人性质转变的特殊规定

《合伙企业法》规定，除合伙协议另有约定外，普通合伙人转变为有限合伙人，或者有限合伙人转变为普通合伙人，应当经全体合伙人一致同意。有限合伙人转变为普通合伙人的，对其作为有限合伙人期间有限合伙企业发生的债务承担无限连带责任。普通合伙人转变为有限合伙人的，对其作为普通合伙人期间合伙企业发生的债务承担无限连带责任。

四、合伙企业解散和清算

（一）合伙企业解散

合伙企业解散，是指各合伙人解除合伙协议，合伙企业终止活动。根据《合伙企业法》的规定，合伙企业有下列情形之一的，应当解散：①合伙期限届满，合伙人决定不再经营；②合伙协议约定的解散事由出现；③全体合伙人决定解散；④合伙人已不具备法定人数满 30 天；⑤合伙协议约定的合伙目的已经实现或者无法实现；⑥依法被吊销营业执照、责令关闭或者被撤销；⑦法律、行政法规规定的其他原因。

（二）合伙企业清算

合伙企业解散的，应当进行清算。《合伙企业法》对合伙企业清算作了以下几方面的规定。

1. 确定清算人

合伙企业解散，应当由清算人进行清算。清算人由全体合伙人担任；经全体合伙人过半数同意，可以自合伙企业解散事由出现后 15 日内指定一个或者数个合伙人，或者委托第三人担任清算人。自合伙企业解散事由出现之日起 15 日内未确定清算人的，合伙人或者其他利害关系人可以申请人民法院指定清算人。

清算人在清算期间执行下列事务：①清理合伙企业财产，分别编制资产负债表和财产清单；②处理与清算有关的合伙企业未了结事务；③清缴所欠税款；④清理债权、债务；⑤处理合伙企业清偿债务后的剩余财产；⑥代表合伙企业参加诉讼或者仲裁活动。

2. 通知和公告债权人

清算人自被确定之日起 10 日内将合伙企业解散事项通知债权人，并于 60 日内在报纸上公告。债权人应当自接到通知书之日起 30 日内，未接到通知书的自公告之日起 45 日内，向清算人申报债权。债权人申报债权时应当说明债权的有关事项，并提供证明材料，清算人应当对债权进行登记。清算期间，合伙企业存续，但不得开展与清算无关的经营活动。

3. 财产清偿

合伙企业财产在支付清算费用后，按下列顺序清偿：①合伙企业所欠招用的职工工资和劳动保险费用；②合伙企业所欠税款；③合伙企业的债务；④返还合伙人的出资。

合伙企业财产按上述顺序清偿后仍有剩余的，按合伙协议约定的利润分配比例进行分配；合伙协议未约定利润分配比例的，由合伙人平均分配。合伙企业清算时，其全部财产不足清偿其债务的，由其合伙人以个人的财产，按照合伙协议约定的比例承担清偿责任；合伙协议未约定比例的，平均承担清偿责任。

4. 注销登记

清算结束，清算人应当编制清算报告，经全体合伙人签名、盖章后，在 15 日内向企业登记机关报送清算报告，申请办理合伙企业注销登记。合伙企业注销后，原普通合伙人对合伙企业存续期间的债务仍应承担无限连带责任。

5. 合伙企业不能清偿到期债务的处理

合伙企业不能清偿到期债务的，债权人可以依法向人民法院提出破产清算申请，也可以要求普通合伙人清偿。合伙企业依法被宣告破产的，普通合伙人对合伙企业债务仍应承担无限连带责任。

综合实训

一、判断题

1. 毕罗春于 2020 年 3 月 15 日投资设立个人独资企业，聘请原梦圆负责企业的日常经营管理，委托书中约定：超过 5 万元的标的，须经毕罗春批准。同年 5 月，原梦圆擅自与甲公司签订 15 万元的买卖合同。甲公司不知道毕罗春的授权限制，该企业一直未付款。2020 年 6 月 15 日该企业解散，甲公司起诉，要求毕罗春偿还 15 万元。甲公司的诉讼请求不能获得法院的支持。（ ）

2. 个人独资企业解散后，原投资人对个人独资企业存续期间的债务不再承担。（ ）

3. 甲、乙订立书面合伙协议约定：甲以 10 万元出资，乙以劳务出资；乙执行合伙企业事务；合伙企业利润由甲、乙分别按 80%和 20%的比例分配，亏损由甲、乙分别按 20%和 80%的比例分担。该合伙协议的约定符合《合伙企业法》的规定。（ ）

4. 在普通合伙企业中，新入伙的合伙人对入伙前合伙企业的债务承担连带责任。（ ）

5. 甲是某普通合伙企业的合伙人，该合伙企业需要购买一批生产用原材料，甲正好有同样一批原材料想要出售，甲在其他合伙人一致同意的情况下，可以进行该笔交易。（ ）

6. 刘宇向黄晗借款 10 万元作为出资，与其他 2 人共同设立了一家普通合伙企业。合伙企业经营期间，黄晗欠合伙企业货款 10 万元，黄晗可以将其对刘宇的债权抵销其对合伙企业的债务。（ ）

7. 甲、乙、丙三人设立了一家普通合伙企业，后甲将其在合伙企业中的全部财产份额转让给乙，仅仅通知了丙，但是没有征得丙的同意，那么甲、乙之间的财产份额转让不符合《合伙企业法》的规定。（ ）

8. 某普通合伙企业由于经营不善，无力偿还对外所欠的应付货款，其债权人可以直接要求该合伙企业的任何一个合伙人清偿债务。（ ）

9. 注册会计师甲、乙、丙共同出资设立一家合伙制会计师事务所。甲、乙在某次审计业务中，因出具虚假审计报告造成会计师事务所债务 80 万元。对该笔债务，甲、乙应承担无限连带责任，丙应以其在会计师事务所中的财产份额为限承担责任。（ ）

10. 有限合伙企业既可以由普通合伙人执行合伙事务，也可以由有限合伙人执行合伙事务。（ ）

11. 甲、乙、丙各出资 15 万元人民币设立一家有限合伙企业，其中丙为有限合伙人。2018 年 5 月丙决定退伙，当时该合伙企业欠丁货款 30 万元人民币尚未归还，经依法结算，丙应分担 10 万元人民币债务，于是该合伙企业退还丙 5 万元人民币。2018 年 6 月丁向法院起诉甲、乙、丙三人，要求支付货款 30 万元人民币。丙对该债务不承担任何清偿责任。（ ）

12. 有限合伙人转变为普通合伙人的，对其作为有限合伙人期间有限合伙企业发生的债务以其出资数额为限承担责任。（ ）

13. 有限合伙人退伙后，对于其退伙前的原因发生的有限合伙企业债务，以其出资数额为限承担责任。（ ）

14. 外商投资企业的组织机构可以适用《公司法》的规定。（ ）

二、单项选择题

1. "赵老汉私房菜"是赵东甲投资开设的个人独资企业。关于该企业遇到的法律问题,下列选项正确的是( )。
   A. 如赵东甲在申请企业设立登记时,明确表示以其家庭共有财产作为出资,则该企业是以家庭成员为全体合伙人的普通合伙企业
   B. 如赵东甲一直让其子赵西乙负责企业的事务管理,则应认定为以家庭共有财产作为企业的出资
   C. 如赵东甲决定解散企业,则在解散后5年内,赵东甲对企业存续期间的债务,仍应承担偿还责任
   D. 如赵东甲死后该企业由其子赵西乙与其女赵楠共同继承,则该企业必须分立为两家个人独资企业

2. 赵骞与钱坤经口头协议,在闹市区租门面房合伙经营服装店。不久,房主孙权同意将门面房折价2万元加入合伙,但不参与经营,只每半年收取经营收益的10%。后赵骞独自决定进了一批童装,销售情况不佳,童装厂催款。下列说法正确的是( )。
   A. 赵骞、钱坤、孙权之间虽没有书面合伙协议,但可以认定为合伙关系,故须连带承担还款义务
   B. 孙权没有参加合伙的经营,应当认定入伙无效,不承担还款义务
   C. 赵骞一人执行合伙事务,没有征得其他合伙人的同意,其行为后果由赵骞一人承担
   D. 孙权入伙虽无效,但仍应以其所得收益为限对合伙债务承担连带责任

3. 张仝是一家鱼菜馆的普通合伙人之一。因生意很兴隆,张仝便和妻子在附近又开了一家鲁菜馆,主要由其妻照管。张仝经常将客人介绍到自家开的鲁菜馆去,并骗客人说两家是连锁店。依《合伙企业法》有关规定,张仝应( )。
   A. 可以这样做
   B. 不可以这样做
   C. 经多数合伙人同意可以这样做
   D. 经全体合伙人同意可以这样做

4. 甲、乙、丙、丁共同投资设立一家普通合伙企业,约定利润分配为4∶3∶2∶1,现甲、乙欲退伙,丙、丁未就合伙企业的利润分配约定新的比例;依照法律规定,现合伙企业的利润在丙、丁之间的分配方式( )。
   A. 全部利润平均分配
   B. 全部利润按照2∶1的比例分配
   C. 全部利润的30%按照2∶1分配,其余部分平均分配
   D. 合伙人协商决定,协商不成的,由合伙人按照实缴出资比例分配、分担;无法确定出资比例的,由合伙人平均分配

5. 甲、乙、丙各出资5万元合伙开办一家餐馆,经营期间,丙提出退伙,甲、乙同意,三方约定丙放弃一切合伙权利,也不承担合伙债务。下列选项正确的是( )。
   A. 丙退伙后对原合伙的债务不承担责任
   B. 丙退伙后对原合伙的债务仍应承担连带清偿责任
   C. 丙退伙后对原合伙的债务承担补充责任
   D. 丙退伙后仍应以其出资额为限对原合伙债务承担清偿责任

6. 2019年1月,甲、乙、丙设立了一家普通合伙企业。2020年2月,甲与戊结婚,4月,甲因车祸去世。甲除戊外没有其他亲人,合伙协议对合伙人资格取得或丧失未作约定。下列选项正确的是( )。
   A. 戊依法自动取得合伙人地位
   B. 经乙、丙一致同意,戊取得合伙人资格
   C. 合伙企业中甲的财产份额属于夫妻共同财产
   D. 只能由合伙企业向戊退还甲在合伙企业中的财产份额

7. 甲、乙、丙为某合伙企业的合伙人，后甲退伙，丁同时入伙。甲退伙时分担了合伙债务。对甲退伙时合伙财产不足以清偿的债务应由(　　)。

　　A. 甲、乙、丙、丁承担连带责任　　　　B. 甲、乙、丙承担连带责任，丁不承担责任
　　C. 乙、丙承担连带责任，甲、丁不承担责任　　D. 乙、丙、丁承担连带责任，甲不承担责任

8. 合伙人李甲在一普通合伙企业经营期间因交通事故而死亡，其子李乙尚未成年，则下列说法中不正确的是(　　)。

　　A. 李乙因此成为该合伙企业的合伙人
　　B. 全体合伙人未能一致同意将合伙企业转为有限合伙企业的，应当将李甲的财产份额退还给李乙
　　C. 经全体合伙人一致同意，从继承开始之日起，李乙取得合伙企业的合伙人资格，但只能作为有限合伙人
　　D. 如果合伙协议约定所有的合伙人必须具有完全行为能力，则李乙不能取得合伙人资格，但可以要求企业退还李甲的财产份额

9. 某会计师事务所登记设立为特殊的普通合伙企业，其合伙人之一张宇在一次执业过程中给客户造成了损失，则下列说法中正确的是(　　)。

　　A. 其他合伙人对该债务以其在合伙企业中的财产为限承担责任
　　B. 对由此形成的会计师事务所的债务，由张宇对该债务承担无限责任
　　C. 如有证据证明该损失系张宇故意所致，则该损失应由张宇一人独立承担
　　D. 如有证据证明该损失系张宇轻微过失所致，则全体合伙人承担无限连带责任

10. 某有限合伙企业的有限合伙人 A，以普通合伙人的身份与甲公司进行交易，甲公司有理由相信其为普通合伙人。对于该笔交易，下列说法正确的是(　　)。

　　A. 甲公司自行承担责任　　　　　　　B. A 以其对合伙企业的出资额对该笔交易承担有限责任
　　C. 合伙企业不承担责任　　　　　　　D. A 针对该笔交易承担与普通合伙人同样的责任

11. 甲是某有限合伙企业的有限合伙人，持有该企业 15%的份额。在合伙协议无特别约定的情况下，甲在合伙期间未经其他合伙人同意实施了下列行为，其中违反《合伙企业法》规定的是(　　)。

　　A. 将自购的机器设备出租给合伙企业使用
　　B. 以合伙企业的名义购买汽车一辆归合伙企业使用
　　C. 以自己在合伙企业中的财产份额向银行提供质押担保
　　D. 提前一个月通知其他合伙人将其部分合伙份额转让给合伙人以外的人

三、多项选择题

1. 下列关于个人独资企业表述正确的是(　　)。

　　A. 个人独资企业解散后，即免除了对债权人的责任
　　B. 投资人对受托人或被聘用人员的职权限制，不得对抗善意第三人
　　C. 个人独资企业的财产归投资人个人所有，投资人对企业事务有绝对控制与支配权
　　D. 个人独资企业以经营的情况决定是以个人财产还是以家庭财产对外承担无限责任
　　E. 个人独资企业解散后，债权人在 5 年内未向债务人提出偿债请求，即免除了债务人的责任

2. 合伙人高山因个人事务欠刘贝 30 万元债务，而刘贝同时欠合伙企业 27 万元债务。高山的债务到期后一直未清偿，则刘贝的行为中不符合《合伙企业法》规定的是(　　)。

　　A. 以其对高山的债权抵销对合伙企业的债务
　　B. 代位行使高山在合伙企业中的权利
　　C. 请求法院强制执行高山在合伙企业中的财产份额
　　D. 当合伙企业不能清偿到期债务时，主张高山的财产应当优先清偿自己的债权

3. 甲、乙、丙、丁为某合伙企业的合伙人。现有如下情况：①甲死亡，戊为继承人；②乙因吸毒，已耗尽家财；③丙在执行事务中有贪污企业财产的行为；④合伙协议中未就合伙份额的继承问题作出规定。以下判断中，正确的是(   )。

   A. 经乙、丙、丁同意，戊可以成为合伙人

   B. 经丙、丁同意，戊可以成为合伙人

   C. 戊成为合伙人后，可以和乙、丁一起决定将丙除名

   D. 戊成为合伙人后，可以和丁一起决定将丙除名

4. 缘源大酒店是由甲、乙、丙三人创办的合伙企业，分配比例为4:3:3。2020年5月12日，乙不幸遇车祸身亡。乙家中有妻子房媛和儿子闻哈(8周岁)。此时该酒店的净资产仍有近30万元，但甲、丙二人担心财产分割会影响该店的发展，遂主动与房媛商量，希望其能入伙。对此事的说法，正确的是(   )。

   A. 如果房媛愿意入伙，则要对入伙以前酒店的债务负连带责任

   B. 如果房媛不愿意入伙，则可与闻哈共同继承属于乙的财产份额

   C. 房媛想让儿子闻哈一人代替丈夫成为酒店的合伙人，这种想法可以实现

   D. 如果房媛表示愿意入伙，则无须甲、丙的同意，当然地代替乙成为酒店的合伙人

   E. 如果房媛万念俱灰，不愿意入伙也不愿意其子闻哈子继父业，则甲和丙可将属于乙的合伙企业财产份额以现金的方式支付给房媛

5. 君平昌成律师事务所是一家采取特殊普通合伙形式设立的律师事务所，曾君、郭昌是其中的两名合伙人。在一次由曾君主办、郭昌辅办的诉讼代理业务中，因二人的重大过失泄露了客户商业秘密，导致该所对客户应承担巨额赔偿责任。关于该客户的求偿，下列说法错误的是(   )。

   A. 向该所主张全部赔偿责任　　　　B. 向曾君主张无限连带赔偿责任

   C. 向郭昌主张补充赔偿责任　　　　D. 向该所其他合伙人主张连带赔偿责任

6. 甲、乙、丙三人拟共同设立一个有限合伙企业，下列表述错误的是(   )。

   A. 该有限合伙企业至少应当有一个普通合伙人

   B. 经合伙协议约定，有限合伙人可以以货币、实物、劳务、知识产权或其他财产作价出资

   C. 经合伙协议约定，有限合伙人可以执行部分合伙事务

   D. 如有限合伙人转为普通合伙人，则对其作为有限合伙人期间企业的债务不承担连带责任

四、简答题

1. 什么是合伙企业？合伙企业的设立条件是什么？
2. 合伙企业如何分配利润、分担亏损？
3. 如何理解普通合伙企业财产的范围、性质及转让？

五、案例分析题

案例一：姬羽出资15万元成立了一家汽车配件经销店，企业性质为个人独资企业。1年后，姬羽委托妻弟花诚管理该店，自己整日沉迷于上网。几个月后，债权人相继找上门来，要求姬羽归还欠债。由于姬羽管理不善，该经销店财产已所剩无几。姬羽宣称自己没有能力还债。债权人告上法庭，要求用姬羽和花诚的家庭共有财产抵偿债款。经法院查明，姬羽在设立登记时并没有明确是以家庭共有财产出资。

请问：

1. 姬羽能否委托其妻弟花诚经营管理其个人独资企业？为什么？
2. 对该企业所欠债款，法院应否支持债权人用姬羽和花诚的家庭财产抵偿债款的要求？为什么？姬羽和花诚各自应承担什么责任？

案例二：甲、乙、丙、丁四位合伙人签订书面协议，共同出资设立某普通合伙企业，合伙协议未约定利润分配比例，共同推举甲为合伙企业的事务执行人，对外代表合伙企业，丁为合伙企业的会计。同

时协议还规定，甲代表合伙企业对外签订的合同总标的超过 100 万元的均先由全体合伙人一致同意方可实行。

企业经营一段时间后，丙将持有合伙企业财产份额的一部分转让给乙，并通知其他合伙人；将另一部分转让给 A，并经其他合伙人一致同意。

甲代表合伙企业与 B 公司签订一份价值为 200 万元的供货合同。由 B 公司预付 30 万元的定金，合伙企业收到定金后一个月内发出全部货物。实际合同履行时，B 公司按期支付 30 万元的定金，但合伙企业一直未能供货，合同手续齐全，过程合法。

B 公司经过了解，发现合伙企业会计记录掩盖了严重亏损、无力履行合同的事实，从而引起纠纷。并出现以下分歧性意见：①乙合伙人认为甲与 B 公司签订合同违反了合伙企业内部的规定，该合同无效，故合伙企业不承担违约责任。②甲合伙人认为本企业不具备独立法人资格，会计记录真实与否无关紧要。③A 认为该项合同是在自己入伙之前签订的，一切损失与自己无关。④丁认为丙在向乙转让合伙企业的财产份额时，未经其他合伙人同意，合伙企业的所有损失应由丙一人承担。⑤B 公司认为因为合伙企业违约给自己造成损失 45 万元，合伙企业除应向 B 公司双倍返还定金外，还应支付赔偿金 45 万元。

请问：以上分歧性意见是否正确？并说明理由。

案例三： 甲公民、乙企业、丙公司、丁公民、戊公民五位合伙人共同出资成立有限合伙企业，签订合伙协议如下：①五位合伙人中甲以货币出资 10 万元，乙以商标权出资 8 万元，丙以厂房使用权作价出资 6 万元，丁和戊为有限合伙人，丁以专利技术和劳务出资，作价 3 万元，戊以提供秘方配料作价 3 万元出资。②确定甲为合伙企业事务的执行人，并规定甲对外代表合伙企业签订合同时，凡是标的超过 4 万元的，均应经全体合伙人一致同意。③合伙企业名称为"珠峰户外用品销售公司"。在进行注册时，市场监督管理局指出协议有违法之处，经整改后，企业成立。该合伙企业成立经营一段时间后，乙提出将其持有合伙企业的全部财产份额转让给杨光，经全体合伙人同意，并在如实告知企业财务状况和经营情况的条件下杨光入伙。杨光入伙前该企业资产总额 10 万元，负债总额 5 万元。杨光入伙后，企业又经营了一年，亏损严重，决定清算。清算前企业总资产 12 万元，新发生的负债为 15 万元。总资产中含对刘祥的债权 2 万元。

在清算偿债过程中，出现以下争议：①甲认为自己欠刘祥 2 万元，刘祥欠合伙企业 2 万元，彼此可以相互抵销；②丙认为合伙企业全部负债中，欠宋江的 4 万元是因为甲违反合伙协议规定，私自签订合同标的为 60 万元的合同而形成的，虽然宋江不知道合伙企业的内部限制性规定，但甲的行为属于超越权限，该债务应由甲个人承担，与合伙企业无关；③乙认为自己已经退伙，不再承担任何责任和义务；④丁认为甲是合伙事务执行人，且出资额最大，合伙企业资产不足以偿还债务所形成的差额部分应由甲个人承担，与其他合伙人无关；⑤杨光认为自己入伙时与乙签有个人协议，自己只对入伙后的债务承担责任，对其入伙前合伙企业的债务不承担责任。

请问：

1. 合伙协议有哪些违法之处？

2. 合伙企业清算时，各位合伙人的观点是否正确？请根据所学知识分析说明。

3. 若甲个人偿还了合伙企业资产不足抵债的差额部分后，还能否向其他合伙人追索多偿还的部分？为什么？

第三章

公司法律制度

引 例

2020年4月,原告某粮油公司与被告喜洋洋食品有限公司(以下简称"喜洋洋")发生了一笔果冻购销生意,后"喜洋洋"拖欠粮油公司52万元货款。"喜洋洋"的理由是公司已停止生产经营,无力偿还各项债务。后来,粮油公司发现"喜洋洋"系台商独资企业,于2009年由谢昆投资成立,法定代表人为谢昆;永昌荣食品有限公司(以下简称"永昌荣")也系台商独资企业,于2010年11月由谢昆投资成立,法定代表人也是谢昆;这两家公司的经营地址、电话号码、组织机构、从业人员完全相同。粮油公司认为,谢昆掏空"喜洋洋",将财产转移到"永昌荣",以此逃避债务。为此,粮油公司将谢昆、"喜洋洋""永昌荣"告上法庭,要求三被告共同偿还52万元货款及利息。

经审理后查明:"永昌荣"设立至今,从未实际开展生产经营活动,也无机器设备,名下的土地、厂房及两部汽车均由"喜洋洋"无偿使用,日常费用则由"喜洋洋"支付。两公司的财务账目虽分别立册记账,但均由"喜洋洋"的会计人员负责制作,且"永昌荣"本身从未对员工发放过工资。这两家公司的唯一投资者谢昆在经营期间也挪用、侵占"喜洋洋"的财产至少72万元以上,这部分财产全部作为谢昆个人对债务的清偿和对交通肇事的赔偿。

【提问】假如你是法官,该如何处理本案?

【点评】本案中,有确凿的事实和理由认定谢昆滥用其控制权,操纵并利用关联公司("永昌荣"与"喜洋洋")之间的财产转移来逃避债务,挪用公司资产归个人使用,致使公司与其个人之间财务、财产均发生混同。根据《公司法》的规定,应当对"喜洋洋"适用公司法人格否认制度,责令谢昆和"永昌荣"承担连带责任。

第一节 公司及公司法概述

一、公司的概念和特征

《公司法》第三条规定,公司是具有独立的法人财产,享有法人财产权并以其全部财产对其债务承担责任的企业法人。《公司法》中所称的公司仅指在我国境内设立的有限责任公司和股份有限公司。公司具有以下特征。

第一，依法设立。公司成立的直接依据是法律，而不是合同；公司的成立必须符合法律规定的条件；公司的成立应依照法定程序。

第二，具有独立的法人财产，享有法人财产权。公司的财产来源于股东的投资，但股东投资后对于投资财产原值上不享有所有权，而只享有股权，但国家投资形成的电力设施、通信设施、铁路等基础设施，依照《民法典》第二百五十四条的规定，国家享有其所有权。因此，公司的财产虽然是股东投资聚合而成，但独立于股东的财产，并对该财产享有财产权。股东一旦投资完成，其投入公司的财产的所有权就转移给公司，故公司对该财产享有独立的财产权。例如，甲对A公司投资50万元后，甲就不对该50万元享有所有权，该50万元的财产所有权就由A公司享有，甲只对A公司享有50万元的股权。

第三，以其全部财产对其债务承担责任。公司以营利为目的，作为独立的营业主体，其必然对外发生债务，对于公司债务，应以其全部财产承担责任。无论是有限责任公司还是股份有限公司的股东都不是公司债务的债务人，他们对公司债务不承担责任。如B公司有甲、乙、丙三名股东，B公司负债500万元，但B公司只有400万元的财产，B公司也仅以400万元承担责任，甲、乙、丙三名股东不承担责任。

知识拓展 3-1

公司人格否认制度

《公司法》第二十条第三款规定，公司股东滥用公司法人独立地位和股东有限责任，逃避债务，严重损害公司债权人利益的，应当对公司债务承担连带责任。此处提及的滥用行为，实践中常见的情形有人格混同、过度支配与控制、资本显著不足等。实践中，应基于查明的案件事实进行综合判断，依法审慎适用。

拓展阅读

公司人格否认的法律适用

第四，公司是企业法人。依照《民法典》的规定，我国法人可分为营利法人、非营利法人和特别法人。公司属于企业法人。作为营利法人，公司以营利为目的，连续不断地从事经营活动并将营利所得依法分配给其股东。

二、公司的分类

(一) 公司的学理分类

(1) 根据股东所承担的民事责任形式，公司可分为无限公司、两合公司、股份有限公司、股份两合公司、有限责任公司。无限公司，又称无限责任公司，指全体股东对公司债务承担无限责任的公司。大陆法系国家承认此种公司形式；英美法系国家不承认其为公司，视其为合伙。两合公司，指一部分股东对公司债务承担无限责任，一部分股东对公司债务承担有限责任的公司。股份有限公司，指将全部资本分为等额股份，股东以其认购股份对公司承担责任，公司以其全部财产对公司债务承担责任的公司。如北京王府井百货(集团)股份有限公司。股份两合公司，指两合公司中负有限责任的股东依照股份形式认购股份的公司。有限责任公司，指股东以其认缴的投资额为限对公司承担责任，公司以其全部财产对其债务承担责任的公司。如神华集团有限责任公司。

(2) 根据公司的信用基础，公司可分为人合公司、资本组合公司(简称"资合公司")和人合兼资合公司。人合公司，指以股东个人信用为基础的公司。无限公司是典型的人合公司。资合公司，指以股东的投资额为基础的公司。股份公司是典型的资合公司。人合兼资合公司，指同时具有个人信用和资本信用的公司，如两合公司。

(3) 根据公司的控制和依附关系，公司可分为母公司和子公司。母公司是指通过持有其他公司的股份而能实际控制其他公司经营活动的公司。子公司是指其一定比例的股份被其他公司持有，经营活动受其他公司控制的公司。子公司是独立的企业法人。如华润置地有限公司是企业巨头华润(集团)有限公司在香港地区上市的地产子公司。

知识拓展 3-2

子公司与分公司的主要区别

(4) 根据公司的组织系统，公司可分为总公司和分公司。总公司，指依法首先设立或同时设立，并管辖全部组织系统的公司。分公司，指总公司的分支机构，不具有企业法人资格。如中国人寿保险股份有限公司深圳分公司。

(5) 根据公司的国籍，公司可分为本国公司、外国公司和跨国公司。本国公司，只具有本国国籍，依照本国法享有权利、履行义务的公司。外国公司，是指依外国法设立，不具有本国国籍的公司。跨国公司，指具有两个以上国籍，由分布在不同国家的实体组成的公司，如微软(Microsoft)公司。

(6) 根据公司股票能否公开转让，公司可分为封闭式公司和开放式公司。封闭式公司，指公司股票不能在交易所挂牌，不能在股票市场上自由转让的公司。开放式公司，指公司股票可以在交易所挂牌公开交易的公司。

(二)《公司法》中的分类

《公司法》中的公司仅指有限责任公司和股份有限公司。其中有限责任公司还包括一人有限责任公司和国有独资公司。

三、公司法的概念和特征

公司法是调整公司的组织和行为及其他对内对外法律关系的关系规范的总称。公司法具有以下特征。

第一，公司法是组织法与行为法的结合。作为组织法，规定了公司的设立、变更和终止；公司章程；公司内部机构的设立及其权利义务；公司与股东之间的关系及股东与股东之间的关系；公司的人格权等。作为行为法，规定了公司股票的发行和交易、债券的发行和转让等内容。至于公司的买卖、租赁等行为不由公司法调整。

第二，公司法是强行法与任意法的结合。公司法规范中，既有强制性规范又有任意性规范。对于涉及债权人利益的规范，主要是强制性规范。例如，公司的设立、公司章程条款、股票、债券的发行以及公司的合并、分立、解散和法律责任等规定，呈现出浓厚的强制性规范的特征，当事人不得任意变更，体现了国家干预的色彩。但是，对于公司内部关系的规范主要是任意性规范。

第三，公司法是兼具程序法律内容的实体法。公司法属于实体法，但是包含了大量程序法内容。公司法中关于公司设立的条件、公司资本制度、公司组织结构及其职权、股东权利义务属于实体法规范。而关于公司设立的程序、公司组织机构行使职权的方式以及公司变更、清算、解散的程序属于程序法规范。

四、公司的设立与成立

(一) 公司的设立

公司的设立是指公司依法取得法人资格的全部活动的总称。

公司的设立行为主要有：订立发起人协议，订立公司章程，选举董事、监事，申请设立登记，募集股份，投资，认股，缴纳股款，召开公司创立大会，申请设立登记。公司设立的程序主要是：确立公司股东或发起人，订立公司章程，股东或发起人认缴或履行投资，建立公司机关，办理设立登记。

(二) 公司的成立

公司的成立是指公司设立后产生的法律效果。公司的成立日期是营业执照签发日期。公司的成立在历史上经历了自由主义、特许主义、核准主义和登记主义。《公司法》将登记主义作为公司成立的原则。

五、公司的名称和住所

(一) 公司的名称

公司名称是表示公司性质或特点并与其他公司相区别的标志。根据《公司法》和《企业名称登记管理规定》及实施办法，我国的公司名称由以下部分组成。

(1) 公司类别。《公司法》第八条规定，公司名称中应标明"有限责任公司"或"股份有限公司"字样。

(2) 公司注册机关所在地的行政区划。如某市市场监督管理局注册，其名称中应包含"××市"，但经国家市场监督管理总局核准，下列公司的名称可以不冠以公司注册地的行政区划：①历史悠久、字号驰名的公司；②外商投资的有限责任公司；③可以申请在企业名称中使用"中国""中华"或者"国际"字样的全国性公司等。

(3) 公司所属行业或经营特点，如"××化工××公司"。

(4) 商号，即公司相互区别的文字符号。如"同仁堂"就属字号。

例如，"北京兆维科技股份有限公司"是一个完整的公司名称。其中，公司类别是股份有限公司，行政区划是北京，字号是"兆维"，公司所属行业是科技产业。

(二) 公司的住所

依照《公司法》第十条的规定，公司的住所是其主要办事机构所在地。公司住所是公司注册登记的事项之一。确定公司住所的主要法律意义有：

(1) 在民事诉讼中，可根据住所地来确定地域管辖，并作为确定文书送达的住所。
(2) 住所可作为确定债务履行地的依据。
(3) 住所是确定公司行政管辖机关的依据。

六、公司章程

公司章程是规定公司的组织和行为的基本规则的重要文件，是由公司股东或发起人依法制定的。公司章程的记载事项分为：

第一，绝对必要事项，即每个公司章程都必须记载的事项。如公司名称、营业范围、资本总额、公司所在地等，对于绝对必要事项，缺少任何一项记载都不合法，都会导致章程无效，而章程无效，会导致公司设立无效。

第二，相对必要事项，是指法律列举但由公司章程制定人选择记载于章程的事项。公司章程未记载该事项不影响章程的效力。如记载某一事项违法，也仅导致该事项无效。

第三，任意记载事项，是指法律并未规定但与公司营业有关，公司发起人决定将其记载于章程的事项。一旦记载，该事项发生效力。如记载违法，仅该事项无效，不导致章程无效。

公司章程应公开，公司章程的变更不得违反公司设立目的，必须经全体股东同意或者形成股东(大)会决议；公司章程变更后，必须及时办理变更登记手续，否则不得对抗善意第三人，同时，公司负责人应受处罚。

七、公司的合并与分立

(一) 公司的合并

1. 合并的形式

公司合并包括新设合并和吸收合并。新设合并是指两个或两个以上的公司合并成一个新公司，参加合并的公司消灭。例如，甲、乙两公司合并成丙公司，甲、乙公司消灭。吸收合并是指两个或两个以上的公司合并，其中一个公司继续存在，其他公司均消灭。如甲、乙、丙三个公司合并，其中甲公司存在，乙、丙公司消灭。

2. 合并的程序

(1) 合并各方协商一致，订立合并协议，编制资产负债表及财产清单。

(2) 股东会决议。根据《公司法》第四十三条和第一百零三条的规定，有限责任公司的合并应由代表 2/3 以上表决权的股东通过；股份有限责任公司的合并应由出席会议的股东所持表决权的 2/3 以上通过。

(3) 通知。根据《公司法》第一百七十三条的规定，公司应当自作出合并决议之日起 10 日内通知债权人，并于 30 日内在报纸上公告。债权人自接到通知书之日起 30 日内，未接到通知书的自公告之日起 45 日内，有权要求公司清偿债务或者提供相应的担保。

(4) 注册登记。对于吸收合并，存续公司应办理变更登记，被吸收公司应办理注销登记；对于新设合并，合并后的新公司应办理设立登记，合并各方应办理注销登记。

3. 合并的法律后果

公司合并后，原公司的股东可以继续成为合并后的公司股东；原公司的债权债务由合并后的公司概括承受。

(二) 公司的分立

1. 分立的形式

公司的分立主要有派生分立和新设分立。派生分立是指公司将一部分财产分离出去，设立一个或多个新公司，如果公司中分离出乙公司，甲公司仍得以存续。新设分立是指公司将其财产全部分割，分别设立两个或两个以上新公司。如甲公司分立成乙公司和丙公司，甲公司消灭。

2. 分立的程序

根据《公司法》的规定，公司分立其财产应作相应分割，分立时应编制资产负债表及财产清单。公司应自股东会作出分立决议之日起 10 日内通知债权人，并于 30 日内在报纸上公告。

3. 分立的法律效果

公司分立前的债务由分立后的公司承担连带责任。但

是，公司分立前与债权人就债务清偿达成协议另有约定的除外。例如，甲公司对丁公司负有500万元债务，甲公司分立成乙公司和丙公司，甲公司消灭，则乙公司和丙公司对丁公司的500万元债务承担连带责任。如果丁公司与乙公司和丙公司达成分别还款200万元和300万元的协议，则乙公司和丙公司就分别承担200万元和300万元的债务，不承担连带责任。

八、公司的资本与资产

公司的资本可以指实缴资本、注册资本、授权资本和发行资本。实缴资本是指公司股东向公司已经实际缴纳的资本，包括现金及其他财产。注册资本是指在公司登记成立时填报的财产总额。授权资本是指公司根据公司章程授权可以募集的全部资本，它不需要在公司成立时募足、可以在公司成立后分期缴纳。发行资本是公司发行的股份总额，是每股发行价与股份总数的乘积。

为了使公司拥有、维持其从事生产经营活动所必要的资本，公司法上形成了一系列相关规定，学理上称为公司资本"三原则"，即资本确定原则、资本维持原则和资本不变原则。资本确定原则，又称法定资本制，是指在公司设立时，必须在章程中确定资本总额，且应认足或募足甚至缴足，其目的是使公司成立有相当的财产基础。有限责任公司和发起设立的股份公司改采用分期缴付的法定资本制，但募集设立的股份公司仍要求于设立登记时一次缴清注册资本。资本维持原则是指公司成立后应当维持与其注册资本相当的资产，以保护债权人的利益和交易安全。例如，《公司法》第三十五条规定，有限责任公司成立后，股东不得抽逃投资等。资本不变原则是指公司资本总额非经法定程序，不得任意减少或增加，以维护股东和债权人的利益。如《公司法》第四十三条和第一百零三条规定，增加或减少注册资本属于股东会特别决议事项，必须经有限责任公司代表2/3以上表决权股东通过，或者股份有限公司出席股东大会股东所持2/3以上的表决权通过。

公司资产是公司拥有的全部财产，包括拥有的物权、无形财产权和债权。

九、公司债券

公司债券，是指依照法定程序发行，约定在一定期限还本付息的有价证券。第一，依债券上是否记载持有人的姓名为标准，债券可分为记名债券与无记名债券。记名债券是指其上记载持有人姓名的债券；无记名债券是指其上不记载持有人姓名的债券。前者通过背书发生转让的效力，转让后通过办理过户手续发生对抗公司的效力；后者只要交付就发生转让的效力。

第二，以有无担保为标准，债券可分为有担保公司债券与无担保公司债券。有担保公司债券是指公司发行公司债券时，以其财产为抵押物；无担保公司债券是以信用作为其清偿债务的保证。

第三，以债权能否转化为股权为标准，公司债可分为可转换公司债券与非转换公司债券。可转换公司债券是指债权可以转化为股权的债券，即公司债券的债权人有权在公司发行新股和其他特定情况下选择将债券转换为公司的股份；非转换公司债券是指债权不能转化为股权的债券。

公司债券与公司债是两个既有联系又有区别的概念。一般认为，公司债是指公司企业通过发行债券或签订贷款合同的方式与非特定人或特定人之间所成立的一种金钱债务关系。公司债是公司企业必不可少的资金来源之一。公司债的行使主要分为银行贷款和公司债券两种。

公司债券与公司股票的不同是：①公司债券只能在公司成立后发行，而股份在公司成立之前和成立后均可发行；②公司债券到期应还本付息，公司股份不存在还本付息的问题；③公司解散时，公司债券持有人一般有优于公司股东的权利。

十、公司董事、监事、高级管理人员的资格和义务

（一）董事、监事和高级管理人员的任职资格

依据《公司法》第一百四十六条的规定，下列人员不得担任公司的董事、监事和高级管理人员：①无民事行为能力人或者限制民事行为能力人；②因贪污、贿赂、侵占财产、挪用财产或者破坏市场经济秩序，被判处刑罚，执行期满未逾5年；③担任破产清算的公司、企业的董事长或者厂长、经理，对该公司、企业的破产负有个人责任，自该公司、企业破产清算完结之日起未逾3年；④担任因违法被吊销营业执照、责令关闭的公司或企业的法定代表人，并负有个人责任的，自该公司、企业被吊销营业执照之日起未逾3年；⑤个人所负数额较大的债务到期未清偿。

公司违反上述规定选举、委派董事、监事或者聘任高级管理人员的，该选举、委派或者聘任无效。董事、监事、高级管理人员在任职期间出现上述情形的，公司应当解除其职务。

此外，根据《公司法》第五十一条和第一百一十七条的规定，公司的董事和高级管理人员不得兼任监事。

（二）董事、监事、高级管理人员的义务

(1) 忠实义务。忠实义务是指公司的董事、监事、高级管理人员应当忠实履行职责，维护公司利益。具体要求包括：①不得利用自己的身份不当受益，如不得侵占公司财产，接受贿赂或者将他人与公司交易的佣金据为己有；②不得擅自利用或处置公司财产，如不得将公司资金以个人名义存储，未经股东会或董事会同意，不得用公司财产为他人提供担保；③自我交易的规制，如未经股东会同意或违反公司章程，与本公司签订合同或进行交易；④与公司间不正当竞争的规制，如不得非法谋取属于公司的商业机会或者利用职务便利为他人或自己抢占、争夺属于公司的商业机会；⑤不得泄露公司秘密，董事、监事、高级管理人员违反忠实义务所得应当归公司所有。

(2) 勤勉义务。勤勉义务是指公司董事、监事、高级管理人员履行职责时，应尽与自己职责相当的合理注意义务，善意、谨慎地处理事务。

（三）股东诉讼

公司股东针对侵害自己或公司利益的行为，依法享有提起诉讼的权利。股东可通过股东代表诉讼和股东直接诉讼来维护合法权益。

1. 股东代表诉讼

股东代表诉讼(又称股东派生诉讼，也称股东间接诉讼)，是指当公司的合法权益受到不法侵害而公司不能或怠于起诉时，符合法定条件的本公司股东为了公司的利益，依法以自己的名义代表公司直接向人民法院提起诉讼(请求违法行为人赔偿公司损失)的一种法律制度。股东代表诉讼的目的，是为了保

法条链接 3-1

《公司法》《证券法》有关股东代表诉讼的规定

护公司利益和股东的共同利益,而不仅仅是个别股东的利益。

各国公司法一般对股东代表诉讼规定了严格的限制条件,以防止滥诉,从而保证公司的正常经营不受干扰。《公司法》第一百五十一条,《证券法》第四十四条、第九十四条规定了股东代表诉讼制度,并对股东代表诉讼的主体、提起诉讼的理由、诉讼前置程序及其例外等作了规定。

(1) 股东代表诉讼的主体。①股东代表诉讼原告资格的限制。股东代表诉讼的原告为具备相应资格的股东:有限责任公司的任一股东;股份有限公司有持股日期和比例的限制,持股日期为连续180日以上,持股比例为单独或者合计持有公司1%以上股份的股东。根据《证券法》第九十四条第三款的规定,发行人的董事、监事、高级管理人员执行公司职务时违反法律、行政法规或者公司章程的规定给公司造成损失,发行人的控股股东、实际控制人等侵犯公司合法权益给公司造成损失,投资者保护机构持有该公司股份的,可以为公司的利益以自己的名义向人民法院提起诉讼,持股比例和持股期限不受《中华人民共和国公司法》规定的限制。②股东代表诉讼的被告。依据《公司法》第一百五十一条的规定,股东代表诉讼的被告为董事、监事、高级管理人员和"他人"。立法虽然没有对"他人"的范围予以明确,但公司的控股股东、其他股东、实际控制人等也应包含在"他人"之中。因此,凡是对公司实施了不正当行为而对公司负有民事责任的人,在公司怠于对其行使诉权的情形下,都可以成为股东代表诉讼的被告。

根据《最高人民法院关于适用〈中华人民共和国公司法〉若干问题的规定(四)》(以下简称《公司法解释(四)》)的规定,我们在把握股东代表诉讼的主体时应注意以下几点:①监事会或者不设监事会的有限责任公司的监事依据《公司法》第一百五十一条第一款规定对董事、高级管理人员提起诉讼的,应当列公司为原告,依法由监事会主席或者不设监事会的有限责任公司的监事代表公司进行诉讼。②董事会或者不设董事会的有限责任公司的执行董事依据《公司法》第一百五十一条第一款规定对监事提起诉讼的,或者依据《公司法》第一百五十一条第三款规定对他人提起诉讼的,应当列公司为原告,依法由董事长或者执行董事代表公司进行诉讼。③符合《公司法》第一百五十一条第一款规定条件的股东,依据《公司法》第一百五十一条第二款、第三款规定,直接对董事、监事、高级管理人员或者他人提起诉讼的,应当列公司为第三人参加诉讼。一审法庭辩论终结前,符合《公司法》第一百五十一条第一款规定条件的其他股东,以相同的诉讼请求申请参加诉讼的,应当列为共同原告。

(2) 股东代表诉讼的可诉行为的范围。根据《公司法》的规定,股东代表诉讼的可诉行为为所有损害公司利益的行为,具体包括两种情形:①董事、监事、高级管理人员执行公司职务时违反法律、行政法规或者公司章程的规定,给公司造成损失,应当承担赔偿责任的情形;②他人侵犯公司合法权益,应当承担赔偿责任的情形。

(3) 股东代表诉讼的前置程序及其例外。股东代表诉讼案件,由公司住所地人民法院管辖。由于股东代表诉讼是一种代位诉讼,是对原公司内部监督体制失灵设计的补充救济,因此其适用的前提是公司内部救济手段的用尽。即股东在公司遭到违法行为损害后,不能立即直接提起诉讼,而是必须先向公司监督机关提出由公司出面进行诉讼的请求。只有在请求已落空或者注定落空、救济已失败或者注定失败时,股东才可以代表公司提起诉讼,此为股东代表诉讼的前置程序。

《公司法》对股东代表诉讼的前置程序作了规定:①原告股东需书面请求监事会或者监事(有限责任公司不设监事会时)向人民法院提起诉讼;如果是监事侵犯公司权益,则向董事会或者执行董事(有限责任公司不设董事会时)提出上述请求。②监事会、监事、董事会、执行董事收到上述书面请求后拒绝提起诉讼,或者自收到请求之日起30日内未提起诉讼。③上市公司"短线交易"归入权的代表诉讼,其前置程序为:公司董事会不按照《证券法》第四十四条第一款规定执行的,股东有权要求董事会在30日内执行,公司董事会未在前述期限内执行的。符合前述条件时，股东方可提起代表诉讼。

同时，为避免前置程序的僵化可能带来的消极影响，法律又规定了前置程序的免除条件，即"情况紧急、不立即提起诉讼将会使公司利益受到难以弥补的损害"时，股东可以不受此前置条件的限制，直接提起代表诉讼。至于何谓"紧急情况"，有待积累司法实践经验作出更加细致并且具有可操作性的规定。

当然，如果监事会或董事会已经接受股东请求，向人民法院提起了诉讼，则不会进入股东代表诉讼的程序。此时按照《公司法解释(四)》第二十三条的规定，公司将被列为诉讼原告，监事会或董事会将代表公司参与诉讼。

(4) 股东代表诉讼的法律后果。①一般原则。在股东代表诉讼中，股东的个人利益并没有受到直接的损害，只是由于公司的利益受到损害而间接受损，股东是为了公司的利益而以个人的名义直接提起诉讼。所以，胜诉利益归属于公司。《公司法解释(四)》第二十五条对此予以明确，规定股东请求被告直接向其承担责任的，人民法院不予支持。②具体后果。《公司法》对此未予明确规定。在各国的公司法实践中，一般基于原告胜诉和败诉而产生不同的法律后果：一是原告胜诉。股东代表诉讼中原告胜诉意味着公司确实遭受了损害，公司

应是被告履行赔偿义务的直接对象，这基本不存在异议。不过，在诉讼中花费了精力和金钱的仅仅是原告股东，因此各国法律多规定此时应对原告股东进行赔偿或者补偿，只不过有关补偿主体的规定有所不同。《公司法解释(四)》第二十六条规定，公司应当承担股东因参加诉讼支付的合理费用。二是原告败诉。在此情况下，作为被告的董事等自然也向原告请求损害赔偿的权利，各国法律的差别主要在于赔偿的前提条件不同。此外，有的国家还规定，在原告败诉的情况下，公司还可以请求原告股东赔偿。

2. 股东直接诉讼

股东直接诉讼是指股东对董事、高级管理人员损害股东利益的行为提起的诉讼。根据《公司法》第一百五十二条的规定，董事、高级管理人员违反法律、行政法规或者公司章程的规定，损害股东利益的，股东可以依法向人民法院提起诉讼。

知识拓展 3-3

股东代表诉讼与股东直接诉讼的区别

课堂讨论

A公司主要经营低温液体储运、气体分离等设备。许仙是A公司的董事，自2020年1月起，许仙尚在任职期间，其另行申请设立了B公司，该公司的经营范围与A公司基本相同。并且许仙利用A公司的业务渠道和技术资料从事与该公司同类的业务活动，造成A公司约54万元人民币的经济损失。A公司遂向人民法院提起诉讼，请求许仙停止违法经营活动，返还违法经营所得，并赔偿损失。

请问：人民法院是否会支持A公司的请求？

十一、公司职工权益保障及其参与民主管理

(一) 职工的劳动与社会保障权利

《公司法》第十七条规定，公司必须包含职工的合法权益，依法与职工签订劳动合同，依法为职工办理社会保险；公司应当加强劳动保护，实现安全生产。

(二) 职工依法组织工会的权利

《公司法》第十八条规定，公司职工有权依法组织工会，开展工会活动，维护职工合法权益。公司工会代表职工就职工的劳动报酬、工作时间、福利、保险和劳动安全等事项依法与公司签订集体合同。公司违反集体合同，侵犯职工劳动权益的，工会可依法要求公司承担责任；因履行集体合同发生争议，工会可向劳动仲裁机构提请仲裁，对仲裁不服的，可以向法院提起诉讼。

(三) 职工参与公司民主管理的权利

《公司法》第十八条规定，公司通过职工代表大会或其他形式，实行民主管理。职工代表大会虽然不是公司的权力机关，但是它是公司职工参与民主管理的有效形式之一。此外，《公司法》还规定了职工参与民主管理的其他形式：①国有独资公司董事会成员中应当有职工代表，有限责任公司和股份有限公司的董事会成员中可以有职工代表；②国有独资公司、有限责任公司和股份有限公司的监事会中职工代表的比例不得低于1/3，具体比例由公司章程规定。

十二、公司的解散与清算

(一) 公司的解散

公司的解散是指已成立的公司因法定原因丧失营业能力，停止业务活动，开始处理未结业务。依照《公司法》第一百八十条的规定，公司解散的原因有：①公司章程规定的营业期限届满或者公司章程规定的其他解散事由出现；②股东大会决议解散；③因公司合并或分立解散；④依法被吊销营业执照、责令关闭或者被撤销；⑤公司经营管理发生严重困难，继续存在会使股东利益受到重大损失，通过其他途径不能解决的，持有公司全部股东表决权10%以上的股东可以请求人民法院解散公司，法院予以解散的。

应该注意的是，公司的解散并非与公司法人资格的消失。公司解散的清算期间，公司仍有法人资格，但只能进行与公司清算相关的活动。

(二) 公司的清算

1. 公司清算的概念

公司清算是指公司解散后，处理公司未结事务，使公司法人资格消灭的程序。

2. 公司清算的种类

公司的清算可分为破产程序清算和非破产程序清算。在公司财产不足以清偿全部债务时，由债权人或债务人申请进入破产还债程序进行清算并终止公司法人资格的，为破产程序清算。破产程序清算适用《企业破产法》而非《公司法》的规定。非破产程序清算是指公司财产能够抵偿其债务时通过非破产清算程序终止公司法人资格。非破产程序清算适用《公司法》的规定。

3. 清算组的组成

在非破产程序清算中，根据《公司法》第一百八十三条的规定，有限责任公司的清算组由股东组成，股份有限公司的清算组由董事会或股东大会确定其他人选；逾期不成立的，债权人可以申请人民法院指定有关人员组成清算组，进行清算。

4. 清算组的职权

根据《公司法》第一百八十四条的规定，清算组的职权有：①清算公司财产，分别编制资产负债表和财产清单；②通知、公告债权人；③处理与清算有关的公司未了结事务；④清缴所欠税款以及在清算过程中产生的税款；⑤清理债权、债务；⑥处理公司清偿债务后的剩余财产；⑦代表公司参与民事诉讼活动。

5. 清算的程序

①依法选任清算组成员。清算组应当自成立之日起10日内将清算组成员、清算组负责人名单向公司登记机关备案。②通知和公告债权人。清算组应当自成立之日起10日内通知债权人，并于60日内在报纸上公告。债权人应当在接到通知书之日起30日内，未接到通知的自公告之日起45日内向清算组申报债权。③制定清算方案并报股东(大)会或者人民法院确认。清算组在清理公司财产、编制资产负债表和财产清单后，应当制定清算方案。清算组制定的清算方案，有限责任公司应当报股东会确认，股份公司应当报股东大会确认，国有独资公司应当报国有资产监督管理机构确认。人民法院组织清算组清算的，应当报人民法院确认。④清偿债务。清算方案得到确认后，清算组应当以公司财产分别支付清算费用、职工工资、社会保障费用和法定补偿金，缴纳所欠税款，清偿公司债务。⑤向股东分配剩余财产。公司清偿债务后的剩余财产，依法分配给股东；有限责任公司按股东出资比例分配，股份有限公司按股东持有的股份比例分配。⑥清算终结。清算结束后，清算组应当制作清算报告，并报股东(大)会或人民法院确认。清算组应当自清算结束之日起30日内向公司登记机关申请注销登记。

第二节 有限责任公司

一、有限责任公司的设立

根据《公司法》规定，设立有限责任公司，应当具备下列五个条件。

1. 股东符合法定人数和法定资格

《公司法》规定，有限责任公司由 50 个以下股东出资设立，允许一个法人或一个自然人投资设立一人有限责任公司，或者由国务院或地方政府授权的投资机构设立国有独资公司。此外，股东还应具备相应的身份和资格。

(1) 有限责任公司的自然人股东。自然人股东原则上应具有完全民事行为能力，但在发生继承的情况下，无民事行为能力人和限制民事行为人也可成为公司股东。

(2) 有限责任公司的法人和其他机构股东。除法律明文禁止的党政机关以外，企业、事业单位、社会团体、经授权的国家机关，原则上都可以投资设立有限责任公司。

(3) 有限责任公司的国有股东。国有资产投资于有限责任公司，需由具体的国有单位作为股东或出资人，同时，对该国有资产拥有管辖权的政府部门(如国务院国有资产监督管理委员会)要依法履行监督职能。

2. 有符合公司章程规定的全体股东认缴的出资额

(1) 出资数额。《公司法》规定，法律、行政法规以及国务院决定对有限责任公司注册资本实缴、注册资本最低限额另有规定的，从其规定。

(2) 出资方式。股东可以用货币出资，也可以用实物、知识产权、土地使用权等可以用货币估价并可以依法转让的非货币财产作价出资；但是，法律、行政法规规定不得作为出资的财产除外。

对作为出资的非货币财产应当评估作价，核实财产，不得高估或者低估作价。法律、行政法规对评估作价有规定的，从其规定。

(3) 出资证明。股东缴纳出资后，公司应当签发证明股东已经缴纳出资的证明书(其正式签发应在公司成立之后)，其内容应载明公司名称、公司成立日期、公司注册资本、股东姓名或名称、股东缴纳的出资额和出资日期、出资证明书编号和核发日期。

3. 股东共同制定公司章程

有限责任公司的章程必须经全体股东共同制定，并签名盖章。一人有限责任公司章程由股东制定并签名盖章。国有独资公司章程由国有资产管理机构制定，或者由董事会制定并报国有资产管理机构批准。

根据《公司法》规定，有限责任公司章程应当载明下列事项：①公司名称和住所；②公司经营范围；③公司注册资本；④股东的姓名或者名称；⑤股东的出资方式、出资额和出资时间；⑥公司的机构及其产生办法、职权、议事规则；⑦公司法定代表人；⑧股东会会议认为需要规定的其他事项。

公司章程对公司、股东、董事、监事、高级管理人员具有约束力。

4. 有公司名称，建立符合有限责任公司要求的组织机构

有限责任公司的组织机构包括股东会、董事会、监事会。但由于有限责任公司的具体形式、股东人数、经营规模、资本来源不同，法律、法规要求其建立的组织机构也不尽一致。《公司法》

第三章 公司法律制度

规定，有限责任公司人数较少或者规模较小的，可以设 1 名执行董事，不设董事会；设 1~2 名监事，不设监事会。一人有限责任公司和国有独资公司，不设股东会。

5. 有公司住所

公司住所为公司主要办事机构所在地。有限责任公司设立时，登记机关要求提供证明公司对其住所享有使用权的文件。

【例3-1】A、B、C 拟共同出资设立一家有限责任公司，并共同制定了公司章程草案。该公司章程草案有关要点如下：公司注册资本总额为 600 万元。各方出资数额、出资方式以及缴付出资的时间分别为 A 出资 180 万元(货币出资 70 万元、计算机软件作价出资 110 万元，首次货币出资 20 万元，其余货币出资和计算机软件出资自公司成立之日起 1 年内缴足)；B 出资 150 万元 (机器设备作价出资 100 万元、土地使用权出资 50 万元，自公司成立之日起 6 个月内一次缴足)；C 以货币 270 万元出资，首次货币出资 90 万元，其余出资自公司成立之日起第 2 年缴付 100 万元，第 3 年缴付剩余的 80 万元。请问：该公司的设立是否合法？为什么？

【解析】根据《公司法》的规定，该公司的设立合法。该公司设立过程中，出资人的首次出资额、出资形式、出资时间均符合《公司法》的要求。

股东应当按期足额缴纳公司章程中规定的各自所认缴的出资额。股东出资缴纳方式随出资形式而定，以货币出资的，应当将货币出资足额存入有限责任公司在银行开设的账户；以非货币财产出资的，应当依法办理其财产权的转移手续。股东不按照规定缴纳出资的，除应当向公司足额缴纳外，还应当向已按期足额缴纳出资的股东承担违约责任。股东缴纳出资后，必须经依法设立的验资机构验资并出具证明。

股东认足公司章程规定的出资后，由全体股东指定的代表或者共同委托的代理人向公司登记机关报送公司登记申请书、公司章程等文件，申请设立登记。公司成立后，股东不得抽逃出资。

有限责任公司成立后，发现作为设立公司出资的非货币财产的实际价额显著低于公司章程所定价额的，应当由交付该出资的股东补足其差额；公司设立时的其他股东承担连带责任。发起人股东的这一资本充实责任是法定责任，不得以发起人协议的约定、公司章程规定或股东会决议免除。

【例3-2】A、B、C 共同出资设立一家有限责任公司。其中，公司章程规定 C 以房产出资 30 万元。公司成立后又吸收 D 入股。后查明，C 作为出资的房产仅值 20 万元，C 现有可执行的个人财产 6 万元。下列处理方式中，不符合《公司法》规定的是(　　)。

A. C 以现有可执行财产补交差额，不足部分由 C 在 3 年内用公司分得的利润予以补足
B. C 以现有可执行财产补交差额，不足部分由 A、B 补足
C. C 以现有可执行财产补交差额，不足部分由 A、B、D 补足
D. C 无须补交差额，A、B、D 都不承担补足出资的连带责任

【解析】根据《公司法》的规定，正确答案为 ACD。

有限责任公司成立后，应当向股东签发出资证明书。出资证明书是确认股东出资的凭证，应当载明下列事项：①公司名称；②公司成立日期；③公司注册资本；④股东的姓名或者名称、

缴纳的出资额和出资日期；⑤出资证明书的编号和核发日期。出资证明书由公司盖章。

有限责任公司应当置备股东名册。股东名册是公司为记载股东情况及其出资事项而设置的簿册，应记载下列事项：①股东的姓名或者名称及住所；②股东的出资额；③出资证明书编号。记载于股东名册的股东，可以依股东名册主张行使股东权利。

公司应当将股东的姓名或者名称及其出资额向公司登记机关登记；登记事项发生变更的，应当办理变更登记。股东未经登记或者变更登记的，不得对抗第三人。

《公司法》完善了对股东知情权的规定。股东有权查阅、复制公司章程、股东会会议记录、董事会会议决议、监事会会议决议和财务会计报告。股东可以要求查阅公司会计账簿。股东要求查阅公司会计账簿的，应当向公司提出书面请求，说明目的。公司有合理根据认为股东查阅会计账簿有不正当目的，可能损害公司合法利益的，可以拒绝提供查阅，并应当自股东提出书面请求之日起15日内书面答复股东并说明理由。公司拒绝提供查阅的，股东可以请求人民法院要求公司提供查阅。

《公司法》对股东的分红权利及增资时的优先认购权作了调整，更加尊重当事人的意思自由。在一般情况下，股东按照实缴的出资比例分取红利；公司新增资本时，股东有权优先按照实缴的出资比例认缴出资。但是，全体股东可以约定不按照出资比例分取红利或者不按照出资比例优先认缴出资。

二、组织机构

公司组织机构又称公司机关，是代表公司活动、行使相应职权的自然人或自然人组成的集合体。有限责任公司的组织机构包括股东会、董事会、监事会及高级管理人员，但其设置比股份有限公司灵活，如可依法以执行董事代替董事会，以1~2名监事代替监事会。此外，在一人有限责任公司、国有独资公司中的组织机构设置也有不同。

（一）股东会

有限责任公司股东会由全体股东组成。股东会是公司的权力机构，行使下列职权：①决定公司的经营方针和投资计划；②选举和更换非由职工代表担任的董事、监事，决定有关董事、监事的报酬事项；③审议批准董事会或者执行董事的报告；④审议批准监事会或者监事的报告；⑤审议批准公司的年度财务预算方案、决算方案；⑥审议批准公司的利润分配方案和弥补亏损方案；⑦对公司增加或者减少注册资本作出决议；⑧对发行公司债券作出决议；⑨对公司合并、分立、变更公司形式、解散和清算等事项作出决议；⑩修改公司章程；⑪公司章程规定的其他职权。对上述事项股东以书面形式一致表示同意的，可以不召开股东会会议，直接作出决定，并由全体股东在决定文件上签名、盖章。

股东会会议分为定期会议和临时会议。定期会议应当按照公司章程的规定按时召开。代表1/10以上表决权的股东，1/3以上的董事，监事会或者不设监事会的公司的监事提议召开临时会议的，应当召开临时会议。

首次股东会会议由出资最多的股东召集和主持，依法行使职权。以后的股东会会议，公司设立董事会的，由董事会召集，董事长主持；董事长不能或者不履行职务的，由副董事长主持；副董事长不能或者不履行职务的，由半数以上董事共同推举一名董事主持。公司不设董事会的，股东会会议由执行董事召集和主持。董事会或者执行董事不能或者不履行召集股东会会议职责的,由监事会或者不设监事会的公司的监事召集和主持;监事会或者监事不召集和主持的,代表 1/10 以上表决权的股东可以自行召集和主持。

召开股东会会议,应当于会议召开 15 日以前通知全体股东,但公司章程另有规定或者全体股东另有约定的除外。股东会应当对所议事项的决定作成会议记录,出席会议的股东应当在会议记录上签名。

股东会会议由股东按照出资比例行使表决权,但公司章程另有规定的除外。股东会的议事方式和表决程序除《公司法》有规定的外,由公司章程规定。股东会会议作出修改公司章程、增加或者减少注册资本的决议,以及公司合并、分立、解散或者变更公司形式的决议,必须经代表 2/3 以上表决权的股东通过。

(二) 董事会和高级管理人员

有限责任公司设董事会(依法不设董事会者除外),由 3~13 名董事(必须为奇数)组成。两个以上的国有企业或者其他两个以上的国有投资主体投资设立的有限责任公司,其董事会成员中应当有公司职工代表;其他有限责任公司董事会成员中也可以有公司职工代表。董事会中的职工代表由公司职工通过职工代表大会、职工大会或者其他形式民主选举产生。董事会设董事长 1 人,可以设副董事长。董事长、副董事长的产生办法由公司章程规定。

董事任期由公司章程规定,但每届任期不得超过 3 年。董事任期届满,连选可以连任。董事任期届满未及时改选,或者董事在任期内辞职导致董事会成员低于法定人数的,在改选出的董事就任前,原董事仍应当依照法律、行政法规和公司章程的规定,履行董事职务。

董事会对股东会负责,行使下列职权:①召集股东会会议,并向股东会报告工作;②执行股东会的决议;③决定公司的经营计划和投资方案;④制订公司的年度财务预算方案、决算方案;⑤制订公司的利润分配方案和弥补亏损方案;⑥制订公司增加或者减少注册资本以及发行公司债券的方案;⑦制订公司合并、分立、变更公司形式、解散的方案;⑧决定公司内部管理机构的设置;⑨决定聘任或者解聘公司经理及其报酬事项,并根据经理的提名决定聘任或者解聘公司副经理、财务负责人及其报酬事项;⑩制定公司的基本管理制度;⑪公司章程规定的其他职权。董事会会议由董事长召集和主持;董事长不能或者不履行职务的,由副董事长召集和主持;副董事长不能或者不履行职务的,由半数以上董事共同推举一名董事召集和主持。

董事会的议事方式和表决程序,除《公司法》有规定的外,由公司章程规定。董事会决议的表决,实行一人一票制。董事会应当对所议事项的决定作成会议记录,出席会议的董事应当在会议记录上签名。

《公司法》第四十九条规定,有限责任公司可以设经理,由董事会决定聘任或者解聘。据此规定,在有限责任公司中,经理不再是必设机构而成为选设机构。公司章程可以规定不设经理,而设总裁、首席执行官等职务,行使公司的管理职权。《公司法》规定,在公司设经理时,经理对董事会负责,行使下列职权:①主持公司的生产经营管理工作,组织实施董事会决议;②组织实施公司年度经营计划和投资方案;③拟订公司内部管理机构设置方案;④拟订公司的基本管理制度;⑤制定公司的具体规章;⑥提请聘任或者解聘公司副经理、财务负责人;⑦决定聘任或者解聘除应由董事会决定聘任或者解聘以外的负责管理人员;⑧董事会授予的其他职权。经理列席董事会会议。公司章程对经理职权另有规定的,从其规定。

股东人数较少或者规模较小的有限责任公司,可以设一名执行董事,不设立董事会。执行董事可以兼任公司经理。执行董事的职权由公司章程规定。

(三) 监事会

有限责任公司设立监事会，其成员不得少于3人。股东人数较少或者规模较小的有限责任公司，可以设1~2名监事，不设立监事会。监事会应当包括股东代表和适当比例的公司职工代表，其中职工代表的比例不得低于1/3，具体比例由公司章程规定。监事会中的职工代表由公司职工通过职工代表大会、职工大会或者其他形式民主选举产生。监事会设主席一人，由全体监事过半数选举产生。监事会主席召集和主持监事会会议；监事会主席不能或者不履行职务的，由半数以上监事共同推举一名监事召集和主持监事会会议。董事、高级管理人员不得兼任监事。

监事的任期每届为3年。监事任期届满，连选可以连任。监事任期届满未及时改选，或者监事在任期内辞职导致监事会成员低于法定人数的，在改选出的监事就任前，原监事仍应当依照法律、行政法规和公司章程的规定，履行监事职务。

监事会、不设监事会的公司的监事行使下列职权：①检查公司财务；②对董事、高级管理人员执行公司职务的行为进行监督，对违反法律、行政法规、公司章程或者股东会决议的董事、高级管理人员提出罢免的建议；③当董事、高级管理人员的行为损害公司的利益时，要求董事、高级管理人员予以纠正；④提议召开临时股东会会议，在董事会不履行法律规定的召集和主持股东会会议职责时召集和主持股东会会议；⑤向股东会会议提出提案；⑥依照《公司法》第一百五十一条的规定，对董事、高级管理人员提起诉讼；⑦公司章程规定的其他职权。监事可以列席董事会会议，并对董事会决议事项提出质询或者建议。监事会、不设监事会的公司的监事行使职权所必需的费用，由公司承担。

监事会、不设监事会的公司的监事发现公司经营情况异常，可以进行调查，必要时可以聘请会计师事务所等协助其工作，费用由公司承担。

监事会每年度至少召开一次会议，监事可以提议召开临时监事会会议。监事会的议事方式和表决程序，除《公司法》有规定的外，由公司章程规定。监事会决议应当经半数以上监事通过。监事会应当对所议事项的决定作成会议记录，出席会议的监事应当在会议记录上签名。

三、特殊的有限责任公司

(一) 一人有限责任公司的特别规定

所谓一人有限责任公司，是指只有一个自然人股东或者一个法人股东的有限责任公司。为维护债权人等利害关系人的权益，保障社会经济秩序，《公司法》对一人有限责任公司的设立和组织机构用专门一节作了特殊规定，以加强对其的监管，特殊规定以外的问题，则适用对有限责任公司的一般规定。

根据《公司法》规定，一个自然人只能投资设立一个一人有限责任公司，禁止其设立多个一人有限责任公司，而且该一人有限责任公司不能投资设立新的一人有限责任公司。

一人有限责任公司应当在公司登记中注明自然人独资或者法人独资，并在公司营业执照中载明。一人有限责任公司章程由股东制定。

一人有限责任公司不设股东会。法律规定的股东会职权由股东行使，当股东行使相应职权作出决定时，应当采用书面形式，并由股东签字后置备于公司。一人有限责任

公司应当在每一会计年度终了时编制财务会计报告,并经会计师事务所审计。

为防止一人有限责任公司的股东滥用公司法人人格与有限责任制度,将公司财产混同于个人财产,抽逃资产,损害债权人的利益,《公司法》规定,一人有限责任公司的股东不能证明公司财产独立于股东自己财产的,应当对公司债务承担连带责任。

(二) 国有独资公司的特别规定

国有独资公司,是指国家单独出资,由国务院或者地方人民政府委托本级人民政府国有资产监督管理机构履行出资人职责的有限责任公司。《公司法》对国有独资公司的设立和组织机构也以专门一节作了特殊规定,特殊规定以外的问题,则适用对有限责任公司的一般规定。

国有独资公司章程由国有资产监督管理机构制定,或者由董事会制定报国有资产监督管理机构批准。国有独资公司不设股东会,由国有资产监督管理机构行使股东会职权。国有资产监督管理机构可以授权公司董事会行使股东会的部分职权,决定公司的重大事项,但公司的合并、分立、解散、增减注册资本和发行公司债券,必须由国有资产监督管理机构决定;其中,国务院有关规定确定的重要国有独资公司的合并、分立、解散、申请破产,应当由国有资产监督管理机构审核后,报本级人民政府批准。

国有独资公司设立董事会,依照法律规定的有限责任公司董事会的职权和国有资产监督管理机构的授权行使职权。董事每届任期不得超过 3 年。董事会成员中应当有公司职工代表。董事会成员由国有资产监督管理机构委派;但是董事会成员中的职工代表由公司职工代表大会选举产生。董事会设董事长一人,可以设副董事长。董事长、副董事长由国有资产监督管理机构从董事会成员中指定。

国有独资公司设经理,由董事会聘任或者解聘。国有独资公司经理的职权与普通有限责任公司相同。经国有资产监督管理机构同意,董事会成员可以兼任经理。国有独资公司的董事长、副董事长、董事、高级管理人员,未经国有资产监督管理机构同意,不得在其他有限责任公司、股份有限公司或者其他经济组织兼职。

国有独资公司监事会成员不得少于 5 人,其中,职工代表的比例不得低于 1/3,具体比例由公司章程规定。监事会成员由国有资产监督管理机构委派;但是,监事会中的职工代表由公司职工代表大会选举产生。监事会主席由国有资产监督管理机构从监事会成员中指定。国有独资公司监事会的职权范围小于普通有限责任公司的监事会,包括:检查公司财务;对董事、高级管理人员执行公司职务的行为进行监督,对违反法律、行政法规、公司章程或者股东会决议的董事、高级管理人员提出罢免的建议;当董事、高级管理人员的行为损害公司的利益时,要求董事、高级管理人员予以纠正;以及国务院规定的其他职权。

四、有限责任公司的股权转让

(一) 导致股权转让的原因

1. 因股东原因引起的股权转让

有限责任公司的股东之间可以相互转让全部或者部分股权。股东向股东以外的人转让股权,必须经其他股东过半数同意。股东应就其股权转让事项书面通知其他股东征求意见,其他股东自接到书面通知之日起满 30 日未答复的,视为同意转让。其他股东半数以上不同意转让的,不同意的股东应当购买该转让的股权,不购买的则视为同意转让。经股东同意转让的股权,在同等条件下,其他股东有优先购买权。两个以上股东主张行使优先购买权的,协商确定各自的购买比例,协商不成的,按照转让时各自的出资比例行使优先购买权。公司章程对股权转让另有规定的,从其规定。

【例3-3】某有限责任公司的股东甲向公司股东以外的人乙转让其股权。下列关于甲转让股权的表述中，不符合公司法律制度规定的是（　　）。
A. 甲可以将其股权转让给乙，无须经其他股东同意
B. 甲可以将其股权转让给乙，但须通知其他股东
C. 甲可以将其股权转让给乙，但须经其他股东的过半数同意
D. 甲可以将其股权转让给乙，但须经其他股东的2/3以上同意
【解析】根据《公司法》的规定，正确答案为ABD。

2. 因强制执行程序引起的股权转让

人民法院依照法律规定的强制执行程序转让股东的股权，是指人民法院依照民事诉讼法等法律规定的执行程序，强制执行生效的法律文书时，以拍卖、变卖或者其他方式转让有限责任公司股东的股权。

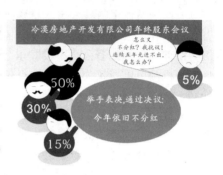

人民法院依照法律规定的强制执行程序转让股东的股权时，应当通知公司及全体股东，其他股东在同等条件下有优先购买权。其他股东自人民法院通知之日起满20日不行使优先购买权的，视为放弃优先购买权。

3. 因股权回购引起的股权转让

股权回购指的是公司购买股东的股权，从而使股东退出公司。《公司法》第七十四条规定，有下列情形之一并且对股东会决议投反对票的股东可以请求公司按照合理的价格收购其股权：①公司连续5年不向股东分配利润，而公司该5年连续盈利，并且符合《公司法》规定的分配利润条件的；②公司合并、分立、转让主要财产的；③公司章程规定的营业期限届满或者章程规定的其他解散事由出现，股东会会议通过决议修改章程使公司存续的。

自股东会会议决议通过之日起60日内，股东与公司不能达成股权收购协议的，股东可以自股东会会议决议通过之日起90日内向人民法院提起诉讼。

4. 因继承引起的股权转让

自然人股东死亡，其合法继承人可以继承股东资格，但公司章程另有规定的除外。

（二）股权转让手续

有限责任公司股东转让股权后，公司应当注销原股东的出资证明书，向新股东签发出资证明书，并相应修改公司章程和股东名册中有关股东及其出资额的记载。对公司章程的该项修改不需要由股东会表决。

第三节　股份有限公司

一、股份有限公司的设立

股份有限公司的设立，可以采取发起设立或者募集设立的方式。发起设立是指由发起人认购公司应发行的全部股份而设立公司。募集设立，是指由发起人认购公司应发行股份的一部分，其余股份向社会公开募集或者向特定对象募集而设立公司。

《公司法》对股份有限公司的设立采取准则主义，只要符合法律规定的条件，可直接向登记

机关申请登记设立。根据《公司法》规定,设立股份有限公司,应当具备下列条件。

(1) 发起人符合法定人数,即有 2 人以上 200 人以下为发起人,其中须有半数以上的发起人在中国境内有住所。股份有限公司发起人承担公司筹办事务。发起人应当签订发起人协议,明确各自在公司设立过程中的权利和义务。

(2) 有符合公司章程规定的全体发起人认购的股本总额或者募集的实收股本总额。股份有限公司采取发起设立方式设立的,注册资本为在公司登记机关登记的全体发起人认购的股本总额。在发起人认购的股份缴足前,不得向他人募集股份。股份有限公司采取募集方式设立的,注册资本为在公司登记机关登记的实收股本总额。法律、行政法规以及国务院决定对股份有限公司注册资本实缴、注册资本最低限额另有规定的,从其规定。股份有限公司发起人的出资方式与有限责任公司股东相同。根据《上市公司治理准则》的规定,控股股东投入上市公司的资产应独立完整、产权清晰。控股股东以非货币性资产出资的,应办理产权变更手续,明确界定该资产的范围。上市公司应当对该资产独立登记、建账、核算、管理。控股股东不得占用、支配该资产或干预上市公司对该资产的经营管理。

(3) 股份发行、筹办事项符合法律规定。

(4) 发起人制定公司章程,采用募集方式设立的须经创立大会通过。股份有限公司章程应当载明下列事项:①公司名称和住所;②公司经营范围;③公司设立方式;④公司股份总数、每股金额和注册资本;⑤发起人的姓名或者名称、认购的股份数、出资方式和出资时间;⑥董事会的组成、职权、任期和议事规则;⑦公司法定代表人;⑧监事会的组成、职权、任期和议事规则;⑨公司利润分配办法;⑩公司的解散事由与清算办法;⑪公司的通知和公告办法;⑫股东大会会议认为需要规定的其他事项。

此外,上市公司应在其公司章程中规定股东大会的召开和表决程序。包括通知登记、提案的审议、投票、计票、表决结果的宣布、会议决议的形成、会议记录及其签署、公告等,还应在公司章程中规定股东大会对董事会的授权原则。授权内容应明确具体。

(5) 有公司名称,建立符合股份有限公司要求的组织机构。

(6) 有公司住所。

以发起设立方式设立股份有限公司的,发起人应当书面认足公司章程规定其认购的股份;一次缴纳的,应即缴纳全部出资;分期缴纳的,应即缴纳首期出资。以非货币财产出资的,应当依法办理其财产权的转移手续。发起人不按照规定缴纳出资的,应当按照发起人协议的约定承担违约责任。发起人首次缴纳出资后,应当选举董事会和监事会,由董事会依法向公司登记机关申请设立登记。

以募集设立方式设立股份有限公司的,发起人认购的股份不得少于公司股份总数的35%;但法律、行政法规另有规定的,从其规定。发起人向社会公开募集股份,必须公告招股说明书,并制作认股书。认股书应当载明法律所列事项,由认股人填写认购股数、金额、住所,并签名、盖章。认股人按照所认购股数缴纳股款,招股说明书应当附有发起人制定的公司章程,并载明下列事项:①发起人认购的股份数;②每股的票面金额和发行价格;③无记名股票的发行总数;④募集资金的用途;⑤认股人的权利、义务;⑥本次募股的起止期限及逾期未募足时认股人可以撤回所认股份的说明。

发起人向社会公开募集股份,应当由依法设立的证券公司承销,并签订承销协议,应当同银行签订代收股款协议。代收股款的银行应当按照协议代收和保存股款,向缴纳股款的认股人出具收款单据,并负有向有关部门出具收款证明的义务。

发行股份的股款缴足后,必须经依法设立的验资机构验资并出具证明。发起人应当自股款缴足之日起 30 日内主持召开公司创立大会。创立大会由发起人、认股人组成。发行的股份超过招股说明书规定的截止期限尚未募足的，或者发行股份的股款缴足后，发起人在 30 日内未召开创立大会的，认股人可以按照所缴股款并加算银行同期存款利息，要求发起人返还。

发起人应当在创立大会召开前 15 日内将会议日期通知各认股人或者予以公告。创立大会应有代表股份总数过半数的发起人、认股人出席，方可举行。创立大会行使下列职权：①审议发起人关于公司筹办情况的报告；②通过公司章程；③选举董事会成员；④选举监事会成员；⑤对公司的设立费用进行审核；⑥对发起人用于抵作股款的财产的作价进行审核；⑦发生不可抗力或者经营条件发生重大变化直接影响公司设立的，可以作出不设立公司的决议。创立大会对上述事项作出决议，必须经出席会议的认股人所持表决权过半数通过。

发起人、认股人缴纳股款或者交付抵作股款的出资后，除未按期募足股份、发起人未按期召开创立大会或者创立大会决议不设立公司的情形外，不得抽回其股本。

董事会应于创立大会结束后 30 日内，依法向公司登记机关申请设立登记股份有限公司成立后，发起人未按照公司章程的规定缴足出资的，应当补缴；其他发起人承担连带责任。股份有限公司成立后，发现作为设立公司出资的非货币财产的实际价额显著低于公司章程所定价额的，应当由交付该出资的发起人补足其差额；其他发起人承担连带责任。

依据《公司法》第九十四条的规定，股份有限公司的发起人应当承担下列责任：①公司不能成立时，对设立行为所产生的债务和费用负连带责任；②公司不能成立时，对认股人已缴纳的股款，负返还股款并加算银行同期存款利息的连带责任；③在公司设立过程中，由于发起人的过失致使公司利益受到损害的，应当对公司承担赔偿责任。有限责任公司变更为股份有限公司时，折合的实收股本总额不得高于公司净资产额。有限责任公司变更为股份有限公司，为增加资本公开发行股份时，应当依法办理。

股份有限公司应当将公司章程、股东名册、公司债券存根、股东大会会议记录、董事会会议记录、监事会会议记录、财务会计报告置备于本公司。股东有权查阅这些文件，并对公司的经营提出建议或者质询。

二、组织机构

（一）股东大会

股份有限公司股东大会由全体股东组成。股东大会是公司的权力机构，依法行使职权，其职权范围与有限责任公司股东会相同。

股东大会分为年会与临时大会。股东大会年会应当每年召开一次。有下列情形之一的，应当在两个月内召开临时股东大会：①董事人数不足《公司法》规定人数或者公司章程所定人数的 2/3 时；②公司未弥补的亏损达实收股本总额的 1/3 时；③单独或者合计持有公司 10%以上股份的股东请求时；④董事会认为必要时；⑤监事会提议召开时；⑥公司章程规定的其他情形。

股东大会会议由董事会召集，董事长主持；董事长不能或者不履行职务的，由副董事长主持；副董事长不能或者不履行职务的，由半数以上董事共同推举一名董事主持。董事会不能或者不履行召集股东大会会议职责的，监事会应当及时召集和主持；监事会不召集和主持的，连续 90 日以上单独或者合计持有公司 10%以上股份的股东可以自行召集和主持。

召开股东大会会议，应当将会议召开的时间、地点和审议的事项于会议召开前 20 日内通知各股东；临时股东大会应当于会议召开前 15 日内通知各股东；发行无记名股票的，应当于会议召开前 30 日内公告会议召开的时间、地点和审议事项。

单独或者合计持有公司 3%以上股份的股东，可以在股东大会召开前 10 日内提出临时提案并书面提交董事会；董事会应当在收到提案后 2 日内通知其他股东，并将该临时提案提交股东大会审议。临时提案的内容应当属于股东大会职权范围，并有明确议题和具体决议事项。股东大会不得对向股东通知中未列明的事项作出决议。无记名股票持有人出席股东大会会议的，应当于会议召开前5日内至股东大会闭会时将股票交存于公司。

股东出席股东大会会议，所持每一股份有一表决权。股东可以委托代理人出席股东大会会议，代理人应当向公司提交股东授权委托书，并在授权范围内行使表决权。公司持有的本公司股份没有表决权。

股东大会决议的事项分为普通事项与特别事项两类。股东大会对普通事项作出决议，必须经出席会议的股东所持表决权过半数通过。股东大会对修改公司章程、增加或者减少注册资本，以及公司合并、分立、解散或者变更公司形式的特别事项作出决议，必须经出席会议的股东所持表决权的 2/3 以上通过。《公司法》和公司章程规定公司转让、受让重大资产或者对外提供担保等事项必须经股东大会作出决议的。董事会应当及时召集股东大会会议，由股东大会就上述事项进行表决。

股东大会选举董事、监事，可以根据公司章程的规定或者股东大会的决议实行累积投票制。累积投票制，是指股东大会选举董事或者监事时，每一股份拥有与应选董事或者监事人数相同的表决权，股东拥有的表决权可以集中使用。累积投票制的实施有利于中小股东按照其持股比例选举代表进入公司管理层，参与董事会的活动，保护其利益。

股东大会应当对所议事项的决定作成会议记录，主持人、出席会议的董事应当在会议记录上签名。会议记录应当与出席股东的签名册及代理出席的委托书一并保存。

(二) 董事会、经理

1. 董事会

股份有限公司设董事会，其成员为 5~19 人。董事应根据公司和全体股东的最大利益，忠实、诚信、勤勉地履行职责。董事由股东大会选举产生。董事会成员中可以有公司职工代表。董事会中的职工代表由公司职工通过职工代表大会、职工大会或者其他形式民主选举产生。股份有限公司董事的任期、董事会的职权与有限责任公司相同。董事会设董事长一人，可以设副董事长。董事长和副董事长由董事会以全体董事的过半数选举产生。董事长召集和主持董事会会议，检查董事会决议的实施情况。副董事长协助董事长工作，董事长不能或者不履行职务的，由副董事长履行职务；副董事长不能或者不履行职务的，由半数以上董事共同推举一名董事履行职务。

董事会每年度至少召开两次会议，每次会议应当于会议召开前 10 日内通知全体董事和监事。代表 1/10 以上表决权的股东、1/3 以上董事或者监事会，可以提议召开董事会临时会议。董事长应当自接到提议后 10 日内，召集和主持董事会会议。董事会召开临时会议，可以另定召集董事会的通知方式和通知时限。

董事会会议应有过半数的董事出席方可举行。董事会作出决议必须经全体董事的过半数通过。董事会决议的表决实行一人一票制。董事会会议应由董事本人出席，董事因故不能出席，可以书面委托其他董事代为出席，委托书中应载明授权范围。

董事会应当对会议所议事项的决定作成会议记录，出席会议的董事应当在会议记录上签名。董事应当对董事会的决议承担责任。董事会的决议违反法律、行政法规或者公司章程、股东大会决议，致使公司遭受严重损失的，参与决议的董事对公司负赔偿责任。但经证明在表决时曾表明异议并记载于会议记录的，该董事可以免除责任。

2. 经理

股份有限公司设经理，由董事会决定聘任或者解聘，其职权与有限责任公司经理相同。公司董事会可以决定由董事会成员兼任经理。为保证上市公司与控股股东在人员、资产、财务上严格分开,上市公司的总经理须专职,总经理在集团等控股股东单位不得担任除董事以外的其他职务。

公司应当定期向股东披露董事、监事、高级管理人员从公司获得报酬的情况。公司不得直接或者通过子公司向董事、监事、高级管理人员提供借款。

(三) 监事会

股份有限公司设立监事会,履行监督职称,其成员不得少于 3 人。监事会应当包括股东代表和适当比例的公司职工代表,其中职工代表的比例不得低于 1/3,具体比例由公司章程规定。监事会中的职工代表由公司职工通过职工代表大会、职工大会或者其他形式民主选举产生。董事、高级管理人员不得兼任监事。上市公司的监事应具有法律、会计等方面的专业知识或工作经验。监事会的人员和结构应确保监事会能够独立有效地行使对董事、经理和其他高级管理人员及公司财务的监督和检查。

监事会设主席一人,可以设副主席。监事会主席和副主席由全体监事过半数选举产生。监事会主席召集和主持监事会会议;监事会主席不能或者不履行职务的,由监事会副主席召集和主持监事会会议;监事会副主席不能或者不履行职务的,由半数以上监事共同推举一名监事召集和主持监事会会议。

股份有限公司监事的任期、监事会的职权与有限责任公司相同。监事会行使职权所必需的费用,由公司承担。

监事会每 6 个月至少召开一次会议,监事可以提议召开临时监事会会议。监事会的议事方式和表决程序,除法律有规定的外,由公司章程规定。监事会会议应严格按规定程序进行。监事会应当对所议事项的决定作成会议记录,出席会议的监事应当在会议记录上签名。

三、上市公司

上市公司,是指其股票在证券交易所上市交易的股份有限公司。《公司法》对上市公司组织机构与活动原则的特别规定主要有以下几项。

(一) 需经股东大会特别决议事项

上市公司在 1 年内购买、出售重大资产或者担保金额超过公司资产总额 30%的,应当由股东大会作出决议,并经出席会议的股东所持表决权的 2/3 以上通过。

(二) 上市公司的独立董事

独立董事又称外部董事,是指独立于公司的管理层、不存在与其所受聘公司有任何可能严重影响其作出独立客观判断的交易和关系的非全日制工作董事。独立董事除了应履行董事的一般职责外,主要职责在于对控股股东及其选任的上市公司的董事、高级管理人员,以及其与公司进行的关联交易等进行监督。

一般而言,独立董事应由具有法律、经济、财会等方面专业知识,社会信用良好的人士担任。与公司或者控股股东、实际控制人有利害关系,可能妨碍对公司事务进行独立客观判断的,不得担任独立董事。

独立董事每届任期与该上市公司其他董事任期相同,但是连任时间不得超过6年。独立董事在任期届满前可以提出辞职。

为了保证独立董事有效行使职权,上市公司应当为独立董事提供必要的条件,保证其享有与其他董事同等的知情权。独立董事的津贴由董事会制定预案,股东大会审议通过,并在公司年报中进行披露。除上述津贴外,独立董事不应从该上市公司及其主要股东或有利害关系的机构和人员取得额外的、未予披露的其他利益。为保障独立董事正常履行职责,上市公司可以建立必要的独立董事责任保险制度,以降低可能引致的风险。

(三) 董事会秘书

董事会秘书是指掌管董事会文件并协助董事会成员处理日常事务的人员。董事会秘书是董事会设置的服务席位,既不能代表董事会,也不能代表董事长。上市公司董事会秘书是公司高级管理人员,负责公司股东大会和董事会会议的筹备、文件保管以及公司股权管理,办理信息披露事务等事宜,承担法律、行政法规以及公司章程对公司高级管理人员所要求的义务,并享有相应的工作职权,获得相应的报酬。董事会秘书由董事长提名,经董事会聘任或者解聘。

(四) 关联关系董事的表决权排除制度

上市公司董事与董事会会议决议事项所涉及的企业有关联关系的,不得对该项决议行使表决权,也不得代理其他董事行使表决权。该董事会会议由过半数的无关联关系董事出席即可举行,董事会会议所作决议须经无关联关系董事过半数通过。出席董事会的无关联关系董事人数不足3人的,应将该事项提交上市公司股东大会审议。

此外,为促进上市公司建立、健全激励与约束机制,可以由上市公司以本公司股票为标的实行股权激励机制。股权激励计划的激励对象可以包括上市公司的董事、监事、高级管理人员、核心技术(业务)人员,以及公司认为应当激励的其他员工,但不应当包括独立董事。

四、股份有限公司的股份发行和转让

(一) 股份发行

股份有限公司的基本特征之一,便是注册资本划分为金额相等的股份。公司的股份采取股票的表现形式,股票是公司签发的证明股东所持股份的凭证。股份的发行,实行公平、公正的原则,同种类的每一股份应当具有同等权利。同次发行的同种类股票,每股的发行条件和价格应当相同;任何单位或者个人所认购的股份,每股应当支付相同价额。

股票发行价格可以按票面金额,也可以超过票面金额,但不得低于票面金额。因为低于票面金额发行股票,违背了资本充实原则,使股票发行募集的资金低于公司相应的注册资本数额,出现资本虚增,会影响交易安全,危及债权人的利益。

股票采用纸面形式或者国务院证券监督管理机构规定的其他形式。目前我国上市公司股票的发行、交易均已通过计算机采用电子信息等无纸化方式进行。股票应当载明下列主要事项:①公司名称;②公司成立日期;③股票种类、票面金额及代表的股份数;④股票的编号。股票由法定代表人签名,公司盖章。股份有限公司成立后,即向股东正式交付股票。公司成立前不得向股东交付股票。

公司发行的股票,可以为记名股票,也可以为无记名股票。国务院可以对公司发行《公司法》规定以外的其他种类的股份,另行作出规定。发起人的股票,应当标明发起人股票字样。公司向发起人、法人发行的股票为记名股票,应当记载该发起人、法人的名称或者姓名,不得另立户名或者以代表人姓名记名。

公司发行记名股票的，应当置备股东名册，记载下列事项：①股东的姓名或者名称及住所；②各股东所持股份数；③各股东所持股票的编号；④各股东取得股份的日期。发行无记名股票的，公司应当记载其股票数量、编号及发行日期。

公司发行新股，依照公司章程的规定由股东大会或者董事会对下列事项作出决议：①新股种类及数额；②新股发行价格；③新股发行的起止日期；④向原有股东发行新股的种类及数额。

公司经国务院证券监督管理机构核准公开发行新股时，必须公告新股招股说明书和财务会计报告，并制作认股书。公司公开发行新股应当由依法设立的证券公司承销，签订承销协议，并同银行签订代收股款协议。公司发行新股，可以根据公司经营情况和财务状况，确定其作价方案。公司发行新股募足股款后，必须向公司登记机关办理变更登记，并公告。

(二) 股份转让

股份有限公司的股份以自由转让为原则，以法律限制为例外。《公司法》规定，股东持有的股份可以依法转让。股东转让其股份，应当在依法设立的证券交易场所进行或者按照国务院规定的其他方式进行。上市公司的股票，依照有关法律、行政法规及证券交易所的交易规则上市交易。

记名股票，由股东以背书方式或者法律、行政法规规定的其他方式转让；转让后由公司将受让人的姓名或者名称及住所记载于股东名册。股东大会召开前20日内或者公司决定分配股利的基准日前5日内，不得进行股东名册的变更登记，但法律对上市公司股东名册变更登记另有规定的，从其规定。无记名股票的转让，由股东将该股票交付给受让人后即发生转让的效力。

《公司法》规定，发起人持有的本公司股份，自公司成立之日起1年内不得转让。公司公开发行股份前已发行的股份，自公司股票在证券交易所上市交易之日起1年内不得转让。

对公司董事、监事、高级管理人员转让股份问题，《公司法》规定：①公司董事、监事、高级管理人员应当向公司申报所持有的本公司的股份及其变动情况，在任职期间每年转让的股份不得超过其所持有本公司股份总数的25%；②所持本公司股份自公司股票上市交易之日起1年内不得转让；③上述人员离职后半年内，不得转让其所持有的本公司股份，但是因司法强制执行、继承、遗赠、依法分割财产等导致股份变动的除外；④公司章程可以对公司董事、监事、高级管理人员转让其所持有的本公司股份作出其他限制性规定；⑤上市公司董事、监事和高级管理人员所持股份不超过1000股的，可一次全部转让，不受上述转让比例的限制。

上市公司董事、监事和高级管理人员在下列期间不得买卖本公司股票：①上市公司定期报告公告前30日内；②上市公司业绩预告、业绩快报公告前10日内；③自可能对本公司股票交易价格产生重大影响的重大事项发生之日或在决策过程中，至依法披露后2个交易日内；④证券交易所规定的其他期间。

公司不得收购本公司股份，但有下列情形之一的除外：①减少公司注册资本；②与持有本公司股份的其他公司合并；③将股份用于员工持股计划或者股权激励；④股东因对股东大会作出的公司合并、分立决议持异议，请求公司收购其股份；⑤将股份用于转换上市公司发行的可转换为股票的公司债券；⑥上市公司为维护公司价值及股东权益所必需。公司因前述第①项、第②项规定的情形收购本公司股份的，应当经股东大会决议；公司因前述第③项、第⑤项、第⑥项规定的情形收购本公司股份的，可以依照公司章程的规定或者股东大会的授权，经2/3以上董事出席的董事会会议决议。公司依照前述规定收购本公司股份后，属于第①项情形的，应当自收购之日起10日内注销；属于第②项、第④项情形的，应当在6个月内转让或者注销；属于第③项、第⑤项、第⑥项情形的，公司合计持有的本公司股份数不得超过本公司已发行股份总额的10%，并应当在3年内转让或者注销。上市公司收购本公司股份的，应当依照《证券法》的规定履行信息披露义务。上市公司因前述第③项、第⑤项、第⑥项规定的情形收购本公司股份的，应当通过公开的集中交易方式进行。公司不得接受本公司的股票作为质押权的标的，以防止变相违规收购本公司股份。

记名股票被盗、遗失或者灭失，股东可以依照《民事诉讼法》规定的公示催告程序，请求人民法院宣告该股票失效。人民法院宣告该股票失效后，股东可以向公司申请补发股票。

综合实训

一、判断题

1. 所谓一人有限责任公司，是指只有一个自然人股东的有限责任公司。（　　）
2. 有限责任公司股东向股东以外的人转让股权的，应当经代表 1/2 以上表决权的股东同意。（　　）
3. 有限责任公司连续 5 年不向股东分配利润的，对股东会该项决议投反对票的股东可以请求公司按照合理的价格收购其股权。（　　）
4. 老李是某有限责任公司的股东，2020 年 4 月 1 日因意外丧生，他的唯一继承人小李理所当然成为某有限责任公司的股东。（　　）
5. 股份有限公司的股东可以用货币出资，也可以用实物、知识产权、土地使用权等可以用货币估价并可以依法转让的非货币财产作价出资。（　　）
6. 除全体股东事先约定的以外，有限责任公司的股东应当按照认缴的出资比例分取红利。（　　）
7. 公司股东滥用公司法人独立地位和股东有限责任，逃避债务，严重损害公司债权人利益的，也不对公司债务承担连带责任。（　　）
8. 2020 年 5 月 18 日，股东甲、乙、丙、丁依法设立有限责任公司 A。根据规定，该公司的最高权力机构是董事会。（　　）
9. 分公司和子公司都具有法人资格，依法独立承担民事责任。（　　）
10. 有限责任公司章程可以规定禁止股东向股东以外的人转让股权。（　　）

二、单项选择题

1. 甲、乙、丙三人出资成立一家有限责任公司，现丙与丁达成协议，将其在该公司拥有的全部股份作价 20 万元转让给丁。对此，甲、乙均表示同意转让，但均愿意购买，甲的出价为 20 万元，乙的出价为 18 万元。因公司章程对此未有规定，则丙所持股份应转让给(　　)。
   A. 甲　　　　　　　　　　　　B. 乙
   C. 丁　　　　　　　　　　　　D. 甲和丁各一半

2. 下列关于有限责任公司股权继承的表述，正确的是(　　)。
   A. 自然人股东死亡后，其合法继承人当然不能继承股东资格
   B. 自然人股东死亡后，其合法继承人是否可继承股东资格，取决于公司董事会的决定
   C. 自然人股东死亡后，其合法继承人是否可继承股东资格，由继承人与公司其他股东协商决定
   D. 自然人股东死亡后，其合法继承人可继承股东资格，但公司章程另有规定的除外

3. 行使派生诉权的股东应具备法定资格,按《公司法》的规定,下列有权行使派生诉权的股东是(　　)。
   A. 有限责任公司的任何股东　　　　B. 股份有限公司的任何股东
   C. 股份有限公司持股 1% 以上的股东　　D. 股份有限公司连续持股 180 日以上的股东

4. 根据《公司法》的有关规定，下列关于一人有限责任公司的表述中，正确的是(　　)。
   A. 一个法人只能投资设立一个一人有限责任公司
   B. 一人有限责任公司的股东可以分期缴付公司章程规定的出资

C. 一个自然人投资设立的一人有限责任公司，不能投资设立新的一人有限责任公司

D. 债权人不能证明一人有限责任公司的财产与其股东自己的财产相混同的，有限责任公司的股东以其出资额为限对公司债务承担责任

5. 甲股份公司成立后，董事会对公司设立期间发生的各种费用如何承担发生了分歧。下列费用应当由发起人承担的是(　　)。

A. 发起人蒋理因公司设立事务而发生的宴请费用

B. 发起人李仁就自己出资部分所产生的验资费用

C. 发起人钟欣为论证公司要开发的项目而产生的调研费用

D. 发起人缪煜值班时乱扔烟头将公司筹备组租用的房屋烧毁，筹备组为此向房主支付的5万元赔偿金

6. 甲公司出资20万元、乙公司出资10万元共同设立丙有限责任公司。丁公司系甲公司的子公司。在丙公司经营过程中，甲公司多次利用其股东地位通过公司决议让丙公司以高于市场同等水平的价格从丁公司进货，致使丙公司产品因成本过高而严重滞销，造成公司亏损。下列选项正确的是(　　)。

A. 丁公司应对丙公司承担赔偿责任

B. 甲公司应对乙公司承担赔偿责任

C. 甲公司应对丙公司承担赔偿责任

D. 丁公司、甲公司共同对丙公司承担赔偿责任

7. 甲、乙、丙三人共同设立云台有限责任公司，出资比例分别为70%、25%、5%。自2018年开始，公司的生产经营状况严重恶化，股东之间互不配合，不能作出任何有效决议，甲提议通过股权转让摆脱困境被其他股东拒绝。下列选项正确的是(　　)。

A. 只有甲、乙可以向法院请求解散公司

B. 只有控股股东甲可向法院请求解散公司

C. 甲、乙、丙中任何一人都可向法院请求解散公司

D. 不应解散公司，而应通过收购股权等方式解决问题

8. 王莎向银行申请贷款，需要他人担保。陈诚系甲有限公司的控股股东和董事长，是王莎多年好友。王莎求助于陈诚，希望得到甲公司的担保。甲公司章程规定，公司对外担保须经股东会决议。下列选项正确的是(　　)。

A. 甲公司可以为王莎提供担保，但须经股东会决议通过

B. 甲公司可以为王莎提供担保，但陈诚不得参加股东会表决

C. 甲公司不得为王莎提供担保，因为公司法禁止公司为个人担保

D. 甲公司不能为王莎提供担保，因为陈诚不能向甲公司提供反担保

9. 张同为一有限责任公司的小股东，由于对公司的经营状况不满，想通过查阅公司账簿去深入调查公司经营出现的问题。下列选项错误的是(　　)。

A. 张同必须向公司提出书面申请

B. 若张同聘请专业机构人员帮助查阅账簿，公司不得拒绝

C. 公司拒绝张同查阅时，张同只能请求法院要求公司提供查阅

D. 公司有权以可能会泄露公司商业秘密为由拒绝张同的查账申请

10. 某公司注册资本为500万元，该公司年终召开董事会研究公司财务问题。在该董事会的决议内容中，下列选项不合法的是(　　)。

A. 公司合法转增部分的股本由各股东按原持股比例无偿取得

B. 为扩大生产，将该公司历年的法定公积金全部用于转增股本

C. 鉴于公司历年的法定公积金已达300万元，决定本年度不再提取法定公积金

D. 鉴于公司连年赢利，决定本年度税后利润依公司章程全部由股东按持股比例分配

11. 甲股份有限公司的股票自2019年3月1日起公开上市交易。2019年9月1日，该公司召开股东大会。该次股东大会通过的下列决议中，符合法律规定的是( )。
   A. 接受乙公司以其持有的甲公司股份作为质押担保
   B. 公司董事持有的本公司股份自2019年9月1日起可随时转让
   C. 公司收购本公司已发行股份的4%用于未来1年内奖励本公司职工
   D. 公司董事会秘书持有的本公司股份自2019年9月1日起可随时转让

12. 某上市公司董事会秘书李玢执行公司职务时，违反公司章程的规定，给公司造成了损失。王烨是该公司连续1年持有10%股份的股东，欲起诉李玢。王烨的正确做法是( )。
   A. 王烨直接以公司的名义起诉李玢
   B. 若王烨请求公司董事会起诉李玢的口头提议遭拒绝，可以自己的名义起诉李玢
   C. 若王烨请求公司监事张桦起诉李玢的书面提议遭拒绝，可以自己的名义起诉李玢
   D. 如果情况紧急，不立即起诉，公司的损失将难以弥补，王烨可以自己的名义直接起诉李玢

13. 以下有关股东直接诉讼的表述中，正确的是( )。
   A. 控股股东不得成为股东直接诉讼的被告
   B. 公司章程可以对股东直接诉权进行限制
   C. 持有一定数额股份的股东才能行使股东直接诉权
   D. 股东直接诉讼的被告可以是公司的董事和高级管理人员

14. 光奇有限责任公司董事崔钰擅自将本公司资金借贷给王华，王华在借款到期前却不知去向，借款无法收回，以下有关说法中错误的是( )。
   A. 崔钰应当向光奇公司承担赔偿责任
   B. 光奇公司可以向人民法院提起诉讼要求崔钰承担赔偿责任
   C. 光奇公司不起诉的，符合法定条件的光奇公司的股东可以书面请求监事会向人民法院提起诉讼要求崔钰承担赔偿责任
   D. 监事会拒绝起诉的，符合法定条件的，光奇公司的股东可以以公司的名义向人民法院提起诉讼

三、多项选择题

1. 甲公司欠乙公司货款100万元、丙公司货款50万元。2020年5月，甲公司与丁公司达成意向，拟由丁公司兼并甲公司。乙公司原欠丁公司租金80万元。下列表述正确的是( )。
   A. 甲公司与丁公司合并后，两个公司的法人主体资格同时归于消灭
   B. 甲公司与丁公司合并后，丁公司可以向乙公司主张债务抵销
   C. 甲公司与丁公司合并时，丙公司可以要求甲公司或丁公司提供履行债务的担保
   D. 甲公司与丁公司合并时，应当分别由甲公司和丁公司的董事会作出合并决议

2. 公司不得收购本公司股份，但有下列( )情形的除外。
   A. 减少公司注册资本
   B. 将股份奖励给本公司职工
   C. 与持有本公司股份的其他公司合并
   D. 股东因对股东大会作出的公司合并、分立决议持异议而要求公司收购其股份的
   E. 公司连续五年不向股东分配利润，而公司该五年连续盈利并符合法定的分配利润条件的

3. 某有限责任公司监事会经股东举报，认为公司经营状况异常，并准备进行调查。对此，下列表述中正确的是( )。
   A. 监事会的决议应当经半数以上监事通过方可
   B. 监事会对公司经营状况的调查费用由公司负担

C. 监事会在必要的时候可以聘请会计师协助调查

D. 监事会有权提议召开临时股东会来处理调查结果

E. 监事会有权撤销违法履行职务的董事的任职资格

4. 甲为某有限公司股东，持有该公司 15%的表决权股。甲与公司的另外两个股东长期意见不合，已两年未开成公司股东会，公司经营管理出现困难，甲与其他股东多次协商未果。在此情况下，甲可以采取下列(　　)措施解决问题。

　　A. 请求法院解散公司　　　　　　　　B. 请求公司以合理的价格收购其股权

　　C. 将股权转让给另外两个股东退出公司　D. 经另外两个股东同意撤回出资以退出公司

5. 某有限责任公司经营医疗器械，总资产 1000 万元，总负债 200 万元。公司股东会作出的下列决定不符合法律规定的是(　　)。

　　A. 投资 100 万元，与某上市公司乙组成普通合伙企业

　　B. 发行 100 万元公司债券

　　C. 向某食品有限责任公司投资 150 万元

　　D. 减少注册资本 50 万元

6. 刘秀是甲有限责任公司的董事长兼总经理。任职期间，多次利用职务之便，指使公司会计将资金借贷给一家主要由刘秀的儿子投资设立的乙公司。对此，持有公司股权 0.5%的股东王贝认为甲公司应该起诉乙公司还款，但公司不可能起诉，王贝便自行直接向法院对乙公司提起股东代表诉讼。下列选项正确的是(　　)。

　　A. 王贝应以甲公司的名义起诉，但无须甲公司盖章或刘秀签字

　　B. 王贝不能直接提起诉讼，必须先向监事会提出请求

　　C. 王贝持有公司股权不足 1%，不具有提起股东代表诉讼的资格

　　D. 王贝应以自己的名义起诉，但诉讼请求应是将借款返还给甲公司

7. 甲公司于 2020 年 6 月依法成立，现有数名推荐的董事人选，依照《公司法》规定，下列人员不能担任公司董事的是(　　)。

　　A. 徐瑾，2015 年向他人借款 100 万元，为期 2 年，但因资金被股市套住至今未清偿

　　B. 王芳，因担任企业负责人犯重大责任事故罪于 2013 年 6 月被判处三年有期徒刑，2016 年刑满释放

　　C. 张蓓，与他人共同投资设立一家有限责任公司，持股 70%，该公司长期经营不善，负债累累，于 2018 年被宣告破产

　　D. 赵毅，曾任某音像公司董事长，该公司因未经著作权人许可大量复制音像制品于 2019 年 5 月被市场监督管理部门吊销营业执照，赵毅负有个人责任

8. 疏运有限公司是一家拥有 10 辆货车的运输企业，甲是该公司股东。一日，该公司股东会决议将汽车全部卖掉转而从事广告制作，甲认为广告制作业没有前途而坚决反对，但因甲只有 10%的股权，该决议仍得以通过。甲可以通过(　　)的方法来维护自己的权益。

　　A. 将股权转让给他人，退出公司

　　B. 向法院起诉请求解散公司，并分配剩余财产

　　C. 向法院起诉请求撤销该股东会决议

　　D. 要求公司以合理价格收购其持有的股权

9. 甲公司因货款债务被乙公司申请法院强制执行，法院决定对甲公司所持丙有限责任公司的 40 万股股权予以强制执行。丁公司表示愿意受让该项股权，但丙公司其他四位股东除王昆外，李钰、张山、刘仝三位均不同意丁公司受让该项股权。下列选项正确的是(　　)。

　　A. 由于大部分股东不同意丁公司受让股权，因此法院不能强制执行甲公司所持有的丙公司的股权

　　B. 李钰、张山和刘仝反对丁公司受让甲公司的股权，因此应当购买该股权

C. 上述四位股东对该股权在同等条件下享有优先购买权

D. 上述四位股东在法定期限内不行使优先购买权，视为放弃

10. 甲、乙出资设立注册资本为 400 万元的丙有限责任公司，章程规定：甲以现金出资 280 万元，乙以现金出资 40 万元，专利作价 40 万元，机器设备作为实物出资作价 40 万元。公司成立后，甲按期足额缴纳现金 280 万元，乙只缴纳了 20 万元现金，其专利的实际市场价额为 20 万元，机器设备虽然已实际移交给公司，但该设备属于丁所有，系丁委托乙保管。下列选项正确的是(   )。

   A. 丙公司应根据丁的请求向其返还机器设备

   B. 乙应当履行其余 20 万元现金出资的义务，并应当向甲承担违约责任

   C. 甲、乙达成协议，可以通过减少资本程序免除乙对差额部分的出资责任

   D. 乙应当补足其专利权出资的实际价额与作价金额之间的差额，甲对此承担连带责任

11. 甲乙两公司与刘莎、谢景欲共同设立一注册资本为 200 万元的有限责任公司，他们在拟定公司章程时约定各自以如下方式出资。下列出资是不合法的为(   )。

   A. 甲公司以其企业商誉评估作价 80 万元出资

   B. 乙公司以其获得的某知名品牌特许经营权评估作价 60 万元出资

   C. 刘莎以保险金额为 20 万元的保险单出资

   D. 谢景以其设定了抵押担保的房屋评估作价 40 万元出资

   E. 甲公司出资人民币 60 万元，乙公司以厂房、机器设备折价 80 万元出资，刘莎以专利权、非专利技术及某高新技术折价 50 万元出资，谢景以商标权折价 10 万元出资

12. 张阳为某有限责任公司股东，其对公司的出资为 10 万元人民币，现张阳因急需用钱，拟将股份转换为资金。其所采取的下列措施中，符合我国法律规定的是(   )。

   A. 抽回出资

   B. 将股份转让给其他股东

   C. 请求公司按照红利分配方案分配红利

   D. 向王雨借款，并由王雨代行其在公司中的所有股东权

   E. 未经通知其他股东，将股份质押给第三人，以取得借款

13. 甲为持有某有限责任公司全部股东表决权 10%以上的股东。根据公司法律制度的规定，在某些事由下，若公司继续存续会使股东利益受到重大损失，且通过其他途径又不能解决的，甲提起解散公司诉讼时，人民法院应予受理。下列选项中，属于上述"某些事由"的是(   )。

   A. 公司亏损、财产不足以偿还全部债务的

   B. 公司被吊销营业执照未进行清算的

   C. 公司持续 2 年以上无法召开股东会且经营管理发生严重困难的

   D. 公司董事长期冲突，且无法通过股东会解决，致使公司经营管理发生严重困难的

四、简答题

1. 简述公司的概念和特征。
2. 如何理解股东的出资形式？
3. 如何理解股东代表诉讼？
4. 什么是有限责任公司？设立有限责任公司的条件是什么？
5. 简述一人有限责任公司的概念、特征及其设立条件。
6. 简述有限责任公司股东会、董事会、监事会的职权。
7. 简述有限责任公司股权转让的规则。
8. 什么是股份有限公司？

9. 简述股份有限公司发起人在公司设立过程中应承担的法律责任。
10. 简述股份有限公司监事会的职权。
11. 简述公司法对股份有限公司股份转让的限制。
12. 简述公司债券与公司股份的区别。

五、案例分析题

案例一： 以下是某食品有限责任公司的设立方案：股东为15个自然人，其中，12人以现金入股31万元人民币；2个高级技师王辰、张洋以自己拥有的特殊劳动技能入股，折合为6万元人民币；赵仕用自己的一项受专利法保护的专利技术入股，折合为11万元人民币。新公司不设监事。新公司以食品生产为主营业务。该有限责任公司成立后，发现赵仕的专利技术只值5万元人民币。

请问：

1. 该食品有限责任公司设立方案是否符合《公司法》的规定？
2. 专利技术入股应办理哪些手续？
3. 11万元人民币的出资，实际上只值5万元人民币，应如何处理？

案例二： 2020年5月，扬子药品开发有限责任公司(以下简称扬子公司)与其他5家国内企业共同筹建鼎立中药股份有限公司(以下简称鼎立公司)，资本总额确定为1200万元；6家发起企业认购其中一部分，其余部分向社会公开募集。在发起过程中，由于扬子公司作为出资的厂房需要装修，发起人共同协商成立鼎立公司筹建处，并以筹建处的名义向中源装潢公司购买一批装饰材料。货款总价为79万元。买卖双方约定，鼎立公司一经成立即向中源装潢公司付清全部货款。一周后，中源装潢公司按约将货物运至筹建处指定的仓库。后经证监会批准，扬子公司等6家发起企业发布招股说明书进行公开募股，但募股期届满未募集到足够资金，公司无法成立。

请问：

1. 中源装潢公司的装饰材料货款应由谁承担？
2. 6家发起企业应当承担哪些责任？

案例三： 甲公司准备与乙公司、丙公司共同投资一家生产汽车配件的有限责任公司——丁公司。三家公司经过商量，约定由甲公司、乙公司各出资20万元人民币，丙公司以其专有技术折价出资10万元作为出资。合同签订后，甲、乙两家公司于2018年2月3日分别将20万元划入筹建公司的专用账户。2018年4月6日登记成立了丁公司，注册资本为200万元。2020年5月7日，甲公司、乙公司从丁公司账户中各取出10万元。

请问：

1. 丁公司的设立是否合法？
2. 甲公司、乙公司、丙公司的行为该如何认定？是否应该承担相应的责任？
3. 为丁公司验资的中介机构是否应承担相应的法律责任？

第四章 合同法律制度

引 例

2020年5月7日上午,信科有限公司(电子邮箱为 xinke@online.sh.cn)向瑞得玻璃加工厂(电子邮箱为 read@glass.com.cn)发出要求购买其厂生产的玻璃的电子邮件一份,电子邮件中列有如下内容:①需要50厘米×50厘米的玻璃800件,100厘米×100厘米的玻璃12件;②在5月20日之前将订购的玻璃送至信科有限公司;③总价5万元。电子邮件还对玻璃的样式、颜色做了说明,并附了样图。

当天下午4时30分16秒,瑞得玻璃加工厂也以电子邮件回复信科有限公司,对其要求予以全部认可。为对信科有限公司负责,5月8日,该厂还专门派人到信科有限公司作了确认,但双方均未签署任何书面文件。

2020年5月18日,瑞得玻璃加工厂将上述玻璃送至信科有限公司,但信科有限公司已于5月17日以4.8万元的价格购买了另一家玻璃加工厂生产的玻璃,并以双方未签署书面合同为由拒收。双方协商不成,5月25日,瑞得玻璃加工厂将信科有限公司起诉至法院。庭审中,双方对用电子邮件方式买卖玻璃、瑞得玻璃加工厂去人确认,以及5月18日送货上门等事项均无异议。

【提问】假如你是法官,该案应该如何处理?

【点评】根据《民法典》的规定,双方的合同已经成立并生效,信科有限公司应当履行合同义务,否则,应承担违约责任。

第一节 合同与合同法律制度概述

一、合同的概念与特征

合同也叫契约,《民法典》第四百六十四条规定,合同是民事主体之间设立、变更、终止民事法律关系的协议。婚姻、收养、监护等有关身份关系的协议,适用有关该身份关系的法律规定；没有规定的，可以根据其性质参照适用本编规定。根据这条规定，合同具有以下法律特征。

(1) 合同是平等主体之间的民事法律关系。合同是平等当事人之间从事的民事法律行为，任何一方不论其所有制性质及行政地位，都不能将自己的意志强加给对方。非平等主体之间的合同不属于《民法典》的调整对象。实践中，政府采购合同适用《民法典》中合同法律制度的相关规定。

(2) 合同是双方或者多方法律行为。首先，合同至少需要两个或两个以上的当事人；其次，合同是法律行为，故当事人的意思表示是合同的核心要素；最后，因为合同是双方法律行为或者多方法律行为，因此合同成立不但需要当事人有意思表示，而且要求当事人之间的意思表示一致。

(3) 合同是当事人之间民事权利与义务关系的协议。首先，根据《民法典》的规定，虽然民事主体之间民事法律关系的设立、变更、终止的协议均在《民法典》合同法律制度的调整范围内，但是根据《民法典》第四百六十四条第二款的规定，婚姻、收养、监护等有关身份关系的协议，适用有关该身份关系的法律规定；没有规定的，可以根据其性质参照适用合同法律制度的规定。其次，合同作为一种法律事实，是当事人自由约定，协商一致的结果。如果当事人之间的约定合法，则在当事人之间产生相当于法律的效力。当事人就必须按照约定履行合同义务。任何一方违反合同，都要依法承担违约责任。

知识拓展 4-1

好意施惠行为与合同的区别

(4) 合同以设立、变更或终止民事权利义务关系为目的和宗旨。合同是一种民事行为，是以协议的方式设立、变更、终止民事权利义务关系的法律事实。因此，不是以设立、变更、终止民事权利义务关系为目的的协议也不属于合同。因而，合同有别于好意施惠行为。

【例4-1】甲、乙在火车上相识，甲怕自己到站时未醒，请求乙在A站唤醒自己下车，乙欣然同意。火车到达A站时，甲沉睡，乙也未醒。甲未能在A站及时下车，为此支出了额外费用。甲请求乙赔偿损失。对此的处理方式应该是(　　)。

A. 由乙承担违约责任　　　　　　B. 由乙承担侵权责任
C. 由乙承担缔约过失责任　　　　D. 由甲自己承担损失

【解析】答案为D。乙基于情谊，答应到站时唤醒甲，当事人间并没有就"到站唤醒"达成契约的意思表示，仅仅是一个基于帮助意图的行为。

二、合同的相对性

合同不同于其他民事法律关系的重要特点就在于合同关系的相对性。所谓合同关系的相对性，主要是指合同关系只能发生在特定的合同当事人之间，只有合同当事人一方能够向另一方基于合同提出请求或提起诉讼；与合同当事人没有发生合同上权利义务关系的第三人，不能依据合同向合同当事人提出请求或提起诉讼，也不应承担合同的义

务或责任；非依法律或合同规定，第三人不能主张合同上的权利。合同的相对性广泛体现在合同的各项制度中，概括起来主要包含合同主体的相对性、合同内容的相对性、合同责任的相对性等三个方面。

合同的相对性要求在确立合同责任时必须首先明确合同关系的主体和内容，区分不同的合同关系及在这些关系中的主体，从而正确认定责任。

法条链接 4-1

《民法典》关于合同相对性例外的规定

【例 4-2】下列选项中体现合同关系相对性的是(　　)。
A. 租赁物在租赁期间发生所有权变动的，不影响租赁合同的效力
B. 当事人一方因第三人的原因造成违约的，应当向对方承担违约责任
C. 债务人向债权人交付标的物被第三人毁坏时，债权人追究第三人的侵权责任
D. 债务人无偿处分其财产使债权人的债权受到侵害，债权人可请求人民法院撤销债务人的处分行为

【解析】本题涉及合同的相对性及其例外，债权的物权化、合同的保全措施(代位权和撤销权)等被视为合同相对性规则的例外，依据相关法律规定，答案是 B。

课堂讨论

甲娱乐公司与乙剧院约定，甲娱乐公司的签约歌手杜娟在乙剧院举办个人演唱会，乙剧院支付给杜娟 30 万元，演出收益由乙剧院取得。杜娟在去往演唱会的途中，被夏志撞伤，演唱会被取消，乙剧院遭受巨大损失。

请问：本案中，乙剧院可向谁索赔？

三、合同的分类

根据不同的标准，可将合同分为不同的种类。合同的分类有助于正确理解法律、订立和履行合同，有助于正确地适用法律处理合同纠纷。通常，对合同可以作以下分类。

1. 有名合同与无名合同

根据《民法典》或者其他法律是否对合同规定了确定的名称与调整规则为标准，可将合同分为有名合同与无名合同。有名合同是立法上规定了确定的名称与规则的合同，又称典型合同。如《民法典》在"典型合同"中规定的 19 类合同(买卖合同，供用电、水、气、热力合同，赠与合同，借款合同，保证合同，租赁合同，融资租赁合同，保理合同，承揽合同，建设工程合同，运输合同，技术合同，保管合同，仓储合同，委托合同，物业服务合同，行纪合同，中介合同，以及合伙合同)、《保险法》所规定的保险合同等均属于有名合同。

无名合同是立法上尚未规定有确定名称与规则的合同，又称非典型合同，如医疗服务合同、家教服务合同、家政服务合同、美容服务合同、法律服务合同等。无名合同如经法律确认或在形成统一的交易习惯后，可以转化为有名合同。从这个意义上说，合同法律制度的历史是非典型合同不断变成典型合同的过程。如在我国，旅游服务合同原为无名合同，《中华人民共和国旅游法》(以下简称《旅游法》)颁行后便转化为有名合同。

区分两者的法律意义在于法律适用的不同。有名合同可直接适用《民法典》中"典型合同"关于该种合同的具体规定。当事人之间依合意成立的无名合同，只要不违反法律、行政法规的强制性规定，不违背公序良俗，即属有效。基于《民法典》第四百六十七条第一款的规定，在

无名合同因当事人意思表示不完备而出现纠纷时,适用《民法典》"第三编合同"通则的规定,并可以参照适用《民法典》"第三编合同"或者其他法律最相类似合同的规定。

2. 单务合同与双务合同

根据合同当事人是否相互负有对价义务为标准,可将合同分为单务合同与双务合同。此处的对价义务并不要求双方的给付价值相等,而只是要求双方的给付具有相互依存、相互牵连的关系即可。单务合同是指仅有一方当事人承担义务的合同,如赠与合同。双务合同是指双方当事人互负对价义务的合同,如买卖合同、承揽合同、租赁合同等。

区分两者的法律意义在于,因为双务合同中当事人之间的给付义务具有依存和牵连关系,因此双务合同中存在同时履行抗辩权和风险负担的问题,而这些情形并不存在于单务合同中。

3. 有偿合同与无偿合同

根据合同当事人是否因给付取得对价为标准,可将合同分为有偿合同与无偿合同。有偿合同是指合同当事人为从合同中得到利益要支付相应对价给付的合同。买卖合同、租赁合同、雇佣合同、承揽合同、行纪合同等都是有偿合同。无偿合同是指只有一方当事人作出给付,或者虽然是双方作出给付但双方的给付间不具有对价意义的合同。赠与合同是典型的无偿合同,另外,委托合同、保管合同如果没有约定利息和报酬的,也属于无偿合同。

区分两者的法律意义在于:主体要求不同,当事人的责任不同。

4. 诺成合同与实践合同

根据合同成立除当事人的意思表示以外,是否还要其他现实给付为标准,可以将合同分为诺成合同与实践合同。诺成合同是指当事人意思表示一致即可认定合同成立的合同。实践合同是指在当事人意思表示一致以外,尚须有实际交付标的物或者有其他现实给付行为才能成立的合同。确认某种合同属于实践合同必须法律有规定或者当事人之间有约定。常见的实践合同有保管合同、自然人之间的借贷合同、定金合同等。但赠与合同、质押合同不再是实践合同。

区分两者的法律意义在于:两种合同的成立要件和成立时间不同。

5. 要式合同与不要式合同

根据合同的成立是否必须符合一定的形式为标准,可将合同分为要式合同与不要式合同。要式合同是按照法律规定或者当事人约定必须采用特定形式订立方能成立的合同。不要式合同是对合同成立的形式没有特别要求的合同。确认某种合同属于要式合同必须法律有规定或者当事人之间有约定。

区分两者的法律意义在于:因合同成立的要求不同,产生的法律后果也不同。

6. 主合同与从合同

根据两个或者多个合同相互间的主从关系为标准,可将合同分为主合同与从合同。主合同是无须以其他合同存在为前提即可独立存在的合同。这种合同具有独立性。从合同,又称附属合同,是以其他合同的存在为其存在前提的合同。保证合同、定金合同、质押合同等相对于提供担保的借款合同即为从合同。

区分两者的法律意义在于:因从合同的存在是以主合同的存在为前提的,故主合同的成立与效力直接影响从合同的成立与效力。但是从合同的成立与效力不影响主合同的成立与效力。

7. 本约合同(本约)与预备合同(预约)

根据订立合同是否有事先约定的关系,可分为本约合同与预备合同。当事人约定将来订立一定合同的合同是预备合同。《民法典》第四百九十五条规定,当事人约定在将来一定期限内订立合同的认购书、订购书、预订书等，构成预约合同。当事人一方不履行预约合同约定的订立合同义务的，对方可以请求其承担预约合同的违约责任。而将来应订立的合同就是本合同。如约定将来要购买房地产开发商的商品房是预备合同，而将来要买卖商品房就是本合同。

区分本约与预约的意义，主要体现在预约所具有的特殊功能及预约的特殊效力方面。在实践中，预约不以本约的存在为前提，预约的目的在于成立本约，因而其具有一定的保障本约缔结的功能。

预约与本约的区别

8. 为自己订立的合同与为第三人利益订立的合同

根据订立的合同是为谁的利益，可分为为自己订立的合同与为第三人利益订立的合同。仅订约当事人享有合同权利和直接取得利益的合同是为自己订立的合同；订约的一方当事人不是为了自己，而是为第三人设定权利，使其获得利益的合同是为第三人利益订立的合同，在这种合同中，第三人既不是缔约人，也不通过代理人参加订立合同，但他可以直接享有合同的某些权利，可以直接基于合同取得利益，如为第三人利益订立的保险合同。

区分两者的法律意义在于：两种合同的目的及合同的效力范围不同，同时，在缔约时的要求也不同。例如，当事人在缔结为第三人利益订立的合同时，当事人事先一般无须通知或征得第三人同意；第三人不必在合同上签字；当事人只能给第三人设定权利，而不得为其设定义务。

此外，根据不同的标准，合同还可分为书面合同、口头合同与其他形式合同，还可分为附条件合同与不附条件合同等。

四、合同法律制度概述

作为市场经济的基本法律制度，合同法律制度调整因合同产生的民事关系，主要规范合同的订立、合同的效力及合同的履行、保全、担保、变更、解除、违反合同的责任等问题。作为《民法典》的重要组成部分，合同法律制度主要通过任意性法律规范来引导当事人的行为或补充当事人意思的不完整，强制性规范被严格限制在合理与必要的范围之内。

合同法律制度与物权法律制度均属财产法范畴，其中物权法律制度主要调整财产归属及利用的财产关系，是从静态角度为财产关系提供法律保护，而合同法律制度则调整财产的流转关系，即商品交换关系，是从动态角度为财产关系提供法律保护。

一般认为，作为调整平等主体之间商品交换关系的法律规范，合同法律制度不调整以下社会关系：①政府依法维护经济秩序的管理活动，适用有关行政法律；②法人、其他组织的内部管理关系，适用有关公司、企业的法律；③婚姻、收养、监护等有关身份关系的协议，适用有关该身份关系的法律规定；没有规定的，可以根据其性质参照适用《民法典》"第三编合同"规定。

第二节 合同的订立

一、概述

合同的订立又称缔约(entering into a contract)，是当事人之间为设立、变更、终止民事法律关系而进行协商、达成协议的过程。当事人订立合同应当采用法律规定的方式。订立合同只能是在特定的人或者特定范围内的人之间进行，并且当事人须以缔约为目的进行接触，当事人之间相互所为的意思表示是为订约发出的。合同订立过程结束会有两种后果：①当事人之间达成合意，合同成立；②当事人之间不能达成合意，合同不成立。

二、合同订立程序

《民法典》第四百七十一条规定，当事人订立合同，可以采取要约、承诺方式或者其他方式。在法律上，合同订立的一般程序包括要约和承诺两个阶段。

（一）要约

1. 要约的概念和构成要件

要约，亦称发盘、报价等，是一方当事人以缔结合同为目的，向对方当事人所作的意思表示。发出要约的人称为要约人，接受要约的人称为受要约人或承诺人。一项有效的要约应具备以下要件：

(1) 要约应当以明确的方式向受要约人发出。一方面，要约应采用明示的方式作出，不存在默示方式的要约。另一方面，要约应向受要约人发出。要约可以向特定的人，也可以向不特定的人发出，但要约原则上应向特定的人发出。

(2) 要约应当有相对人承诺即成立合同而受其约束的确定意思。一方面，要约应明确要约人与接到要约的人订立合同的明确意思。另一方面，要约应当有一经受要约人承诺即成立合同并受其约束的表示。

(3) 要约的内容确定，足以构成一个合同的内容。《民法典》第四百七十二条第一款规定，要约的内容应当具体确定。但具体确定到什么程度，应根据要约人所要成立的合同的内容来确定。

(4) 要约必须送达受要约人。要约是订立合同的一方当事人向受要约人发出的，要约应当送达受要约人。

2. 要约邀请

要约邀请也叫要约引诱，是一方希望他人向自己发出要约的意思表示。要约邀请是一方向另一方发出的邀请其向自己发出要约的意思表示。根据《民法典》第四百七十三条规定，要约邀请是希望他人向自己发出要约的表示。拍卖公告、招标公告、招股说明书、债券募集办法、基金招募说明书、商业广告和宣传、寄送的价目表等为要约邀请。商业广告和宣传的内容符合要约条件的，构成要约。要约邀请不完全具备合同内容条款，否则就是一个要约而不是要约邀请。同时，要约邀请只产生对方向其发出要约的可能，对方发出要约的，还须要约邀请人承诺才能成立合同。

在学理上，要约与要约邀请存在着诸多区别，如表 4-1 所示。

表 4-1 要约与要约邀请的区别

区别	要约	要约邀请
当事人意愿	具有订约意图	希望他人向自己发出要约
订约提议的内容	应当包含合同的主要条款	不必包含合同的主要条款
意思表示针对的对象	原则上应向特定的相对人发出	大多是向不特定人发出
法律规定的形式	——	拍卖公告、招标公告、招股说明书、债券募集办法、基金招募说明书、商业广告和宣传、寄送的价目表等

此外，在区分要约和要约邀请时，还应当考虑交易习惯、相对人性质等各种因素。

【例 4-3】某化妆品广告称：水晶四季是引进日本全新技术专业除皱消眼袋组合，能有效消除眼袋、黑眼圈及周围暗沉。咨询订购热线 64986666，免费送货。请问：该广告属于要约还是要约邀请？

【解析】这是一个要约邀请，目的是希望他人向自己发出订合同的要约。

知识拓展 4-3

要约与要约邀请的区别

3. 要约生效的时间

《民法典》规定，要约以对话方式作出的，相对人知道其内容时生效。要约以非对话方式作出的，到达相对人时生效。以非对话方式作出的采用数据电文形式的要约，相对人指定特定系统接收数据电文的，该数据电文进入该特定系统时生效；未指定特定系统的，相对人知道或者应当知道该数据电文进入其系统时生效。当事人对采用数据电文形式的要约的生效时间另有约定的，按照其约定。

4. 要约的法律效力

要约的法律效力表现在以下两方面。

(1) 对要约人的效力。此种拘束力又称为要约的形式拘束力，是指要约一经生效，要约人即受到要约的拘束，不得随意撤销或对受要约人随意加以限制、变更和扩张。

(2) 对受要约人的效力。此种拘束力又称为要约的实质拘束力，即受要约人在要约生效时即取得依其承诺而成立合同的法律地位。具体表现在：要约生效以后，只有受要约人才享有对要约人作出承诺的权利，其他第三人不能作出承诺，第三人的承诺视为对要约人发出的要约，不具有承诺的效力。承诺是受要约人享有的权利，受要约人不负有承诺义务，即使要约人在要约中明确规定承诺人不作出意思表示即为承诺，对受要约人也不产生效力。

5. 要约的撤回和撤销

要约撤回是指要约人在要约生效前，取消要约的意思表示。但撤回要约的通知应当在要约到达受要约人前或者与要约同时到达受要约人。可见，要约撤回权的行使时间是以要约的生效时间为分割点，在要约生效之前，或在要约生效之时，要约可以撤回，而要约一旦生效，要约人的撤回权就消灭了。

要约撤销是指要约生效后，要约人取消要约使其效力归于消灭。撤销要约的意思表示以对话方式作出的，该意思表示的内容应当在受要约人作出承诺之前为受要约人所知道；撤销要约的意思表示以非对话方式作出的，应当在受要约人作出承诺之前到达受要约人。为了保护受要约人的利益，《民法典》规定以下两种情况下要约不得撤销。

(1) 要约人以确定承诺期限或者其他形式明示要约不可撤销。这里的承诺期限是受要约人作出承诺的权利期间，也是要约的有效期间；这里的其他形式可以是在要约中规定要约的不可撤销性或在特定时间内不可撤销，或是以其他文字表明要约具有不可撤销性。

(2) 受要约人有理由认为要约是不可撤销的，并已经为履行合同做了合理的准备工作。首先，受要约人有理由认为要约是不可撤销的；其次，受要约人在发出承诺之前已经为履行合同做了合理的准备工作，这里只要已经着手准备，准备是否充分在所不问。

6. 要约的失效

要约的失效是指要约失去法律效力，要约人不再承受承诺的约束，受要约人也不再享有通过承诺使合同得以成立的权利。《民法典》规定了要约失效的几种情形：①要约被拒绝；②要约被依法撤销；③承诺期限届满，受要约人未作出承诺；④受要约人对要约的内容作出实质性变更。如果在受要约人作出的承诺通知中，并没有更改要约的实质性内容，只是对要约的非实质性内容予以变更，而要约人又没有及时表示反对，则此种承诺不应视为对要约的拒绝。如果要约人事先声明要约的任何内容都不得改变，则受要约人更改要约的非实质性内容，也会产生拒绝要约的效果。

（二）承诺

1. 承诺的概念和构成要件

承诺是指受要约人同意接受要约的条件以缔结合同的意思表示。承诺一旦生效，合同即成立。承诺必须具备如下条件，才能产生法律效力。

(1) 承诺必须由受要约人向要约人作出。受要约人是要约人选择的，只有受要约人才有资格作出承诺。第三人不是受要约人，当然无资格向要约人作出承诺，否则视为发出要约。当然，在某些意外情况下，基于法律规定和要约人发出的要约规定，任何第三人可以对要约人作出承诺，则要约人应当受到承诺的拘束。承诺是对要约人发出的要约所作的答复，因此只有向要约人作出承诺，才能导致合同成立。如果向要约人以外的其他人作出承诺，则只能视为对他人发出要约，不能产生承诺效力。

(2) 承诺必须在规定的期限内到达要约人。承诺只有到达于要约人时才能生效，而到达也必须具有一定的期限限制。如果要约规定了承诺期限，则应当在规定的承诺期限内到达。

要约没有确定承诺期限的，承诺应当依照下列规定到达：①要约以对话方式作出的，应当即时作出承诺，但当事人另有约定的除外；②要约以非对话方式作出的，承诺应当在合理期限内到达。所谓合理期限，是指依通常情形可期待承诺到达的期间，一般包括要约到达受要约人的期间、受要约人作出承诺的期间、承诺通知到达要约人的期间。未能在合理期限内作出承诺并到达要约人，不能称为有效承诺。

要约以信件或者电报作出的，承诺期限自信件载明的日期或者电报交发之日开始计算。信件未载明日期的，自投寄该信件的邮戳日期开始计算。要约以电话、传真等快速通讯方式作出的，承诺期限自要约到达受要约人时开始计算。

如果要约已经失效，承诺人也不能作出承诺。对失效的要约作出承诺，视为向要约人发出要约，不能产生承诺效力。如果超过了规定的期限作出承诺，则视为承诺迟到，或称为逾期承诺。一般而言，逾期的承诺被视为一项新的要约。

(3) 承诺的内容必须与要约的内容一致。承诺的内容与要约的内容一致是指受要约人必须同意要约的实质性内容，而不得对要约的内容作出实质性更改，否则，不构成承诺，应视为对原要约的拒绝并作出一项新的要约，或称为反要约。承诺可以更改要约的非实质性内容，如要约人未及时表示反对，则承诺有效。

(4) 承诺的方式符合要约的要求。受要约人必须将承诺的内容通知要约人，但受要约人应采取何种通知方式，应根据要约的要求确定。如果要约规定承诺必须以一定的方式作出，否则承诺无效，那么承诺人作出承诺时，必须符合要约人规定的承诺方式，在此情况下，承诺的方式成为承诺生效的特殊要件。如果要约没有特别规定承诺的方式，则不能将承诺的方式作为有效承诺的特殊要求。根据《民法典》第四百八十条的规定，承诺应当以通知的方式作出；但是，根据交易习惯或者要约表明可以通过行为作出承诺的除外。也就是说，如果根据交易习惯或者要约的内容并不禁止以行为承诺，则受要约人可通过一定的行为作出承诺。以行为作出承诺，绝不同于单纯的缄默或不行动。缄默或不行动都是指受要约人没有作任何意思表示，也不能确定其具有承诺的意思，因此不属于承诺。

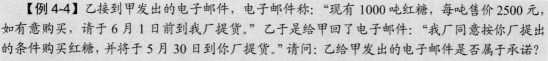

【例4-4】乙接到甲发出的电子邮件,电子邮件称:"现有1000吨红糖,每吨售价2500元,如有意购买,请于6月1日前到我厂提货。"乙于是给甲回了电子邮件:"我厂同意按你厂提出的条件购买红糖,并将于5月30日到你厂提货。"请问:乙给甲发出的电子邮件是否属于承诺?
【解析】乙给甲发出的电子邮件是承诺,因为乙完全同意了甲的要约内容。

2. 承诺生效的时间

以通知方式作出的承诺,生效的时间适用要约生效的时间的规定。承诺不需要通知的,根据交易习惯或者要约的要求作出承诺的行为时生效。

3. 承诺的法律效力

《民法典》第四百八十三条规定,承诺生效时合同成立,但是法律另有规定或者当事人另有约定的除外。

4. 承诺的撤回

承诺撤回是指承诺人在承诺发出之后、承诺生效前,通知要约人收回承诺,以取消承诺的意思表示。《民法典》第四百八十五条规定,承诺可以撤回。但撤回承诺的通知应当在承诺到达要约人前或者与承诺同时到达要约人。

承诺撤回是承诺人阻止承诺发生法律效力的一种行为,它是《民法典》规定的承诺消灭的唯一原因。撤回承诺应以通知的形式由承诺人向要约人发出,撤回通知应明确表明撤回承诺、不愿意成立合同的意思,否则不产生撤回承诺的效力。在承诺撤回通知的时间上,一般来说,撤回承诺的通知应当先于或同时于承诺到达要约人,才能发生防止承诺生效的效果。实践中,承诺撤回一般只适用于书面形式的承诺,对于口头形式的承诺,一经发出就到达要约人,根本就不存在撤回的时间可能。而对于电子数据方式的承诺,同样也不存在撤回的时间可能,因为承诺一经发出,对方的电子信箱就可以收到。

5. 承诺迟延

承诺迟延是指受要约人所作承诺未在承诺期限内到达要约人,包括以下两种情况。

(1) 逾期承诺,是指受要约人在承诺期限届满后发出承诺而使承诺迟延或者在承诺期限内发出承诺,按照通常情形不能及时到达要约人的承诺。逾期承诺不符合有效承诺的全部要件,不能发生承诺的法律效力。根据《民法典》第四百八十六条的规定,逾期承诺有两种效力:一是要约人及时通知承诺人,承认该承诺有效的,合同成立;二是如果要约人接到逾期承诺后未及时通知承诺人该承诺有效的,就只能作为一个新的要约,而不能认为是承诺。

(2) 承诺迟到,是指受要约人在承诺期限内发出承诺,但因其他原因而使承诺迟到。承诺迟到与逾期承诺不同,逾期承诺是在发出时就已超出承诺期限或者在承诺期限内发出承诺但按照通常情形不能及时到达要约人的承诺,而承诺迟到却是在承诺期限内发出,只是在到达要约人时超出承诺期限。《民法典》第四百八十七条规定,受要约人在承诺期限内发出承诺,按照通常情形能够及时到达要约人,但是因其他原因致使承诺到达要约人时超过承诺期限的,除要约人及时通知受要约人因承诺超过期限不接受该承诺外,该承诺有效。可见,在承诺迟到的情况下,要约人负有通知不接受承诺的义务,这必须具备三个要件:①承诺在要约确定的承诺期限内发出;②承诺非因受要约人原因在承诺期限内未到达要约人;③该承诺在承诺期限后到达要约人。要约人未及时通知受要约人承诺迟到并拒绝该承诺的,应认为承诺有效,承诺到达要约人之日合同成立。

6. 承诺的变更

承诺应当与要约内容一致,但严格要求承诺与要约完全一致,会在一定程度上限制合同的成立。为了鼓励交易,承诺可以在有限的程度上对要约内容进行变更而不影响承诺的效力。承诺对要约内容的变更有限制、有扩张,同时还包括形态变更、方法变更、内容变更。一般认为,承诺对要约的变更可分为实质性变更和非实质性变更两种。

(1) 实质性变更。实质变更要约的承诺实际上是受要约人对要约的否定,其实质为新要约,不产生成立合同的法律效力。要约的实质性内容应当是合同内容主要的部分。根据《民法典》第四百八十八条的规定,实质变更要约内容是有关合同标的、数量、质量、价款或者报酬、履行期限、履行地点和方式、违约责任和解决争议方法等要约内容的变更。就具体合同而言,影响当事人主要权利义务的并不仅仅是这八种情形,只要是实质性改变当事人权利义务的要约内容的变更,均应作为实质性变更。

(2) 非实质性变更。何谓非实质性变更,《民法典》对此没有具体规定,一般认为,是指《民法典》规定的八种实质性变更之外的承诺对要约内容的变更。非实质性变更要约内容的,除要约人表示反对或者表明承诺不得对要约作出任何变更的以外,该承诺有效,合同的内容以承诺的内容为准。

> 甲商场是一家主要经营电器的商场。2020 年 6 月 20 日,某电视机厂向甲商场发函称:愿以每台电视机 2400 元的价格卖给甲商场 300 台某型号的电视机。甲商场回函:要以每台 2100 元的价格买 200 台。电视机厂收到商场函后又发一函称:愿以每台 2200 元的价格卖给甲商场 200 台电视,且函到即发货。甲商场因对条件不满意,故未予理睬。6 月 30 日,该电视机厂将 200 台电视运至商场,商场拒绝接收。后该电视机厂到法院起诉甲商场。
> 请问:甲商场与某电视机厂是否存在买卖电视机的合同?为什么?

(三) 合同成立的时间和地点

1. 合同成立的时间

(1) 承诺生效时合同成立。这是大部分合同成立的时间标准,但法律另有规定或者当事人另有约定的除外。

(2) 当事人采用合同书形式订立合同的,自当事人均签名、盖章或者按指印时合同成立。在签名、盖章或者按指印之前,当事人一方已经履行主要义务,对方接受时,该合同成立。法律、行政法规规定或者当事人约定合同应当采用书面形式订立,当事人未采用书面形式但是一方已经履行主要义务,对方接受时,该合同成立。

(3) 当事人采用信件、数据电文等形式订立合同要求签订确认书的,签订确认书时合同成立。当事人一方通过互联网等信息网络发布的商品或者服务信息符合要约条件的,对方选择该商品或者服务并提交订单成功时合同成立,但是当事人另有约定的除外。

2. 合同成立的地点

由于合同订立方式的不同,合同成立地点的确定标准也不同:

(1) 承诺生效的地点为合同成立的地点,这是大部分合同成立的地点标准。

(2) 采用数据电文形式订立合同的,收件人的主营业地为合同成立的地点;没有主营业地的,其住所地为合同成立的地点。当事人另有约定的,按照其约定。

(3) 当事人采用合同书形式订立合同的,最后签名、盖章或者按指印的地点为合同成立的地点,但是当事人另有约定的除外。

【例4-5】甲公司与乙公司就一批货物的买卖进行磋商,甲公司在传真中表示,如达成协议则以最终签订售货确认书为准。乙公司在接到甲公司的最后一份传真时认为,双方已就该笔买卖的价格、期限等主要问题达成一致,遂向甲公司开出信用证,但甲公司以信用证上注明的价格条件不能接受为由拒绝发货。下列有关该案的表述中,符合法律规定的是( )。
A. 合同不成立,甲公司有权拒绝发货
B. 合同不成立,甲公司有权拒绝发货,但应补偿乙公司相应的损失
C. 买卖合同已成立,甲公司应履行合同
D. 买卖合同已成立,但因未发生实际损失,甲公司不承担法律责任
【解析】正确答案为 A。本题涉及在采用确认书的情况下合同的成立时间。《民法典》第四百九十一条规定,当事人采用信件、数据电文等形式订立合同要求签订确认书的,签订确认书时合同成立。

课堂讨论

2020年4月30日,甲以手机短信形式向乙发出购买一台笔记本电脑的要约,乙于当日回短信同意要约。但由于"五一"期间短信系统繁忙,甲于5月3日才收到乙的短信,并因个人原因于5月8日才阅读乙的短信,后于9日回复乙"短信收到"。
请问:甲、乙之间买卖合同于何时成立?

三、合同的内容与形式

(一) 合同的内容

1. 合同条款

合同的内容,就是合同当事人的权利与义务,具体体现为合同的各项条款。根据《民法典》规定,在不违反法律强制性规定的情况下,合同条款可以由当事人自由约定,但一般包括以下条款:①当事人的姓名或者名称和住所;②标的,即合同双方当事人权利义务所共同指向的对象;③数量;④质量;⑤价款或者报酬;⑥履行期限、地点和方式;⑦违约责任;⑧解决争议的方法。

知识拓展 4-4

房屋租赁合同
(参考范本)

2. 合同条款的解释

当事人对合同条款的理解有争议的,应当按照合同所使用的词句,结合相关条款、行为的性质和目的、习惯及诚信原则,确定争议条款的含义。合同文本采用两种以上文字订立并约定具有同等效力的,对各文本使用的词句推定具有相同含义。各文本使用的词句不一致的,应当根据合同的相关条款、性质、目的及诚信原则等予以解释。

3. 合同的法律适用

涉外合同的当事人可以协议选择合同适用的法律。当事人没有选择的,适用履行义务最能体现该合同特征的一方当事人经常居所地法律或者其他与该合同有最密切联系的法律。在中华人民共和国境内履行的中外合资经营企业合同、中外合作经营企业合同、中外合作勘探开发自然资源合同,适用中华人民共和国法律。

4. 格式条款

格式条款是指一方当事人为了与不特定多数人订立合同重复使用而单方预先拟定，并在订立合同时不允许对方协商变更的条款。格式条款的适用可以简化签约程序，加快交易速度，减少交易成本。因此并非格式条款就是不公平的。但是，由于格式条款是由一方当事人拟定，且在合同谈判中不容对方协商修改，条款内容难免有不公平之处。所以《民法典》对格式条款的效力及解释作了特别规定，以保证合同相对人的合法权益。

(1) 采用格式条款订立合同的，提供格式条款的一方应当遵循公平原则确定当事人之间的权利和义务，并采取合理的方式提示对方注意免除或者减轻其责任等与对方有重大利害关系的条款，按照对方的要求，对该条款予以说明。提供格式条款的一方未履行提示或者说明义务，致使对方没有注意或者理解与其有重大利害关系的条款的，对方可以主张该条款不成为合同的内容。

(2) 有下列情形之一的，该格式条款无效：①具有《民法典》规定的民事法律行为无效的情形；②具有《民法典》第五百零六条规定的免责条款无效的情形(造成对方人身损害的；因故意或者重大过失造成对方财产损失的)；③提供格式条款一方不合理地免除或者减轻其责任、加重对方责任、限制对方主要权利；④提供格式条款一方排除对方主要权利。

(3) 对格式条款的理解发生争议的，应当按照通常理解予以解释。对格式条款有两种以上解释的，应当作出不利于提供格式条款一方的解释。格式条款和非格式条款不一致的，应当采用非格式条款。

2020年4月28日，某商场推出多种促销措施来吸引人气，并在商场的正门口打出横幅标语："从5月1日起至6月30日止，凡在本商场购物实行买一送一。"杨女士经过商场，选购了净含量5升的"金龙鱼"牌玉米油一桶，心想自家用一桶，另一桶送给父母。谁知商场只送净含量400毫升的"金龙鱼"牌玉米油一瓶。杨女士要求商场送同样的玉米油一桶，商场认为，"买一送一"就是选送一件商品，至于送什么商品由商场决定。杨女士认为这是欺诈，第二天就到人民法院起诉，要求该商场送同样的玉米油一桶。

请问：假如你是法官，应当如何处理此案？

5. 免责条款

免责条款是指合同当事人在合同中规定的排除或限制一方当事人未来责任的条款。基于合同自由原则，对双方当事人自愿订立的免责条款，尤其是事后订立的免责条款，法律原则上不加干涉。但如事先约定的免责条款明显违反诚实信用原则及社会公共利益的，则法律规定其为无效。《民法典》第五百零六条规定，合同中的下列免责条款无效：①造成对方人身伤害的；②因故意或者重大过失造成对方财产损失的。

(二) 合同的形式

合同的形式，是指合同当事人意思表示一致的外在表现形式。当事人订立合同，可以采取书面形式、口头形式或者其他形式。合同形式对于固定证据、警告当事人郑重其事、区分磋商与缔约两个阶段均有重要意义。

1. 口头形式

口头形式是指当事人只用语言为意思表示订立合同，而不用文字表达协议内容的合同形式。口头形式的合同虽方便易行，但缺点是发生争议时难以举证确认责任。实践中，不能即时清结的合同和标的数额较大的合同，不宜采用这种形式。

2. 书面形式

根据《民法典》第四百六十九条的规定，书面形式是合同书、信件、电报、电传、传真等可以有形地表现所载内容的形式。以电子数据交换、电子邮件等方式能够有形地表现所载内容，并可以随时调取查用的数据电文，视为书面形式。

合同书，是指载有合同内容的文书。合同书必须由文字凭据组成，但并非一切文字凭据都是合同书的组成部分。成为合同书的文字凭据须符合以下要求：有某种文字凭据，当事人或其代理人在文字凭据上签字或盖章，文字凭据上载有合同权利义务。

书面形式的合同，需要双方当事人在合同文本上签字盖章。当事人若为自然人，签字或盖其名章均可。当事人若为法人，法定代表人签字即可，即使没有盖章，也受法律保护；其他人签字的，要么在合同文本上盖章，要么签字人向相对人出示法定代表人的授权委托书，否则，原则上法律不予保护。法人的章，要么是公章，要么是合同专用章。合同文本上，如果没有法定代表人的签名，仅仅盖有法人的分支机构(如某公司某项目经理部)的方章，合同不生效。

当事人采用合同书形式订立合同的，应当签字或盖章。当事人在合同书上摁手印的，人民法院应当认定其具有与签字或盖章同等的法律效力。

合同的书面形式也可以表现为信件，如不可撤销的保函、见索即付的保函、单方允诺的函件等。

合同的书面形式还可以表现为电报、电传、电子数据交换和电子邮件等数据电文。根据《中华人民共和国电子签名法》的规定，能够有形地表现所载内容，并可以随时调取查用的数据电文，视为符合法律、法规要求的书面形式。符合下列条件的数据电文，视为满足法律、法规规定的原件形式要求：①能够有效地表现所载内容并可供随时调取查用；②能够可靠地保证自最终形成时起，内容保持完整、未被更改。但是，在数据电文上增加背书及数据交换、储存和显示过程中发生的形式变化不影响数据电文的完整性。符合下列条件的数据电文，视为满足法律、法规规定的文件保存要求：①能够有效地表现所载内容并可供随时调取查用；②数据电文的格式与其生成、发送或者接收时的格式相同，或者格式不相同但是能够准确表现原来生成、发送或者接收的内容；③能够识别数据电文的发件人、收件人，以及发送、接收的时间。

3. 推定形式

当事人未以书面形式或者口头形式订立合同，但从双方从事的民事行为能够推定双方有订立合同意愿的，人民法院可以认定是以其他形式订立的合同，但法律另有规定的除外。学理上称此种情形为推定形式，例如某商店安装自动售货机，顾客将规定的货币投入机器内，买卖合同即成立。

实务拓展

合同条款法律风险的防范

法务实训

按照《民法典》的规定，指出下列合同内容的错误或缺陷。

购销合同

合同编号：(2020)百购字第 139 号

出卖人：乙市服装二厂

买受人：甲市第一百货公司

经双方协商，遵照《民法典》的有关规定，签订本合同，以共同遵守。

品名	品牌	规格	数量	单位	单价/元	金额/元
羽绒背心	牡丹	85、95厘米各半	2000	件	30	60 000

(一) 交货期限、地点：2020年度，供方仓库。

(二) 交货方式：需方自提，运费需要自付。

(三) 产品质量与验收方法：以封存样品为准；提货时抽样检查。

(四) 结算方式：付现金提货，货、款当面清洁。

需　　方： 单位名称(公章) 单位地址： 银行账号： 电　　话：	供　　方： 单位名称(公章) 单位地址： 银行账号： 电　　话：

【点评】 根据《民法典》关于合同的相关规定，分析如下。

(1) 开头部分的缺陷。①标题太笼统；②应在供、需双方名称的右面平行地加上合同号、签订地点、签订时间。

(2) 正文部分错误和缺陷。①标的规定负面的缺陷：羽绒背心的款式、颜色不明确。②质量规定负面的缺陷：虽然"以原封存样品为准"，但执行的是何种标准并不明确，包括羽绒成分的含量等未规定；羽绒背心的包装方式及包装材料也未规定。③价款规定负面的错误：单位之间大额结算必须采用银行转账结算，而不允许现金结算。因此，在结尾部分还应明确双方的开户银行。④履行期限、地点和方式方面的缺陷：履行期限为"2020年度"不明确；履行地点为"供方仓库"不具体；履行方式虽为"需方自提，运费需方自负"，但供方交货是一次性交货还是分期分批交货，如果是分期分批交货，那么分几批、每批又是多少件，货款又是如何结算，都须详细规定。⑤缺乏"违约责任""解决争议的方法"的条款规定。

(3) 结尾部分的缺陷。双方的"法定代表人"或"委托代理人"未列出；此外，除前面提到的要明确"开户银行"外，还应当明确双方的"邮政编码"及合同的"有限期限"。

四、缔约过失责任

(一) 缔约过失责任的概念和构成要件

缔约过失责任亦称缔约过错责任，是指当事人在订立合同过程中，缔约当事人一方因故意或者过失致使合同未成立，未生效、被撤销或无效，给他人造成信赖利益损失所应承担的民事责任。一般认为，缔约过失责任的构成要件为：

(1) 缔约过失责任只能发生在缔约阶段。缔约过失责任是违反先合同义务的责任。因此，它只能发生在合同的缔结阶段，而不能发生在合同成立后。缔约过失责任的起始点应当以要约生效时为准。

(2) 一方违反依诚实信用原则所应负的先合同义务。依诚实信用原则，当事人在缔约阶段具有先合同义

务。先合同义务既不是由当事人约定的，也不是当事人可以排除的，它是法律为维护交易安全和保护缔约当事人各方的利益，基于诚实信用原则而赋予当事人的法定注意义务，它的内容依不同情形，主要是告知、说明、协作、照顾、忠实、保密、保护等。

(3) 一方受有损失。虽有一方违反先合同义务的行为，但另一方未受有损失的，也不发生缔约过失责任。缔约过失责任中的损失主要是指另一方当事人因信赖合同的成立和有效而遭受的信赖利益损失，如订立合同的费用、准备履行的费用等，而不包括履行利益的损失。

(4) 一方故意或过失违反先合同义务与另一方的损失之间有因果关系。如果另一方虽受有损失，但此损失并非因一方故意或过失违反缔约中的先合同义务造成的，也不能发生缔约过失责任。

缔约过失责任作为一种违反先合同义务的行为，异于违约责任，两者在性质、发生时间、归责原则、承担责任的方式及赔偿范围等方面均存在区别，如表 4-2 所示。

知识拓展 4-5

缔约过失责任与违约责任的区别

表 4-2 缔约过失责任与违约责任的区别

区别	缔约过失责任	违约责任
性质	法定的损害赔偿责任，其目的是解决没有合同关系的情况下因一方的过错而造成另一方信赖利益损失的问题	由当事人自行约定，如当事人可以约定违约金、损失赔偿金的计算方法和数额等
适用的范围	合同未成立、合同未生效、合同无效等	生效合同
产生的时间	合同成立之前的合同缔结阶段	合同生效之后
具体责任形式	单一的损害赔偿责任	支付违约金、赔偿损失和实际履行等多种形式
赔偿范围	信赖利益的损失	可期待利益的损失
损失赔偿的限度	不得超过合同有效时相对人所可能得到的履行利益	不能超过违反合同的一方在订立合同时应当预见到的因违约所可能造成的损失

(二) 缔约过失的表现形式

根据《民法典》第五百条、第五百零一条的规定，当事人承担缔约过失责任的情形主要有以下四种。

(1) 假借订立合同，恶意进行磋商。如以订立合同为名，参观生产基地，或故意拖延谈判时间以争取更好的交易机会、条件等。

(2) 故意隐瞒与订立合同有关的重要事实或者提供虚假情况。如出具虚假资信证明，夸大自己的生产能力等。

(3) 泄露或者不正当使用在订立合同中知悉的对方的商业秘密或者其他应当保密的信息。在订立合同时，有时相互告知一些商业秘密或者其他应当保密的信息是达成合同所必需的。但无论合同是否成立，都不得泄露对方的秘密，否则，要基于缔约过失责任或者反不正当竞争法赔偿因此致对方的损失。

知识拓展 4-6

其他违背诚实信用原则的行为

(4) 其他违背诚实信用原则的行为。实践中，主要包括一方未尽通知、协助等义务，增加了对方的缔约成本而造成财产损失；一方未尽告知义务，而使对方遭受损失；一方未尽照顾、保护义务，造成对方人身或财产损害等。

（三）缔约过失责任的责任范围

缔约过失责任通常以合同未成立或无效为前提，其主要是为了保护相对人的信赖利益。因此，缔约过失责任的赔偿对象，仅限于受害人信赖利益(而非履行利益)损失，而不包括因合同的成立和生效所获得的各种利益未能获得的损失。一般情况下，其具体范围主要包括以下三项内容。

(1) 缔约费用。即当事人为签订合同而支付的差旅费、邮寄费等必要费用。

(2) 准备履约所支付的费用。其包括车辆租赁费、货款利息，以及为履约已经支付的其他一切必要费用。

(3) 返还费用。如合同已经履行，因无效后不仅应当返还财产，而且仍需支付相应的费用。

此外，因一方的缔约过失可能使对方丧失了与第三人另订合同的机会，丧失了可能获得的利益，此为间接损失，通常不应赔偿。

但在某些特定情况下，信赖利益损失除包括所受损失外，还包括所失利益，即因缔约过失而导致的缔约机会的损失。但对于信赖利益中所失利益的赔偿，必须限定在该利益是在可预见的范围内，且该损失与缔约过失之间有相当的因果关系。此外，对于信赖利益的赔偿应以不超过履行利益为限。

课堂讨论

> 甲公司与乙工厂洽商成立一家新公司，双方草签了合同，甲公司要将合同带回本部加盖公章。临行前，甲公司法定代表人提出，乙工厂须先征用土地并培训工人后甲公司方能在合同上盖章。乙工厂出资1000万元征用土地并培训工人，在征地和培训工人将近完成时，甲公司提出因市场行情变化，无力出资设立新公司，请求终止与乙工厂的合作。乙工厂遂起诉到人民法院。
>
> 请问：该案应如何处理？

第三节 合同的效力

依法成立的合同，自成立时生效，但是法律另有规定或者当事人另有约定的除外。合同效力是指法律赋予依法成立的合同具有拘束当事人各方乃至第三人的强制力，即通常所说的合同的法律效力。有效的合同对当事人具有法律约束力，法律予以保护，无效合同不具有法律约束力。它主要表明国家运用特定的法律价值标准对当事人之间一致的意思表示的评判。在不同的国家、同一国家的不同时期，合同效力的评判标准和类型通常不同。根据《民法典》的规定，合同的效力主要有四种类型，即有效合同、无效合同、可撤销合同，以及效力待定合同，具体如表4-3所示。

表 4-3 合同效力的类型

	有效的合同	无效合同	可撤销合同	效力待定合同
具备的条件	行为人具有相应的民事行为能力	无民事行为能力人订立的合同	因欺诈而订立的合同	限制民事行为能力人依法不能独立订立的合同
	意思表示真实	行为人与相对人以虚假的意思表示订立的合同		
	不违反法律、行政法规的强制性规定,不违背公序良俗	行为人与相对人恶意串通,损害他人合法权益的合同	因胁迫而订立的合同	表见代理以外的欠缺代理权(含无权代理、自己代理和双方代理)而代理订立的合同
	合同须具备法律所要求的形式	违反法律、行政法规的强制性规定的合同	因重大误解订立的合同	
		违背公序良俗的合同	在订立合同时显失公平的	
法律后果	有效的合同对当事人具有法律效力,能产生当事人预期的法律后果,当事人违约应承担违约责任	自始无法律约束力。合同被确认无效之后,将产生返还财产和赔偿损失的后果	被撤销之前,合同有效;被撤销之后,合同自始无法律约束力,将产生返还财产和赔偿损失的后果	合同已成立,但是否发生效力尚未确定,有待于其他行为或事实使之确定

合同效力主要表明国家运用特定的法律价值标准对当事人之间一致的意思表示的评判。在不同的国家、同一国家的不同时期,合同效力的评判标准和类型通常不同。因此,合同的效力异于合同的成立。

一、有效的合同

有效的合同是指具备法定条件,受到国家承认和保护的、具备法律效力的合同。合同有效的要件是判断合同是否发生法律效力的标准。在我国,一般认为,具备以下要件合同方可有效。

知识拓展 4-7

合同成立与合同效力的关联

1. 合同生效的一般要件

(1) 当事人缔约时具有相应的民事行为能力。即作为合同主体的当事人必须具有订立合同的权利能力和行为能力。

(2) 意思表示真实。即表意人的表示行为应当真实反映其内心的效果意思。其中,表示行为是表意人将其效果意思表达于外部的行为,效果意思是表意人内心所想要发生一定效果的意思。

(3) 不违反法律或社会公共利益。即合同内容不违反法律、行政法规的强制性规定和社会公共利益。对于表面上虽不违反法律、行政法规,但实质上损害了社会公共利益的合同,都可以适用这个规定而认定它无效。

2. 合同生效的特殊要件

法律、行政法规规定合同应当办理批准手续,或者办理批准、登记等手续才生效,在一审法庭辩论终结前当事人仍未办理批准手续的,或者仍未办理批准、登记等手续的,人民法院应当认定该合同未生效;法律、行政法规规定合同应当办理登记手续,但未规定登记后生效的,当事人未办理登记手续不影响合同的效力,合同标的物所有权及其他物权不能转移。

当事人对合同的效力可以约定附条件。附生效条件的合同,自条件成就时生效。附解除条件的合同,自条件成就时失效。当事人为自己的利益不正当地阻止条件成就的,视为条件已成就;不正当地促成条件成就的,视为条件不成就。实践中,并不是合同中约定的任何条件都是附条件合同中的"条件"。具体来说,以下情形并不属于附条件合同中的"条件":①既成条件,即已经发生的事实;②将来确定发生的事实;③将来确定不能发生的事实;④违法或严重不当的事实。

当事人对合同的效力可以约定附期限。附生效期限的合同,自期限届至时生效。附终止期限的合同,自期限届满时失效。期限应当是将来事实、确定发生的事实及合法事实,因此,已经发生的事实、不可能发生的事实及不合法的事实都不能作为期限。

二、无效合同

无效合同是指欠缺合同的生效要件,虽已成立,却不能依当事人意思发生法律效力的合同。无效合同自合同成立时起就不具有法律效力。

1. 合同无效的原因

根据《民法典》第一百四十四条、第一百四十六条、第一百五十三条、第一百五十四条的规定,无效合同的原因主要有:①无民事行为能力人订立的合同;②行为人与相对人以虚假的意思表示订立的合同;③行为人与相对人恶意串通,损害他人合法权益的合同;④违反法律、行政法规的强制性规定的合同;⑤违背公序良俗的合同。

相关具体表述请参见本书第一章第二节"与经济法相关的基础知识"中"无效的民事法律行为"部分的阐述,此处不赘。

2. 无效合同的确认

无效合同的确认权依法由人民法院和仲裁机构行使。合同被确认无效后,视为自始没有法律效力;如果合同部分无效且不影响其他条款效力的,其他部分仍然有效。所谓部分无效的合同是指由于其部分条款违反法律规定或者损害他人利益,但并不影响合同的本质而成立的合同。通常,下列合同属于部分无效合同:①约定了免除或限制当事人因故意或重大过失而应承担责任的条款的合同。例如,当事人约定,对于任何原因造成的合同不能履行,当事人只承担赔偿责任,不承担其他责任。这样的约定是违法的,因为有关人员如果玩忽职守给国家造成损失的,除应承担民事赔偿责任外,还应根据情况追究行政责任甚至刑事责任。所以,当事人在合同中约定这样的条款是无效的,但这并不影响其他条款的有效性。②约定了免除或者限制人身伤害责任条款的合同。例如,在劳动合同中类似"工伤事故概不负责"的约定是无效的。③约定了违法的违约责任或解决争议的方式。④约定了免除或限制法律禁止免除或限制的责任条款的合同。

合同一旦被确认无效,将产生相应的法律后果。具体请参见第一章第二节"与经济法相关的基础知识"中"无效的民事法律行为"相应部分的阐述。此处不赘。

实践中,关于格式条款及免责条款的效力前已述及,详见本章第二节中的"合同的内容与形式"的相关表述。

【例4-6】甲与乙约定,由甲向乙提供1只"五四"式手枪,价格3500元,乙于10天后到甲住所提货,货款当面交清。请问:甲、乙双方的约定是否有效?

【解析】甲、乙双方的约定是无效合同。合同的内容违反了《中华人民共和国刑法》(以下简称《刑法》)的规定。

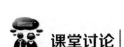

甲为一乘客(老烟民,熟知烟的价格),乙为一小贩。乙在火车车厢叫卖:"红塔山香烟,10元钱一条"。甲欣然买之。经查,该烟为假烟。
请问:甲乙之间的行为性质应如何认定?

三、可撤销合同

1. 可撤销合同的概念及特点

可撤销合同是指合同成立后,因意思表示不真实,可由当事人行使撤销权使其归于无效的合同。其主要特点是:①订立合同时存在意思表示不真实的情况;②在被撤销前,合同(已成立,但因意思表示不真实而不能当然生效)在外观上是符合生效要件的,且无关社会公共利益、国家利益及第三人利益,如果当事人无异议,则视为有效合同,可正常履行;③意思表示不真实的一方对合同享有撤销权,其他任何人不能主张撤销合同,法院或仲裁机构也不能主动干预、确认合同无效;④此种合同被撤销的,合同从订立时起即丧失法律效力。

显然,可撤销合同在被撤销前视为已经生效。在被撤销以前,其法律效果可以对抗除撤销权人以外的任何人。

2. 可撤销合同的发生原因

根据《民法典》的规定,导致合同可撤销的原因有:①重大误解;②订立合同时显失公平的;③以欺诈的手段订立合同;④以胁迫的手段订立合同。

此部分的表述请参见第一章第二节"与经济法相关的基础知识"中"可撤销的民事法律行为"部分的阐述,此处不赘。

【例4-7】甲的儿子不慎失足落水,甲因不会游泳遂向不远处的乙呼救。乙乘机提出:可以帮忙救甲的儿子,但甲必须支付给乙8万元钱,并给乙的女儿安排工作。甲为了救儿子,不得不先答应了乙的条件。请问:甲、乙之间的约定属于什么性质的合同?
【解析】甲、乙之间的约定属于可撤销合同,因为这是乙乘甲处于紧急危难中,迫切需要救助时,使甲在违背真实意思的情况下订立的合同。

3. 撤销权的行使

对于可撤销的合同,当事人请求变更的,人民法院或仲裁机构不得撤销。关于可撤销合同中撤销权的行使及可撤销合同被撤销的后果,请参见第一章第二节"与经济法相关的基础知识"中"可撤销的民事法律行为"部分的阐述。此处不赘。

四、效力待定合同

1. 效力待定合同概述

效力待定的合同是指合同成立之后,是否能够发生当事人预期的法律效力尚不能确定,有待于其他行为或事实使之确定的合同。因欠缺足以导致合同无效或可撤销的要件,这类合同的有效抑或无效取决于第三人意思表示辅助或特定事实要件的成就,因而称为效力待定的合同。

效力待定的合同欠缺有效要件,自身具有瑕疵,有权人不通过追认消除该瑕疵,合同就确效力待定的合同欠缺有效要件，自身具有瑕疵，有权人不通过追认消除该瑕疵，合同就确定地归于无效。法律之所以允许有权人通过追认消除该瑕疵以使合同有效是基于保护当事人的合法权益和鼓励交易的考量。有权人的追认是指明确表示同意效力待定的合同，它是一种单方的意思表示，一般以明示方式作出，无须相对人的同意即可发生法律效力。有权人的追认须是无条件的，是对合同全部条款的承认。如果仅是对部分条款的承认，须相对人同意方可使该部分有效。

2. 效力待定合同的发生原因

效力待定合同包括限制民事行为能力人依法不能独立订立的合同、无权代理人以被代理人名义订立的合同、自己代理和双方代理所签订的合同等。具体表述请参见"第一章第二节与经济法相关的基础知识"中"效力待定的民事法律行为"部分的阐述。此处不赘。

需要说明的是，在债务承担行为中，债务人与第三人达成的由第三人承担债务人债务的合同也属于效力待定的合同。因为第三人的信用及履行债务的能力对债权人利益攸关，所以要使债务承担行为对债权人有效，发生债务转由第三人承担的效力，就必须经债权人同意。

尤其需要说明的是，依据《民法典》第五百九十七条规定，因出卖人未取得处分权致使标的物所有权不能转移的，买受人可以解除合同并请求出卖人承担违约责任。法律、行政法规禁止或者限制转让的标的物，依照其规定。基于此，无权处分的事实不妨碍无权处分人签订的合同的效力，但其将影响该合同的履行，只要权利人对无权处分不予追认且行为人事后不能取得处分权，则无权处分人订立的合同在法律上陷入履行不能，若受让人尚未取得动产之占有或不动产之登记，不得诉请动产交付或不动产登记；即使受让人已经取得动产之占有或不动产之登记，动产或不动产的权利也不会发生变动，受让人仍不能取得其期待的权利。不过，无权处分人因未取得所有权或者处分权致使标的物权利不能转移的，受让人可请求无权处分人承担违约责任或者请求解除合同。

3. 效力待定合同的追认

(1) 追认权的性质。追认权是权利人事后确定合同效力的一种形成权。追认权人对需要追认的合同既可以追认，也可以拒绝追认。追认权人追认或拒绝追认的意思表示从到达相对人时发生效力，无须相对人承诺，其作用在于补正相关行为所欠缺的生效要件。一般而言，无权代理的追认权人是被代理人(本人)；债务承担的追认权人是债权人；行为能力欠缺者实施的超越其行为能力范围的行为的追认权人是法定代理人，行为能力欠缺者取得完全民事行为能力后，对其过去实施的效力待定的民事行为也享有追认权。

(2) 追认权的行使。一方面，追认权人追认或拒绝追认的意思表示应向效力待定的相对人为之，向无权代理人、债务人、行为能力欠缺者所为追认或拒绝追认的意思表示，不发生效力。另一方面，追认权人追认的意思表示必须在法定的催告期内以明示的方式向相对人作出，过期不为追认的意思表示，视为拒绝追认。

(3) 追认与拒绝追认的法律效果。效力待定的民事行为经追认后，自始确定地发生效力，被拒绝追认后，自始确定地不发生效力。

4. 相对人的催告权与撤销权

关于相对人的催告权。效力待定合同的相对人在得知其与对方签订的合同存在效力待定的事由后，可以将此事实告知追认权人，并敦促追认权人在一定期间内答复是否追认。经相对人催告后，追认权人应于相对人依法确定的期限内答复是否追认，不予答复的，视为拒绝追认。《民法典》规定相对人催告追认权人的追认期限为30日。

关于相对人的撤销权。效力待定的合同被追认前，善意相对人有撤销的权利，撤销应当以通知的方式作出。相对人撤销其意思表示的意思，可以向追认权人表示，也可以向对方行为人即无权代理人、债务移转人、行为能力欠缺者表示，相对人撤销其意思表示后，效力待定合同相当于未成立，因此也就不发生效力。相对人撤销权受两个方面的限制：①相对人仅于追认权人追认前享有撤销权，效力待定行为经追认后已经确定地发生效力，不能再撤销；②相对人须为善意，如在进行行为时就知道对方行为能力方面有缺陷，则不享有撤销权；③相对人撤销的意思表示应当用通知的方式作出，任何默示的方式都不构成撤销。

知识拓展 4-8

企业表见代理行为的风险及防范

【例 4-8】甲委托乙购买 150 台电视机，但是，乙未经甲同意，擅自与丙签订了购买 250 台电视机的合同。请问：乙与丙签订的合同属于什么性质的合同？

【解析】乙与丙签订的购买 250 台电视机的合同属于超越代理权以被代理人(甲)的名义订立的效力待定合同，如果甲在 30 日之内未予以追认，则该合同的效力不及于甲，并且善意相对人丙有权撤销该合同。

课堂讨论

甲公司业务员刘宾未经公司同意，利用盖有公司公章的空白合同书与不知情的乙公司订立了一份买卖钢材的合同。乙公司按合同约定向甲公司交付钢材后，未得到价款。

请问：乙公司的债务应由谁承担？

第四节 合同的履行

合同履行是指合同生效后，双方当事人按照合同规定的各项条款或者法律的规定，完成各自承担的义务和实现各自的权利，使双方当事人的合同目的得以实现的行为。合同的履行是生效合同所必然发生的法律行为，是实现合同利益的根本措施，也是合同关系消灭的正常原因，因此合同的履行是整个合同法律制度的核心内容。

一、合同履行的原则

(一) 合同履行的一般原则

1. 全面履行原则

当事人应当按照约定全面履行自己的义务。全面履行原则又叫适当履行原则或正确履行原则，是指合同当事人应在适当的时间，适当的地点，以适当的方式，按照合同中约定的数量和质量履行合同中约定的义务。这项原则包括三个方面的具体内容：一是履行主体适当，即当事人一般应亲自履行合同，不能由第三人代为履行，但当事人另有约定的除外。合同生效后，当事人不得因姓名、名称的变更或者法定代表人、负责人、承办人的变动而不履行合同义务。二是标的适当，即当事人交付的标的物、提供的工作成果、提供的劳动应符合合同约定或交易惯例。三是履行方式和地点适当，即当事人应按合同约定的数量、质量、品种等全面履行。

2. 诚实信用原则

当事人应当遵循诚信原则，根据合同的性质、目的和交易习惯履行通知、协助、保密等义务。诚实信用原则是指合同当事人应根据诚实信用原则，履行合同约定之外的附随义务。附随义务是基于诚实信用原则而产生的一项合同义务，虽然当事人在合同中可能没有约定此义务，但任何合同的当事人在履行时都必须遵守。《民法典》规定的附随义务包括：①通知义务；②协助义务；③保密义务；④提供必要的条件；⑤防止损失扩大。

3. 绿色原则

绿色原则是指当事人在履行合同过程中，应当避免浪费资源、污染环境和破坏生态。

4. 情事变更原则

根据《民法典》第五百三十三条的规定，情事变更原则是指在合同成立以后，合同的基础条件发生了当事人在订立合同时无法预见的、不属于商业风险的重大变化，继续履行合同对于当事人一方明显不公平的，受不利影响的当事人可以与对方重新协商；在合理期限内协商不成的，当事人可以请求人民法院或者仲裁机构变更或者解除合同。这项原则是诚实信用原则在合同履行中的应用。适用情事变更原则应符合以下几个条件：

(1) 具有情事变更的客观事实。情事泛指作为法律行为成立基础或环境的一切客观事实；变更是指情事在客观上发生了重大异常变动。而情事变更不仅包括交易和经济情况的变化，也包括非经济事实的变化。

(2) 情事变更发生在合同成立生效以后，履行完毕以前。

(3) 情事变更非当事人所能预见，不属于商业风险。

(4) 情事变更不可归责于双方当事人。即双方当事人对于情事变更没有过错，而不可归责于当事人的事由可分为不可抗力、意外事件和其他事件三种。

(5) 因情事变更而使原合同的履行显失公平。情事变更发生后通常造成当事人之间的利益失衡，如果继续履行合同，就会对当事人明显有失公平，违反了诚实信用原则和公平原则。

从效力上看，情事变更原则主要体现在以下两个方面：①变更合同，从而使原合同在公平基础上得以履行；②解除合同，彻底消除显失公平现象。

(二) 合同内容约定不明确时的履行原则

合同生效后，当事人就质量、价款或者报酬、履行地点等内容没有约定或者约定不明确的，可以协议补充；不能达成补充协议的，按照合同相关条款或者交易习惯确定。当事人就有关合同内容约定不明确，依据前述规定仍不能确定的，适用下列规定：

(1) 质量要求不明确的，按照强制性国家标准履行；没有强制性国家标准的，按照推荐性国家标准履行；没有推荐性国家标准的，按照行业标准履行；没有国家标准、行业标准的，按照通常标准或者符合合同目的的特定标准履行。

(2) 价款或者报酬不明确的，按照订立合同时履行地的市场价格履行；依法应当执行政府定价或者政府指导价的，依照规定履行。

(3) 履行地点不明确，给付货币的，在接受货币一方所在地履行；交付不动产的，在不动产所在地履行；其他标的，在履行义务一方所在地履行。

(4) 履行期限不明确的，债务人可以随时履行，债权人也可以随时请求履行，但是应当给对方必要的准备时间。

(5) 履行方式不明确的，按照有利于实现合同目的的方式履行。

(6) 履行费用的负担不明确的，由履行义务一方负担；因债权人原因增加的履行费用，由债权人负担。

第四章 合同法律制度

(三) 电子合同的履行原则

根据《民法典》第五百一十二条的规定,通过互联网等信息网络订立的电子合同履行时应遵循以下原则:

(1) 电子合同的标的为交付商品并采用快递物流方式交付的,收货人的签收时间为交付时间。电子合同的标的为提供服务的,生成的电子凭证或者实物凭证中载明的时间为提供服务时间;前述凭证没有载明时间或者载明时间与实际提供服务时间不一致的,以实际提供服务的时间为准。

(2) 电子合同的标的物为采用在线传输方式交付的,合同标的物进入对方当事人指定的特定系统且能够检索识别的时间为交付时间。

(3) 电子合同当事人对交付商品或者提供服务的方式、时间另有约定的,按照其约定。

(四) 执行政府定价或指导价合同的履行原则

根据《民法典》第五百一十三条的规定,执行政府定价或者政府指导价的,在合同约定的交付期限内政府价格调整时,按照交付时的价格计价。逾期交付标的物的,遇价格上涨时,按照原价格执行;价格下降时,按照新价格执行。逾期提取标的物或者逾期付款的,遇价格上涨时,按照新价格执行;价格下降时,按照原价格执行。

(五) 向第三人履行和由第三人履行

根据《民法典》第五百二十二条、第五百二十三条、第五百二十四条的规定,应遵循以下原则:

(1) 当事人约定由债务人向第三人履行债务,债务人未向第三人履行债务或者履行债务不符合约定的,应当向债权人承担违约责任。

(2) 法律规定或者当事人约定第三人可以直接请求债务人向其履行债务,第三人未在合理期限内明确拒绝,债务人未向第三人履行债务或者履行债务不符合约定的,第三人可以请求债务人承担违约责任;债务人对债权人的抗辩,可以向第三人主张。

(3) 当事人约定由第三人向债权人履行债务,第三人不履行债务或者履行债务不符合约定的,债务人应当向债权人承担违约责任。

(4) 债务人不履行债务,第三人对履行该债务具有合法利益的,第三人有权向债权人代为履行;但是,根据债务性质、按照当事人约定或者依照法律规定只能由债务人履行的除外。债权人接受第三人履行后,其对债务人的债权转让给第三人,但是债务人和第三人另有约定的除外。

【例4-9】甲、乙签订了一份合同,约定由丙向甲履行债务,但丙履行债务的行为不符合合同的约定,下列有关甲请求承担违约责任的表述中,正确的是(   )。
A. 请求丙承担   B. 请求乙承担
C. 请求丙和乙共同承担   D. 请求丙或乙承担
【解析】正确答案为 B。本题涉及第三人代为履行合同的责任承担。《民法典》第五百二十三条规定,当事人约定由第三人向债权人履行债务的,第三人不履行债务或者履行债务不符合约定的,债务人应当向债权人承担违约责任。

(六) 债务人提前履行债务或部分履行债务的处理原则

债权人可以拒绝债务人提前履行债务,但是提前履行不损害债权人利益的除外。债务人提前履行债务给债权人增加的费用,由债务人负担。债权人可以拒绝债务人部分履行债务,但是部分履行不损害债权人利益的除外。债务人部分履行债务给债权人增加的费用,由债务人负担。

二、双务合同履行中的抗辩权

所谓抗辩权,是指债务人根据法定事由对抗或拒绝债权人的请求权的权利,又称异议权。双务合同履行中的抗辩权,是指双务合同的一方当事人在法定条件下对抗另一方当事人的请求权,拒绝履行债务的权利,主要包括同时履行抗辩权、先履行抗辩权和不安抗辩权,如表4-4所示。

表4-4 双务合同履行中的抗辩权类型

	同时履行抗辩权	先履行抗辩权	不安抗辩权
适用条件	因同一双务合同互负债务	因同一双务合同互负债务	因同一双务合同互负债务
	双方所负的债务之间具有牵连性	由一方当事人先为履行	由一方当事人先为履行
	双方互负的债务均已届清偿期		
	对方未履行或未适当履行债务	先履行的一方不履行或不适当履行合同债务	先履行的一方有确切的证据证明另一方不能或不会作出对待履行
	对方的对待履行是可能履行的		
效力	延期的抗辩权;不具有消灭对方请求权的效力,而仅产生使对方请求权延期的效果	延期的抗辩权;随时阻止对方当事人请求权的行使	暂时中止合同的履行

当事人可以根据对方违约的不同情形,选择适用不同的抗辩权,以维护自己的合法权益。

(一) 同时履行抗辩权

同时履行抗辩权是指双务合同的一方当事人在对方不履行合同义务或履行不符合约定时,依法对抗对方要求或否认对方权利主张的权利。

《民法典》第五百二十五条规定,当事人互负债务,没有先后履行顺序的,应当同时履行。一方在对方履行之前有权拒绝其履行请求。一方在对方履行债务不符合约定时,有权拒绝其相应的履行请求。

(二) 先履行抗辩权

先履行抗辩权又称顺序履行抗辩权,是指在双务合同中,约定有先后履行顺序的,负有先履行义务的一方当事人未依照合同约定履行债务,后履行义务的一方当事人可以依据对方的不履行行为,拒绝对方当事人请求履行的抗辩权。《民法典》第五百二十六条规定,当事人互负债务,有先后履行顺序时,先履行一方未履行的,后履行一方有权拒绝其履行请求。先履行一方履行债务不符合约定的,后履行一方有权拒绝其相应的履行请求。

(三) 不安抗辩权

不安抗辩权又叫保证履行抗辩权,是指当事人互负债务,有先后履行顺序的,先履行的一方当事人有确切证据证明另一方当事人丧失履行债务能力时,有中止合同履行的权利。《民法典》第五百二十七条规定,应当先履行债务的当事人,有确切证据证明对方有下列情形之一的,可以中止履行:①经营状况严重恶化;②转移财产、抽逃资金,以逃避债务;③丧失商业信誉;④有丧失或者可能丧失履行债务能力的其他情形。

主张不安抗辩权的当事人如果没有确切证据中止履行的,应当承担违约责任。

当事人依法行使不安抗辩权中止履行的,应当及时通知对方。对方提供适当担保的,应当恢复履行。中止履行后,对方在合理期限内未恢复履行能力且未提供适当担保的,视为以自己的行为表明不履行主要债务,中止履行的一方可以解除合同并可以请求对方承担违约责任。

【例4-10】甲、乙签订了一份买卖合同,双方约定由甲向乙提供一批生产用原材料,总货款为500万元,甲最晚于7月底前供货,货到付款。6月份甲从报纸上得知:乙为逃避债务私自转移财产,被法院依法查封扣押了财产。于是甲通知乙,在乙付款或提供担保前中止履行合同。请问:甲行使的是什么权利?

【解析】甲行使的是不安抗辩权。根据合同法律制度规定,先履行的一方有确切证据证明另一方丧失履行债务能力时,在对方没有履行或者没有提供担保之前,有权中止合同的履行,即有权行使不安抗辩权。本案中甲明确得知乙丧失了履行能力,于是依法行使了不安抗辩权。

三、合同履行过程中的保全措施

合同的保全是合同的一般担保,是指为了保护一般债权人不因债务人的财产不当减少而受损害,允许债权人干预债务人处分自己财产行为的法律制度。合同保全主要有代位权与撤销权。其中代位权是针对债务人消极不行使自己债权的行为,撤销权则是针对债务人积极侵害债权人债权实现的行为。两者或者为了实现债务人的财产权利,或者是恢复债务人的责任财产,从而确保债权人债权的实现。

(一)代位权

代位权是指因债务人怠于行使其债权或者与该债权有关的从权利,影响债权人的到期债权实现的,债权人可以向人民法院请求以自己的名义代位行使债务人对相对人的权利。

1. 代位权行使的条件

债权人提起代位权诉讼,应符合下列条件:①债权人对债务人的债权合法并且是非专属于债务人自身的债权。专属于债务人自身的债权,是指基于扶养关系、抚养关系、赡养关系、继承关系产生的给付请求权和劳动报酬、退休金、养老金、抚恤金、安置费、人寿保险、人身伤害赔偿请求权等权利。②债务人怠于行使其到期债权或者与该债权有关的从权利且给债权人造成损害。债务人怠于行使其到期债权或者与该债权有关的从权利并对债权人造成损害的,是指债务人不履行其对债权人的到期债务,又不以诉讼方式或者仲裁方式向其债务人主张其享有的具有金钱给付内容的到期债权,致使债权人的到期债权未能实现。可见,债务人只有以诉讼或仲裁的方式向次债务人主张权利,才不构成"怠于行使",而仅仅以私力救济方式主张权利,如直接向次债务人或其代理人主张权利,甚至包括向民间调解委员会或行政机关请求处理,都属于"怠于行使"。实践中,只要债务人未履行对债权人的债务,债权人的债权未能实现,就可视为债权人的债权受到了损害。③债务人的债权已到期。只有债务人的债权已到期,债权人才能代债务人行使代位权,否则就会侵害次债务人的合法权益。

2. 代位权诉讼中的主体及司法管辖

在代位权诉讼中,债权人是原告,次债务人是被告,债务人为第三人。债权人行使代位权的必要费用由债务人负担。代位权诉讼由被告住所地人民法院管辖。

3. 代位权行使的法律后果

债权人向次债务人提起代位权诉讼经人民法院审理后认定代位权成立的，由次债务人向债权人履行清偿义务，即债权人对代位权行使的结果有优先受偿权。债权人行使代位权的请求数额超过债务人所负债务额或者超过次债务人对债务人所负债务额的，对超出部分人民法院不予支持。在代位权诉讼中，次债务人对债务人的抗辩权可以向债权人主张。

> 【例4-11】在甲、乙签订的合同中，甲为债权人，乙为债务人，甲对乙的债权为100万元。乙又是丙的债权人，债权为200万元，乙因怠于行使其对丙的到期债权，致使甲的到期债权得不到清偿。请问：甲是否可以行使代位权？如何行使？数额是多少？如果甲对乙的债权为200万元，乙对丙的债权为100万元，甲行使代位权的数额是多少？
>
> 【解析】甲可以行使代位权。甲可以向人民法院请求以自己的名义代位行使乙对丙的债权，甲请求的数额应该以其所保全的债权为限，即只能请求丙向其清偿100万元。
>
> 如果甲对乙的债权为200万元，乙对丙的债权为100万元，则甲请求的数额应以乙对丙的债权数额为限，即只能请求丙向其清偿100万元。

（二）撤销权

撤销权又叫废罢诉权，是指债务人实施了减少财产行为并危及债权人债权实现时，债权人为保障自己的债权请求人民法院撤销债务人处分行为的权利。撤销权是一种法定权利，不需要当事人进行约定。但撤销权是附随于债权的权利，债权转让时它当然随之转让，债权消灭时它也归于消灭。

1. 撤销权行使的条件

债权人行使撤销权，应当具备以下条件。

(1) 债权人对债务人存在有效的债权。撤销权中债权人的债权不一定到期，债权人在任何时候发现债务人实施了可以被撤销的行为，都可以请求撤销。

(2) 债务人实施了一定的处分财产的行为。《民法典》第五百三十八条、第五百三十九将可以撤销的债务人处分财产的行为限定在以下范围：①以放弃债权、放弃债权担保、无偿转让财产等方式无偿处分财产权益，或者恶意延长其到期债权的履行期限，

影响债权人的债权实现的；②以明显不合理的低价转让财产、以明显不合理的高价受让他人财产或者为他人的债务提供担保，影响债权人的债权实现，债务人的相对人知道或者应当知道该情形的。其中第二种处分行为不但要求有客观上对债权人造成损害的事实，还要求有受让人知道的主观要件。

这里应注意：①能够成为撤销权标的的一般只能是法律上的处分行为，并且是有效的民事法律行为，如果是事实上的处分行为或无效的民事法律行为，就不适用撤销权；②撤销权的标的行为，一般仅限于债务人的债权行为。

(3) 债务人的处分行为有害于债权人债权的实现。这是撤销权构成的一个重要判断标准。否则，即使债务人实施减少其财产的处分行为，但其资力雄厚，足以清偿全部债务，债权人就不能行使撤销权。债务人的行为是否有害于债权，可从以下两方面判断：①损害的具体状态。

这种损害，不但包括实际造成损害而且包括可能造成损害。②损害的判断标准。只有在债务人的处分行为损害到其履行债务的能力时，才会导致对债权人的损害。根据"谁主张、谁举证"的原则，债权人撤销权构成要件的存在应由债权人举证，但为了便于债权人举证，以支付不能作为认定标准比较可取。

(4) 债权人行使撤销权应以其债权为限。只要行使撤销权的结果能够使债权人的债权得以保全，使债权人的债权完全实现，债权人就不能再对债务人其他处分财产的行为行使撤销权。

(5) 撤销权应在法定期间内行使。《民法典》第五百四十一条规定，撤销权自债权人知道或者应当知道撤销事由之日起 1 年内行使。自债务人的行为发生之日起 5 年内没有行使撤销权的，该撤销权消灭。此处的"5 年"，属于除斥期间的规定，不适用时效的中止、中断、延长的规定。

当债务人的处分行为符合上述条件时，债权人可以请求人民法院撤销债务人的处分行为。撤销权的行使范围以债权人的债权为限。

2. 撤销权诉讼中的主体与管辖

撤销权必须通过诉讼程序行使。在诉讼中，债权人为原告，债务人为被告，受益人或受让人为第三人。撤销权诉讼由被告住所地人民法院管辖。债权人行使撤销权所支付的律师代理费、差旅费等必要费用，由债务人负担；第三人有过错的，应当适当分担。

3. 撤销权行使的法律后果

债权人向人民法院主张撤销权胜诉的，债务人的处分行为即归于无效。受益人应当返还从债务人处获得的财产。但债权人就撤销权行使的结果并无优先受偿权。

第五节　合同的担保

一、合同担保概述

(一) 担保的概念与特征

一般认为，担保是指法律规定或者当事人约定的确保债务人履行债务，保障债权人的债权得以实现的法律措施。担保具有以下法律特征：

(1) 从属性。担保合同是主债权债务合同的从合同。主债权债务合同无效的，担保合同无效，但是法律另有规定的除外。担保合同被确认无效时，债务人、担保人(保证人)、债权人有过错的，应当根据其过错各自承担相应的民事责任。所谓担保合同，是指为促使债务人履行其债务，保障债权人的债权得以实现，而在债权人(同时也是担保权人)和债务人之间，或在债权人、债务人和第三人(担保人)之间协商形成的，当债务人不履行或无法履行债务时，以一定方式保证债权人债权得以实

现的协议。担保合同旨在明确担保权人和担保人之间的权利、义务关系,保障债权人的债权得以实现。《民法典》规定,设立担保物权,应当依照本法和其他法律的规定订立担保合同。担保合同包括抵押合同、质押合同和其他具有担保功能的合同。

(2) 补充性。担保对债权人权利的实现仅具有补充作用,在主债权债务关系因适当履行而正常终止时,担保人并不实际履行担保义务。只有在主债务不能得到履行时,补充的义务才需要履行,使主债权得以实现,因此担保具有补充性,连带责任保证除外。

(二) 担保的方式

传统认为,典型的担保方式包括保证、定金、抵押、质押、留置。实践中,所有权保留、融资租赁、保理也具有担保功能,作为非典型担保保障特定债权的实现。

知识拓展 4-9

非典型担保

在立法体例上,《民法典》未设立独立的担保编,而是根据不同担保类型的特性,将其分布于不同章节。《民法典》"第二编物权""第三编合同"的相应章节分别规定了担保物权(抵押、质押、留置)、保证、定金;《民法典》"第三编合同"的相应章节规定了具有担保功能的非典型担保合同(所有权保留、融资租赁、保理)。本节主要阐述保证、定金和担保物权。

《民法典》规定,第三人为债务人向债权人提供担保的,可以要求债务人提供反担保。反担保适用《民法典》和其他法律的规定。所谓的反担保是指为了换取担保人提供保证、抵押或质押等担保方式,而由债务人或第三人向该担保人提供的担保,该担保相对于原担保而言被称为反担保。反担保人可以是债务人,也可以是债务人之外的其他人。反担保方式可以是债务人提供的抵押或者质押,也可以是其他人提供的保证、抵押或者质押。留置和定金不能作为反担保方式。在债务人自己向原担保人提供反担保的场合,保证就不得作为反担保方式。

(三) 共同担保中担保责任的承担

在同一债权上既有保证又有物的担保的,属于共同担保。《民法典》第三百九十二条规定,被担保的债权既有物的担保又有人的担保的,债务人不履行到期债务或者发生当事人约定的实现担保物权的情形,债权人应当按照约定实现债权;没有约定或者约定不明确,债务人自己提供物的担保的,债权人应当先就该物的担保实现债权;第三人提供物的担保的,债权人可以就物的担保实现债权,也可以请求保证人承担保证责任。提供担保的第三人承担担保责任后,有权向债务人追偿。

据此,物的担保和保证并存时,如果债务人不履行债务,则根据下列规则确定当事人的担保责任:①根据当事人的约定确定承担责任的顺序。②没有约定或者约定不明的,如果保证与债务人提供的物的担保并存,则债权人先就债务人的物的担保求偿。保证在物的担保不足清偿时承担补充清偿责任。③没有约定或者约定不明的,如果保证与第三人提供的物的担保并存,则债权人可以就物的担保实现债权,也可以要求保证人承担保证责任。根据该规定,第三人提供物的担保的,保证与物的担保居于同一清偿顺序,债权人既可以要求保证人承担保证责任,也可以对担保物行使担保物权。④没有约定或者约定不明的,如果保证与第三人提供的物的担保并存,其中一人承担了担保责任,则只能向债务人追偿,不能向另外一担保人追偿。

二、具体的典型合同担保方式

(一) 保证

1. 保证的概念

保证是指第三人和债权人约定,当债务人不履行其债务时,该第三人按照约定履行债务或者承担责任的担保方式。"第三人"被称作保证人;"债权人"既是主债的债权人,也是保证合同中的债权人。保证是保证人与债权人之间的合同关系。

2. 保证合同

保证合同是为保障债权的实现,保证人和债权人约定,当债务人不履行到期债务或者发生当事人约定的情形时,保证人履行债务或者承担责任的合同。保证合同是一种典型的单务合同、无偿合同、诺成合同和要式合同。

保证合同的内容一般包括被保证的主债权的种类、数额,债务人履行债务的期限,保证的方式、范围和期间等条款。保证合同可以是单独订立的书面合同,也可以是主债权债务合同中的保证条款。

保证合同是主债权债务合同的从合同。主债权债务合同无效的,保证合同无效,但是法律另有规定的除外。保证合同被确认无效后,债务人、保证人、债权人有过错的,应当根据其过错各自承担相应的民事责任。

在实践中,需要注意的是:①保证人在债权人与被保证人签订的订有保证条款的主合同上,以保证人身份签字或者盖章的,保证合同成立;②第三人单方以书面形式向债权人作出保证,债权人接收且未提出异议的,保证合同成立。③主合同中虽然没有保证条款,但保证人在主合同上以保证人的身份签字或盖章的,保证合同成立。

3. 保证人

保证合同当事人为保证人和债权人。债权人可以是一切享有债权之人,自然人、法人或非法人组织均无不可。自然人、法人或者非法人组织均可以为保证人,保证人也可为两人以上。但法律对保证人仍有相应的限制,这些限制主要有:

(1) 主债务人不得同时为保证人。如果主债务人同时为保证人,意味着其责任财产未增加,保证的目的落空。

(2) 机关法人不得为保证人,但是经国务院批准为使用外国政府或者国际经济组织贷款进行转贷的除外。

(3) 以公益为目的的非营利法人、非法人组织不得为保证人。

(4) 《民法典》不禁止营利法人的分支机构及职能部门作为保证人。实践中,分支机构以自己的名义作为保证人,产生的民事责任由法人承担;也可以先以该分支机构管理的财产承担,不足以承担的,由法人承担。

(5) 保证人必须有代为清偿债务的能力。不具有完全代偿能力的主体,只要以保证人身份订立保证合同后,就应当承担保证责任。

4. 保证方式

根据保证人承担责任方式的不同,可以将保证分为一般保证和连带责任保证。所谓一般保证,是指当事人在保证合同中约定,债务人不能履行债务时,由保证人承担保证责任的保证。所谓连带责任保证,是指当事人在保证合同中约定保证人和债务人对债务承担连带责任的保证。连带责任保证的债务人不履行到期债务或者发生当事人约定的情形时,债权人可以请求债务人履行债务,也可以请求保证人在其保证范围内承担保证责任。

如果当事人在保证合同中对保证方式没有约定或者约定不明确的,按照一般保证承担保证责任。这两种保证之间最大的区别在于保证人是否享有先诉抗辩权,一般保证的保证人享有先诉抗辩权,连带责任保证的保证人则不享有。

所谓先诉抗辩权,是指一般保证的保证人在主合同纠纷未经审判或者仲裁,并就债务人财产依法强制执行仍不能清偿前，拒绝向债权人承担保证责任的权利。所谓不能清偿，是指对债务人的存款、现金、有价证券、成品、半成品、原材料、交通工具等可以执行的动产和其他方便执行的财产执行完毕后，债务仍未能得到清偿。但有下列情形之一的，保证人不得行使先诉抗辩权：①债务人下落不明，且无财产可供执行；②人民法院已经受理债务人破产案件；③债权人有证据证明债务人的财产不足以履行全部债务或者丧失履行债务能力；④保证人书面表示放弃先诉抗辩权的。

实践中，一般保证的保证人在主债权履行期间届满后，向债权人提供债务人可供执行财产的真实情况，债权人放弃或者怠于行使权利致使该财产不能被执行的，保证人在其提供可供执行财产的价值范围内免除保证责任。

【例4-12】甲向乙借款50万元，乙请求甲提供担保，甲分别找到聘用丙、丁、戊、庚，他们各自作出了以下表示，其中构成保证的是( )。
  A. 丙在甲向乙出具的借据上签署"保证人丙"
  B. 丁向乙出具字据称"如果到期不向乙还款，本人愿代还3万元"
  C. 戊向乙出具字据称"如果到期不向乙还款，由本人负责"
  D. 庚向乙出具字据称"如果到期不向乙还款，由本人以某处房产抵债"

5. 保证责任

(1) 保证责任的范围。保证担保的责任范围包括主债权及其利息、违约金、损害赔偿金和实现债权的费用。当事人另有约定的，按照其约定。

(2) 主合同变更与保证责任承担。债权人和债务人未经保证人书面同意，协商变更主债权债务合同内容，减轻债务的，保证人仍对变更后的债务承担保证责任；加重债务的，保证人对加重的部分不承担保证责任。债权人和债务人变更主债权债务合同的履行期限，未经保证人书面同意的，保证期间不受影响。

(3) 主合同转让与保证责任承担。债权人转让全部或者部分债权，未通知保证人的，该转让对保证人不发生效力。保证人与债权人约定禁止债权转让，债权人未经保证人书面同意转让债权的，保证人对受让人不再承担保证责任。

债权人未经保证人书面同意，允许债务人转移全部或者部分债务，保证人对未经其同意转移的债务不再承担保证责任，但是债权人和保证人另有约定的除外。第三人加入债务的，保证人的保证责任不受影响。

(4) 保证期间与保证债务的诉讼时效。保证期间是确定保证人承担保证责任的期间，性质上属于除斥期间，不发生中止、中断和延长。债权人与保证人可以约定保证期间，但是约定的保证期间早于主债务履行期限或者与主债务履行期限同时届满的，视为没有约定；没有约定或者约定不明确的，保证期间为主债务履行期限届满之日起6个月。债权人与债务人对主债务履行期限没有约定或者约定不明确的，保证期间自债权人请求债务人履行债务的宽限期届满之日起计算。

债权人没有在保证期间主张权利的，保证人免除保证责任。主张权利的方式在一般保证中表现为对债务人提起诉讼或者申请仲裁，在连带责任保证中表现为向保证人请求承担保证责任。

一般保证的债权人在保证期间届满前对债务人提起诉讼或者申请仲裁的，从保证人拒绝承担保证责任的权利消灭之日起，开始计算保证债务的诉讼时效。连带责任保证的债权人在保证期间届满前请求保证人承担保证责任的，从债权人请求保证人承担保证责任之日起，开始计算保证债务的诉讼时效。

(5) 保证人的抗辩权与保证责任的承担。抗辩权是指债权人行使债权时，债务人根据法定事由对抗债权人行使请求权的权利。保证人可以主张债务人对债权人的抗辩。债务人放弃抗辩的，保证人仍有权向债权人主张抗辩。债务人对债权人享有抵销权或者撤销权的，保证人可以在相应范围内拒绝承担保证责任。

(6) 保证责任与共同担保。在同一债权上既有保证又有物的担保的，属于共同担保。该种情形下，保证人应依据《民法典》第三百九十二条的规定承担保证责任，请参见本节"合同担保概述"部分的相应阐述。

(7) 保证人的追偿权。保证人承担保证责任后，除当事人另有约定外，有权在其承担保证责任的范围内向债务人追偿，享有债权人对债务人的权利，但是不得损害债权人的利益。

【例4-13】甲承租乙的设备，双方就租金问题协商后，甲向乙出具欠条一张，注明于2019年10月底前还款，若逾期则由丙支付。丙也在该欠条上签字同意担保。还款期满后，甲未向乙还款，乙也未向甲主张权利。直至2020年6月，乙才诉至法院要求丙承担保证责任。法院一审判决驳回原告的诉讼请求。请问：①本案债务的保证期间是多长？自何时起至何时止？②法院的一审判决是否合法？

【解析】①根据《民法典》第六百九十二条的规定，债权人与保证人没有约定保证期间或者约定不明确的，保证期间为主债务履行期限届满之日起6个月。本案的保证期间应自2019年11月1日起至2020年4月30日止。②法院的一审判决合法。因为原告起诉的时间(2020年6月16日)超过了保证期间，原告乙也未曾在保证期间内请求保证人丙承担保证责任，所以丙的保证责任依法应予免除。

(二) 定金

定金是指合同当事人约定一方向对方给付一定数额的货币作为债权的担保。债务人履行债务的，定金应当抵作价款或者收回。给付定金的一方不履行债务或者履行债务不符合约定，致使不能实现合同目的的，无权请求返还定金；收受定金的一方不履行债务或者履行债务不符合约定，致使不能实现合同目的的，应当双倍返还定金。实践中，当事人一方不完全履行合同的，应当按照未履行部分所占合同约定内容的比例，适用定金罚则。

定金应当以书面形式约定，当事人在定金合同中应当约定交付定金的期限。定金合同自实际交付定金时成立。定金的数额由当事人约定，但不得超过主合同标的额的20%，超过部分不产生定金的效力。实际交付的定金数额多于或者少于约定数额的，视为变更约定的定金数额。

当事人既约定违约金，又约定定金的，一方违约时，对方可以选择适用违约金或者定金条款。定金不足以弥补一方违约造成的损失的，对方可以请求赔偿超过定金数额的损失。

实践中，一般认为，当事人约定以交付定金作为订立合同担保的，给付定金的一方拒绝订立主合同时，无权请求返还定金；收受定金的一方拒绝订立合同的，应当双倍返还定金。当事人约定以交付定金作为主合同成立或者生效要件的，给付定金的一方未支付定金，但主合同已经履行或者已经履行主要部分的，不影响主合同的成立或者生效。

定金交付后，交付定金的一方可以按照合同的约定以丧失定金为代价而解除主合同，收受定金的一方可以双倍返还定金为代价而解除主合同。

因不可抗力、意外事件致使主合同不能履行的，不适用定金罚则。因合同关系以外第三人的过错，致使主合同不能履行的，适用定金罚则。受定金处罚的一方当事人，可以依法向第三人追偿。

(三) 抵押

1. 抵押的概念与特征

抵押是指为担保债务的履行，债务人或者第三人不转移财产的占有，将该财产作为债权的担保，当债务人不履行到期债务或者发生当事人约定的实现抵押权的情形时，债权人有权就该财产优先受偿。抵押中提供财产担保的债务人或者第三人为抵押人，债权人为抵押权人，不转移占有、用于担保的财产为抵押财产(抵押物)。

作为担保物权的一种，抵押权具有以下特征。

(1) 抵押权具有从属性。担保合同是主债权债务合同的从合同。主债权债务合同无效，担保合同无效，但法律另有规定的除外。抵押权不得与债权分离而单独转让或者作为其他债权的担保。债权转让的，担保该债权的抵押权一并转让，但法律另有规定或者当事人另有约定的除外。

(2) 抵押权具有不可分性。抵押权的不可分性是指其所担保的债权的债权人可以就抵押物的全部行使权利。实践中，第三人提供抵押，未经其书面同意，债权人允许债务人转移全部或者部分债务的，抵押人不再承担相应的担保责任。

(3) 抵押权具有物上代位性。在担保期间，担保财产毁损、灭失或者被征收等，担保物权人可以就获得的保险金、赔偿金或者补偿金等优先受偿。被担保债权的履行期未届满的，也可以提存该保险金、赔偿金或者补偿金等。

(4) 抵押权是不移转标的物占有的担保物权。是否移转标的物的占有是抵押权与质权的重要区别。由于抵押权的设定不需要移转的公示方法，而需以登记或其他方法进行公示。

2. 抵押权的设定

(1) 抵押权设定方式。抵押权的设定应当由双方人签订抵押合同。抵押合同应当采用书面形式，内容一般包括下列条款：被担保债权的种类和数额；债务人履行债务的期限；抵押财产的名称、数量等情况；担保的范围。

抵押权人在债务履行期限届满前，与抵押人约定债务人不履行到期债务时抵押财产归债权人所有的，只能依法就抵押财产优先受偿。

(2) 抵押物。抵押物又称为抵押财产，它是抵押权的标的物，是指抵押人用以设定抵押权的财产。根据《民法典》的规定，可以作为抵押物的财产有：①建筑物和其他土地附着物。地上定着物包括尚未与土地分离的农作物，但当事人以农作物和与其尚未分离的土地使用权同时抵押的，土地使用权部分的抵押无效。因为种植农作物的土地属于耕地的范畴，根据法律规定，不属于可以抵押的财产。②建设用地使用权。对于建筑物和建设用地使用权的抵押，结合《民法典》的规定，要注意几点：一是以建筑物抵押的，该建筑物占用范围内的建设用地使用权同时抵押。以建设用地使用权抵押的，该土地上的建筑物一并抵押。抵押人未依据前述规定一并抵押的，未抵押的财产视为一并抵押。二是建设用地使用权抵押后，该土地上新增的建筑物不属于抵押财产。该建设用地使用权实现抵押权时，应当将该土地上新增的建筑物与建设用地使用权一并处分。但是，新增建筑物所得的价款，抵押权人无权优先受偿。三是乡镇、村企业的建设用地使用权不得单独抵押。以乡镇、村企业的厂房等建筑物抵押的，其占用范围内的建设用地使用权一并抵押。③海域使用权。④生产设备、原材料、半成品、产品。经当事人书面协议，企业、个体工商户、农业生产经营者可以将现有的及将有的生产设备、原材料、半成品、产品抵押，债务人不履行到期债务或者发生当事人约定的实现抵押权的情形，债权人有权就抵押财产确定时的动产优先受偿。基于《民法典》第四百一十一条的规定，抵押财产自下列情形之一发生时确定：债务履行期限届满，债权未实现；抵押人被宣告破产或者解散；当事人约定的实现抵押权的情形；严重影响债权实现的其他情形。⑤正在建造的建筑物、船舶、航空器。实践中，依法获准尚未建造的或者正在建造中的房屋或者其他建筑物，当事人办理了抵押物登记的，也可以依法成为抵押物。⑥交通运输工具。⑦法律、行政法规未禁止抵押的其他财产。

抵押人可以将前述①~⑦项所涉及的财产一并抵押。

根据《民法典》的规定，下列财产不得抵押：①土地所有权。在我国，土地归国家所有和集体所有，而不能为私人财产。土地所有权不得抵押，也就是不能以国家或集体所有的土地抵押，否则抵押合同无效。②宅基地、自留地、自留山等集体所有土地的使用权，但是法律规定可以抵押的除外。这里的例外主要有：一是根据《民法典》第三百四十二条的规定，通过招标、拍卖、公开协商等方式承包农村土地，经依法登记取得权属证书的，可以依法采取出租、入股、抵押或者其他方式流转土地经营权。二是《民法典》第三百九十八条规定，乡镇、村企业的建设用地使用权不得单独抵押。以乡镇、村企业的厂房等建筑物抵押的，其占用范围内的建设用地使用权一并抵押。《民法典》规定，以集体所有土地的使用权依法抵押的，实现抵押权后，未经法定程序，不得改变土地所有权的性质和土地用途。③学校、幼儿园、医疗机构等为公益目的成立的非营利法人的教育设施、医疗卫生设施和其他公益设施。实践中，如果学校、幼儿园、医疗机构等为公益目的成立的非营利法人，以其教育设施、医疗卫生设施和其他社会公益设施以外的财产为自身债务设定抵押的，人民法院可以认定抵押有效。④所有权、使用权不明或者有争议的财产，无法确定是否有处分权，因此不得抵押。⑤依法被查封、扣押、监管的财产。但是已经设定抵押的财产被采取查封、扣押等财产保全或者执行措施的，不影响抵押权的效力。⑥法律、行政法规规定不得抵押的其他财产。如以法定程序确认为违法、违章的建筑物。

(3) 抵押登记。抵押登记的效力有两种情形：

第一，登记是抵押权的设立条件。《民法典》规定，以建筑物和其他土地附着物、建设用地使用权、海域使用权、正在建造的建筑物抵押的，应当办理抵押登记。抵押权自登记时设立。实践中，以登记作为设立条件的抵押应当注意以下几个问题：①对上述财产进行抵押的，必须履行登记手续，才能设立抵押权。②抵押物登记记载的内容与抵押合同约定的内容不一致的，以登记记载的内容为准。③对上述财产设定抵押，如果当事人未办理登记，虽然抵押权没有设立，但是抵押合同已经生效。④以尚未办理权属证书的财产抵押的，只要当事人在一审法庭辩论终结前能够提供权利证书或者补办登记手续的，法院可以认定抵押有效。

第二，登记为对抗第三人的效力。根据《民法典》第四百零三条的规定，以动产抵押的，抵押权自抵押合同生效时设立；未经登记，不得对抗善意第三人。因此，以动产(包括但不限于生产设备、原材料、半成品、产品，正在建造的船舶、航空器，交通运输工具等)设定抵押，当事人是否进行抵押登记，不影响抵押权的设立。如果没有登记，不能对抗善意第三人。同时，以动产抵押的，不得对抗正常经营活动中已经支付合理价款并取得抵押财产的买受人。

【例4-14】甲向乙借款8万元办加工厂，乙要求甲以其新购置的一辆轿车作为抵押，乙同意后，双方签订了借款合同，约定：如果甲到期无法偿还，乙可将其轿车变卖后受偿。合同签订后，双方并未到车管所办理抵押物登记。后甲因加工厂倒闭，无力偿还乙的借款，又恐乙廉价变卖轿车使其遭受更大损失，遂将其轿车卖给了丙。乙得知后，向法院起诉，请求法院从丙处追回轿车变卖受偿。请问：甲、乙双方订立的抵押合同效力如何？乙能否就甲的轿车优先受偿？

【解析】根据《民法典》第四百零三条的规定，以动产抵押的，抵押权自抵押合同生效时设立；未经登记，不得对抗善意第三人。本案中，甲乙双方没有办理车辆抵押登记，不影响抵押权的设立，但不得对抗善意第三人丙。因此，乙不能就甲的轿车优先受偿，也无权请求法院从丙处追回轿车。

3. 抵押权的效力

抵押权的效力主要体现为抵押关系当事人的权利义务。

(1) 抵押人的权利。抵押人的权利主要如下：

① 抵押物的占有权。抵押设定以后，除法律和合同另有约定以外，抵押人有权继续占有抵押物，并有权取得抵押物的孳息。因此原则上抵押权的效力不及于抵押物的孳息。但是，债务人不履行到期债务或者发生当事人约定的实现抵押权的情形，致使抵押财产被人民法院依法扣押的，自扣押之日起抵押权人有权收取该抵押财产的天然孳息或者法定孳息，但抵押权人未通知应当清偿法定孳息的义务人的除外。

② 抵押人对抵押物的收益权。抵押权设立前，抵押财产已经出租并转移占有的，原租赁关系不受该抵押权的影响。抵押权设立以后，抵押人有权将抵押物出租。实践中，抵押人将已抵押的财产出租时，如果抵押人未书面告知承租人该财产已抵押的，抵押人对出租抵押物造成承租人的损失承担赔偿责任；如果抵押人已书面告知承租人该财产已抵押的，抵押权实现造成承租人的损失，由承租人自己承担。抵押人将已抵押的财产出租的，抵押权实现后，租赁合同对受让人不具有约束力。

③ 抵押人对抵押物设定多项抵押的权利。抵押人可以就同一抵押物设定多个抵押权，但不得超出余额部分。在同一抵押物上有数个抵押权时，各个抵押权人应按照法律规定的顺序行使抵押权。

④ 抵押人对抵押物的处分权。抵押设定以后，抵押人并不丧失对抵押物的所有权。抵押期间，抵押人可以依法处分(包括但不限于转让、继承、赠与等)抵押物，抵押权不受影响。实践中应注意：一是抵押期间，当事人对转让抵押财产另有约定的，按照其约定。二是抵押人转让抵押财产的，应当及时通知抵押权人。抵押权人能够证明抵押财产转让可能损害抵押权的，可以请求抵押人将转让所得的价款向抵押权人提前清偿债务或者提存。转让的价款超过债权数额的部分归抵押人所有，不足部分由债务人清偿。三是抵押权不得与债权分离而单独转让或者作为其他债权的担保。债权转让的，担保该债权的抵押权一并转让，但是法律另有规定或者当事人另有约定的除外。

(2) 抵押人的义务。抵押人的主要义务是妥善保管抵押物。抵押人的行为足以使抵押财产价值减少的，抵押权人有权请求抵押人停止其行为；抵押财产价值减少的，抵押权人有权请求恢复抵押财产的价值，或者提供与减少的价值相应的担保。抵押人不恢复抵押财产的价值也不提供担保的，抵押权人有权请求债务人提前清偿债务。

(3) 抵押权人的权利。抵押权人的权利主要有：

① 保全抵押物。在抵押期间，抵押权人虽未实际占有抵押物，但法律为了抵押权人的利益，赋予其保全抵押物的权利。如果抵押物受到抵押人或第三人的侵害，抵押权人有权请求停止侵害、恢复原状、赔偿损失。如果因抵押人的行为使抵押物价值减少，抵押权人有权请求抵押人恢复抵押物的价值，或者提供与减少的价值相当的担保。

② 放弃抵押权或者变更抵押权的顺位。《民法典》规定，抵押权人可以放弃抵押权或者

抵押权的顺位。抵押权人与抵押人可以协议变更抵押权顺位以及被担保的债权数额等内容。但是，抵押权的变更未经其他抵押权人书面同意的，不得对其他抵押权人产生不利影响。债务人以自己的财产设定抵押，抵押权人放弃该抵押权、抵押权顺位或者变更抵押权的，其他担保人在抵押权人丧失优先受偿权益的范围内免除担保责任，但是其他担保人承诺仍然提供担保的除外。

③ 优先受偿权。在债务人不履行到期债务或者发生当事人约定的实现抵押权的情形时，抵押权人可以与抵押人协议以抵押财产折价或者以拍卖、变卖该抵押财产所得的价款优先受偿。抵押期间，抵押财产毁损、灭失或者被征收等，抵押权人可以就获得的保险金、赔偿金或者补偿金等优先受偿。被担保债权的履行期限未届满的，也可以提存该保险金、赔偿金或者补偿金等。

抵押权人与抵押人未就抵押权实现方式达成协议的，抵押权人可以请求人民法院拍卖、变卖抵押财产。抵押物折价或者拍卖、变卖该抵押物的价款不足清偿债权的，不足清偿的部分由债务人按普通债权清偿。

4. 抵押权的实现

根据《民法典》的规定，担保物权的担保范围包括主债权及其利息、违约金、损害赔偿金、保管担保财产和实现担保物权的费用。当事人另有约定的，按照其约定。

债务人不履行到期债务或者发生当事人约定的实现抵押权的情形，抵押权人可以与抵押人协议以抵押财产折价或者以拍卖、变卖该抵押财产所得的价款优先受偿。协议损害其他债权人利益的，其他债权人可以请求人民法院撤销该协议。抵押权人与抵押人未就抵押权实现方式达成协议的，抵押权人可以请求人民法院拍卖、变卖抵押财产。抵押财产折价或者变卖的，应当参照市场价格。

债务人不履行到期债务或者发生当事人约定的实现抵押权的情形，致使抵押财产被人民法院依法扣押的，自扣押之日起，抵押权人有权收取该抵押财产的天然孳息或者法定孳息，但是抵押权人未通知应当清偿法定孳息义务人的除外。前述规定的孳息应当先充抵收取孳息的费用。

抵押财产折价或者拍卖、变卖后，其价款超过债权数额的部分归抵押人所有，不足部分由债务人清偿。

实践中，抵押物折价或者拍卖、变卖所得的价款，当事人没有约定的，清偿顺序如下：①实现抵押权的费用；②主债权的利息；③主债权。

如果在同一物上并存数个抵押权或并存数个物权(包括一项抵押权)，会产生优先受偿权的位序问题。关于优先受偿权位序，由法律明确规定。

知识拓展 4-10

抵押权与其他权利并存时的清偿顺序

【例 4-15】甲以自己的一辆汽车作抵押，获得乙银行贷款 20 万元，办理了抵押登记。由于甲的汽车价值 40 万元，所以甲又将其抵押给丙银行，获得贷款 20 万元，办理了抵押登记。后甲又将该汽车抵押给丁，获得丁的借款 10 万元，但未办理抵押登记。后甲做生意亏本，导致无法偿还乙银行、丙银行的贷款和丁的借款。于是三个债权人同时请求实现其抵押权。但抵押物拍卖后仅获得 41 万元，不足以清偿甲的全部债务。请问：本案中，乙银行、丙银行、丁的债权应按什么顺序受偿？

【解析】本案中，由于乙银行和丙银行的抵押权都经过了登记，而丁的抵押权没有登记，所以乙银行和丙银行的债权先于丁的受偿。同时乙银行的抵押权先于丙银行的抵押权登记，因此，乙银行先受偿，其次是丙银行，最后是丁。

(四) 质押

质押(pledge),指为担保债务的履行,债务人或者第三人将其动产或权利移交债权人占有,将该财产作为债的担保,当债务人不履行到期债务或者发生当事人约定的实现质权的情形时,债权人有权依法以该动产或权利优先受偿。前述债务人或者第三人为出质人,债权人为质权人,交付的动产或权利为质押财产(亦称质押物)。质押分为动产质押与权利质押。

1. 动产质押

动产质押,是以动产作为标的物的质押。

(1) 动产质押的设定。设定动产质押,出质人和质权人应当以书面形式订立质押合同。质押合同是诺成合同,并不以质物占有的移转作为合同的生效要件。质押合同的内容应当包括如下条款:被担保债权的种类和数额;债务人履行债务的期限;质押财产的名称、数量等情况;担保的范围;质押财产交付的时间、方式。

质权人在债务履行期限届满前,与出质人约定债务人不履行到期债务时质押财产归债权人所有的,只能依法就质押财产优先受偿。

质权自出质人交付质押财产时设立。因此,只有出质人将出质的动产移交给债权人占有,债权人才能取得质权。实践中,对于动产质押中标的物移转占有,要注意以下几点:①标的物的占有移转是质权设立的条件,而非动产质押合同的生效条件。②债务人或者第三人未按质押合同约定的时间移交质物的,质权不成立,由此给质权人造成损失的,出质人应当根据其过错承担赔偿责任。③出质人代质权人占有质物的,质权没有设立。④出质人以间接占有的财产出质的,书面通知送达占有人时视为移交。占有人收到出质通知后,仍接受出质人的指示处分出质财产的,该行为无效。⑤质押合同中对质押的财产约定不明,或者约定的出质财产与实际移交的财产不一致的,以实际交付占有的财产为准。

(2) 动产质押的标的物。动产质押的标的物必须具备下列条件:①可让与性。法律禁止流通的物,不能作为质押的标的。②特定化。动产质押的标的物必须特定化,因此如果将金钱以特户、封金、保证金等形式特定化后,也可以作为动产质押的标的物。③出质人有处分权。但出质人以其不具有所有权但占有的动产出质的,法律保护善意质权人的权利。善意质权人行使质权给动产所有人造成损失的,由出质人承担赔偿责任。动产质权的效力及于质物的从物。但是从物未随同质物移交质权人占有的,质权的效力不及于从物。

(3) 动产质权的效力。出质人交付质押财产时设立质权。在质权存续期间,质权人享有的权利、承担的义务主要有:①占有并妥善保管质押财产。因保管不善致使质押财产毁损、灭失的,质权人应当承担赔偿责任。质权人的行为可能使质押财产毁损、灭失的,出质人可以请求质权人将质押财产提存,或者请求提前清偿债务并返还质押财产。因不可归责于质权人的事由可能使质押财产毁损或者价值明显减少,足以危害质权人权利的,质权人有权请求出质人提供相应的担保;出质人不提供的,质权人可以拍卖、变卖质押财产,并与出质人协议将拍卖、变卖所得的价款提前清偿债务或者提存。②收取质押财产的孳息,但是合同里有约定的除外。所收取的孳息应当先充抵收取孳息的费用。③经出质人同意使用、处分质押财产。质权人在质权存续期间,未经出质人同意,擅自使用、处分质押财产,造成出质人损害的,应当承担赔偿责任。④经出质人同意转质。质权人在质权存续期间,未经出质人同意转质,造成质押财产毁损、灭失的,应当承担赔偿责任。质权人在质权存续期间,为担保自己的债务,经出质人同意,以其所占有的质物为第三人设定质权的,应当在原质权所担保的债权范围之内,超过的部分不具有优先受偿的效力。转质权的效力优于原质权。⑤放弃质权。质权人可以放弃质权。债务人以自己的财产出质,质权人放弃该质权的,其他担保人在质权人丧失优先受偿权益的范围内免除担保责任,但是其他担保人承诺仍然提供担保的除外。⑥返还质押财产。债务人履行债务或者出质人提前清偿所担保的债权的,质权人应当返还质押财产。

(4) 动产质权的实现。债务人不履行到期债务或者发生当事人约定的实现质权的情形,质权人可以与出质人协议以质押财产折价,也可以就拍卖、变卖质押财产所得的价款优先受偿。质押财产折价或者变卖的,应当参照市场价格。

出质人可以请求质权人在债务履行期限届满后及时行使质权;质权人不行使的,出质人可以请求人民法院拍卖、变卖质押财产。

质押财产折价或者拍卖、变卖后,其价款超过债权数额的部分归出质人所有,不足部分由债务人清偿。

2. 权利质押

权利质押指以可转让的权利为标的物的质权。根据《民法典》的规定,债务人或者第三人有权处分的下列权利可以出质:①汇票、支票、本票;②债券、存款单;③仓单、提单;④可以转让的基金份额、股权;⑤可以转让的注册商标专用权、专利权、著作权等知识产权中的财产权;⑥现有的以及将有的应收账款;⑦法律、行政法规规定可以出质的其他财产权利。

权利质权因为出质的权利标的不同,其设立条件也不同。

(1) 有价证券的质押。以汇票、支票、本票、债券、存款单、仓单、提单出质的,质权自权利凭证交付质权人时设立;没有权利凭证的,质权自办理出质登记时设立。法律另有规定的,依照其规定。

实践中。对于这类权利质押,应注意以下几点:①必须在汇票、支票、本票上背书记载"质押"字样,否则不能对抗善意第三人。②以公司债券出质的,出质人与质权人应背书记载"质押"字样,否则不能对抗公司和第三人。③以存款单出质的,签发银行核押后又受理挂失并造成存款流失的,应当承担民事责任。④以票据、债券、存款单、仓单、提单出质的,质权人再转让或者质押的无效。⑤汇票、支票、本票、债券、存款单、仓单、提单的兑现日期或者提货日期先于主债权到期的,质权人可以兑现或者提货,并与出质人协议将兑现的价款或者提取的货物提前清偿债务或者提存。

(2) 可以转让的基金份额、股权的质押。以基金份额、股权出质的,质权自办理出质登记时设立。基金份额、股权出质后,不得转让,但是出质人与质权人协商同意的除外。出质人转让基金份额、股权所得的价款,应当向质权人提前清偿债务或者提存。

(3) 知识产权的质押。以注册商标专用权、专利权、著作权等知识产权中的财产权出质的,质权自办理出质登记时设立。知识产权中的财产权出质后,出质人不得转让或者许可他人使用,但是出质人与质权人协商同意的除外。出质人转让或者许可他人使用出质的知识产权中的财产权所得的价款,应当向质权人提前清偿债务或者提存。

(4) 应收账款的质押。以应收账款出质的,质权自办理出质登记时设立。应收账款出质后,不得转让,但是出质人与质权人协商同意的除外。出质人转让应收账款所得的价款,应当向质权人提前清偿债务或者提存。实践中,可以公路桥梁、公路隧道或者公路渡口等不动产收益权作为应收账款出质。

(5) 依法可以质押的其他权利。

【例4-16】甲于2019年6月12日向银行借款10 000元,以其在该银行的21 000元1年期定期存单出质。2019年12月12日,10 000元借款到期,甲无力偿还,银行支取了存单金额21 000元及利息300元。请问:甲存单上的本息是否应全部归银行所有?

【解析】这是一个质权的实现问题。根据《民法典》的规定，质权担保的范围包括主债权及其利息、违约金、损害赔偿金、保管质押财产和实现质权的费用。当事人另有约定的，按照其约定。据此，银行支取的21 000元本金和300元利息，应扣除银行的10 000元借款及其利息、违约金，如有剩余应返还给甲。

(五) 留置

留置权是指债权人合法占有债务人的动产，在债务人不履行到期债务时债权人有权依法留置该财产，并有权就该财产优先受偿的担保物权。债权人为留置权人，占有的动产为留置财产。

1. 留置权的成立条件

留置权属于法定的担保物权，其成立的条件是：①债权人占有债务人的动产。原则上动产应当属于债务人所有。法律规定或者当事人约定不得留置的动产，不得留置。留置的财产为可分物的，留置财产的价值应相当于债务的金额。根据《民法典》的规定，留置权也可以善意取得，即如果债权人合法占有债务人交付的动产时，不知债务人无处分该动产的权利，债权人仍可以行使留置权。②占有的动产与债权属于同一法律关系，但法律另有规定的除外。《民法典》规定，债权人留置的动产，应当与债权属于同一法律关系，但是企业之间留置的除外。从《民法典》的规定来看，我国留置权的适用范围不再局限于特定的合同关系，其他的债权债务关系，如不当得利、无因管理等法律关系也可以产生留置权。另一方面，对于企业之间的留置权的行使，可以不以同一债权债务关系为要件。③债权已届清偿期且债务人未按规定期限履行义务。

2. 留置权的效力

留置权人在占有留置财产期间内，除了留置财产本身以外，留置权的效力还及于从物、孳息和代位物。留置财产为不可分物的，留置权人可以就其留置财产的全部行使留置权。在留置权存续期间，留置权人享有的权利和义务主要有：①留置标的物。债权人在其债权没有得到清偿时，有权留置债务人的财产，并给债务人确定一个履行期限。留置权人与债务人应当约定留置财产后的债务履行期限；没有约定或者约定不明确的，留置权人应当给债务人60日以上履行债务的期限，但是鲜活易腐等不易保管的动产除外。②妥善保管留置财产。因保管不善致使留置财产毁损、灭失的，留置权人应当承担赔偿责任。留置权人对留置财产丧失占有或者留置权人接受债务人另行提供担保的，留置权消灭。③收取留置财产的孳息。所收取的孳息应当先充抵收取孳息的费用。

3. 留置权的实现

债务人逾期未履行的，留置权人可以与债务人协议以留置财产折价，也可以就拍卖、变卖留置财产所得的价款优先受偿。留置财产折价或者变卖的，应当参照市场价格。

债务人可以请求留置权人在债务履行期限届满后行使留置权；留置权人不行使的，债务人可以请求人民法院拍卖、变卖留置财产。

留置财产折价或者拍卖、变卖后，其价款超过债权数额的部分归债务人所有，不足部分由债务人清偿。

同一动产上已经设立抵押权或者质权，该动产又被留置的，留置权人优先受偿。

甲企业向乙企业购买了一批总价款为100万元的建筑材料。甲企业率先支付60万元，约定其余的40万元在3个月内付清。后甲企业将一台价值30万元的施工设备交由乙企业代为保管。3个月后，几经催告，甲企业仍未支付乙企业40万元货款。后来，甲企业前来提取设备，乙企业将该设备留置以担保货款债权的实现。

请问：乙企业的行为是否合法？

第六节 合同的变更、转让与终止

一、合同的变更

依法成立的合同具有法律约束力，任何一方均不得擅自变更或者解除合同。但是，在合同的履行过程中，因主客观情况的变化，需要对双方的权利义务关系进行重新调整和规定时，合同当事人可依法变更合同。

合同的变更仅指合同内容的变更，是指合同有效成立后、尚未履行完毕前，当事人双方根据客观情况的变化，依照法律规定的条件和程序，通过协商一致，对原合同内容进行修改、补充或者完善。合同的变更是在合同的主体不改变的前提下对合同内容或标的的变更。法律、行政法规规定变更合同应当办理批准、登记等手续的，办理相应手续。当事人对合同变更的内容约定不明确的，推定为未变更。

除了双方通过合意变更合同以外，还存在法定变更的情形，即一方当事人单方通知对方变更合同的权利。如《民法典》第七百七十七条、第八百二十九条的规定。

合同的变更，仅对变更后未履行的部分有效，对已履行的部分无溯及力。

二、合同的转让

合同的转让，即合同主体的变更，指当事人将合同的权利和义务全部或者部分转让给第三人。合同的转让分为债权的转让和债务的转让，当事人一方经对方同意，也可以将自己在合同中的权利和义务一并转让给第三人，即合同的概括移转。依照法律、行政法规的规定，合同的转让应当办理批准等手续的，应当依照规定办理相应手续。

（一）合同债权的转让

1. 债权转让的概念及条件

债权转让，是指债权人将合同的权利全部或者部分转让给第三人的法律制度。其中债权人是转让人，第三人是受让人。《民法典》规定，债权人转让债权，未通知债务人的，该转让对债务人不发生效力。债权转让的通知不得撤销，但是经受让人同意的除外。

2. 禁止债权转让的情形

《民法典》规定，下列情形的债权不得转让：①根据债权性质不得转让。主要是基于当事人之间的信任关系而发生的债权，如出版合同、赠与合同、委托合同、雇用合同等。②按照当事人约定不得转让。当事人约定非金钱债权不得转让的，不得对抗善意第三人。当事人约定金钱债权不得转让的，不得对抗第三人。③依照法律规定不得转让。

3. 债权转让的效力

如果在全部转让的情形，原债权人脱离债权债务关系，受让人取代债权人地位。在部分转让情形，原债权人就转让部分丧失债权。

债权人转让债权的，受让人取得与债权有关的从权利，如抵押权，但该从权利专属于债权人自身的除外。受让人取得从权利不因该从权利未办理转移登记手续或者未转移占有而受到影响。债权人债权的转让不得损害债务人的利益，也不应影响债务人的权利：①债务人接到债权转让通知后，债务人对让与人的抗辩可以向受让人主张，如提出债权无效、诉讼时效已过等事由的抗辩；②债务人接到债权转让通知时，债务人对让与人享有债权，且债务人的债权先于转让的债权到期或者同时到期的，债务人可以向受让人主张抵销；③债务人的债权与转让的债权是基于同一合同产生的，债务人可以向受让人主张抵销；④因债权转让增加的履行费用，由让与人负担。

（二）合同债务的承担

《民法典》规定，债务人将债务的全部或者部分转移给第三人的，应当经债权人同意。债务人或者第三人可以催告债权人在合理期限内予以同意，债权人未作表示的，视为不同意。债务人转移债务的，新债务人可以主张原债务人对债权人的抗辩；原债务人对债权人享有债权的，新债务人不得向债权人主张抵销。新债务人应当承担与主债务有关的从债务，但该从债务专属于原债务人自身的除外。

债务承担除了《民法典》规定的免责的债务承担以外，还有并存的债务承担，即第三人以担保为目的加入债的关系，而与原债务人共同承担同一债务。根据《民法典》第五百二十二条的规定，第三人与债务人约定加入债务并通知债权人，或者第三人向债权人表示愿意加入债务，债权人未在合理期限内明确拒绝的，债权人可以请求第三人在其愿意承担的债务范围内和债务人承担连带债务。由于并存的债务承担并不使得原债务人脱离债的关系，因此原则上不以债权人的同意为必要条件。

（三）合同债权债务的概括移转

合同权利义务的概括移转，是指合同一方当事人将自己在合同中的权利和义务一并转让的法律制度。《民法典》规定，当事人一方经对方同意，可以将自己在合同中的权利和义务一并转让给第三人。概括移转有意定的概括移转和法定的概括移转两种情形。意定的概括移转基于转让合同的方式进行，而法定的概括移转往往是因为某一法定事实的发生而导致。最典型的就是作为法人的合同当事人发生合并或分立时，就会有法定的概括移转的发生。《民法典》第六十七条规定，法人合并的，其权利和义务由合并后的法人享有和承担。法人分立的，其权利和义务由分立后的法人享有连带债权，承担连带债务，但是债权人和债务人另有约定的除外。据此，作为法人的当事人订立合同后合并的，由合并后的法人行使合同权利，履行合同义务。作为法人的当事人订立合同后分立的，除债权人和债务人另有约定的以外，由分立的法人对合同的权利和义务享有连带债权，承担连带债务。

三、合同的终止

（一）合同终止的原因

合同的终止，是指因发生法律规定或当事人约定的情况，导致当事人之间的权利义务关系消灭，而使合同终止法律效力。

根据《民法典》第五百五十七条的规定，合同终止的原因有：①债务已经履行；②债务相互抵销；③债务人依法将标的物提存；④债权人免除债务；⑤债权债务同归于一人；⑥法律规定或者当事人约定终止的其他情形。

合同的权利义务终止后，有时当事人还负有后合同义务，应当遵循诚实信用原则，根据交易习惯履行通知、协助、保密等义务。

（二）合同的解除

合同的解除，是指合同有效成立以后，没有履行或者没有完全履行之前，双方当事人通过协议或者一方行使解除权的方式，使得合同关系终止的法律制度。

1. 合同解除的方式

合同的解除，分为约定解除与法定解除两种情况。

(1) 约定解除。当事人约定解除合同包括两种情况：①协商解除，是指合同生效后，未履行或未完全履行之前，当事人以解除合同为目的，经协商一致，订立一个解除原来合同的协议，使合同效力消灭的行为。②约定解除权。解除权可以在订立合同时约定，也可以在履行合同的过程中约定，可以约定一方解除合同的权利，也可以约定双方解除合同的权利。《民法典》规定，当事人可以约定一方解除合同的事由。解除合同的事由发生时，解除权人可以解除合同。法律规定或者当事人约定解除权行使期限，期限届满当事人不行使的，该权利消灭。法律没有规定或者当事人没有约定解除权行使期限，自解除权人知道或者应当知道解除事由之日起1年内不行使，或者经对方催告后在合理期限内不行使的，该权利消灭。

(2) 法定解除。法定解除是指根据法律规定而解除合同。《民法典》规定，有下列情形之一的，当事人可以解除合同：①因不可抗力致使不能实现合同目的；②在履行期限届满前，当事人一方明确表示或者以自己的行为表明不履行主要债务；③当事人一方迟延履行主要债务，经催告后在合理期限内仍未履行；④当事人一方迟延履行债务或者有其他违约行为致使不能实现合同目的；⑤法律规定的其他情形。

以持续履行的债务为内容的不定期合同，当事人可以随时解除合同，但是应当在合理期限之前通知对方。

根据《民法典》第五百三十三条的规定，当事人基于情事变更请求人民法院变更或者解除合同的，人民法院或者仲裁机构应当结合案件的实际情况，根据公平原则变更或者解除合同。

2. 合同解除的程序

当事人协商一致，可以解除合同。当事人一方依法主张解除合同的，应当通知对方。合同自通知到达对方时解除；通知载明债务人在一定期限内不履行债务则合同自动解除，债务人在该期限内未履行债务的，合同自通知载明的期限届满时解除。对方对解除合同有异议的，任何一方当事人均可以请求人民法院或者仲裁机构确认解除行为的效力。当事人一方未通知对方，直接以提起诉讼或者申请仲裁的方式依法主张解除合同，人民法院或者仲裁机构确认该主张的，合同自起诉状副本或者仲裁申请书副本送达对方时解除。

依照法律、行政法规的规定，合同的解除应当办理批准等手续的，应当依照规定办理相应手续。

3. 合同解除的后果

合同解除后，尚未履行的，终止履行；已经履行的，根据履行情况和合同性质，当事人可以请求恢复原状或者采取其他补救措施，并有权请求赔偿损失。合同因违约解除的，解除权人可以请求违约方承担违约责任，但是当事人另有约定的除外。主合同解除后，担保人对债务人应当承担的民事责任仍应当承担担保责任，但是担保合同另有约定的除外。

合同解除的，该合同的权利义务关系终止。合同的权利义务终止，不影响合同中有关结算和清理条款，以及解决争议方法条款的效力。合同的权利和义务终止时，债权的从权利同时消灭，但是法律另有规定或者当事人另有约定的除外。合同的权利义务终止后，有时当事人还负有后合同义务，应当遵循诚实信用原则，根据交易习惯履行通知、协助、保密、旧物回收等义务。

 案例链接

甲厂与乙厂签订一份购销机床合同，合同规定：甲厂一次供给10台机床，每台1万元，交货日期为2020年2月14日，乙厂应支付定金10 000元，如果一方违约应向对方支付违约金15 000元。合同签订后，乙厂按约定向甲厂预付了定金，但甲厂至2020年3月31日尚未交货。乙厂为不影响生产，从丙厂购进同样规格的机床10台，同时通知甲厂要求解除合同。甲厂对此未作答复，于2020年4月18将10台机床发出。乙厂拒绝提货付款，甲厂以乙厂违约诉至人民法院。

人民法院经过审理后认为，甲厂与乙厂之间所签订的合同具有法律效力。甲厂迟延履行合同构成违约，并致使乙厂订约目的无法实现，同时乙厂已通知甲厂，因此双方已解除合同。应根据当事人的请求选择适用定金、违约金。甲厂发出的10台机床应由甲厂自行处理。

（三）抵销

抵销是双方当事人互负债务时，一方通知对方以其债权充当债务的清偿或者双方协商以债权充当债务的清偿，使得双方的债务在对等额度内消灭的行为。抵销分为法定抵销与约定抵销。

1. 法定抵销

《民法典》规定，当事人互负到期债务，该债务的标的物种类、品质相同的，任何一方可以将自己的债务与对方的到期债务抵销；但是，根据债务性质、按照当事人约定或者依照法律规定不得抵销的除外。法定抵销中的抵销权性质上属于形成权，因此当事人主张抵销的，应当通知对方。通知自到达对方时生效。抵销不得附条件或者附期限。

2. 约定抵销

《民法典》规定，当事人互负债务，标的物种类、品质不相同的，经协商一致，也可以抵销。

(四) 提存

1. 提存的概念

提存是指非因可归责于债务人的原因，导致债务人无法履行债务或者难以履行债务的情况下，债务人将标的物交由提存机关保存，以终止合同权利义务关系的行为。《民法典》第五百七十一条规定，债务人将标的物或者将标的物依法拍卖、变卖所得价款交付提存部门时，提存成立。提存成立的，视为债务人在其提存范围内已经交付标的物。

2. 提存的原因

《民法典》规定，有下列情形之一，致使难以履行债务的，债务人可以将标的物提存，若标的物不适于提存或者提存费用过高的，债务人依法可以拍卖或者变卖标的物，将所得的价款提存：①债权人无正当理由拒绝受领；②债权人下落不明；③债权人死亡未确定继承人、遗产管理人，或者丧失民事行为能力未确定监护人；④法律规定的其他情形。

3. 提存的法律后果

标的物提存后，债务人应当及时通知债权人或者债权人的继承人、遗产管理人、监护人、财产代管人。标的物提存后，毁损、灭失的风险由债权人承担。提存期间，标的物的孳息归债权人所有。提存费用由债权人负担。

债权人可以随时领取提存物。但是债权人对债务人负有到期债务的，在债权人未履行债务或者提供担保之前，提存部门根据债务人的要求应当拒绝其领取提存物。债权人领取提存物的权利，自提存之日起 5 年内不行使而消灭，提存物扣除提存费用后归国家所有。但是，债权人未履行对债务人的到期债务，或者债权人向提存部门书面表示放弃领取提存物权利的，债务人负担提存费用后有权取回提存物。此处规定的"5 年"为不变期间，不适用诉讼时效中止、中断或者延长的规定。

【例4-17】甲向乙定制了一套衣服，但甲迟迟不来领取，乙无法找到甲向其交付定货，于是半年后乙将该套衣服变卖，将所得价款扣除了报酬和保管费用后，以甲的名义存入银行。请问：乙的行为属于什么性质？是否合法？

【解析】乙的行为属于依法将标的物提存，是合法的。

(五) 免除与混同

债权人免除债务人部分或者全部债务的，合同的权利义务部分或者全部终止，但是债务人在合理期限内拒绝的除外。债权和债务同归于一人，即债权债务混同时，合同的权利义务终止，但是损害第三人利益的除外。

第七节 违约及其救济

一、违约行为

违约行为是指合同生效以后，合同目的尚未实现之前，合同当事人违反法定或约定义务不履行或者不完全履行合同的一种状态。

我国将违约行为区分为预期违约和实际违约两种类型。预期违约可分为明示毁约与默示毁约两类，而实际违约又可分为不履行、不能履行、不适当履行、加害给付及根本违约等。违约行为形态如图 4-1 所示。

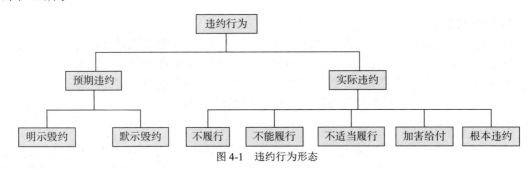

图 4-1　违约行为形态

（一）预期违约

1. 预期违约的概念

预期违约又叫先期违约，是指当事人一方在合同规定的履行期到来之前，明示或者默示其将不履行合同，由此在当事人之间发生一定的权利义务关系的一项合同法律制度。《民法典》第五百七十八条规定，当事人一方明确表示或者以自己的行为表明不履行合同义务的，对方可以在履行期限届满前请求其承担违约责任。

预期违约行为发生在合同依法成立以后、履行期到来之前，它具有以下特点：①预期违约行为表现为未来不履行义务，而不表现为现时的违反义务。②预期违约行为侵害的是期待债权，而不是现实的债权。③预期违约在补救方式上也不同于实际违约。在明示毁约中，由于合同尚未到履行期，所以债权人为了争取对方继续履行合同，可以不顾对方的毁约表示，而等履行期到来后要求对方继续履行。如果对方仍不履行，那么预期违约就已转化为实际违约，此时债权人可采取实际违约的补救方式。

2. 预期违约的种类及构成要件

(1) 明示毁约，是指当事人一方明确表示不履行合同义务，其构成要件为：

第一，毁约方必须向对方作出不履行债务的明确表示。表示的方式既可以是口头的，也可以是书面的。表示的内容既可以是直接拒绝履行合同义务，也可以是以其他借口拒绝履行合同义务。

第二，毁约方必须是在合同履行期到来以前，作出拒绝履行义务的表示。如果在履行期到来后才提出毁约，就构成实际违约。而且毁约方所作的意思表示必须明确包括将要毁约的内容，而不能仅仅是表示履行的困难和不愿意履行。

第三，毁约方必须表示不履行合同的主要义务。毁约方拒绝履行应当对对方从合同履行中获得的利益有重大影响，导致其合同目的的落空。如果仅仅是拒绝履行合同的部分内容，并且不妨碍债权人追求的根本目的，就不能构成预期违约。

第四，明示毁约必须无正当理由。如果提出毁约有正当理由，就不能构成明示毁约。所谓正当理由，包括：债务人享有法定的解除权；债务人因合同具有显失公平的原因而享有撤销权；合同关系自始不存在、条件不成熟；因不可抗力致使合同不能履行；合同本身具有无效因素等。

(2) 默示毁约，是指当事人一方以自己的行为表明不履行合同义务，其构成要件为：

第一，一方预见另一方在履行期到来时，将不履行或不能履行合同。一方之所以作出如此预见，是因为另一方自己的行为产生的，如经营状况严重恶化，转移财产、抽逃资金以逃避债务，丧失商业信誉等。

第二，一方的预见有确切的证据。一方预见另一方在履行期到来时不会或不能履约，毕竟只是一种主观臆断，为了平衡双方当事人的利益，一方必须借助一定的证据来说明自己判断的恰当性。

第三，被要求提供履行担保的一方不能在合理期间内提供充分的担保。在一方预见到另一方将不履行或不能履行合同后，必须向对方提出提供履行担保的要求，并且只有在另一方在合理期间内未提供担保后，才能构成默示毁约。

（二）实际违约

(1) 不履行。不履行也叫拒绝履行，是指在合同履行期届满时，合同当事人完全不履行自己的合同义务的行为。

(2) 不能履行。不能履行是指合同生效后，当事人在客观上不能履行合同，使合同目的无法实现的行为。

(3) 不适当履行。不适当履行是指合同当事人虽然履行了合同，但是履行的时间、地点、方式、方法等与合同约定不符，合同目的没有实现的行为。

(4) 加害给付。加害给付是指当事人不适当的履行造成了对方当事人伤害的一种行为。

(5) 根本违约。根本违约是指当事人一方迟延履行债务或者有其他违约行为，致使不能实现合同目的。其构成要件包括：第一，违约的后果使另一方蒙受损害，以至于实际上剥夺了其根据合同规定有权期待的利益。第二，违约方预知，而且一个通常的人处于相同情况下也预知会发生根本违约的结果。如果违约方或者通常的人在此情况下不能预见到违约行为的严重后果，就不构成根本违约，即采用主客观相结合的方式确定根本违约。《民法典》规定，当事人一方迟延履行债务或者有其他违约行为，致使不能实现合同目的的，就构成根本违约。

二、违约责任

需要提及的是，违约救济是一个比违约责任外延更大的概念，违约责任均可纳入违约救济的范畴之中，但违约救济自身又包含一些无法纳入违约责任范畴的内容，如合同解除、物的返还请求权、不当得利返还请求权等。违约救济是违约责任的上位概念，二者是包容关系。限于篇幅，本部分只阐述违约救济的重要内容之一——违约责任。

（一）违约责任的概念与特征

违约责任也称为违反合同的民事责任，是指合同当事人因违反合同义务所承担的责任。合同当事人只要存在违约行为且不存在法定和约定的免责事由，就应承担违约责任。当事人双方都违约的，应各自承担相应的责任。违约责任具有以下特点：

(1) 违约责任以合同的有效存在为前提。

(2) 违约责任是合同当事人不履行合同义务所产生的财产责任。如果当事人违反的不是合同义务，而是法律规定的其他义务，则应负其他责任。《民

知识拓展 4-11

有关惩罚性赔偿责任的法律规定

法典》第九百九十六条规定,因当事人一方的违约行为,损害对方人格权并造成严重精神损害,受损害方选择请求其承担违约责任的,不影响受损害方请求精神损害赔偿。

(3) 违约责任具有相对性。即违约责任只能在特定的当事人之间即合同关系的当事人之间发生。当事人一方因第三人的原因造成违约的,应当依法向对方承担违约责任。当事人一方和第三人之间的纠纷,依照法律规定或者按照约定解决。

(4) 违约责任具有任意性。合同当事人可以在法律法规规定的范围内,对一方的违约责任作出事先安排,如可事先约定违约金的数额或幅度,事先确定损失赔偿的数额或计算方法。同时,为了保障合同当事人设定的违约责任的公正合理,对不符合法律法规规定的违约责任,将会被宣告无效或被撤销。

(5) 违约责任主要是一种损失补偿责任。法律确定违约责任的重要目的之一是弥补或补偿因违约方的违约行为所造成的损害后果,补偿受害人的损失,因此除法律另有规定外,违约责任具有补偿性而不具有惩罚性。这一般通过支付违约金、赔偿金和其他方式来体现,使受害人的实际损失得到全部补偿或部分补偿。

(二) 承担违约责任的主要方式

《民法典》规定的承担违约责任的方式主要有:继续履行、补救措施、赔偿损失、违约金四种方式。

1. 继续履行

继续履行又称实际履行,是指债权人在债务人不履行合同义务时,可请求人民法院或者仲裁机构强制债务人按照原合同所约定的主要条件继续完成合同义务的行为。

《民法典》规定,当事人一方未支付价款、报酬、租金、利息,或者不履行其他金钱债务的,对方可以请求其支付。

当事人一方不履行非金钱债务或者履行非金钱债务不符合约定的,对方可以请求履行,但是有下列情形之一的除外:①法律上或者事实上不能履行;②债务的标的不适于强制履行或者履行费用过高;③债权人在合理期限内未请求履行。有前述规定的除外情形之一,致使不能实现合同目的的,人民法院或者仲裁机构可以根据当事人的请求终止合同权利义务关系,但是不影响违约责任的承担。

2. 补救措施

补救措施是指债务人履行合同义务不符合约定,债权人在请求人民法院或者仲裁机构强制债务人实际履行合同义务的同时,可根据合同履行情况要求债务人采取的补救履行措施。《民法典》规定,当事人一方不履行债务或者履行债务不符合约定,根据债务的性质不得强制履行的,对方可以请求其负担由第三人替代履行的费用。

履行不符合约定的,应当按照当事人的约定承担违约责任。对违约责任没有约定或者约定不明确,依据《民法典》第五百一十条的规定仍不能确定的,受损害方根据标的的性质以及损失的大小,可以合理选择请求对方承担修理、重作、更换、退货、减少价款或者报酬等违约责任。

当事人一方不履行合同义务或者履行合同义务不符合约定的,在履行义务或者采取补救措施后,对方还有其他损失的,应当赔偿损失。

3. 赔偿损失

赔偿损失是指合同当事人由于不履行合同义务或者履行合同义务不符合约定,给对方造成财产上的损失时,由违约方以其财产赔偿对方所蒙受的财产损失的一种违约责任形式。实践中,适用赔偿损失时应注意以下几方面。

(1) 当事人一方不履行合同义务或者履行合同义务不符合约定的，在履行义务或者采取补救措施后，对方还有其他损失的，应当赔偿损失。

(2) 当事人一方不履行合同义务或者履行合同义务不符合约定，造成对方损失的，损失赔偿额应当相当于因违约所造成的损失，包括合同履行后可以获得的利益；但是，不得超过违约一方订立合同时预见到或者应当预见到的因违约可能造成的损失。

(3) 当事人一方违约后，对方应当采取适当措施防止损失的扩大；没有采取适当措施致使损失扩大的，不得就扩大的损失请求赔偿。当事人因防止损失扩大而支出的合理费用，由违约方负担。

(4) 当事人都违反合同的，应当各自承担相应的责任。当事人一方违约造成对方损失，对方对损失的发生有过错的，可以减少相应的损失赔偿额。

4. 违约金

违约金是按照当事人约定或者法律规定，一方当事人违约时应当根据违约情况向对方支付的一定数额的货币。

根据《民法典》第五百八十五条的规定，当事人可以约定一方违约时应当根据违约情况向对方支付一定数额的违约金，也可以约定因违约产生的损失赔偿额的计算方法。约定的违约金低于造成的损失的，人民法院或者仲裁机构可以根据当事人的请求予以增加；约定的违约金过分高于造成的损失的，人民法院或者仲裁机构可以根据当事人的请求予以适当减少。当事人就迟延履行约定违约金的，违约方支付违约金后，还应当履行债务。

当事人在合同中既约定违约金，又约定定金的，一方违约时，对方可以选择适用违约金或者定金条款。

(三) 违约责任与侵权责任的竞合

所谓责任竞合，是指由于某种法律事实的出现而导致两种或两种以上的责任产生，这些责任彼此之间是相互冲突的。在民法中，责任竞合主要表现为违约责任和侵权责任的竞合。

《民法典》第一百八十六条规定，因当事人一方的违约行为，损害对方人身权益、财产权益的，受损害方有权选择请求其承担违约责任或者侵权责任。因此，在发生违约责任和侵权责任的竞合的情况下，允许受害人选择一种责任提起诉讼。实践中，违约责任和侵权责任在归责原则、诉讼管辖、责任构成要件、免责条件、举证责任、时效期限、责任形式、损失赔偿的范围、对第三人的责任等方面存在着区别，受害人选择不同的责任，将影响对其利益的保护和对不法行为人的制裁。

债权人向人民法院起诉时作出选择后，在一审开庭以前又变更诉讼请求的，人民法院应当准许。但如对方当事人对变更后的诉讼请求提出管辖权异议，经审查异议成立的，人民法院应当驳回起诉。

知识拓展 4-12

违约责任与侵权责任的区别及竞合

【例 4-18】2020 年 4 月 15 日，张洋从华丰市场购买了一台热水器。同年 5 月 18 日，该热水器因质量问题给张洋造成了人身伤害。2020 年 6 月 18 日，张洋向华丰商场提出交涉。双方协商未果，张洋于 2020 年 6 月 28 日向人民法院提起诉讼。下列表述正确的是( )。

A. 张洋只能请求华丰商场承担侵权责任

B. 张洋只能请求华丰商场承担违约责任
C. 张洋有权请求华丰商场承担侵权责任和违约责任
D. 张洋可以请求华丰商场承担侵权责任或违约责任
【解析】根据我国法律规定，正确答案是 D。

三、免责事由

免责事由又称免责条件，是指法律规定或者合同中约定的当事人对其不履行或者不适当履行合同义务免于承担违约责任的条件。通常包括不可抗力、受害人过错和免责条款。

1. 不可抗力

所谓不可抗力，是指不能预见、不能避免并不能克服的客观情况。常见的不可抗力主要有：①自然灾害。如地震、台风、洪水、海啸等。②政府行为。政府行为是指当事人在订立合同以后发生，且不能预见的情形。③社会异常形象，如罢工、骚乱等。

《民法典》第五百九十条规定，当事人一方因不可抗力不能履行合同的，根据不可抗力的影响，部分或者全部免除责任，但是法律另有规定的除外。因不可抗力不能履行合同的，应当及时通知对方，以减轻可能给对方造成的损失，并应当在合理期限内提供证明。

当事人迟延履行后发生不可抗力的，不免除其违约责任。

2. 受害人过错

受害人过错是指受害人对违约行为或者违约损害后果的发生或者扩大存在过错。违约责任虽然实行严格责任，但是受害人的过错可以成为违约方全部或者部分免除责任的依据。

3. 免责条款

免责条款是指合同当事人约定的排除或者限制其将来可能发生的违约责任的条款。一方当事人基于他方所应承担的民事责任而享有的权利属于民事权利，民事主体可以依法放弃民事权利，免除他人的民事义务、民事责任。因此，当事人在订立合同时，可以约定免责条款。只要具有免责条款规定的情形，当事人即使有违约行为，也不承担违约责任。但是，合同中的免除造成对方人身伤害、因故意或者重大过失造成对方财产损失的违约责任的免责条款无效，当事人对此类损失仍应当承担赔偿责任。

综合实训

一、判断题

1. 日常生活中电视购物、悬赏广告等内容具体明确的广告，是要约邀请。（ ）
2. 行为人没有代理权、超越代理权或者代理权终止后以被代理人名义订立合同的行为无效。（ ）
3. 效力待定的合同是指合同本来无效，只有经过有权人的追认，才能发生当事人预期的法律效力的合同。（ ）
4. 甲乙双方订立买卖合同，甲方从乙方购进冰箱 30 台，合同没有约定运费由谁承担，运费应由甲方负担。（ ）
5. 当事人对保证方式没有约定或者约定不明确的，按照一般责任保证承担保证责任。（ ）
6. 质押合同禁止约定在债务履行期届满，债务人不履行到期债务时质押财产归债权人所有。（ ）

7. 提存的标的物在提存期间产生的孳息归提存机关所有。( )
8. 退休工人王萌向邻居张聪借款1000元，到期不还钱，张聪得知王萌有一笔退休金迟迟不去领取，张聪可对该笔退休金行使代位权。( )
9. 合同债权人转让其债权，须经债务人的同意，转让方可生效。( )
10. 甲乙双方存在合同关系，甲方违约后，乙方未采取适当措施致使损失扩大的，乙方就损失扩大的部分，可一并要求甲方赔偿。( )

二、单项选择题

1. 2020年3月11日，甲公司以信件方式向乙公司发出出售100吨大米的要约，要求乙公司在收信后10日内予以答复。3月18日信件寄至乙公司。乙公司于3月25日寄出承诺信件，表示接受甲公司在信件中的要约内容，但务必请附上植物检疫证书。3月30日信件寄至甲公司。4月1日，甲公司打电话回复乙公司，同意乙公司附上植物检疫证书的请求。该承诺的生效时间为( )。
   A. 9月18日　　B. 9月25日　　C. 9月30日　　D. 10月1日

2. 甲公司委托业务员张涵到某地采购一批等离子电视机，张涵到该地后意外发现当地乙公司的液晶电视机很畅销，就用盖有甲公司公章的空白介绍信和空白合同书与乙公司签订了购买200台液晶电视机的合同，并约定货到付款。货到后，甲公司拒绝付款。下列表述中，不正确的是( )。
   A. 甲公司有权拒绝付款
   B. 张涵无权代理签订购买液晶电视机合同
   C. 若签订合同时乙公司已知道张涵无权采购液晶电视机，则此合同仍然有效
   D. 甲公司应接受货物并向乙公司付款，若甲公司因该液晶电视机买卖合同受到损失，有权向张涵追偿

3. 李泉系丙有限责任公司的经理，该公司主要经营空调销售业务。在任职期间，李泉代理丁公司从国外进口一批空调并将其销售给丙公司，丙公司得知后提出异议。本案的处理方式为( )。
   A. 李泉的行为与丙公司无关，丙公司无权提出异议
   B. 李泉违反竞业禁止义务，但这并不影响销售合同的效力，由这笔买卖所得的收益应归丙公司所有
   C. 李泉违反竞业禁止义务，其代理丁公司与丙公司签订的销售合同无效，所进口的空调应由丙公司优先购买
   D. 李泉违反竞业禁止义务，但这并不影响销售合同的效力，也不影响他因这一买卖所得的收益，仅存在被罢免的可能性

4. 李刚原是某百货公司的采购员，长期以公司名义从某彩电厂家进货，只要凭李刚的签名就可提货，然后由公司付款。后来李刚辞职，但辞职后仍以公司名义提走一批彩电。因百货公司拒绝付款，彩电厂对百货公司提起诉讼。此案该如何处理( )。
   A. 百货公司应拒绝付款　　　　B. 百货公司和彩电厂应承担连带责任
   C. 彩电厂可直接对李刚提起诉　　D. 百货公司应向彩电厂付款并有权向李刚追偿

5. 甲超市与乙食品厂签订买卖合同，约定：乙食品厂应在中秋节前两周，向甲超市交付各色月饼1万盒。依照《民法典》有关规定，下列陈述错误的是( )。
   A. 如果乙食品厂发生重大火灾，致乙食品厂机器及全部成品、原料烧毁，则甲超市有权解除合同
   B. 如果乙食品厂发生重大火灾，致乙食品厂机器严重损坏，乙食品厂要推迟1个月履行合同，甲超市有权解除合同
   C. 如果乙食品厂发生重大火灾，致乙食品厂不能按时交货，甲超市有权解除合同，但因该损失是由于不可抗力所致，因此甲超市无权要求乙食品厂赔偿损失
   D. 如果乙食品厂发生重大火灾，致使乙食品厂机器及产品严重受损，乙食品厂仅能交付各色月饼6000盒，甲超市应当接受，不得解除合同

6. 甲公司在与乙公司协商购买某种零件时提出，由于该零件的工艺要求高，只有乙公司先行制造出符合要求的样品后，才能考虑批量购买。乙公司完成样品后，甲公司因经营战略发生重大调整，遂通知乙公司其已不需此种零件，终止谈判。根据《民法典》的规定，下列选项中正确的是(   )。

  A. 甲公司构成违约，应当赔偿乙公司的损失

  B. 甲公司的行为构成缔约过失，应当赔偿乙公司的损失

  C. 甲公司的行为构成缔约过失，但无须赔偿乙公司的损失

  D. 甲公司不应赔偿乙公司的任何损失

7. 飞跃公司开发了某杀毒软件，并在安装程序中作了"本软件可能存在风险，继续安装视为同意自己承担一切风险"的声明。黄弘购买了该正版软件，安装时同意了声明。谁知该软件误将操作系统视为病毒而删除，导致黄弘电脑瘫痪并丢失所有的文件。根据《民法典》的规定，下列选项中正确的是(   )。

  A. 因黄弘同意飞跃公司的免责声明，可免除飞跃公司的赔偿责任

  B. 黄弘有权要求飞跃公司承担赔偿责任

  C. 黄弘有权依据《中华人民共和国消费者权益保护法》获得相应的赔偿

  D. 黄弘可同时提起侵权之诉和违约之诉

8. 甲公司与乙印刷厂订了一份加工印制贺年卡的合同，合同约定贺年卡上印制各种鼠形图案，以示该年为农历鼠年。合同履行期为2019年12月18日，如违约应支付违约金。但至2020年1月底，乙印刷厂仅交付了贺年卡总数的20%，其余部分一直未交。甲公司遂向乙印刷厂书面通知解除合同，乙印刷厂不同意，甲公司便诉至法院。对本案的处理，下列表述正确的是(   )。

  A. 乙印刷厂应当继续履行合同

  B. 乙印刷厂应当支付违约金并应继续履行合同

  C. 甲公司有权解除合同，并要求乙印刷厂支付违约金

  D. 甲公司有权解除合同，但无权要求乙印刷厂支付违约金

9. 甲公司与乙村订立茶叶购销合同，约定乙村于2020年5月18日交货，甲公司于同年5月28日付款。在同年4月底，乙村发现甲公司经营状况严重恶化，有无力支付货款的可能，并有确切证据，遂向甲公司提出中止合同，但甲公司未允。基于以上原因，乙村在同年5月18日未按期交货，有关该案正确的表述是(   )。

  A. 乙村无权不按期交货，但可仅先交部分货物

  B. 乙村有权不按期交货，除非甲公司提供了相应的担保

  C. 乙村有权不按期交货，即使甲公司提供了相应的担保

  D. 乙村无权不按期交货，但甲公司不付货款可追究其违约责任

10. 下列情形中属于效力待定合同的是(   )。

  A. 5周岁的儿童因发明创造而接受奖金

  B. 12周岁的少年出售劳力士金表给40岁的刘涵

  C. 成年人甲误将本为复制品的油画当成真品购买

  D. 出租车司机借抢救重伤员急需出租车之机将车价提高5倍

11. 甲公司拖欠乙银行贷款，甲公司与丙公司约定由丙公司承担向乙银行还款责任。甲公司与丙公司的约定(   )。

  A. 无须乙银行同意   B. 需甲、乙、丙三方共同订立协议

  C. 需乙银行同意   D. 乙银行需要通过诉讼确认其效力

12. 甲与乙签订买卖合同，合同规定，甲先交付货物，但在交货前夕，甲派员调查乙的偿付能力，并有确切证据证明乙负债累累，丧失支付能力。甲遂暂时不向乙交付货物，甲的行为是(   )。

  A. 违约行为   B. 行使先履行抗辩权

  C. 行使不安抗辩权   D. 行使同时履行抗辩权

13. 下列主张能够得到法律支持的是( )。
    A. 甲工厂拖欠了王师傅三个月工资，导致王师傅一家不能交付房租，房主决定向王师傅工厂直接追讨王师傅拖欠的房租
    B. 李四要求张三偿还已经到期尚未支付的 500 元种子钱，张三说要等儿子支付赡养费后才有钱，李四想直接向张三的儿子要钱
    C. 由于乙公司不能支付货款，致使丙公司不能向原材料供应方丁公司支付购货款，丙公司又未向乙追讨，丁公司决定直接起诉乙公司
    D. 由于乙公司不能支付货款，致使丙公司不能向原材料供应方丁公司支付购货款，丁公司决定根据其与丙公司的仲裁合同，向仲裁委员会提出以乙公司为被申请人的仲裁
14. 甲公司与乙公司签订电脑买卖合同，合同约定由丙公司代替甲公司向乙公司支付电脑价款，但丙公司在该合同履行期限内未向乙公司支付电脑价款。对此，下列叙述正确的是( )。
    A. 丙公司应向乙公司承担违约责任
    B. 甲公司应向乙公司承担违约责任
    C. 甲公司与乙公司签订的电脑买卖合同无效
    D. 乙公司可选择甲公司或丙公司承担违约责任
15. 甲公司与乙公司签订服装加工合同，约定乙公司支付预付款 1 万元，甲公司加工服装 1000 套，3 月 10 日交货，乙公司 3 月 15 日支付余款 9 万元。3 月 10 日，甲公司仅加工服装 900 套，乙公司此时因濒临破产致函甲公司表示无力履行合同。下列说法正确的是( )。
    A. 因乙公司已支付预付款，甲公司无权中止履行合同
    B. 乙公司有权以甲公司仅交付 900 套服装为由，拒绝支付任何货款
    C. 甲公司有权以乙公司已不可能履行合同为由，请求乙公司承担违约责任
    D. 因乙公司丧失履行能力，甲公司可行使顺序履行抗辩权

三、多项选择题

1. 甲公司于 8 月 2 日向乙公司发出要约，要卖给乙公司一台机器设备，甲公司要求乙公司 10 天内答复。甲公司的要约于 8 月 5 日到达乙公司。8 月 3 日，甲公司又给乙公司去信，称该机器设备现其需要使用，不能出售，请乙公司原谅。第二封信于 8 月 6 日到达。乙公司 8 月 7 日回信表示接受甲公司的要约条件，该回信 8 月 10 日到达，甲公司拒绝交货。下列说法正确的是( )。
   A. 甲、乙之间的合同不成立，因为要约已被撤销
   B. 甲、乙之间的合同成立，因为要约没有被撤销
   C. 甲、乙之间的合同于 8 月 7 日承诺发生时成立
   D. 甲、乙之间的合同于 8 月 10 日承诺到达时成立
   E. 甲、乙之间的合同不成立，故乙只能追究甲的缔约过失责任，不能追究其违约责任
2. 王聪没有经过李钰授权便以李钰名义与他人订立合同，关于此合同的效力，下列说法正确的是( )。
   A. 李钰追认后，则合同有效力
   B. 未经李钰追认，则对其不生效
   C. 李钰如果不追认，应由王聪承担其行为责任
   D. 即使李钰不承认，也应由王聪、李钰二人承担连带责任
3. 甲、乙二人是好友，现年均为 17 岁，甲已经参加工作，乙还在高中读书。乙继承了巨额遗产，欲委托甲投资，遂与甲订立合同，约定乙出资 5 万元，委托甲投资，投资所得收益甲可取得 20%。关于此合同的效力，正确的说法是( )。
   A. 乙的父母追认时，合同有效
   B. 甲、乙的父母均追认时，合同有效
   C. 在乙的父母追认之前，甲有权撤销合同

D. 甲可催告乙的父母在 30 日内追认合同，如到期乙的父母未作表示，则合同无效

4. 关于合同解除，下列表述正确的是(　　)。

 A. 甲雇请乙开车，同时约定，若甲日后自己拿到驾驶执照，则甲有权解聘乙，此即约定解除权

 B. 某学校为欢庆六一儿童节，向甲公司定制一批玩具，约定 5 月 20 日交货。届履行期限，甲公司致函学校，明确告知其无法按时履行，请求迟延，某学校以合同目的无法实现，要求解除合同，并赔偿损失

 C. 某市百货商场与某市服装厂签订一份服装供应合同，约定于 8 月 15 日前交货。但到了 8 月 15 日，服装厂没有按约交货，于是，百货商场于 8 月 16 日提出解除合同，并认为其解除合同有法律依据

 D. A 公司为履行与 B 公司签订的锅炉买卖合同，委托运输公司送货上门，但途中遇交通事故，导致锅炉毁损，A 公司以事故不是其造成为由提出解除合同，免除自己的责任

 E. 甲公司明确向乙公司表示其将不按约定履行合同义务，此时，乙公司可以不经催告径直解除合同

5. 甲公司与乙公司签订一份电视购销合同，双方在合同中约定，由乙公司卖给甲公司 30 台电视机，货款总额为 15 万元。2020 年 5 月 30 日前货款两清，合同经公证后生效。后来双方并未对此合同进行公证。到 6 月 30 日，乙公司尚未交货，甲公司诉至人民法院。下列关于本案的处理意见正确的是(　　)。

 A. 乙公司违反了合同的约定，应负赔偿责任　　B. 因未公证，该合同并未生效

 C. 本案中双方当事人都无须承担民事责任　　D. 乙公司应承担缔约过失责任

6. 2019 年 8 月，甲厂与乙商场签订了一份购销合同，合同约定，甲厂应在当年 12 月底供应乙商场 100 台空调，乙商场在验收合格后 7 日内支付货款若干。同年 10 月，甲厂被丙公司兼并，并办理了注销登记。同年 12 月底，乙商场按照原合同约定来甲厂提货，方得知上述事实，于是找到丙公司，要求丙公司履行合同。丙公司以合同系甲厂所签、与己无关为由加以拒绝。乙商场遂以丙公司为被告诉至人民法院。本案正确的判断是(　　)。

 A. 丙公司的理由成立

 B. 丙公司兼并甲厂，导致甲厂的债权、债务由丙公司概括承受

 C. 丙公司应按照甲厂与乙商场之间的约定向乙商场交付货物

 D. 乙商场应依合同约定向丙公司支付货款

7. 某公司为纪念 2020 年某项体育比赛，特生产纪念手机 2020 部，每部售价 2.02 万元。其广告宣称，纪念手机上镶有进口天然钻石，并限量发行。后经查实，钻石为人造钻石，每粒售价仅为 100 元，手机成本约 2000 元。购买者因此有权主张(　　)。

 A. 该合同无效　　B. 解除该合同　　C. 该公司承担违约责任　　D. 赔偿损失

8. 甲房地产开发公司与刘旸签订一份商品房买卖合同。双方约定，房地产公司于 2020 年 1 月 31 日前交房，并于 6 个月内办理房屋产权证书。刘旸一次性付清全部房款。房地产公司与刘旸签订合同后，又与王喆签订买卖合同，并于 2020 年 5 月将该房钥匙交给王喆。王喆已进行装修并入住。下列关于该房屋买卖合同的表述正确的是(　　)。

 A. 房地产公司的行为构成默示的预期违约　　B. 房地产公司与王喆签订的合同无效

 C. 刘旸有权立即行使合同解除权　　D. 刘旸须于履行期届满后才可行使违约责任请求权

9. 某热电厂从某煤矿购煤 200 吨，约定交货期限为 2019 年 9 月 30 日，付款期限为 2019 年 10 月 31 日。9 月底，煤矿交付 200 吨煤，热电厂经检验发现煤的含硫量远远超过约定标准，根据政府规定不能在该厂区燃烧。基于上述情况，热电厂以下主张中有法律依据的是(　　)。

 A. 行使顺序履行抗辩权　　B. 要求煤矿承担违约责任

 C. 行使不安抗辩权　　D. 解除合同

10. 甲委托乙采购茶叶，并给了乙一份无期限限制的授权委托书。10 月份，甲通知乙取消委托，并要

求乙交回授权委托书，乙因故未交。11月，乙以甲的代理人的名义与丙订立了一份价值10万元的茶叶订购合同，在这一实例中，下列表述正确的是( )。

  A. 如果丙能提供甲的授权委托书，乙的代理行为有效，甲应履行与丙的合同

  B. 如果丙不能提供甲的授权委托书，乙的代理行为属于无权代理行为，若经甲追认可发生效力

  C. 如果丙不能提供甲的授权委托书，丙可以催告甲在30日内予以追认，若甲在此期限内未作表示，视为拒绝追认

  D. 若丙明知乙的代理权已终止而仍与之订立合同，由此给甲造成损失，则只能由丙对甲承担责任

11. 甲公司向乙公司订购奶粉一批，乙公司在订立合同时，将国产奶粉谎称为进口奶粉。甲公司事后得知实情，适逢国产奶粉畅销。甲公司有意履行合同，乙公司则希望将这批货物以更高价格售与他人。此时，当事人的下列行为对合同效力将产生的影响为( )。

  A. 甲公司向乙公司催告交货，则合同确定有效

  B. 甲公司向乙公司预付货款，则合同确定有效

  C. 甲公司向乙公司送交确认合同有效的通知，则合同确定有效

  D. 乙公司以合同订立存在欺诈情事为由主张撤销，则合同失去约束力

12. 甲为乙在银行的贷款提供保证，在保证合同上约定甲的保证是一般保证，下列说法正确的是( )。

  A. 在货款到期时，银行可以直接要求甲偿还贷款

  B. 乙住所变更，银行无法找到乙时，可以直接要求甲承担责任

  C. 在贷款到期时，银行应先向乙书面要求，乙仍然不还款时，银行才有权要求甲承担保证责任

  D. 甲认为只有在银行对乙提起诉讼或仲裁，并且经过强制执行仍然不能履行债务时，自己才负有保证责任

  E. 甲书面向银行表示放弃法律所规定的拒绝履行保证义务的权利的，银行就可以在贷款到期乙没有履行债务时，直接要求甲承担责任

13. 甲与乙签订一买卖合同，甲应于8月12日支付200万元货款。甲到期没有付款，且甲目前无钱可付。在以下情形中乙可行使撤销权的是( )。

  A. 甲将汽车赠与其亲属丙

  B. 丙欠甲50万元借款，已经到期，但甲放弃了债权

  C. 甲与丙相互串通，甲将值钱的财产送给丙，以逃避欠乙的债务

  D. 甲父在知道甲欠乙货款的情况下，仍然接受了甲送给他的赡养费

  E. 甲将价值100万元的房屋以20万元的价格出售给了好朋友丙，丙知道甲欠乙货款

14. 甲欠乙5000元，经乙多次催促，甲一直拖延不还。后乙通知甲必须在半个月内还钱，否则将对甲提起诉讼。甲立即将家中仅有的九成新电冰箱和彩电各一台以100元的价格卖给知情的丙，后被乙发现。下列表述中，正确的是( )。

  A. 乙可书面通知甲、丙，撤销该买卖合同

  B. 如乙发现之日为2019年5月1日，则自2020年5月2日起，乙不再享有撤销权

  C. 如乙的撤销权成立，则乙为此支付的律师代理费、差旅费应由丙承担

  D. 如乙的撤销权成立，则乙为此支付的律师代理费、差旅费应由甲、丙承担

四、简答题

1. 简述合同成立与合同生效的区别与联系。
2. 有效合同、无效合同、可撤销合同、效力待定合同之间有哪些区别？
3. 缔约过失责任和违约责任有何不同？
4. 合同履行中当事人可以行使哪些抗辩权？这些抗辩权分别适用于何种情况？

5. 简述合同保全措施的主要内容。
6. 典型的合同担保方式有哪些？试比较它们的异同。
7. 什么是合同的变更、转让？法律对合同的变更、转让有哪些限制？
8. 合同权利义务终止的情形有哪些？
9. 合同解除的法定条件是什么？
10. 承担合同违约责任的主要形式有哪些？它们分别适用于何种情况？

五、案例分析题

案例一：2020年5月8日甲公司给乙公司发电子邮件称："本公司有一批特定货物欲出售，每吨价格为2000元，如同意购买请速回复与本公司联系以便进一步协商。"乙接信后回复："愿意购买100吨，总价200 000元，请在2020年5月31日前回电。"但甲到了2020年6月8日才回复称："由于该货物发生市场价格上涨的不可抗力，不能以原价卖出，本公司在2020年5月20日已以高于原价的价格将货物卖给了他人。"乙认为甲违反了合同的约定，应当承担违约责任及赔偿为筹集货款而支付的10 000元费用损失。

请问：

1. 甲第一次给乙所发的电子邮件属于什么行为？为什么？
2. 乙给甲的回复属于什么行为？为什么？
3. 甲第二次给乙回复所称的不可抗力是否成立？为什么？
4. 甲是否承担违约责任？为什么？
5. 甲是否承担其他责任？若承担，应承担哪方面的责任？

案例二：甲企业向乙企业发出传真订货，该传真列明了所需货物的种类、数量、质量、供货时间、交货方式等，并要求乙在10日内报价。乙接受甲传真中列明的条件并按时报价，也要求甲在10日内回复。甲按期复电同意其价格，并要求签订书面合同。

乙在未签订书面合同的情况下按甲提出的条件发货，甲收到后未提出异议，也未付货款。后因市场发生变化，该货物价格下降，甲遂向乙提出由于双方未签订书面合同，买卖关系不能成立，故乙应尽快取回货物。乙不同意甲的意见，要求其偿付货款。随后，乙发现甲放弃其对关联企业的到期债权，并向其关联企业无偿转让财产致使自己的货款无法得到清偿，遂向人民法院提起诉讼。

请问：

1. 甲传真订货、乙报价、甲回复报价行为的法律性质是什么？
2. 买卖合同是否成立？并说明理由。
3. 对甲放弃到期债权、无偿转让财产的行为，乙可以向人民法院提出何种权利请求？对乙行使该权利的期限法律有何规定？

案例三：甲、乙两公司采用合同书形式订立了一份买卖合同，双方约定由甲公司向乙公司提供100台精密仪器，甲公司于8月31日以前交货，并负责将货物运至乙公司，乙公司在收到货物后10日内付清货款。合同订立后，双方均未签字盖章。7月28日，甲公司与丙运输公司订立货物运输合同，双方约定由丙公司将100台精密仪器运至乙公司，8月1日，丙公司先运了70台精密仪器至乙公司，乙公司、全部收到，并于8月8日将70台精密仪器的货款付清。8月20日，甲公司掌握了乙公司转移财产、逃避债务的确切证据，随即通知丙公司暂停运输其余30台精密仪器，并通知乙公司中止交货，要求乙公司提供担保，乙公司及时提供了担保。8月26日，甲公司通知丙公司将其余30台精密仪器运往乙公司，丙公司在运输途中发生交通事故，致30台精密仪器全部毁损，致使甲公司8月31日前不能按时全部交货。9月5日，乙公司要求甲公司承担违约责任。

请问:
1. 甲、乙公司订立的买卖合同是否成立?并说明理由。
2. 8月20日中止履行合同的行为是否合法?并说明理由。
3. 9月5日要求甲公司承担违约责任的行为是否合法?并说明理由。
4. 丙公司对货物毁损应承担什么责任?并说明理由。

案例四:甲、乙签订了一份买卖合同,合同约定:甲将一批木板卖给乙,乙于收到货物后一定期限内付款。为了保证合同履行,经乙与甲、丙协商同意,甲又与丙签订了一份质押担保合同。质押合同约定,丙以其可转让商标专用权出质(已向有关部门办理了出质登记),当乙不能履行合同义务时,由丙承担质押担保责任。

合同生效后,甲依约将木板运送至乙所在地,乙认为木板质量不符合标准,要求退货。由于甲、乙签订的买卖合同中没有明确规定标的物质量要求,于是甲与乙协商,建议乙改变该批木板的用途,同时向乙承诺适当降低木板的售价。乙同意甲的建议,但要求再延期1个月付款,甲同意了乙的要求。

在此期间,甲因资金周转困难,遂要求丙履行担保责任,丙以乙的付款期限未到期为由拒绝履行。于是甲将合同权利转让给丁,同时通知了乙、丙。乙、丁经协商达成协议,乙给丁开出并承兑了一张商业承兑汇票。汇票到期后,丁持该汇票向银行要求付款,因乙在该银行账户上的资金不足,银行不予支付。

请问:
1. 甲、乙签订的买卖合同中对标的物的质量要求没有约定的情况下,应如何确定标的物质量的履行规则?
2. 甲、丁之间的合同权利转让行为是否符合法律规定?并说明理由。
3. 甲将合同权利转让给丁后,丙对甲承担的质押担保责任是否对丁有效?并说明理由。
4. 乙不能按期向丁支付货款,丁可以采取什么方式主张其债权?

案例五:甲公司因转产致使一台价值1000万元的精密机床闲置。该公司董事长王昊与乙公司签订了一份机床转让合同。合同规定,精密机床作价950万元,甲公司于10月31日前交货,乙公司在收货后10天内付清款项。在交货日前,甲公司发现乙公司经营状况恶化,通知乙公司中止交货并要求乙公司提供担保,乙公司予以拒绝。又过了1个月,甲公司发现乙公司的经营状况进一步恶化,于是提出解除合同。乙公司遂向法院起诉。法院查明:①甲公司股东会决议规定,对精密机床等重要资产的处置应经股东会特别决议;②甲公司的机床原由丙公司保管,保管期限至10月3日,保管费50万元。11月5日,甲公司将机床提走,并约定10天内付保管费,如果10天内不付保管费,丙公司可对该机床行使留置权。现丙公司要求对该机床行使留置权。

请问:
1. 甲公司与乙公司之间转让机床的合同是否有效?为什么?
2. 甲公司中止履行的理由能否成立?为什么?
3. 甲公司能否解除合同?为什么?
4. 甲公司要求乙公司提供担保时,乙公司即予以提供了相应的担保,甲公司应负什么义务?
5. 若法院查明,乙公司实际上并不存在经营状况恶化的情形,则甲公司应负什么责任?
6. 丙公司是否享有留置权?为什么?
7. 丙公司能否行使留置权?为什么?

案例六:甲公司向乙宾馆发出一封电报称:"现有一批电器,其中电视机80台,每台售价3400元;电冰箱100台,每台售价2800元,总销售优惠价52万元。如有意购买,请告知。"乙宾馆接到该电报后,遂向甲公司回复称,只欲购甲公司50台电视机,每台电视机付款3200元;60台电冰箱,每台电冰箱付款2500元,共计支付总货款31万元,货到付款。甲公司接到乙宾馆的电报后,决定接受乙宾馆的要求。甲、乙签订了买卖合同,约定交货地点为乙宾馆,如双方发生纠纷,选择A仲裁机构仲裁解决。

甲公司同时与丙运输公司签订了合同，约定由丙公司将货物运至乙宾馆。丙公司在运输货物途中遭遇洪水，致使部分货物毁损。丙公司将剩余的未遭损失的货物运至乙宾馆，乙宾馆要求甲公司将货物补齐后一并付款。

甲公司迅速补齐了货物，但乙宾馆以资金周转困难为由，表示不能立即支付货款，甲公司同意乙宾馆推迟1个月付款。1个月后经甲公司催告，乙宾馆仍未付款。于是，甲公司通知乙宾馆解除合同，乙宾馆不同意解除合同。甲公司拟向法院起诉，要求解释合同，并要求乙宾馆赔偿损失。

请问：
1. 甲公司向乙宾馆发出的电报是要约还是要约邀请？
2. 乙宾馆的回复是承诺还是新的要约？为什么？
3. 丙公司是否应对运货途中的货物毁损承担损害赔偿责任？为什么？
4. 甲公司能否解除与乙宾馆的买卖合同？为什么？
5. 甲公司能否向法院起诉？为什么？

案例七：2020年1月18日，甲公司将一台价值900万元的机床委托乙仓库保管，双方签订的保管合同约定，保管期限从1月18日至5月18日，保管费用2万元，由甲公司在保管到期提取机床时一次付清。3月，甲公司急需向丙公司购进一批原材料，但因资金紧张，暂时无法付款。经丙公司同意，甲公司以机床作抵押，购入丙公司原材料。双方约定：至7月8日，如甲公司不能偿付全部原材料款；丙公司有权将机床变卖，以其价款抵偿原材料款。5月8日，甲公司与丁公司签订了转让机床合同(甲公司已通知丙公司转让机床的情况，同时也已向丁公司说明该机床已抵押的事实)，双方约定：甲公司将该机床作价860万元卖给丁公司，甲公司于5月31日前交货，丁公司在收货后10日内付清货款。5月下旬，甲公司发现丁公司经营状况恶化(有证据证明)，于是通知丁公司中止交货并要求丁公司提供担保，丁公司没有给予任何答复。6月上旬，甲公司发现丁公司经营状况进一步恶化，于是向丁公司提出解除合同。丁公司遂向法院提起诉讼，要求甲公司履行合同并赔偿损失。

请问：
1. 如果甲公司到期不支付机床保管费，乙仓库可以行使什么权利？
2. 甲公司向丁公司转让已抵押的机床，甲、丁公司订立的转让合同是否有效？为什么？
3. 甲公司能否中止履行与丁公司订立的转让机床合同？为什么？
4. 甲公司能否解除与丁公司订立的转让机床合同？为什么？

第五章
知识产权法律制度

引 例

大磨坊公司于 2017 年 1 月由我国知识产权局核准注册取得了"大磨坊"注册商标专用权,核定使用的商品为面包。2018 年 10 月大磨坊公司与太阳城商场签订了为期 3 年的代销协议,约定由太阳城商场设专柜出售面包,由大磨坊公司提供名、优、特、新的注册商标商品。2019 年 4 月起,大磨坊公司停止向太阳城商场供货。同年 6 月,大磨坊公司发现太阳城商场在大磨坊专柜上销售与其类似的面包,商品价签上注明产地大磨坊。大磨坊公司以侵害其商标专用权为由诉至法院。

【提问】请你谈谈对本案的认识。

【点评】根据《中华人民共和国商标法》(以下简称《商标法》)的规定,被告太阳城商场侵犯了大磨坊公司的商标专用权,大磨坊公司停止供货的行为构成违约,双方均应承担相应的法律责任。

第一节 知识产权法

一、知识产权概述

(一) 知识产权的概念

知识产权是指智力成果的创造人对所创造的智力成果和工商活动的行为人对所拥有的标记依法所享有的权利的总称。

(二) 知识产权的特征

知识产权是一种与物权、债权并列的独立的民事权利,其具有如下特征。

(1) 知识产权的无形性。知识产权的客体是智力成果或具有财产价值的标记,是一种没有形体的财富。知识产权客体的非物质性,是知识产权的本质属性,这是其与其他有形财产所有权最根本的区别。

(2) 知识产权的法定性。知识产权的法定性是指知识产权的范围和产生由法律规定。知识产权的法定性是由无形性决定的。由于其没有形体，因此其可以同时为多个主体所共同占有，很难为拥有者所完全控制，因此，知识产权必须通过法律加以确认。

(3) 知识产权的专有性。专有性即排他性。知识产权的专有性主要体现在两个方面：一是知识产权为权利人所独占，权利人垄断这种专有权并受到严格保护，没有法律规定或未经权利人许可，任何人不得使用权利人的知识产品；二是对同一项知识产品，不允许有两个或两个以上的主体同时对同一属性的知识产品享有权利。

(4) 知识产权的地域性。知识产权作为专有权在空间上的效力并不是无限的，而要受到地域的限制，其效力仅限于本国境内。按照一国法律获得承认和保护的知识产权，只能在该国发生法律效力。

(5) 知识产权的时间性。知识产权作为一种民事权利，有时间上的限制，即知识产权只有在法律规定的期限内受到保护，一旦超过法律规定的有效期限，这一权利就自行消灭，而其客体就会成为整个社会的共同财富，为全人类所共同使用。

(三) 知识产权的分类

1. 著作权和工业产权

这里的著作权是广义的，包括著作权和邻接权，其保护对象是满足人类精神需要和审美要求的知识类型，包括文学、艺术和科学作品，表演艺术家的演出，录音制品和广播电视节目等。

工业产权是指著作权以外的知识产权。其保护对象的内容已超出"工业"的范围，主要是指以实现人类的衣、食、住、行等生产、生活的功能，满足以物质消费为目的的知识类型；同时还有以实现规范市场经济秩序功能为目的的符号、标记类型的知识，如工商业标记等。

2. 创造性智力成果权和工商业标记权

创造性智力成果权的价值直接来源于对该成果的商业性利用；工商业标记本身却不是其财产价值的源泉，它的价值来源于所标记的商品或服务，来源于它所标记的工商业主体的商业信誉。

二、知识产权法的概念

知识产权法是指由国家制定或认可的，用以调整自然人、法人及其他社会组织和国家因知识产权的归属、利用和保护而产生的社会关系的法律规范的总称。

从体系范围而言，知识产权法有广义、狭义之分。狭义的知识产权法，即传统意义上的知识产权法，包括著作权(含邻接权)、专利权、商标权三个主要组成部分。广义的知识产权法包括涉及著作权、邻接权、商标权、商号权、商业秘密权、产地标记权、专利权、集成电路布图设计权等各种权利的法律规范的总称。

现代知识产权法体系可由如下权利构成：著作权、专利权、商标权、反不正当竞争权等。本章主要介绍著作权法、专利法、商标法等法律、法规的内容，反不正当竞争法拟在本书第六章阐述，本章不再赘述。

第二节 著作权法

著作权是我国民事主体享有的一项基本权利。著作权法是指调整因文学、艺术和科学作品的创作和使用而产生的人身关系和财产关系的法律规范的总称。为了保护著作权，我国制定并修改了《著作权法》。

一、著作权的概念

著作权亦称版权，是指作者及其他著作权人对其创作的文学、艺术和科学作品依法享有的权利。著作权包括人身权和财产权两个方面的内容。人身权是指作者享有的与其人身密不可分的权利，又称精神权利，它表现为作者对其作品的发表权、署名权、修改权和保护作品完整权。财产权是指作者及其他著作权人依法对其作品享有的使用和获得报酬的权利，它表现为著作权人以复制、发行、出租、展览、表演、放映、广播、信息网络传播、摄制、改编、翻译、汇编等方式使用作品，并由此获得报酬的权利。著作权人可以全部或部分转让上述财产权，并依照约定或《著作权法》的规定获得报酬。

著作权属于民事权利，是知识产权重要的组成部分。著作权除了具有知识产权所共有的特征，即具有专有性、地域性、时间性等特征外，与其他知识产权相比，还具有以下特征：

(1) 著作权因作品的创作完成而自动产生。专利权、商标权的取得必须经过申请、审批、登记和公告，即必须以行政确认程序来确认权利的取得和归属。而著作权因作品的创作完成而自动产生，一般不必履行任何形式的登记或注册手续，也不论其是否已经发表。

(2) 著作权突出对人身权的保护。著作权与作品的创作者密切相关，因此，在著作权中，保护作者对作品的人身权利是其重要的内容。著作权中作者的发表权、署名权、修改权、保护作品完整权等人身权利，永远归作者享有，不能转让，也不受著作权保护期限的限制。

二、著作权的主体与归属

(一) 著作权的主体

著作权的主体又称著作权人，是指依法对文学、艺术和科学作品享有著作权的人。根据《著作权法》的规定，著作权人包括作者以及其他依法享有著作权的自然人、法人或者非法人组织。

1. 作者

作者是指文学、艺术和科学作品的创作人。根据《著作权法》的规定，作者按照以下标准进行认定：

(1) 创作作品的自然人是作者。这是作者最基本的认定原则。创作是指直接产生文学、艺术和科学作品的智力活动。为他人创作进行组织工作，提供咨询意见、物质条件，或者进行其他辅助工作，均不视为创作。

(2) 由法人或者非法人组织主持，代表法人或者非法人组织意志创作，并由法人或者非法人组织承担责任的作品，法人或者非法人组织视为作者。

(3) 在作品上署名的自然人、法人或者非法人组织为作者，且该作品上存在相应权利，但有相反证明的除外。相反证明的主张者可以是作品的真实作者，也可以是有利害关系或者无利害关系的第三人。相反证明的主张者应就其相反证明主张提供与作品署名事实相反的证据。

2. 作者以外其他依法享有著作权的自然人、法人或者非法人组织

作者以外其他依法享有著作权的自然人、法人或者非法人组织，简称其他著作权人。其他著作权人取得著作权主要有如下两种情况。

(1) 因合同而取得著作权。这包括三种情况：①依委托合同取得著作权。《著作权法》规定，

受委托创作的作品，著作权的归属由委托人和受托人通过合同约定。合同未作明确约定或者没有订立合同的，著作权属于受托人。如合同约定著作权由委托人享有，委托人即成为著作权的主体。②依转让合同取得著作权。著作权人可以将其享有的著作权中的财产权利的全部或者部分转让给他人，著作财产权的受让人取得著作权后，即成为著作权主体。③依许可使用合同取得著作权。著作权人许可作者以外的他人行使著作权中的财产权的，该接受许可的人在著作权许可使用合同的有效期内，依照约定取得著作权中的部分或者全部财产权，即成为著作权的主体。

(2) 因继受而取得著作权。这包括两种情况：①依继承或者接受遗赠而取得著作权。一般认为，自然人所享有的著作权中的财产权利可作为遗产，在自然人死亡后由其继承人继承。《著作权法》规定，著作权属于自然人的，自然人死亡后，其作品著作权中的财产权利在《著作权法》规定的保护期内，依法转移。据此，因继承或者接受遗赠而取得著作权中财产权的人，即成为著作权的主体。②依承受而取得著作权。《著作权法》规定，著作权属于法人或者非法人组织的，法人或者非法人组织变更、终止后，其作品著作权中的财产权利在《著作权法》规定的保护期内，由承受其权利义务的法人或者非法人组织享有。没有承受其权利义务的法人或者非法人组织的，由国家享有。据此，因承受权利义务而取得著作权中财产权的法人或者非法人组织或者国家，即成为著作权的主体。

(二) 著作权的归属

1. 著作权归属的一般原则

《著作权法》规定，著作权属于作者，法律另有规定的除外。这是关于著作权归属的一般原则。

2. 演绎作品著作权的归属

演绎作品是指改编、翻译、注释、整理、汇编已有作品而产生的作品。演绎作品的著作权由改编、翻译、注释、整理、汇编人享有，但其行使著作权时不得侵犯原作品的著作权。演绎作品的作者仅对演绎部分享有著作权，对被演绎的作品不享有著作权，并且无权阻止他人对同一原作进行演绎。

3. 合作作品著作权的归属

合作作品是指两人以上合作创作的作品。合作作品的著作权由合作者共同享有，没有参加创作的人，不能成为合作作者。合作作品的著作权由合作作者通过协商一致行使；不能协商一致，又无正当理由的，任何一方不得阻止他方行使除转让、许可他人专有使用、出质以外的其他权利，但是所得收益应当合理分配给所有合作作者。

合作作品可以分割使用的，作者对各自创作的部分可以单独享有著作权，但行使著作权时不得侵犯合作作品整体的著作权。合作作品不可以分割使用的，其著作权由各合作作者共同享有，通过协商一致行使；合作作者对著作权的行使如果不能协商一致，任何一方无正当理由不得阻止他方行使除转让以外的其他权利，但是所得收益应当合理分配给所有合作作者。

4. 汇编作品著作权的归属

汇编作品是指汇编若干作品、作品的片段或者不构成作品的数据或者其他材料，对其内容的选择或者编排体现独创性的作品。汇编作品的著作权由汇编人享有，但行使著作权时，不得侵犯原作品的著作权。由法人或者非法人单位组织人员进行创作，提供资金或者资料等创作条件，并承担责任的百科全书、辞书、教材、大型摄影画册等编辑作品，其整体著作权归法人或者非法人单位所有。

5. 视听作品著作权的归属

视听作品是指电影、电视、录像作品和以类似摄制电影的方法创作的作品。视听作品中的电影作品、电视剧作品的著作权由制作者享有，但编剧、导演、摄影、作词、作曲等作者享有署名权，并有权按照与制作者签订的合同获得报酬。前述规定以外的视听作品的著作权归属由当事人约定；没有约定或者约定不明确的，由制作者享有，但作者享有署名权和获得报酬的权利。视听作品中的剧本、音乐等可以单独使用的作品的作者有权单独行使其著作权。著作权人许可他人将其作品摄制成电影、电视、录像作品的，视为已同意对其作品进行必要的改动，但是这种改动不得歪曲篡改原作品。

6. 职务作品著作权的归属

职务作品是指自然人为完成法人或者非法人组织工作任务所创作的作品。职务作品的著作权由作者享有，但法人或者非法人组织有权在其业务范围内优先使用。作品完成2年内，未经单位同意，作者不得许可第三人以与单位使用的相同方式使用该作品。作品完成2年内，如单位在其业务范围内不使用，作者可以要求单位同意由第三人以与单位使用的相同方式使用，单位没有正当理由不得拒绝。在作品完成2年内，经单位同意，作者许可第三人以与单位使用的相同方式使用作品所获报酬，由作者与单位按约定的比例分配。作品完成2年后，单位可以在其业务范围内继续使用。上述作品完成2年的期限，自作者向单位交付作品之日起计算。

根据《著作权法》的规定，有下列情形之一的职务作品，作者享有署名权，著作权的其他权利由法人或者非法人组织享有，法人或者非法人组织可以给予作者奖励：①主要是利用法人或者非法人组织的物质技术条件创作，并由法人或者非法人组织承担责任的工程设计图、产品设计图、地图、示意图、计算机软件等职务作品；②报社、期刊社、通讯社、广播电台、电视台的工作人员创作的职务作品；③法律、行政法规规定或者合同约定著作权由法人或者非法人组织享有的职务作品。

7. 委托作品著作权的归属

委托作品是指受他人委托而创作的作品。委托作品著作权的归属由委托人和受托人通过合同约定。合同未作明确约定或者没有订立合同的，著作权属于受托人。对于委托作品著作权属于受托人的情形，委托人在约定的使用范围内享有使用作品的权利；双方没有约定使用作品范围的，委托人可以在委托创作的特定目的范围内免费使用该作品。

8. 美术作品著作权的归属

美术作品包括绘画、书法、雕塑、建筑等作品。美术作品原件所有权的转移，不改变作品著作权的归属，不视为作品著作权的转移，但美术、摄影作品原件的展览权由原件所有人享有。作者将未发表的美术、摄影作品的原件所有权转让给他人，受让人展览该原件不构成对作者发表权的侵犯。

9. 作者身份不明的作品著作权的归属

作者身份不明的作品，由作品原件的合法持有人行使除署名权以外的著作权。作者身份确定后，由作者或者其继承人行使著作权。

三、著作权的客体

著作权的客体是指著作权法保护的对象，即作品，是指文学、艺术和科学领域内具有独创性并能以一定形式表现的智力成果。其构成要件如下：

(1) 作品必须是一种智力创作成果。作品首先是一种智力成果，是自然人智力劳动的结果。其次，作品是一种创作成果。

(2) 具有独创性。独创性亦称原创性，指作品由作者独立构思和创作而成，而不是抄袭、剽窃、篡改他人作品。其含义为：①作品系独立创作完成，而非剽窃之作；②作品必须体现作者的个性，属于作者智力劳动创作结果，即具有创作性。独创性存在于作品的表达之中，作品中所包含的思想并不要求必须具有独创性。作品的表达是作品形式和作品内容的有机整体。

(3) 可复制性。作品必须可以通过某种有形形式复制，从而被他人所感知。

《著作权法》所称的作品，包括下列形式：文字作品；口述作品；音乐、戏剧、曲艺、舞蹈、杂技艺术作品；美术、建筑作品；摄影作品；视听作品；工程设计图、产品设计图、地图、示意图等图形作品和模型作品；计算机软件；符合作品特征的其他智力成果。

著作权人应依法行使著作权，国家对作品的出版、传播依法进行监督管理。不受《著作权法》保护的对象主要包括：法律、法规，国家机关的决议、决定、命令和其他具有立法、行政、司法性质的文件，及其官方正式译文；单纯事实消息；历法、通用数表、通用表格和公式。

四、著作权的内容

著作权的内容是指著作权人享有的权利和承担的义务。根据《著作权法》的规定，著作权包括两个方面的内容，即著作人身权和著作财产权。

（一）著作人身权

著作人身权又称精神权利，是指作者基于作品的创作而依法享有的以精神利益为内容的权利。著作人身权具有永久性、不可分割性和不可剥夺性的特点。

根据《著作权法》的规定，著作人身权包括以下内容：

(1) 发表权，决定作品是否公之于众的权利。
(2) 署名权，表明作者身份，在作品上署名的权利。
(3) 修改权，修改或者授权他人修改作品的权利。
(4) 保护作品完整权，保护作品不受歪曲、篡改的权利。

（二）著作财产权

著作财产权，是指著作权人自己使用或者授权他人以一定方式使用作品并获取财产利益的权利。其主要表现为使用权、许可使用权、转让权和获得报酬权。著作财产权可以转让、继承或放弃。

1. 使用权

使用权是指著作权人以复制、发行、出租、展览、放映、广播、网络传播、改编、翻译、汇编等方式使用自己作品的权利。其具体包括：

(1) 复制权，以印刷、复印、拓印、录音、录像、翻录、翻拍、数字化等方式将作品制作一份或者多份的权利。

(2) 发行权，以出售或者赠与方式向公众提供作品的原件或者复制件的权利。

(3) 出租权，有偿许可他人临时使用视听作品、计算机软件的原件或者复制件的权利,计算机软件不是出租的主要标的的除外。

(4) 展览权,公开陈列美术作品、摄影作品的原件或者复制件的权利。

(5) 表演权,公开表演作品,以及用各种手段公开播送作品的表演的权利。

(6) 放映权,通过放映机、幻灯机等技术设备公开再现美术、摄影、电影和视听作品等的权利。

(7) 广播权,以有线或者无线方式公开传播或者转播作品,以及通过扩音器或者其他传送符号、声音、图像的类似工具向公众传播广播作品的权利,但不包括信息网络传播权。

(8) 信息网络传播权,以有线或者无线方式向公众提供,使公众可以在其选定的时间和地点获得作品的权利。

(9) 摄制权,以摄制视听作品的方法将作品固定在载体上的权利。

(10) 改编权,改变作品,创作出具有独创性的新作品的权利。

(11) 翻译权,将作品从一种语言文字转换成另一种语言文字的权利。

(12) 汇编权,将作品或者作品的片段通过选择或者编排,汇集成新作品的权利。

2. 许可使用权

许可使用权是指著作权人依法享有的许可他人使用作品并获得报酬的权利。使用他人作品,应当同著作人订立许可使用合同,但属于法定使用许可情形的除外。使用许可合同未明确许可的权利,未经著作人同意,另一方当事人不得行使。

3. 转让权

转让权是指著作权人依法享有的转让使用权中一项或多项权利并获得报酬的权利。转让的标的不能是著作人身权,只能是著作财产权中的使用权。转让作品使用权的,应当订立书面合同。转让合同中未明确约定转让的权利,未经著作权人同意,另一方当事人不得行使。

4. 获得报酬权

获得报酬权是指著作权人依法享有的因作品的使用或转让而获得报酬的权利。获得报酬权通常是从使用权、使用许可权或转让权中派生出来的财产权,但获得报酬权有时又具有独立存在的价值。如在法定许可使用的情况下,他人使用作品可以不经著作权人同意,但必须按规定支付报酬,此时著作权人享有的获得报酬权就是独立存在的。

五、著作权的保护期限和限制

(一) 著作权的保护期限

著作权保护期限是指著作权人依法取得的著作权的有效期限。在保护期内,著作权人的著作权受法律保护;超过保护期,该作品即进入公有领域,作者或者其他著作权人不再享有专有使用权。根据《著作权法》的规定,著作权保护期限的具体规定为:

1. 著作人身权的保护期限

作者的署名权、修改权、保护作品完整权的保护期不受限制。发表权的保护期与著作财产权保护期相同。

2. 著作财产权的保护期限

(1) 自然人的作品,其发表权、著作权中的财产权的保护期为作者终生及其死亡后 50 年,截止于作者死亡后第 50 年的 12 月 31 日;如果是合作作品,截止于最后死亡的作者死亡后第 50 年的 12 月 31 日。

(2) 法人或者非法人组织的作品、著作权(署名权除外)由法人或者非法人组织享有的职务作品，其发表权的保护期为50年，截止于作品创作完成后第50年的12月31日；著作权中的财产权的保护期为50年，截止于作品首次发表后第50年的12月31日，但作品自创作完成后50年内未发表的，不再保护。

(3) 视听作品，其发表权的保护期为50年，截止于作品创作完成后第50年的12月31日；著作权中的财产权的保护期为50年，截止于作品首次发表后第50年的12月31日，但作品自创作完成后50年内未发表的，不再保护。

(二) 著作权的限制

著作权的限制主要是针对著作权人所享有的财产权利的限制。著作权人依法享有的人身权利不受任何限制。根据《著作权法》的规定，著作权的限制主要体现在以下两个方面：

1. 合理使用

合理使用是指根据法律的规定，不必征得著作权人同意而无偿使用他人已发表作品的行为。合理使用一般只限于为个人消费或公益性使用等目的的少量使用他人作品的行为，可以不经著作权人许可，不向其支付报酬，但应当指明作者姓名或者名称、作品名称，并且不得影响该作品的正常使用，也不得损害著作权人的合法权益。

2. 法定许可使用

法定许可使用是指依照法律的明文规定，不经著作权人同意有偿使用他人已经发表作品的行为。法定许可使用的情形主要包括：为实施义务教育和国家教育规划而编写出版教科书，可以不经著作权人许可，在教科书中汇编已经发表的作品片段或者短小的文字作品、音乐作品或者单幅的美术作品、摄影作品、图形作品，但应当按照规定向著作权人支付报酬，指明作者姓名或者名称、作品名称，并且不得侵犯著作权人依照《著作权法》享有的其他权利。前述规定适用于对与著作权有关的权利的限制。

【例5-1】甲创作的一篇杂文，发表后引起较大轰动。该杂文被多家报刊、网站无偿转载。乙将该杂文译成法文，丙将之译成维吾尔文，均在国内出版，未征得甲的同意，也未支付报酬。下列观点正确的是(　　)。

A. 报刊和网站转载该杂文的行为不构成侵权
B. 乙和丙的行为均不构成侵权
C. 乙的行为不构成侵权，丙的行为构成侵权
D. 乙的行为构成侵权，丙的行为不构成侵权

【解析】根据《著作权法》的规定，正确答案是D。

六、邻接权

邻接权，也称为与著作权有关的权利，是指作品的传播者所享有的权利。邻接权与作品的著作权不同，两者的区别主要表现在以下三个方面：

(1) 权利主体不同。著作权的主体为创作作品的作者和作者以外依法取得著作权的公民、法人或者其他组织；邻接权的主体则是作品的传播者。

(2) 权利内容不同。著作权的内容包括著作人身权和著作财产权；邻接权体现的主要是作

品传播者对其传播劳动及传播作品的过程中投入资金的回报所享有的权利。

(3) 权利对象不同。著作权的对象是作品；邻接权的对象则为作品的传播行为。

根据《著作权法》的规定，邻接权主要包括：出版者对其出版的图书和报刊享有的权利；表演者对其表演享有的权利；录音录像制作者对其制作的录音录像制品享有的权利；广播电台、电视台对其制作的广播、电视节目享有的权利。

第三节 专利法

专利权是指专利权人在法定期限内对其发明创造所享有的独占权。为了鼓励发明创造，促进科学技术的发展，我国制定并修改了《中华人民共和国专利法》(以下简称《专利法》)。专利法是指调整因确认发明创造的所有权和因发明创造的实施而产生的各种社会关系的法律规范的总称。

一、专利权的主体

专利权的主体是指具体参加特定的专利权法律关系并享有专利权的人。根据《专利法》的规定，发明人或者设计人、职务发明创造的单位、外国人和外国企业或者外国其他组织都可以成为专利权的主体。

(一) 发明人或者设计人

《专利法》所称的发明人或者设计人，是指对发明创造的实质性特点作出创造性贡献的人。在完成发明创造过程中，只负责组织工作的人、为物质技术条件的利用提供方便的人或者从事其他辅助工作的人，不能称为发明人或者设计人。

发明人或者设计人一般具有以下特征：

(1) 发明人或者设计人为自然人。
(2) 发明人或者设计人的认定不受其民事行为能力的限制。
(3) 发明人或者设计人必须是对发明创造的实质性特点作出创造性贡献的人。

(二) 职务发明创造的单位

职务发明创造是指发明人或者设计人执行本单位的任务，或者主要是利用本单位的物质技术条件所完成的发明创造。凡是不能被证明为职务发明创造的，为非职务发明创造。根据《专利法》及其实施细则的规定，发明人或者设计人的发明创造，凡符合下列条件之一的，均属于职务发明创造。

(1) 在本职工作中作出的发明创造。
(2) 履行本单位交付的本职工作之外的任务所作出的发明创造。
(3) 退职、退休或者调动工作后 1 年内作出的，与其在原单位承担的本职工作或者原单位分配的任务有关的发明创造。
(4) 主要利用本单位的物质技术条件完成的发明创造。

对于非职务发明创造，申请专利的权利属于发明人或者设计人，申请被批准后，该发明人或者设计人为专利权人。利用本单位的物质技术条件所完成的发明创造，单位与发明人或者设计人订有合同，对申请专利的权利和专利权的归属作出约定的，从其约定。

对于职务发明创造，申请专利的权利属于该单位，申请被批准后，该单位为专利权人。该单位可以依法处置其职务发明创造申请专利的权利和专利权,促进相关发明创造的实施和运用。

【例5-2】 李滨是甲公司的研究人员，承担了一种冷藏机的研制任务，并在研制成功前辞职开办乙公司。辞职近1年时，李滨研制成功了该冷藏机，以乙公司的名义申请并获得了专利。丙公司在李滨研制成功之前已经研制出该冷藏机技术并开始生产产品。下列选项正确的是( )。
A. 该专利权应归甲公司享有，李滨享有在专利文件中署名的权利
B. 该专利权应归甲公司享有，乙公司享有免费使用权
C. 该专利权应归乙公司享有，甲公司享有免费使用权
D. 在该专利授权后，丙公司应停止生产该冷藏机
【解析】 根据《专利法》第六条的规定，正确答案是A。

（三）外国人、外国企业或者外国其他组织

外国人、外国企业或者外国其他组织在我国申请和取得专利权，依照有关规定，应按照以下情况办理：

(1) 在中国有经常居所或者营业所的外国人、外国企业或者外国其他组织在中国申请专利的，根据巴黎公约的规定和国际惯例，享有与我国国民同等的待遇。

(2) 在中国没有经常居所或者营业所的外国人、外国企业或者外国其他组织在中国申请专利的，依照其所属国同中国签订的协议或者共同参加的国际条约，或者依照互惠原则，根据专利法的规定处理。

(3) 在中国没有经常居所或者营业所的外国人、外国企业或者外国其他组织在中国申请专利和办理其他专利事务的，应当委托国务院专利管理机关指定的专利代理机构办理。

二、专利权的客体

专利权的客体，是指可以获得专利法保护的发明创造。《专利法》规定的发明创造是指发明、实用新型和外观设计。

（一）发明

发明是指对产品、方法或者其改进所提出的新的技术方案。发明必须是一种技术方案，是发明人将自然规律在特定技术领域进行运用和结合的结果，而不是自然规律本身。同时，发明通常是自然科学领域的智力成果，文学、艺术和社会科学领域的成果也不能构成专利法意义上的发明。发明分为产品发明、方法发明和改进发明三种形式。

发明专利的保护期限为20年，自申请日起计算。

（二）实用新型

实用新型是指对产品的形状、构造或者其结合所提出的适于实用的新的技术方案。实用新型具有如下特征：①实用新型实质上是一种技术方案，也是发明的一部分；②实用新型仅限于产品，不包括方法；③实用新型要求产品必须是具有固定的形状、构造的产品。气态、液态、凝胶状或颗粒粉末状的物质或者材料，不属于实用新型的产品范围。

实用新型专利保护期限为10年，自申请日起计算。

（三）外观设计

外观设计是指对产品的整体或者局部的形状、图案或者其结合以及色彩与形状、图案的结合所作出的富有美感并适于工业应用的新设计。外观设计具有如下特征：①外观设计必须与产品相结合；②外观设计必须能够用于生产经营目的的制造或生产；③外观设计富有美感。外观设

计包含的是美术思想，即解决产品的视觉效果问题，而不是技术思想。这一点与实用新型相区别。

外观设计的专利保护期限为 15 年，自申请日起计算。

（四）不授予专利权的对象

根据《专利法》的规定，下列情况不授予专利权：违反法律、社会公德或妨害公共利益的发明创造；对违反法律、行政法规的规定获取或者利用遗传资源，并依赖该遗传资源完成的发明创造；科学发现；智力活动的规则和方法；疾病的诊断和治疗方法；动物和植物品种，但是对于动物和植物品种的生产方法可以依法授予专利权；原子核变换方法以及用原子核变换方法获得的物质；对平面印刷品的图案、色彩或者二者的结合作出的主要起标识作用的设计。

三、授予专利权的条件

授予专利权的发明和实用新型，应当具备新颖性、创造性和实用性。授予专利权的外观设计，应当同申请日以前在国内外出版物上公开发表过或者国内公开使用过的外观设计不相同和不相近似，并不得与他人在先取得的合法权利相冲突。

1. 新颖性

新颖性，是指在申请日以前没有同样的发明或者实用新型在国内外出版物上公开发表过、在国内公开使用过或者以其他方式为公众所知，也没有同样的发明或者实用新型由他人向国务院专利行政部门提出过申请并且记载在申请日以后公布的专利申请文件中。但申请专利的发明创造在申请日以前 6 个月内，有下列情形之一的，不丧失新颖性。

(1) 在国家出现紧急状态或者非常情况时，为公共利益目的首次公开的。

(2) 在中国政府主办或者承认的国际展览会上首次展出的。

(3) 在规定的学术会议或者技术会议上首次发表的。

(4) 他人未经申请人同意而泄露其内容的。

2. 创造性

创造性，是指同申请日以前已有的技术相比，该发明有突出的实质性特点和显著的进步，该实用新型有实质性特点和进步。

3. 实用性

实用性，是指该发明或者实用新型能够制造或者使用，并且能够产生积极效果。

四、专利权的内容和限制

（一）专利权人的权利

专利权可以分为专利人身权利和专利财产权利两大类。专利人身权利主要是指发明人、设计人的署名权；专利财产权利主要包括制造权、使用权、许诺销售权、销售权、进口权、许可权等。

基于此，专利权人的权利如下。

法条链接 5-2

《专利法》关于专利权内容的规定

1. 标示权

标示权是指专利权人享有的在其专利产品或者该产品的包装上标明专利标记和专利号的权利。

2. 独占实施权

发明和实用新型专利权被授予后，除《专利法》另有规定的以外，任何单位或者个人未经专利权人许可，都不得实施其专利，即不得为生产经营目的制造、使用、许诺销售、销售、进口其专利产品，或者使用其专利方法以及使用、许诺销售、销售、进口依照专利方法直接获得的产品。

外观设计专利权被授予后，任何单位或者个人未经专利权人许可，都不得实施其专利，即不得为生产经营目的制造、许诺销售、销售、进口其外观设计专利产品。

3. 实施许可权

实施许可权是指专利权人可以许可他人实施其专利技术并收取专利使用费。专利权人自愿以书面方式向国务院专利行政部门声明愿意许可任何单位或者个人实施其专利，并明确许可使用费支付方式、标准的，由国务院专利行政部门予以公告，实行开放许可。开放许可声明被公告撤回的，不影响在先给予的开放许可的效力。实行开放许可的专利权人可以与被许可人就许可使用费进行协商后给予普通许可，但不得就该专利给予独占或者排他许可。许可他人实施专利的，当事人应当订立书面合同。

专利权的主要内容

4. 转让权

专利权可以转让。转让专利权的，当事人应当订立书面合同并依法办理相应的登记手续。

案例链接

2018年4月，李智依法申请并取得了"编织式活动地板"的实用新型专利。2019年1月，李智与昆明机房地板厂签订了该专利的普通许可使用合同，允许其在中国境内生产销售该专利产品。2020年3月，李智在市场上发现了成都福利电线厂的产品与其专利产品完全相同。李智认为，成都福利电线厂未经其许可使用其专利生产销售专利产品，属于侵权行为。在诉讼中，成都福利电线厂辩称其是根据合同从昆明机房厂取得了李智的专利的生产和销售权，不存在侵权。

人民法院经过审理，认为李智属于"编织式活动地板"的实用新型专利权人，依法享有专利权。李智与昆明机房地板厂所签订的合同属于普通许可合同，作为被许可方昆明机房厂也无权许可第三方即成都福利厂实施该专利。成都福利电线厂依据与被许可方签订的合同所取得的权利不受法律保护。因此，成都福利电线厂的行为构成侵权。

（二）专利权人的义务

专利权人的义务主要是缴纳专利年费。未按规定缴纳年费的，可能导致专利权终止。同时，申请专利和行使专利权应当遵循诚实信用原则，不得滥用专利权损害公共利益或者他人合法权益。滥用专利权，排除或者限制竞争，构成垄断行为的，依照《中华人民共和国反垄断法》处理。

（三）专利权的限制

1. 指定许可

国有企业事业单位的发明专利，对国家利益或者公共利益具有重大意义的，国务院有关主管部门和省、自治区、直辖市人民政府报经国务院批准，可以决定在批准的范围内推广应用，允许指定的单位实施,由实施单位按照国家规定向专利权人支付使用费。

2. 强制许可

强制许可亦称非自愿许可,是指国务院专利行政部门依照法律规定,不经专利权人的同意,直接许可具备实施条件的申请者实施发明或实用新型专利的一种行政措施。其目的是为了促进获得专利的发明创造得以实施,防止专利权人滥用专利权,维护国家利益和社会公共利益。我国专利法将强制许可分为三类:不实施时的强制许可;根据公共利益需要的强制许可;从属专利的强制许可。

3. 不视为侵犯专利权的行为

根据《专利法》的规定,有下列情形之一的,不视为侵犯专利权。

(1) 专利产品或者依照专利方法直接获得的产品,由专利权人或者经其许可的单位、个人售出后,使用、许诺销售、销售、进口该产品的。

(2) 在专利申请日前已经制造相同产品、使用相同方法或者已经做好制造使用的必要准备,并且仅在原有范围内继续制造、使用的。

(3) 临时通过中国领陆、领水、领空的外国运输工具,依照其所属国同中国签订的协议或者共同参加的国际条约,或者依照互惠原则,为运输工具自身需要而在其装置和设备中使用有关专利的。

(4) 专为科学研究和实验而使用有关专利的。

(5) 为提供行政审批所需要的信息,制造、使用、进口专利药品或者专利医疗器械的,以及专门为其制造、进口专利药品或者专利医疗器械的。

知识拓展 5-3

侵犯专利权的行为及例外

【例5-3】甲公司获得了某医用镊子的实用新型专利,不久后乙公司自行研制出相同的镊子,并通过丙公司销售给丁医院使用。乙、丙、丁都不知道甲已经获得该专利。下列选项正确的是( )。
A. 乙的制造行为不构成侵权　　B. 丙的销售行为不构成侵权
C. 丁的使用行为不构成侵权　　D. 丙和丁能证明其产品的合法来源,不承担赔偿责任
【解析】根据《专利法》第十一条的规定,正确答案是 D。

第四节 商标法

商标权是指商标所有人对法律确认并给予保护的商标享有的权利。为加强商标管理,保护商标专用权,促使生产者、经营者保证商品质量和服务质量,维护商标信誉,我国制定并修改了《商标法》。商标法是指调整商标的组成、注册、使用、管理和商标专用权的保护等的法律规范的总称。

一、商标

(一) 商标的概念及其特征

商标是商品的生产者、经营者或者服务的提供者为了表明自己、区别他人在其商品或者服务项目上使用的显著标记,即由文字、图形、字母、数字、三维标志、颜色组合和声音等,以及上

述要素的组合所构成的标志。商标应具有显著特征、便于识别商品或服务，并不得与他人在先取得的合法权利冲突。在先权利是指在申请商标注册之前的合法权利，其内容具体包括但不限于下列权利：著作权、地理标志权、商号权、外观设计专利权、姓名权、肖像权、商品化权。

商标具有如下特征。

(1) 商标主要是由文字、图形或文字与图形结合而组成的标记。商标的构成具有多样性，凡能够将一企业的商品或者服务与另一企业的商品或者服务加以区别的任何标志或者标志的组合，均能构成一项商标。

(2) 商标是使用于商品或者服务上的显著标记。商标依附于商品或者服务而存在，其使用具有商业意义和商业价值。

(3) 商标是代表特定商品生产者、经销者或者服务提供者的专用符号。商标具有识别性和表彰性功能。

(4) 商标是附于商品表面或包装，或标于与所提供的服务相关的物品上的具有显著特征的简洁符号。

(二) 商标的分类

根据不同的划分标准，可以将商标分成不同的种类。

(1) 根据商标是否登记注册，可将商标划分为注册商标和未注册商标。注册商标是指已经在商标注册主管机关获准注册的商标。未注册商标是指已经使用但未经商标注册主管机关获准注册的商标。

世界上对商标的保护有两种做法，一是注册保护，另一种是使用保护。在实行注册保护制度的国家，只有注册商标方可取得商标权，未注册商标不能取得商标权，但这并不意味着未注册商标不受法律保护。在我国，未注册商标中，除驰名商标受法律特别保护外，其他商标使用人不享有法律赋予的商标权，但受到相关民事法律、反不正当竞争法的保护。对未注册商标，使用人所享有的利益仍被承认。实践中，未注册商标的所有者可以反对他人抢注，如果抢注人以不正当手段抢先注册，先用人可以通过商标异议或者撤销程序维护自己的利益，但是不能根据《商标法》禁止他人模仿、仿冒其商标。在采用使用原则取得商标权的国家，仅凭使用商标的事实即可取得商标权。

(2) 根据商标标示对象的不同，可将商标分为商品商标和服务商标。商品商标是用于生产销售的商品上的标记。服务商标是用于服务行业，以便与其他服务行业相区别的标记。

(3) 根据商标的构成要素，可将商标分为：①文字商标是由纯文字构成的商标，既可以是中文，也可以是外文。中文包括汉字、汉语拼音和少数民族文字。②图形商标是由纯图形构成的商标。③字母商标是由纯字母构成的商标。④数字商标是由纯数字构成的商标。⑤三维标志商标，即立体商标，是指由长、宽、高三维组成的商标。三维标志往往表现为商品的外形或商品包装特有的形状，如某酒瓶的包装。⑥颜色组合商标是指由几种不同的颜色按照一定的规则组合而成的商标，但单一的颜色不得作为商标。⑦组合商标是指由各种符号要素组合而成的商标。此类商标往往图文并茂，表形表意结合。⑧声音商标是指由足以使相关消费者区别商品或服务来源的声音构成的商标。声音商标是以听觉而非视觉的方法作为区别商品或服务的交易来源。该商标识别性的判断，须具有足以使消费者认识，彰显商品或服务来源，并借以与他人的商品或服务相区别，方可准予注册。实践中，以声音标志申请商标注册的，应当在申请书中予以声明，提交符合要求的声音样本，对申请注册的声音商标进行描述，说明商标的使用方式。对声音商标进行描述，应当以五线谱或者简谱对申请用作商标的声音加以描述并附加文字说明；无法以五线谱或者简谱描述的，应当以文字加以描述；商标描述与声音样本应当一致。

(4) 根据商标具有的特殊作用，可将商标分为证明商标、集体商标。证明商标是指由对某种商品或者服务具有监督能力的组织所控制，而由该组织以外的单位或者个人使用于其商品或者服务，用以证明该商品或者服务的原产地、原料、制造方法、质量或者其他特定品质的标志。集体商标是指以团体、协会或者其他组织名义注册，专供该组织成员在商事活动中使用以表明使用者在该组织中的成员资格的标志。

(5) 根据商标的目的和功能的不同，可将商标分为等级商标和防卫商标。等级商标是指同一经营者对同类商品因规格、质量不同而使用的系列商标，其作用在于区别同一经营者的不同规格、不同质量的同类商品。等级商标可以一并申请注册，一并转让或许可他人使用，其中某一个商标被注销或撤销，不影响其他商标的存在，因而等级商标中的系列商标具有相对的独立性。防卫商标是指为了防止他人的使用或注册而对自己的核心商标所进行的注册，包括联合商标和防御商标两种形式。联合商标是指注册人在同一商品上注册若干个近似商标，包括正商标[①]和其余的联合商标。其主要目的在于保护正商标，防止他人影射和搭便车。防御商标是指为防止他人注册，驰名商标的所有权人在不同类别的商品或服务上注册的商标。最早注册的是正商标，以后再注册在不同类别的商品上的商标为防御商标。其目的在于保护驰名商标的声誉，防止商标被淡化、弱化。

(6) 根据商标在相关市场上的知名度，可将商标分为驰名商标、著名商标和知名商标。驰名商标是指由知识产权局认定的在市场上享有较高声誉并为相关公众[②]所熟知的商标。国家知识产权局、市场监管综合执法机构依据当事人申请，结合处理案件的需要，负责在商标注册审查、商标争议处理和查处商标违法案件过程中认定和保护驰名商标。认定驰名商标，应当考虑下列因素：①相关公众对该商标的知晓程度；②该商标使用的持续时间；③该商标的任何宣传工作的持续时间、程度和地理范围；④该商标作为驰名商标受保护的记录；⑤该商标驰名的其他因素。国家知识产权局认定驰名商标后，应当将认定结果通知有关部门及申请人，并予以公告。

《商标法》第十三条规定，为相关公众所熟知的商标，持有人认为其权利受到侵害时，可以依照本法规定请求驰名商标保护。在商标注册审查、市场监督管理部门查处商标违法案件过程中，当事人依照《商标法》第十三条规定主张权利的，知识产权局根据审查、处理案件的需要，可以对商标驰名情况作出认定。在商标争议处理过程中，当事人依照《商标法》第十三条规定主张权利的，商标评审委员会根据处理案件的需要，可以对商标驰名情况作出认定。在商标民事、行政案件审理过程中，当事人依照《商标法》第十三条规定主张权利的，最高人民法院指定的人民法院根据审理案件的需要，可以对商标驰名情况作出认定。生产、经营者不得将"驰名商标"字样用于商品、商品包装或者容器上，或者用于广告宣传、展览以及其他商业活动中。

著名商标是指由省级知识产权管理部门认可的，在该行政区划范围内具有较高声誉和市场知名度的商标。知名商标是指由市一级知识产权管理部门认可的，在该行政区划范围内具有较高声誉和市场知名度的商标。

---

① 正商标是指最先创设使用的商标。相对于可以只注册不使用的联合商标和防御商标而言，企业必须履行实际使用义务的主要商标。例如某公司因其"乐口福"享有盛名而又申请注册了"乐福口""口福乐""口乐福"等商标。在这组近似商标中，"乐口福"为正商标，其余则为联合商标。

② 相关公众包括与使用商标所标示的某类商品或者服务有关的消费者，生产前述商品或者提供服务的其他经营者以及经销渠道中所涉及的销售者和相关人员等。

二、商标权

(一) 商标权的概念

商标权是指商标所有人对其商标拥有的独占的、排他的权利。由于我国在商标权的取得方面实行的是注册原则,因此,商标权实际上是因商标所有人申请,经政府主管部门确认的专有权利,即因商标注册而产生的权利。从权利的性质上看,商标权与所有权一样,属于绝对权的范围,即权利主体对其注册商标享有完全的使用权和排他的权利。从权利的特征上看,商标权与一般知识产权一样,具有无形性、法定性、专有性、地域性和时间性。

(二) 商标权的主体

商标权的主体是指通过法定程序,在自己生产、制造、加工、拣选、经销的商品或者提供的服务上享有商标专用权的人。根据《商标法》的规定,商标权的主体范围包括:自然人、法人或者其他组织。两个以上自然人、法人或者其他组织可以共同向知识产权局申请注册同一商标,共同享有和行使该商标专用权。

(三) 商标权的客体

1. 申请注册商标应具备的条件

商标权的客体是指经知识产权局核准注册的商标,即注册商标。申请注册的商标应当具备以下条件:

(1) 商标应当具备显著性。《商标法》规定,申请注册的商标应当有显著特征,便于识别,并不得与他人在先取得的合法权利相冲突。商标具备的这种显著性,可以通过两种方式产生:一是商标本身具有显著性;二是通过长期的使用获得商标的显著性。

(2) 商标应当符合规定的要求。《商标法》规定,任何能够将自然人、法人或者其他组织的商品与他人的商品区别开的标志,包括文字、图形、字母、数字、三维标志、颜色组合和声音等,以及上述要素的组合,均可以作为商标申请注册。由此可见,气味标志不能成为注册商标。

2. 不得作为商标的标志

根据《商标法》的规定,下列标志不得作为商标使用:

(1) 同中华人民共和国的国家名称、国旗、国徽、国歌、军旗、军徽、军歌、勋章等相同或者近似的,以及同中央国家机关的名称、标志、所在地特定地点的名称或者标志性建筑物的名称、图形相同的。

(2) 同外国的国家名称、国旗、国徽、军旗等相同或者近似的,但经该国政府同意的除外。

(3) 同政府间国际组织的名称、旗帜、徽记等相同或者近似的,但经该组织同意或者不易误导公众的除外。

(4) 与表明实施控制、予以保证的官方标志、检验印记相同或者近似的,但经授权的除外。

(5) 同"红十字""红新月"的名称、标志相同或者近似的。

(6) 带有民族歧视性的。

(7) 带有欺骗性,容易使公众对商品的质量等特点或者产地产生误认的。

(8) 有害于社会主义道德风尚或者有其他不良影响的。

(9) 县级以上行政区划的地名或者公众知晓的外国地名,不得作为商标。但是,地名具有其他含义或者作为集体商标、证明商标组成部分的除外;已经注册的使用地名的商标继续有效。

【例5-4】某企业在其生产的人用药品上使用"病必治"商标,但未进行注册。下列选项正确的是(   )。
A. 该企业使用该商标违法,因人用药品商标必须注册
B. 该商标夸大宣传并具有欺骗性,不得使用
C. 该商标可以使用,但不得注册
D. 该商标通过使用获得显著性后,可以注册
【解析】根据《商标法》第十条的规定,正确答案是B。

下列标志不得作为商标注册:仅有本商品的通用名称、图形、型号的;仅直接表示商品的质量、主要原料、功能、用途、重量、数量及其他特点的;其他缺乏显著特征的。前述所列标志经过使用取得显著特征,并便于识别的,可以作为商标注册。同时,作为商标的标志不得与他人在先取得的合法权利相冲突。在先取得的合法权利是指在商标注册申请人提出商标申请以前,他人已经依法取得或者依法享有并受法律保护的权利。通常包括著作权、专利权、姓名权、肖像权、商号权、地理标志权、域名权等。

3. 申请注册商标注意事项

同时,根据《商标法》的规定,申请注册商标时,还应注意:

(1) 以三维标志申请注册商标的,仅由商品自身的性质产生的形状、为获得技术效果而需有的商品形状或者使商品具有实质性价值的形状,不得注册。

(2) 就相同或者类似商品申请注册的商标是复制、摹仿或者翻译他人未在中国注册的驰名商标,容易导致混淆的,不予注册并禁止使用。

(3) 就不相同或者不相类似商品申请注册的商标是复制、摹仿或者翻译他人已经在中国注册的驰名商标,误导公众,致使该驰名商标注册人的利益可能受到损害的,不予注册并禁止使用。

(4) 未经授权,代理人或者代表人以自己的名义将被代理人或者被代表人的商标进行注册,被代理人或者被代表人提出异议的,不予注册并禁止使用。就同一种商品或者类似商品申请注册的商标与他人在先使用的未注册商标相同或者近似,申请人与该他人具有前述规定以外的合同、业务往来关系或者其他关系而明知该他人商标存在,该他人提出异议的,不予注册。

(5) 商标中有商品的地理标志(标示某商品来源于某地区,该商品的特定质量、信誉或者其他特征,主要由该地区的自然因素或者人文因素所决定的标志),而该商品并非来源于该标志所标示的地区,误导公众的,不予注册并禁止使用。但是,已经善意取得注册的继续有效。

课堂讨论

成都福兰德公司(以下称原告)于2016年向国家知识产权局申请注册的商标"PDA",核定使用范围为第九类。为了拓展网络市场,原告准备将PDA注册为域名的时候,发现弥天业经贸有限公司(以下称被告)于2017年10月注册了"pda.com.cn"域名。原告以商标侵权和不正当竞争为由向法院起诉。被告在诉讼中辩称,原告的注册商标是与其核准使用商品即电子记事簿类产品的通用名称,不符合注册条件。被告向商标管理机关申请裁定原告注册商标无效。在裁定前,法院中止本案审理。

请问:该案该如何处理?

(四) 商标权取得的原则及程序

1. 商标权取得的原则

(1) 注册原则。如果商标所有人不向知识产权局提出注册申请,即使其商标经过长期使用,也同样不能获得商标权。未注册商标虽然被法律允许使用,但大多处于无法律保障的状态,只有在被他人以不正当手段抢先注册,且自己的商标已经使用并有一定影响,商标所有人才可依据商标法的规定对抗抢注者。

(2) 自愿注册原则。商标所有人自行决定是否申请商标注册,不注册的商标也可以使用,但商标所有人不享有商标权。对涉及人们健康的极少数商品实行强制注册,如烟草制品(主要指卷烟、雪茄烟、有包装的烟丝)。

(3) 以使用在先为补充的申请在先原则。对于两个或两个以上的申请人,在同一种或类似商品上申请注册相同或近似的商标时,准予先申请人的注册,驳回后申请人的申请。同一天申请的,初步审定并公告使用在先的商标。但对于无法确定先使用人的,由各申请人自行协商,不愿协商或协商不成的,知识产权局通知各申请人以抽签方式确定一个申请人,驳回其他人的注册申请。

(4) 优先权原则。商标注册申请人自其商标在外国第一次提出商标申请之日起 6 个月内,又在中国就相同商品以同一商标提出商标注册申请的,依照该国同中国签订的协议或者共同参加的国际条约,或者按照相互承认的优先权原则,可以享有优先权。商标在中国政府主办的或承认的国际展览会展出的商品上首次使用的,自该商品展出之日起 6 个月内,该商标的注册申请人可以享有优先权。

2. 商标权取得的程序

商标权的取得可分为原始取得和继受取得。商标权的原始取得应按照商标注册程序办理。首次申请商标注册,申请人应当提交申请书、商标图样、证明文件并缴纳申请费。知识产权局对受理的商标注册申请,依法进行审查,对符合规定的,予以初步审定并予以公告;对不符合规定的,予以驳回并书面通知申请人。对初步审定的商标,自公告之日起 3 个月内,任何人均可提出异议。当事人对公告期满无异议的,予以核准注册,发给商标注册证,并予公告。

继受取得应按合同转让和继承注册商标的程序办理。

(五) 商标权的内容

商标权是指商标所有人依法对其注册商标所享有的占有、使用、收益和处分的权利。

1. 专用权

专用权是指商标权主体对其注册商标依法享有的,自己在指定商品或服务项目上独占使用的权利。注册商标的专用权以核准注册的商标和核定使用的商品为限。

2. 使用许可权

使用许可权是指注册商标所有人有权将其对注册商标的专用权许可他人行使。商标使用许可的类型主要有独占使用许可、排他使用许可、普通使用许可等。许可他人使用商标要订立合同。被许可人必须具备使用注册商标的主体资格。许可他人使用注册商标的,许可人应当自商标使用许可合同签订之日起 3 个月内将合同副本报送知识产权局备案。被许可人必须在商标上标明自己的名称和产地,保证与许可人的商品质量一致,接受许可人的监督。

3. 转让权

商标转让权是指商标权人依法享有的，将其注册商标依法定程序和条件转让给他人的权利。转让注册商标的，转让人和受让人应当签订转让协议，并共同向知识产权局提出申请。转让注册商标经核准后，予以公告，受让人自公告之日起享有商标专用权。受让人应当保证使用该注册商标的商品质量。注册商标的转让不影响转让前已经生效的商标使用许可合同的效力，但商标使用许可合同另有约定的除外。

4. 续展权

续展权是指商标权人在其注册商标有效期届满前，依法享有申请续展注册，从而延长其注册商标保护期的权利。注册商标的有效期为10年，自核准注册之日起计算。注册商标有效期满，应当在期满前6个月内申请续展注册；在此期间未能提出申请的，可以给予6个月的宽展期。每次续展注册的有效期为10年，自该商标上一届有效期满次日起计算。宽展期满仍未提出申请的，注销其注册商标。

5. 标示权

商标注册人使用注册商标，有权标明"注册商标"字样或者注册标记。在商品上不便标明的，可以在商品包装或者说明书以及其他附着物上标明。

6. 禁止权

商标禁止权是指商标权人依法享有的禁止他人不经过自己的许可而使用注册商标和与之相近似的商标的权利。

同时，根据《商标法》的规定，商标注册人在使用商标时应承担以下义务：不得擅自改变注册商标，需要改变其标志的，应当重新提出注册申请；不得自行改变注册商标的注册人名称、地址或者其他注册事项，否则由知识产权局责令限期改正或撤销其注册商标；不得自行转让注册商标，转让注册商标应通过商标主管机关核准；注册商标必须使用，连续3年停止使用的，注册商标由知识产权局撤销其商标注册。

三、商标权的法律保护

注册商标专用权是指注册商标的所有人对其所有的注册商标享有独占的使用权，未经其许可，任何人都不得在同一种商品或者类似商品上使用与其注册商品相同或者近似的商标。注册商标的专用权以核准注册的商标和核定使用的商品或服务为限。当他人侵害了注册商标专用权时，注册商标专用权人有权采取措施。

实践中，侵犯注册商标专用权的行为(商标侵权行为)主要表现形式如下。

(1) 未经商标注册人的许可，在同一种商品上使用与其注册商标相同的商标的。

(2) 未经商标注册人的许可，在同一种商品上使用与其注册商标近似的商标，或者在类似商品上使用与其注册商标相同或者近似的商标，容易导致混淆的。

(3) 销售侵犯注册商标专用权的商品的。

(4) 伪造、擅自制造他人注册商标标识或者销售伪造、擅自制造的注册商标标识的。

(5) 未经商标注册人同意，更换其注册商标并将该更换商标的商品又投入市场的(反向假冒)。

(6) 故意为侵犯他人商标专用权行为提供便利条件，帮助他人实施侵犯

法条链接 5-3

《商标法》关于注册商标专用权保护的部分规定

商标专用权行为的。

(7) 给他人的注册商标专用权造成其他损害的。实践中，主要包括：①在同一种或者类似商品上，将与他人注册商标相同或者近似的标志作为商品名称或者商品装潢使用，误导公众的；②故意为侵犯他人注册商标专用权行为提供仓储、运输、邮寄、隐匿等便利条件的；③将与他人注册商标相同或者近似的文字作为企业的字号在相同或者类似商品上突出使用，容易使相关公众产生误认的；④复制、摹仿或者翻译他人注册的驰名商标或其主要部分在不相同或者不相类似商品上作为商标使用，误导公众，致使该驰名商标注册人的利益可能受到损害的；⑤将与他人注册商标相同或者相近似的文字注册为域名，并且通过该域名进行相关商品交易的电子商务，容易使相关公众产生误认的。

行为人侵犯他人注册商标专用权的，应当视其情节依法承担相应的法律责任，包括民事责任、行政责任甚至刑事责任。

综合实训

一、判断题

1. 知识产权是指人们可以就其智力创造的成果所依法享有的专有权利。（　）
2. 中国公民、法人或者其他组织未发表的作品，不受著作权法保护。（　）
3. 著作人身权的保护没有期限限制。（　）
4. "科学发现"可以申请专利。（　）
5. 在专利申请日前已经制造相同产品、使用相同方法或者已经做好制造、使用的必要准备，并且仅在原有范围内继续制造、使用的不属于侵权行为。（　）
6. 我国对所有商标注册采取自愿原则，即一般情况下未经注册的商标可以使用，但其使用人即使长期使用，也不享有商标专用权，无权禁止他人使用相同商标，也无权阻止他人就相同商标提出注册申请。（　）
7. 驰名商标即使是第三人在非类似商品或服务上注册或使用驰名商标，都被认定为是对驰名商标的侵害。（　）

二、单项选择题

1. 以下使用作品的行为，可以不经著作权人许可且不必支付报酬的是（　）。
   A. 将少数民族文字作品翻译成汉字出版发行　　B. 将他人已出版的教材复制后卖给学生
   C. 为介绍某一作品而适当引用　　D. 为"希望工程"捐款的义演表演已发表作品
2. 作家甲创作了一首新歌，歌手乙进行了演唱，唱片公司丙录制成 CD 唱片，网站丁未经甲、乙、丙许可将该 CD 中全部歌曲上传至网上，下列表述正确的是（　）。
   A. 丁侵犯了甲、乙、丙的信息网络传播权　　B. 丁侵犯了甲、乙、丙的表演权
   C. 丁侵犯了乙、丙的播放权　　D. 丁侵犯了甲、乙的发表权
3. 医药公司甲发明了一种治疗流行感冒的新药并已被授予发明专利权，制药厂乙未经授权制造了该新药，药店丙销售乙制造的新药，研究所丁为检验药品疗效自行少量生产该新药，患者戊购买该药品自用，以下说法正确的是（　）。
   A. 丁的行为构成侵权　　B. 戊的行为构成侵权
   C. 乙、丙的行为侵犯了甲专利权　　D. 乙的行为侵犯了甲的专利权，丙不构成侵权
4. 依《商标法》规定，下列不可以作为商标提出注册申请的是（　）。

A. 海浪的声音 B. 玫瑰花的气味
C. 鸟鸣的声音 D. 风景图片

三、多项选择题

1. 下列各项中，依法可以申请方法专利的是( )。
   A. 食品真空保鲜的方法 B. 一种菜肴的烹饪方法
   C. 高血压针灸疗法 D. 西红柿新品种的培育方法
   E. 变魔术的方法

2. "花果山"市出产的鸭梨营养丰富，口感独特，远近闻名。当地有关单位拟对其采取的保护措施中，不合法的是( )。
   A. 将"花果山"申请注册为集体商标，使用于鸭梨上
   B. 将"花果山"申请注册为证明商标，使用于鸭梨上
   C. 将鸭梨的形状申请注册为立体商标，使用于鸭梨上
   D. 将鸭梨的形状申请注册为立体商标，使用于雪花梨上
   E. 对猴山市某厂在其生产的水果罐头上已经善意注册并长期使用的"花果山"商标禁止其继续使用

四、简答题

1. 简述知识产权的法律特征。
2. 简述著作权的内容及其限制。
3. 简述专利侵权行为的概念、特征及其表现形式。
4. 简述对驰名商标保护的措施。

五、案例分析题

甲公司为国内一家生产数控机床的公司，拥有与数控机床有关的多项发明专利技术。2019年2月，甲公司与外国乙公司分别签订了商标使用许可合同和著作权使用许可合同。根据商标使用许可合同，甲公司获得了乙公司的A注册商标的独占使用权，核准使用的商品为数控机床。根据著作权许可使用合同，甲公司获得乙公司的B软件在中国内地地区的专有使用权，但合同没有约定甲公司是否可以许可第三人使用该软件。

2019年5月，甲公司与丙公司签订代销合同，约定丙公司以自己的名义试销贴有A注册商标的数控机床10台，销售价格为每台15万元，每销售一台收取代销费2万元。

2020年1月，丙公司以每台15万元的价格向丁公司销售了3台数控机床。丁公司收到3台数控机床后，自己使用一台，将其余两台出租给其他公司。

2020年6月，丙公司未经甲公司同意，将其余7台数控机床的A注册商标清除，更换为自己的C注册商标，并以每台15万元的价格卖出了5台。

请问：

1. 丁公司出租数控机床的行为是否侵犯甲公司的专利权？并说明理由。
2. 丁公司出租数控机床的行为是否侵犯乙公司的著作权？并说明理由。
3. 根据甲、乙之间的著作权使用许可合同，乙公司是否可以在中国内地地区使用B软件？并说明理由。
4. 甲公司是否可以许可第三人在中国内地地区使用B软件？并说明理由。
5. A注册商标的行为是否侵犯乙公司的商标权？并说明理由。

第六章 市场规制法律制度

引 例

甲、乙两厂均为生产饮料的企业，使用在饮料上的注册商标分别为 A、B，其中甲厂是老企业，乙是新企业。由于乙厂饮料质优价廉，销路好，导致甲厂产品的市场占有率下降。甲为了在竞争中取胜，2019 年以来，在该市电视台加大广告宣传力度，广告称："目前本市有一些厂家生产同类产品，与本厂生产的保健饮料在质量上有根本差别，系本厂产品的仿制品，唯有本厂生产的 A 牌饮料不含化学成分，是正宗产品。特别提请广大消费者注意，购买保健饮料请认准 A 牌商标，谨防上当。"甲厂的广告播出后，许多经营乙厂保健饮料的客户退货，称其是仿制品，造成乙厂近 28 万元的经济损失。于是，乙厂向市场监督管理局反映，要求公平处理。

【提问】请你谈谈对本案的认识。

【点评】甲厂为了在竞争中取胜，采取了虚假宣传、诋毁商誉等不正当竞争行为，损害了同类经营者乙厂的合法权益，扰乱了社会经济秩序，是一种违法行为，应当承担相应的法律责任。

竞争是市场活力的来源，良好的市场秩序是市场经济健康发展的重要条件，是人人不可或缺的公共产品，但是不受规制的自由竞争往往会破坏市场秩序，损害经营者和消费者的利益，严重阻碍经济的发展。在不损害自由竞争的基础上建立良好的市场秩序是市场经济发展的客观要求。因此，竞争必须有规则。

第一节 反垄断法

一、垄断的概念和分类

(一) 垄断的概念

法律上关于垄断的基本含义，是指垄断主体在市场经济运行过程中所进行的排他性控制或对市场竞争进行实质性限制、妨碍公平竞争秩序的行为或状态。法律意义上的垄断具有两个特征,即违法性和危害性。垄断行为是违反法律禁止性规定并对市场竞争过程产生实质危害的行为或状态。

(二) 垄断的分类

(1) 根据垄断者市场占有的情况,垄断分为独占垄断、寡头垄断和联合垄断。独占垄断也称为完全垄断,是指一家企业对整个行业的生产、销售和价格有完全的排他性的控制能力,在该行业内不存在任何竞争。寡头垄断,是指市场上只有为数不多的企业生产、销售某种特定的产品或者服务,每个企业都占有一定的市场份额,对价格实施了排他性的控制,但它们相互之间又存在一定的竞争。联合垄断,是指多个相互间有竞争关系并有相当经济实力的企业,通过限制竞争协议等形式,联合控制某一行业市场的状态。

(2) 根据产生的原因,垄断分为经济性垄断、国家垄断、行政垄断和自然垄断。经济性垄断又称市场垄断,是指市场主体通过自身的力量设置市场障碍而形成的垄断,这是一般的垄断。国家垄断,是指国家出于保护目的,对某一行业市场的生产、销售等进行直接控制,不允许其他市场主体进入该市场领域的情况。行政垄断,是指由政府行政机构违法设置市场障碍而形成的垄断,如在计划经济向市场经济转轨时期,一些地方和部门的保护主义就是典型行政性垄断。自然垄断,是指由于市场的自然条件原因而产生的独占经营,即某些行业不适合竞争经营,否则将导致社会资源的浪费或市场秩序的混乱,如公用事业。

二、反垄断法概述

反垄断法是调整国家在制止市场主体以控制市场为目的的反竞争行为过程中所发生的社会关系的法律规范的总和。《中华人民共和国反垄断法》(以下简称《反垄断法》)调整的主要是具有竞争关系的经营者之间的法律关系,它是保障市场竞争公平、自由和秩序的重要部门法,被称为"经济宪法"。

《反垄断法》所禁止的并不是所有的垄断行为,而是法律规定的垄断行为。只有当企业从获取超额垄断利润或者排挤竞争对手等目的出发,占有较高的市场份额,并滥用这种市场优势实施反竞争的行为时,才被视为垄断,才须依《反垄断法》加以制止。对于农业生产者及农村经济组织在农产品生产、加工、销售、运输、储存等经营活动中实施的联合或者协同行为给予特别保护,免于《反垄断法》的规制。此外,有些垄断如知识产权垄断,其市场进入障碍既非垄断者自身力量形成,也不是行政力量制造,而是由法律所赋予的权利。

三、《反垄断法》所规制的垄断行为

《反垄断法》将各种垄断行为分为垄断协议,滥用市场支配地位,经营者集中和滥用行政权力排除、限制竞争四类。

(一) 垄断协议

垄断协议也称联合限制竞争,是指两个或两个以上的经营者以协议、决议或其他联合方式实施的限制竞争行为。垄断协议可以表现为企业间限制竞争的合同或协议、企业团体的决议及企业间的协同行为等形式。垄断协议行为的主体为经营者、行业协会。实践中,垄断协议主要表现为横向垄断协议,即处于产业链同一环节的两个或两个以上经营者所为的联合限制竞争行为(主要包括固定定价、划分市场、联合抵制、不当技术联合等)和纵向垄断协议,即处于同一产业链上下环节(有交易关系或供求关系)的两个或两个以上经营者所为的联合限制竞争行为(主要包括固定转售价格、限定转售最低价格等)。

构成垄断协议应具备的要件为：①协议或者协同行为由多个独立主体构成。垄断协议必须发生在两个或两个以上的有竞争关系的经营者之间，具有"多个主体共同行为"的特征。同时，参加联合的主体应是在事实上具有独立性的主体，否则不能认定为限制竞争行为的联合主体。②经营者之间存在通谋或协同一致的行为。这种通谋或协同一致的行为，可以表现在各方签署形成的协议、合同、备忘录中，也可以表现在企业团体的决定或决议中，还可以是行为人之间协同一致的行为。

法条链接 6-1

违法实施垄断协议的法律责任

垄断协议直接损害了未参与协议的企业的利益，也侵害了消费者的权益，妨碍了竞争机制正常发挥其功能，应予以依法制止。

在实际生活中，部分联合限制竞争行为有利有弊，并且可能利大于弊，因此，经营者能够证明所达成的协议属于下列情形之一的，可以免于处罚：①为改进技术、研究开发新产品的；②为提高产品质量、降低成本、提高效率，统一产品规格、标准或者实行专业化分工的；③为提高中小经营者经营效率，增强中小经营者竞争力的；④为实现节约能源、保护环境、救灾救助等社会公共利益的；⑤因经济不景气，为缓解销售量严重下降或者生产明显过剩的；⑥为保障对外贸易和对外经济合作中的正当利益的；⑦法律和国务院规定的其他情形。

同时，经营者还应当证明所达成的协议不会严重限制相关市场的竞争，并且能够使消费者分享由此产生的利益。

【例6-1】根据《反垄断法》的规定，下列选项不构成垄断协议的为(   )。
A. 某行业协会组织本行业的企业就防止进口原材料时的恶性竞争达成保护性协议
B. 三家大型房地产公司的代表聚会，就商品房价格达成共识，随后一致采取涨价行动
C. 某品牌的奶粉含有毒物质的事实被公布后，数家大型零售公司联合声明拒绝销售该产品
D. 数家大型煤炭企业就采用一种新型矿山安全生产技术达成一致意见
【解析】根据《反垄断法》第十三条至第十五条的规定，正确答案是ACD。

(二) 滥用市场支配地位

滥用市场支配地位是指具有一定的市场支配地位的企业滥用市场优势地位，对其他主体进行不公平的交易或者排除竞争对手的行为。认定滥用市场支配地位的行为需要考虑两个要素：一是取得特定市场的支配地位，二是滥用支配力量妨碍竞争。

首先是关于相关市场的支配地位认定。这里的相关市场，是指与经营者的产品和服务之间存在竞争关系的产品和服务市场。相关市场的相关性，是指与经营者的产品和服务存在相互竞争关系的特性，具体表现为在产品和服务种类上的相关性、空间上的相关性和时间上的相关性。要界定相关市场，需要运用经济学的方法，需要由会计、审计人员协助进行市场调查。市场支配地位，是指经营者在相关市场内具有能够控制商品价格、数量或者其他交易条件，能够阻碍、影响其他经营者进入相关市场能力的市场地位。认定市场支配地位的依据，一般以市场份额为主，兼顾市场行为及其相关因素。依据市场份额标准时，可以根据被告的市场份额，依法推定其具有市场支配地位。被推定具有市场支配地位的经营者，有证据证明不具有市场支配地位的，不应当认定其具有市场支配地位。

其次是滥用市场支配地位妨碍竞争的认定。通常的行为表现有：
(1) 不正当地确定、维持、变更商品价格。这种行为既损害了消费者的权益，将消费者享

有的部分福利转移到垄断厂商,也妨碍了其他竞争者的进入,对竞争构成实质性的限制。

(2) 差别对待。处于支配地位的企业在向条件相同的交易对象提供商品时,没有正当理由却在价格或其他交易条件上给予明显的区别对待,从而限制了交易对象之间的竞争。

(3) 强制交易。处于支配地位的企业采取利诱、胁迫或其他不正当的方法,迫使其他企业违背真实意愿与之交易或者促使其他企业从事限制竞争的行为。

(4) 掠夺性定价。处于市场支配地位的企业以排挤竞争对手为目的,以低于成本的价格销售商品。

(5) 独家交易。处于市场支配地位的企业要求经销商在特定市场内只经销自己的商品,不得经销其他企业的同种或同类商品。独家交易又称排他性交易行为。

经营者违反《反垄断法》规定,滥用市场支配地位的,由反垄断执法机构责令停止违法行为,没收违法所得,并处上一年度销售额1%以上10%以下的罚款。经营者滥用市场支配地位行为给他人造成损失的,应依法承担民事责任。

(三) 经营者集中

经营者集中,是指经营者通过合并、收购、委托经营、联营或其他方式,集合经营者经济力,提高市场地位的行为,包括经营者合并和经营者控制。经营者集中可以形成一定的规模经济,但经济力量过度集中又使市场竞争主体数量减少,市场结构发生变化,对市场竞争产生不利影响。在认定经营者集中时,应当考虑下列因素:①参与集中的经营者在相关市场的市场份额及其对市场的控制力;②相关市场的市场集中度;③经营者集中对市场进入、技术进步的影响;④经营者集中对消费者和其他有关经营者的影响;⑤经营者集中对国民经济发展的影响。

经营者集中是市场中的常见行为,是市场资源重组的需要。导致垄断的经营者集中只是一些规模很大且妨碍市场竞争的行为。为抑制这类经营者集中,各国法律都采取了经营者集中审查申报制度。经营者集中是否是垄断,可以根据经营者集中前后的市场份额变化及对竞争的影响情况作出判断。当经营者集中行为违反法律规定,危及市场竞争、损害社会公共利益时,应予禁止。

【例6-2】下列情形属于《反垄断法》规定的经营者集中的有( )。
A. 经营者合并
B. 经营者通过取得股权或资产的方式取得对其他经营者的控制权
C. 经营者通过合同取得对其他经营者的控制权
D. 经营者通过合同外的方式取得能够对其他经营者施加决定性影响的地位
【解析】根据《反垄断法》第二十条的规定,正确答案是ABCD。

(四) 滥用行政权力排除、限制竞争

滥用行政权力排除、限制竞争亦称行政垄断或行政性垄断,是指拥有行政权力的政府机关以及其他依法具有管理公共事务职能的组织滥用行政权力,违反法律规定实施的排除、限制市场竞争的行为。行政垄断是政府违背市场规律及行政规范,参与市场竞争、干涉市场主体行为、分享市场资源、破坏经济自由的不正常状况。

判断是否构成滥用行政权力排除、限制竞争，一般应考虑以下因素：①从行为的实施者来看，必须是行政机关或者依照法律、法规授权具有管理公共事务职能的其他组织。这两类主体的特点是均拥有一定的行政权力。②行为主体实施了"滥用行政权力"的行为。③该行为产生了破坏市场机制、损害公平竞争秩序，排除或者限制竞争的严重后果。

滥用行政权力排除、限制竞争的行为方式多种多样，反垄断法主要规制以下几类行为。

(1) 地区封锁。地方政府及其职能部门通过行政权力建立市场壁垒，禁止外地产品流入本地市场，禁止本地资源流出，对不同的地区经营者差别对待，实行地方保护主义。

(2) 强制交易。这是指中央政府部门、地方政府及其他依法具有管理公共事务职能的组织，利用行政权力强制安排市场交易活动，限制和排斥竞争、妨碍公平交易的行为。

(3) 强制经营者实施危害竞争的垄断行为。这是指行政管理者为了本地区或本部门的利益，违背经营者的意愿，强制其从事有利于本地区、本部门的垄断行为。

(4) 制定含有限制竞争内容的行政法规、行政命令等。这是指行政机关利用行政权力，通过制定行政法规、规章或者发布具有普遍约束力的决定、命令，将其有限制竞争性质的条款或内容包含其中，要求相对人执行以达到限制竞争的目的。

法条链接 6-2

《反垄断法》关于滥用行政权力排除、限制竞争的规定

课堂讨论

> 甲市某酒厂酿造的"蓝星"系列白酒深为当地人喜爱。甲市政府办公室发文指定该酒为"接待用酒"，要求各机关、企事业单位、社会团体在业务用餐时，饮酒应以"蓝星"系列为主。同时，酒厂公开承诺：用餐者凭市内各酒楼出具的证明，可以取得消费100元返还10元的奖励。
>
> 请问：如何看待该事件？

第二节 反不正当竞争法

一、反不正当竞争法概述

不正当竞争有广义和狭义之分。广义的不正当竞争，泛指一切违反商业道德和善良风俗，特别是违反有关法律而从事商品生产、经营的行为，包括垄断、限制竞争和以不正当手段从事竞争三种行为。狭义的不正当竞争一般指除垄断和限制竞争以外的以不正当手段从事竞争的行为。

《中华人民共和国反不正当竞争法》(以下简称《反不正当竞争法》)第二条规定，"本法所称的不正当竞争行为，是指经营者在生产经营活动中，违反本法规定，扰乱市场竞争秩序，损害其他经营者或者消费者的合法权益的行为"。基于此，不正当竞争行为具有以下法律特征。

(1) 主体的特定性。不正当竞争的行为人应为经营者，即从事商品生产、经营或者提供服务(以下所称商品包括服务)的自然人、法人和非法人组织；非经营者不构成不正当竞争的行为主体。

(2) 领域的限定性。不正当竞争是经营者在从事商品生产、经营或者提

知识拓展 6-1

不正当竞争与正当竞争、不平等竞争、垄断的区别

供服务中实施的；在其他领域实施的同类行为，不构成不正当竞争。

(3) 性质的违法性。不正当竞争的行为直接违反《反不正当竞争法》的禁止性规定，或者违背了自愿、平等、公平、诚信的原则及相关法律和商业道德。

(4) 结果的有害性。不正当竞争行为的实施客观上扰乱了市场竞争秩序，损害了其他经营者或者消费者的合法权益。

不正当竞争异于正当竞争、不平等竞争、垄断。

二、不正当竞争行为的表现形式

根据《反不正当竞争法》第六条至第十二条的规定，不正当竞争行为主要有以下7种。

1. 仿冒混淆行为

仿冒混淆行为是指经营者冒用他人商品的标识或名义于自己的商品，足以引人误认为是他人的商品或者与他人存在特定联系，以谋取非法利益的行为。仿冒混淆行为即典型的"搭便车"，旨在诱使消费者误认、误购，牟取非法利益，既剥夺了被冒用的经营者的市场份额、损害其利益，也蒙骗消费者、损害其合法权益，破坏市场公平竞争秩序。

仿冒混淆行为主要表现为以下几个方面。

(1) 经营者擅自使用与他人有一定影响的商品名称、包装、装潢等相同或近似的标识。

(2) 擅自使用他人有一定影响的企业名称(包括简称、字号等)、社会组织名称(包括简称等)、姓名(包括笔名、艺名、艺名等)。

(3) 擅自使用他人有一定影响的域名主体部分、网站名称、网页等。

(4) 其他足以引人误认为是他人商品或者与他人存在特定联系的混淆行为。

【例6-3】根据《反不正当竞争法》的规定，下列行为中属于不正当竞争行为中混淆行为的是(   )。
A. 甲厂在其产品说明书中作夸大其词的不实说明
B. 乙厂的矿泉水使用"清凉"商标，而"清凉矿泉水厂"是本地一家知名矿泉水厂的企业名称
C. 丙商场在有奖销售中把所有的奖券刮奖区都印上"未中奖"字样
D. 丁酒厂将其在当地评奖会上的获奖证书复印在所有的产品包装上

【解析】根据《反不正当竞争法》第六条的规定，正确答案是B。

课堂讨论

甲欲买"全聚德"牌的快餐包装烤鸭，临上火车前误购了商标不同而外包装十分近似的显著标明名称为"全聚德"的烤鸭，遂向全聚德公司投诉。全聚德公司发现，"全聚德"烤鸭的价格仅为"全聚德"的1/3。

请问：全聚德公司该如何维护其合法权益？

2. 商业贿赂行为

商业贿赂行为是指经营者采用财物或者其他手段贿赂相关单位或者个人,以谋取交易机会或者竞争优势的行为。

实践中,商业贿赂行为的构成要件为:

(1) 交易中附加给付。包括给付财物或通过其他手段输送利益。财物是指现金和实物;其他手段是指提供国内外各种名义的旅游、考察等给付财物以外的其他利益。

(2) 给付主体为经营者或其工作人员。商业贿赂是以谋取交易机会或者竞争优势为目的而做附加给付,一般作为交易方的经营者所为;但若"经营者的工作人员进行贿赂的,应当认定为经营者的行为",除非经营者有证据证明该工作人员的行与为经营者谋取交易机会或者竞争优势无关。

(3) 给付对象为与交易相关的单位或者个人,包括:①交易相对方的工作人员;②受交易相对方委托办理相关事务的单位或者个人;③利用职权或者影响力影响交易的单位或者个人。

(4) 给付方式为在账外暗中进行。经营者在交易活动中,允许以明示方式向交易相对方支付折扣,或者向中间人支付佣金。经营者向交易相对方支付折扣、向中间人支付佣金的,应当如实入账。接受折扣、佣金的经营者也应当如实入账。折扣和佣金在账外暗中给付的,涉嫌不正当竞争,而以明示方式、给付方与接受方均如实入账的,则属正当商业手段。

需要提及的是,折扣即让利,是指经营者在销售商品时,给予对方的价格优惠,包括支付价款时对价款总额按一定比例即时予以扣除和支付价款总额后再按一定比例予以退还两种形式;佣金是指经营者在市场交易中给予为其提供服务的具有合法经营资格的中间人的劳务报酬。

3. 虚假宣传行为

虚假宣传行为,是指经营者对其商品或帮助其他经营者作虚假或者引人误解的商业宣传,欺骗、误导消费者的行为。

《反不正当竞争法》第八条规定,经营者不得对其商品的性能、功能、质量、销售状况、用户评价、曾获荣誉等作虚假或者引人误解的商业宣传,欺骗、误导消费者。经营者不得通过组织虚假交易等方式,帮助其他经营者进行虚假或者引人误解的商业宣传。据此,虚假宣传行为可以分为以下三类。

(1) 欺骗型虚假宣传。即虚假的商业宣传,是指在商业宣传中无中生有、虚构根本不存在的事实或观点欺骗消费者。欺骗型虚假宣传的内容本身就是虚假的,其行为形式可以分为以下四种:①所宣传的商品或者服务不存在,即虚构了商品或服务本身的:②对商品的有关信息(包括商品的性能、功能、质量、销售状况、用户评价、曾获荣誉等)做虚假宣传的;③宣传中使用虚构、伪造或者无法验证的信息(如科研成果、统计资料、调查结果、文摘、引用语等)作证明材料的;④虚构使用商品或者接受服务的效果的。

(2) 误导型虚假宣传。即引人误解的商业宣传,指对商品或服务的情况作使购买者容易产生错误理解的宣传,诱使购买者对商品或服务产生不切实际的错误理解,从而影响消费者选择的虚假宣传。误导型虚假宣传的内容也许是真实的,或者部分内容是真实的,但是由于巧妙的措辞、隐瞒的暗示、投机的省略、断章取义的引用以及采用刁钻的表现角度等,使宣传内容表达不确切、不明白而藏有陷阱,具有极大的迷惑性和误导性。该行为形式又可分为以下三种:

①对商品作片面的宣传或者对比的;②将科学上未定论的观点、现象等当作定论的事实用于商品宣传的;③以歧义性语言或者其他引人误解的方式进行商品宣传的。但是,以明显的夸张方式宣传商品,不足以造成相关公众误解的,不构成误导型的虚假宣传。

(3) 帮他人虚假宣传。即经营者通过组织虚假交易等方式,帮助其他经营者进行虚假或者引人误解的商业宣传。如电商利用网络平台,聘请工作人员从事网络刷单,在未收到货物的情况下,给商品好评,替商家虚构交易记录,为商家进行虚假宣传提供便利,欺骗误导消费者。

> 新星公司为了宣传其新开发的保健品,虚构保健品功效,并委托某广告公司设计了"谁吃谁明白"的广告,聘请大腕明星作代言人,邀请某社会团体向消费者推荐,在报刊和电视上高频率地发布引人误解的不实广告。
> 请问:如何看待本案?

4. 侵犯商业秘密的行为

所谓商业秘密,是指不为公众所知悉、具有商业价值并经权利人采取相应保密措施的技术信息、经营信息等商业信息。商业秘密具有如下特征:①无形性,即商业秘密以技术信息和经营信息的形式表现和存在,包括设计、程序、产品配方、制作工艺、制作方法、管理诀窍、客户名单,货源情报、产销策略、物流及供应链信息、招投标中的标底及标书内容等信息。②商业性,具有确定的可应用性,能为权利人带来现实的或者潜在的经济利益或者竞争优势。③秘密性,即该信息是不能从公开渠道直接获取因而不为社会公众所知悉。④保密性,即权利人为之采取了相应保密措施来维持这种秘密性,包括订立保密协议,建立保密制度及采取其他合理的保密措施。

侵犯商业秘密行为是指经营者及相关非经营者非法获取和非法披露、使用或者允许他人使用权利人的商业秘密的行为。该行为应从以下两方面认定:

(1) 行为主体为非权利人,可以是经营者,也可以是经营者以外其他自然人、法人和非法人组织,与经营者相关的非经营者(如员工、前员工、第三人等)也可以成为该行为的主体。这里所谓权利人,是指依法对商业秘密享有所有权或者使用权的自然人、法人和非法人组织,包括商业秘密的所有权人和使用权人。

(2) 行为形式表现为非法获取、非法披露与使用、非法允许他人使用权利人的商业秘密。包括:①以盗窃、贿赂、欺诈、胁迫、电子侵入或者其他不正当手段获取权利人的商业秘密;②披露、使用或者允许他人使用以前项手段获取的权利人的商业秘密;③违反保密义务或者违反权利人有关保守商业秘密的要求,披露、使用或者允许他人使用其所掌握的商业秘密;④教唆、引诱、帮助他人违反保密义务或者违反权利人有关保守商业秘密的要求,获取、披露、使用或者允许他人使用权利人的商业秘密。

经营者以外的其他自然人、法人和非法人组织实施前述所列违法行为的,视为侵犯商业秘密。第三人明知或者应知商业秘密权利人的员工、前员工或者其他单位、个人实施前述①～④项所列违法行为,仍获取、披露、使用或者允许他人使用该商业秘密的,视为侵犯商业秘密。

在侵犯商业秘密的民事审判程序中,商业秘密权利人提供初步证据,证明其已经对所主张的商业秘密采取保密措施,且合理表明商业秘密被侵犯,涉嫌侵权人应当证明权利人所主张的商业秘密不属于本法规定的商业秘密。商业秘密权利人提供初步证据合理表明商业秘密被侵犯,且提供以下证据之一的,涉嫌侵权人应当证明其不存在侵犯商业秘密的行为:①有证据表明涉嫌侵权人有渠道或者机会获取商业秘密，且其使用的信息与该商业秘密实质上相同；②有证据表明商业秘密已经被涉嫌侵权人披露、使用或者有被披露、使用的风险；③有其他证据表明商业秘密被涉嫌侵权人侵犯。

【例6-4】甲、乙公司均为网络公司，都在从事反病毒软件的开发和推广。甲公司向法院起诉，指控乙公司挖走了其研发主管及技术人员十余名，乙公司发布的2020版反病毒软件与甲公司2019版反病毒软件实质相似，甲公司的老客户已有1/3成为乙公司的新客户，请求法院认定乙公司侵犯了甲公司的商业秘密，构成不正当竞争，责令停止侵权并赔偿损失。关于乙公司如何证明自己不侵权，下列选项中错误的是(　　)。
  A. 证明从甲公司过来的研发主管及技术人员都是合同到期后或辞职后正常流动过来的，没有竞业禁止义务或对甲公司不再承担保密义务
  B. 证明其2020版反病毒软件与甲公司的2019版反病毒软件不构成实质相似
  C. 证明甲公司的2019版反病毒软件不是商业秘密
  D. 证明甲公司是以诉讼手段恶意打压竞争对手
【解析】根据《反不正当竞争法》第九条的规定，正确答案是CD。

5. 不正当有奖销售行为

不正当的有奖销售行为是指经营者违反诚实公平竞争原则，利用物质、金钱或其他经济利益引诱购买者与之交易，排挤竞争对手的不正当竞争行为。这类行为包括：①所设奖的种类、兑奖条件、奖金金额或者奖品等有奖销售信息不明确，影响兑奖；②采用谎称有奖或者故意让内定人员中奖的欺骗方式有奖销售；③抽奖式的有奖销售(凡以抽签、摇号等带有偶然性的方法决定购买者是否中奖的，均属于抽奖方式；但经政府或者政府有关部门依法批准的有奖募捐及其他彩票发售活动不在此列)，最高奖的金额超过50 000元。

6. 诋毁商誉行为

诋毁商誉也称商业诽谤，是指经营者通过编造、传播虚假信息或者误导性信息，损害竞争对手的商业信誉、商品声誉的行为。

构成诋毁商誉的行为必须是：①行为对象是同业竞争者且行为人具有诋毁竞争对手、削弱对手竞争能力的故意。②行为损害了竞争对手的商业信誉和商品声誉。商业信誉是社会对经营者商业道德、商品品质、价格、服务等方面的积极评价；商品声誉是社会对特定商品品质、性能的赞誉。③行为人采用了编造、传播虚假信息或者误导性信息的手段。如果经营者所发布的对竞争对手不利的信息属于客观事实，则不构成诋毁商誉的行为。

【例6-5】甲公司为宣传其"股神"股票交易分析软件，高价聘请记者发表文章，称"股神"软件是"股民心中的神灵"，贬称过去的同类软件"让多少股民欲哭无泪"，并称乙公司的软件"简直是垃圾"。根据《反不正当竞争法》的规定，下列选项正确的是(　　)。
  A. 只有乙公司才能起诉甲公司的诋毁商誉行为
  B. 甲公司的行为只有出于故意才能构成诋毁商誉行为
  C. 只有证明记者拿了甲公司的钱财，才能认定其参与诋毁商誉行为
  D. 只有证明甲公司捏造和散布了虚假事实，才能认定其构成不正当竞争
【解析】根据《反不正当竞争法》第十一条的规定，正确答案为BD。

7. 妨碍、破坏网络产品或服务正常运行的行为

妨碍、破坏网络产品或服务正常运行的行为也称网络恶意竞争行为，是指经营者利用技

手段，通过影响用户选择或者其他方式，实施妨碍、破坏其他经营者合法提供的网络产品或者服务正常运行的行为。根据《反不正当竞争法》第十二条的规定，该行为表现为：①未经其他经营者同意，在其合法提供的网络产品或者服务中插入链接、强制进行目标跳转；②误导、欺骗、强迫用户修改、关闭、卸载其他经营者合法提供的网络产品或者服务；③恶意对其他经营者合法提供的网络产品或者服务实施不兼容；④其他妨碍、破坏其他经营者合法提供的网络产品或者服务正常运行的行为。

> 【例6-6】根据《反不正当竞争法》的规定，下列行为属于不正当竞争行为的是（　　）。
> A. 丙企业规定，销售一台电脑给中间人5%的佣金，可不入账
> B. 甲灯具厂捏造乙灯具厂偷工减料的事实，但只告诉了乙厂的几家客户
> C. 通过某网络电商平台进行生产经营活动的甲公司通过水军"刷单""刷钻"，误导消费者
> D. 乙企业举办抽奖式有奖销售，最高奖为5200元购物券，并规定用购物券购物满1000元的可再获一次抽奖机会

三、对涉嫌不正当竞争行为的监督、调查与司法救济

1. 社会监督

国家鼓励、支持和保护一切组织和个人对不正当竞争行为进行社会监督。

对涉嫌不正当竞争行为，任何单位和个人有权向监督检查部门举报，监督检查部门接到举报后应当依法及时处理。监督检查部门应当向社会公开受理举报的电话、信箱或者电子邮件地址，并为举报人保密。对实名举报并提供相关事实和证据的，监督检查部门应当将处理结果告知举报人。

2. 对涉嫌不正当竞争行为的调查

(1) 调查机构。县级以上人民政府履行市场监督管理职责的部门对不正当竞争行为进行查处；相关法律、行政法规规定由其他部门查处的，依照其规定。

(2) 调查措施。监督检查部门调查涉嫌不正当竞争行为，可以采取下列措施：①进入涉嫌不正当竞争行为的经营场所进行检查；②询问被调查的经营者、利害关系人及其他有关单位、个人，要求其说明有关情况或者提供与被调查行为有关的其他资料；③查询、复制与涉嫌不正当竞争行为有关的协议、账簿、单据、文件、记录、业务函电和其他资料；④查封、扣押与涉嫌不正当竞争行为有关的财物；⑤查询涉嫌不正当竞争行为的经营者的银行账户。

(3) 调查规则。具体包括：①采取上述调查措施，应当向监督检查部门主要负责人书面报告，并经批准；采取上述第④项、第⑤项措施的，应当向设区的市级以上人民政府监督检查部门主要负责人书面报告，并经批准。②监督检查部门调查涉嫌不正当竞争行为，应当遵守《中华人民共和国行政强制法》和其他有关法律、行政法规的规定，并应当将查处结果及时向社会公开。③监督检查部门及其工作人员对调查过程中知悉的商业秘密负有保密义务。④监督检查部门调查涉嫌不正当竞争行为，被调查的经营者、利害关系人及其他有关单位、个人应当如实提供有关资料或者情况。

3. 司法救济

经营者的合法权益受到不正当竞争行为损害的，可以向人民法院提起诉讼。当事人对监督检查部门作出的决定不服的，可以依法申请行政复议或者提起行政诉讼。

四、不正当竞争行为的法律责任

经营者违反《反不正当竞争法》的规定，实施不正当竞争行为，应承担相应法律责任。该

法律责任包括民事责任、行政责任和刑事责任三种。

(一) 民事责任

经营者实施不正当竞争行为,给他人造成损害的,应当依法承担民事责任。因不正当竞争行为受到损害的经营者的赔偿数额,按照其因被侵权所受到的实际损失确定;实际损失难以计算的,按照侵权人因侵权所获得的利益确定。经营者恶意实施侵犯商业秘密行为,情节严重的,可以在按照前述方法确定数额的 1 倍以上 5 倍以下确定赔偿数额。赔偿数额还应当包括经营者为制止侵权行为所支付的合理开支。权利人因被经营者实施仿冒混淆行为、侵犯商业秘密行为被侵权所受到的实际损失、侵权人因侵权所获得的利益难以确定的,由人民法院根据侵权行为的情节判决给予权利人 500 万元以下的赔偿。

(二) 行政责任

行政责任分为行政处分和行政处罚。行政处分是国家机关根据法律、法规和规章制度,给予犯有轻微违法失职行为或者内部违纪人员的一种制裁。对实施不正当竞争行为的经营者,由县级以上人民政府履行市场监督管理职责的部门或法律、行政法规规定的其他部门进行行政处罚。

知识拓展 6-2

《反不正当竞争法》关于行政责任的规定

经营者从事不正当竞争,有主动消除或者减轻违法行为危害后果等法定情形的,依法从轻或者减轻行政处罚;违法行为轻微并及时纠正,没有造成危害后果的,不予行政处罚。当事人对行政处罚决定不服的,可以依法申请行政复议或者提起行政诉讼。

(三) 刑事责任

经营者及其他主体违反《反不正当竞争法》规定,构成犯罪的,依法追究刑事责任。在我国,能够构成犯罪的不正当竞争行为主要是仿冒混淆行为、商业贿赂行为等不正当竞争行为。

第三节 产品质量法

一、产品质量法概述

产品质量法是调整产品质量管理关系和产品质量责任关系的法律规范的总称。目前我国除有专门的产品质量法外,还制定了与产品质量相关的或特殊产品质量管理的法律。

在我国境内从事产品的生产、销售活动(包括销售进口商品)的主体(生产者、销售者、用户和消费者以及监督管理机构),必须遵守《中华人民共和国产品质量法》(以下简称《产品质量法》)。"产品"仅限于动产,是指经过加工、制作,用于销售的产品。建设工程不属于"产品",但是建设工程使用的建筑材料、建筑构配件和设备属于"产品"的范畴。

二、产品质量监督管理制度

国务院市场监督管理部门主管全国产品质量监督工作。国务院有关部门在各自的职责范围内负责产品质量监督工作。县级以上地方市场监督管理部门主管本行政区域内的产品质量监督工作。县级以上地方人民政府有关部门在各自的职责范围内负责产品质量监督工作。法律对产品质量的监督部门另有规定的,依照有关法律的规定执行。

产品质量监督的各项具体制度主要如下：

(1) 产品质量检验制度。产品质量应当检验合格，不得以不合格产品冒充合格产品。

(2) 产品质量标准制度。可能危及人体健康和人身、财产安全的工业产品，必须符合保障人体健康，人身、财产安全的国家标准、行业标准；未制定国家标准、行业标准的，必须符合保障人体健康，人身、财产安全的要求。国家对少量的直接涉及人身安全、健康的产品发放生产许可证。

(3) 企业质量体系认证。企业质量体系认证是指通过认证机构的独立评审，对于符合条件的颁发认证证书，从而证明该企业的质量体系达到相应的标准。国家根据国际通用的质量管理标准，推行企业质量体系认证制度。企业可以自愿提出申请认证。

(4) 产品质量认证。产品质量认证是指通过认证机构的独立评审，对于符合条件的颁发认证书和认证标志，从而证明某一产品达到相应标准。国家根据先进的产品标准和技术要求，推行产品质量认证制度。企业可以自愿提出申请认证。

(5) 产品质量监督检查制度。国家对产品质量实行以抽查为主要方式的监督检查制度。经检查不合格的，质量技术监督部门有权依法作出处理，如警告、罚款、责令停止生产或销售。

三、产品责任

(一) 产品责任制度的内涵

产品责任，又称产品缺陷责任，是指产品的生产者、销售者因其生产或销售的产品有缺陷，造成消费者、使用者或者他人人身、财产的损害而应承担的一种民事赔偿责任。产品责任是一种特殊的侵权责任，在当事人之间存在合同关系的情况下，还可能出现与违约责任的竞合。

产品责任的成立，须同时具备以下条件：①产品存在质量缺陷；②缺陷在生产或销售环节已经存在；③损害事实客观存在，即已经造成了他人人身或财产上的损害；④产品缺陷是损害发生的原因。

知识加油站

产品质量责任与产品责任

产品质量责任是一个综合性的概念，它是指行为人违反《产品质量法》所应承担的各种消极法律后果。这里的"行为人"不仅包括产品的生产者、销售者，而且包括对产品质量负有直接责任的人员以及从事产品质量监督的国家工作人员。这里的"消极法律后果"包括民事责任、行政责任和刑事责任三大类，各类责任又可以作更进一步的划分，如表6-1所示。而产品责任则仅仅是产品质量责任的一种。

表6-1 产品质量责任的内容

产品质量责任	民事责任	合同责任(瑕疵担保责任)	
		产品责任(产品侵权责任)	
	行政责任	行政处分(对个人适用)	
		行政处罚(对个人、单位适用)	
	刑事责任	主刑	管制、拘役、有期徒刑、无期徒刑、死刑(对个人适用)
		附加刑	罚金(对个人、单位适用)
			剥夺政治权利(对个人适用)
			没收财产(对个人适用)

(二) 生产者、销售者的产品质量义务

1. 生产者的产品质量义务

(1) 作为的义务。①产品应当符合内在质量的要求。产品不应存在危及人体健康及人身、财产安全的不合理的危险；产品已有保障人体健康和人身、财产安全国家标准、行业标准的，应当符合该标准。产品应当具备规定的使用性能，但是，对产品存在使用性能的瑕疵作出说明的除外。产品应符合在产品或者其包装上注明采用产品标准，符合以产品说明、实物样品等方式表明的质量状况。②产品或者其包装上的标识应当符合要求。包括合格证明、产品名称、厂名和厂址、产品规格、安全使用日期、警示标志等。③特殊产品的包装必须符合要求。具体是指剧毒、危险、易碎、储运中不能倒置以及有其他特殊要求的产品的包装应符合有关要求。

(2) 不作为的义务。生产者不得生产国家明令淘汰的产品；不得伪造产地，伪造或者冒用他人的厂名、厂址；不得伪造或者冒用认证标志、名优标志等质量标志；生产产品，不得掺杂、掺假，以假充真、以次充好，以不合格产品冒充合格产品。

2. 销售者的产品质量义务

(1) 作为的义务。销售者应当执行进货检查验收制度，验明产品合格证明和其他标识；在进货之后，销售者应当采取措施，保持销售产品的质量；销售的产品的标识应当符合有关的规定。

(2) 不作为的义务。销售者不得销售失效、变质的产品；不得伪造产地，伪造或者冒用他人的厂名、厂址；不得伪造或者冒用认证标志、名优标志等质量标志；销售产品时不得掺杂、掺假，以假充真、以次充好，以不合格产品冒充合格产品。

(三) 产品缺陷

依据《产品质量法》的规定，产品缺陷是指产品存在危及人身、他人财产安全的不合理的危险；产品有保障人体健康和人身、财产安全的国家标准、行业标准的，是指不符合该标准，一般包括设计缺陷、制造缺陷、警示缺陷三种。

知识拓展 6-3

产品缺陷与产品瑕疵的关联

(四) 产品责任的责任主体

1. 生产者

因产品存在缺陷造成人身伤害，或造成缺陷产品以外的其他财产损害的，生产者应当承担赔偿责任。

但是，如果生产者能够证明有下列情形之一的，则不承担赔偿责任：①未将产品投入流通的；如擅自使用尚处于产品研发阶段、试验阶段的电动椅，因椅子漏电导致使用者死亡的，死者家属不能因此主张生产者的产品责任。②产品投入流通时，引起损害的缺陷尚不存在的。③将产品投入流通时的科学技术水平尚不能发现缺陷的存在的。

同时，由于使用者或者第三人的过错造成人身伤害的，生产者也不承担责任。

课堂讨论

刘灿伙同王氓从某电扇厂仓库盗窃未经检验的轮船用小型电扇两台。二人各分得一台。刘灿将电扇以 60 元的价格卖给了高戈。高戈在使用时，被飞出的扇叶削掉半截左耳。高戈以扇叶及保护网设计与制造中有瑕疵为由向电扇厂提出索赔。

请问：高戈是否有权向电扇厂索赔？法律依据是什么？

2. 销售者

由于销售者的过错使产品存在缺陷，造成人身或他人财产损害的，销售者应当承担赔偿责任；销售者不能指明缺陷产品的生产者，也不能指明缺陷产品的供货者时，销售者应当承担赔偿责任。

因产品存在缺陷造成人身、他人财产损害的，受害人可以向产品的生产者要求赔偿，也可以向产品的销售者要求赔偿。属于产品的生产者的责任，产品的销售者赔偿的，产品的销售者有权向产品的生产者追偿。属于产品的销售者的责任，产品的生产者赔偿的，产品的生产者有权向产品的销售者追偿。

3. 连带责任人

产品质量认证机构违反《产品质量法》的规定，对不符合认证标准而使用认证标志的产品，未依法要求其改正或者取消其使用认证标志资格的，对因产品不符合认证标准给消费者造成的损失，与产品的生产者、销售者承担连带责任。

社会团体、社会中介机构对产品质量作出承诺、保证，而该产品又不符合其承诺、保证的质量要求，给消费者造成损失的，与产品的生产者、销售者承担连带责任。

在广告中对产品质量作虚假宣传，欺骗和误导消费者，使购买商品或者接受服务的消费者的合法权益受到损害的，由广告主依法承担民事责任；广告经营者、广告发布者明知或者应知广告虚假仍设计、制作、发布的，应当依法承担连带责任；广告经营者、广告发布者不能提供广告主的真实名称、地址的，应当承担全部民事责任。

社会团体或者其他组织，在虚假广告中向消费者推荐商品或者服务，使消费者的合法权益受到损害的，应当依法承担连带责任。

(五) 产品责任的损害赔偿

1. 损害赔偿的类型

(1) 人身损害赔偿。因产品存在缺陷造成受害人人身伤害的，侵害人应当赔偿医疗费、治疗期间的护理费、因误工减少的收入等费用；造成残疾的，还应当支付残疾者生活辅助具费、生活补助费、残疾赔偿金以及由其扶养的人所必需的生活费等费用；造成受害人死亡的，应当支付丧葬费、死亡赔偿金以及由死者生前扶养的人所必需的生活费等费用。

(2) 财产损害赔偿。因产品存在缺陷造成受害人财产损失的，侵害人应当恢复原状或者折价赔偿。受害人因此遭受其他重大损失的，侵害人应当赔偿损失。

2. 损害赔偿请求权的行使期限

根据《产品质量法》的规定，因产品存在缺陷造成损害要求赔偿的诉讼时效期间为2年，自当事人知道或者应当知道其权益受到损害时起计算。

因产品存在缺陷造成损害要求赔偿的请求权，在造成损害的缺陷产品交付最初消费者满10年丧失；但是，尚未超过明示的安全使用期的除外。

课堂讨论

花全为其2岁儿子购买某品牌的奶粉，小孩喝后上吐下泻，住院7天才恢复健康。花全之子从此见任何奶类制品都拒食。经鉴定，该品牌奶粉属劣质品。为此，花全欲采取维权行动。

请问：花全可采取哪些措施？

第四节 消费者权益保护法

一、消费者权益保护法概述

(一) 消费者

消费者是指为满足个人生活消费需要而购买、使用商品或者接受服务的人。消费者作为消费主体,其范围包括一切进行生活消费的个人和消费群体。我国的消费者具有以下特征:

(1) 消费者的消费性质属于生活消费。消费者的生活消费包括两类:一是物质资料的消费,如衣、食、住、行、用等方面的物质消费。二是精神消费,如旅游、文化教育等方面的消费。

(2) 消费者的消费客体是商品和服务。商品,是指与生活消费有关的并通过流通过程推出的那部分商品,不管其是否经过加工制作,也不管其是否为动产或不动产。服务,是指与生活消费有关的,有偿提供的可供消费者利用的任何种类的服务。

(3) 消费者的消费方式包括购买、使用(商品)和接受(服务)。关于商品的消费,即购买和使用商品,既包括消费者购买商品用于自身的消费,也包括购买商品供他人使用或使用他人购买的商品。关于服务的消费,不仅包括自己付费自己接受服务,而且也包括他人付费自己接受服务。不论是商品的消费还是服务的消费,只要其有偿获得的商品和接受的服务是用于生活消费,就属于消费者。

(4) 消费者的主体包括公民个人和进行生活消费的单位。生活消费主要是公民个人(含家庭)的消费,而且对公民个人的生活消费是保护的重点。但是,生活消费还包括单位的生活消费,因为在一般情况下,单位购买生活资料最后都是由个人使用,有些单位还为个人进行生活消费而购买商品和接受服务。

(二) 消费者权益保护法的适用范围

消费者权益保护法是调整国家机关、经营者、消费者相互之间因保护消费者权益而产生的各种社会关系的法律规范的总称。为保护消费者权益、维护社会经济秩序,促进社会主义市场经济健康发展,我国制定了《中华人民共和国消费者权益保护法》(以下简称《消费者权益保护法》)。该法是我国保护消费者权益的基本法。广义上的《消费者权益保护法》则包括所有有关保护消费者权益的法律、法规,如《产品质量法》《反不正当竞争法》《旅游法》等。

在我国境内,消费者为生活消费需要购买、使用商品或者接受服务,经营者为消费者提供其生产、销售的商品或者提供服务,应适用《消费者权益保护法》;农民购买、使用直接用于农业生产的生产资料,参照适用《消费者权益保护法》的相关规定。

二、消费者的权利

消费者的权利是指消费者在购买、使用商品或者接受服务的一定时间内,依法应享有的各种权利。根据《消费者权益保护法》的规定,消费者享有以下 11 项权利。

1. 安全保障权

消费者在购买、使用商品和接受服务时享有人身、财产安全不受损害的权利;消费者有权要求经营者提供的商品和

服务,符合保障人身、财产安全的要求。安全权包括人身安全权和财产安全权两个方面,这是消费者最重要的权利。

【例6-7】郭钰与10岁的儿子到饭馆用餐,如厕时将手提包留在座位上叮嘱儿子看管,回来后发现手提包丢失。郭钰要求饭馆赔偿被拒绝,遂提起民事诉讼。根据消费者安全保障权,下列说法正确的是( )。
  A. 饭馆应保障顾客在接受服务时的财产安全,并承担顾客随身物品遗失的风险
  B. 饭馆应保证其提供的饮食服务符合保障人身、财产安全的要求,但并不承担对顾客随身物品的保管义务,也不承担顾客随身物品遗失的风险
  C. 饭馆应对顾客妥善保管随身物品作出明显提示,否则应当对顾客的物品丢失承担赔偿责任
  D. 饭馆应确保其服务环境绝对安全,应当对顾客在饭馆内遭受的一切损失承担赔偿责任
【解析】根据《消费者权益保护法》第十八条的规定,正确答案是B。

2. 知悉真情权

知悉真情权,是指消费者享有的知悉其购买、使用商品或者接受服务真实情况的权利。对消费者来说,知情是消费活动中必不可少的,它是消费者决定购买商品、接受服务的前提。消费者有权根据商品或者服务的不同情况,要求经营者提供商品的价格、产地、生产者、用途、性能、规格、等级、主要成分、生产日期、有效期限、检验合格证明、使用方法说明书、售后服务,或者服务的内容、规格、费用等有关情况。

 案例链接

据2009年8月13日《京华时报》报道,北京大食客饮食公司(简称大食客)因未主动提示,便自行收取安先生消毒餐具费6元,被安先生以侵犯其知情权为由告上法庭。法院支持了安先生的诉求。

2009年4月11日,安先生一行4人到大食客亚运村店就餐。每人被收取1.5元共计6元的消毒餐具费。安先生认为,大食客本来就应免费为顾客提供洗净消毒的餐具,费用也该自行承担,无权向顾客收取;另外,大食客在收取这项费用前,并没有事先告知,侵犯了顾客的知情权。故安先生要求返还消毒餐具费6元,并索赔通信费和交通费30元。庭审时,大食客表示,公司没有主动提示安先生,但消毒餐具包装上已经注明"有偿使用""每套1.5元"的字样。大食客提交了一套消毒餐具佐证,这套餐具塑料膜包装印有"温馨提示:本消毒餐具有偿使用"字样,字体较细小,另印有"每套1.5元"字样,字体稍大。

法庭审理后认为,大食客收费前未主动提示,而是采取在餐具包装上印制收费信息的被动方式提示,这种方式不足以确保安先生知晓收费事项。法院通过此案发现,餐饮企业收取消毒餐具费的现象较为普遍,但缺少统一的行业标准,通常仅在消毒餐具外包装上印制相关的收费信息,并不对消费者进行主动提示并征求其意见,待消费者实际使用后即收取费用。在宣判后,法院向北京市餐饮行业协会发送司法建议,建议对餐饮企业收取消毒餐具费的行为制定统一的行业标准,同时餐饮企业应主动告知消费者。

3. 自主选择权

自主选择权是指消费者有权根据自己的消费需求、意向和兴趣,自主选择自己满意的商品

或服务。这项权利主要包括：①自主选择商品或者服务的经营者；②自主选择商品的品种或者服务的方式；③自主决定是否购买商品或者接受服务；④自主比较、鉴别和挑选商品或服务。

4. 公平交易权

公平交易权是指消费者在购买商品或者接受服务时所享有的，获得质量保障和价格合理、计量准确等公平交易条件、拒绝经营者的强制交易行为的权利。其核心是消费者以一定数量的货币换取同等价值的商品或者服务。

5. 依法求偿权

依法求偿权是指消费者因购买、使用商品或者接受服务受到人身、财产损害的，享有依法获得赔偿的权利。它是弥补消费者所受损害的必不可少的救济权。享有获得赔偿权的主体包括购买、使用商品或者接受服务的消费者和使用他人购买的商品、服务而受到损害的消费者，以及在别人购买、使用商品或接受服务时，因在场而受到商品或者服务的伤害，致使人身、财产受损害的第三者。前者按契约关系求偿，后二者因与经营者之间没有契约关系，一般按侵权处理，求偿的范围包括人身损害和财产损害两方面。

课堂讨论

消费者甲在某商场购买了一台25英寸彩色电视机送给乙，用了一个星期左右，彩电发生爆炸，正巧邻居丙在场，炸伤左眼，乙脸部被炸伤。

请问：本案受害人应该如何索赔？

6. 依法结社权

依法结社权是指消费者享有依法成立维护自身合法权益的社会团体的权利，如消费者协会。消费者成立社会团体的目的在于通过集体力量来改变自身的弱小地位，从而维护自身的合法权益。

7. 获得知识权

获得知识权是指消费者享有获得有关消费和消费者权益保护方面的知识的权利。消费者应当努力掌握所需商品或者服务的知识和使用技能，正确使用商品，提高自我保护意识。

8. 维护尊严权

维护尊严权是指消费者在购买、使用商品和接受服务时，享有其人格尊严、民族风俗习惯得到尊重的权利。它包括人格尊严和民族风俗习惯获得尊重两方面。消费者在消费过程中不得受非法搜查、检查、侮辱、诽谤。

9. 个人信息保护权

个人信息保护权是指消费者在购买、使用商品和接受服务时，享有个人信息依法得到保护的权利。一般认为，个人信息是指可以直接或间接识别本人的信息的总和，包括一个人生理的、心理的、智力的、个体的、社会的、经济的、文化的、家庭的信息。经营者收集、使用消费者个人信息，应当遵循合法、正当、必要的原则，明示收集、使用信息的目的、方式和范围，并经消费者同意。经营者收集、使用消费者个人信息，应当公开其收集、使用规则，不得违反法律、法规的规定和双方的约定收集、使用信息。经营者及其工作人员对收集的消费者个人信息必须严格保密，不得泄露、出售或者非法向他人提供。经营者应当采取技术措施和其他必要措施，确保信息安全，防止消费者个人信息泄露、丢失。在发生或者可能发生信息泄露、丢失的情况时，应当立即采取补救措施。经营者未经消费者同意或者请求，或者消费者明确表示拒绝的，不得向其发送商业性信息。

10. 冷却期退货权

冷却期退货权是指通过特定销售方式购买的商品，消费者在法定期限内享有无理由退货的权利。特定销售方式是指采用网络、电视、电话、邮购等销售方式，法定期限是指自消费者收到货物之日起 7 日内。无理由退货的商品不包括：消费者定做的；鲜活易腐的；在线下载或者消费者拆封的音像制品、计算机软件等数字化商品；交付的报纸、期刊。除前述商品外，其他根据商品性质并经消费者在购买时确认不宜退货的商品，不适用无理由退货。

11. 监督批评权

监督批评权是指消费者享有对商品和服务以及保护消费者权益工作进行监督的权利。消费者有权检举、控告侵害消费者权益的行为和国家机关及其工作人员在保护消费者权益工作中的违法失职行为，有权对保护消费者权益工作提出批评、建议。

三、经营者的义务

根据《消费者权益保护法》规定，经营者应当履行以下 11 项义务。

1. 履行法定或约定的义务

经营者向消费者提供商品或者服务，应当依照法律、法规的规定履行义务。经营者和消费者有约定的，应当按照约定履行义务，但双方的约定不得违背法律、法规的规定。经营者向消费者提供商品或者服务，应当恪守社会公德，诚信经营，保障消费者的合法权益；不得设定不公平、不合理的交易条件，不得强制交易。

2. 接受监督的义务

经营者应当听取消费者对其提供的商品或者服务的意见，接受消费者的监督。

3. 保障安全的义务

经营者应当保证其提供的商品或者服务符合保障人身、财产安全的要求。对可能危及人身、财产安全的商品和服务，应当向消费者作出真实的说明和明确的警示，并说明和标明正确使用商品或者接受服务的方法以及防止危害发生的方法。宾馆、商场、餐馆、银行、机场、车站、港口、影剧院等经营场所的经营者，应当对消费者尽到安全保障义务。经营者发现其提供的商品或者服务存在缺陷，有危及人身、财产安全危险的，应当立即向有关行政部门报告和告知消费者，并采取停止销售、警示、召回、无害化处理、销毁、停止生产或者服务等措施。采取召回措施的，经营者应当承担消费者因商品被召回支出的必要费用。经营者对消费者未尽到安全保障义务，造成消费者损害的，应当承担侵权责任。

因第三人侵权导致损害结果发生的，由实施侵权行为的第三人承担赔偿责任。安全保障义务人有过错的，应当在其能够防止或者制止损害的范围内承担相应的补充责任。安全保障义务人承担责任后，可以向第三人追偿。

4. 提供真实信息的义务

经营者向消费者提供有关商品或者服务的质量、性能、用途、有效期限等信息，应当真实、全面，不得作虚假或者引人误解的宣传。经营者对消费者就其提供的商品或者服务的质量和使用方法等问题提出的询问，应当作出真实、明确的答复。经营者提供商品或者服务应当明码标价。

采用网络、电视、电话、邮购等方式提供商品或者服务的经营者，以及提供证券、保险、银行等金融服务的经营者，应当向消费者提供经营地址、联系方式、商品或者服务的数量和质量、价款或者费用、履行期限和方式、安全注意事项和风险警示、售后服务、民事责任等信息。

5. 标明经营者真实名称和标记的义务

经营者应当标明其真实名称和标记。租赁他人柜台或者场地的经营者，应当标明其真实名称和标记。展销会举办者、场地和柜台提供者应当加强管理，督促参展者和场地柜台的使用者悬挂营业执照并标明其真实名称和标记。

6. 签发凭证或单据的义务

经营者提供商品或者服务，应当按照国家有关规定或者商业惯例向消费者出具发票等购货凭证或者服务单据；消费者索要发票等购货凭证或者服务单据的，经营者必须出具。

7. 保障产品质量的义务

经营者应当保证在正常使用商品或者接受服务的情况下其提供的商品或者服务应当具有的质量、性能、用途和有效期限；但消费者在购买该商品或者接受该服务前已经知道其存在瑕疵，且存在该瑕疵不违反法律强制性规定的除外。经营者以广告、产品说明、实物样品或者其他方式表明商品或者服务的质量状况的，应当保证其提供的商品或者服务的实际质量与表明的质量状况相符。经营者提供的机动车、计算机、电视机、电冰箱、空调器、洗衣机等耐用商品或者装饰装修等服务，消费者自接受商品或者服务之日起 6 个月内发现瑕疵，发生争议的，由经营者承担有关瑕疵的举证责任。

8. 质量补救义务

经营者提供的商品或者服务不符合质量要求的，消费者可以依照国家规定、当事人约定退货，或者要求经营者履行更换、修理等义务。没有国家规定和当事人约定的，消费者可以自收到商品之日起 7 日内退货；7 日后符合法定解除合同条件的，消费者可以及时退货，不符合法定解除合同条件的，可以要求经营者履行更换、修理等义务。依照前述规定进行退货、更换、修理的，经营者应当承担运输等必要费用。

消费者退货的商品应当完好。经营者应当自收到退回商品之日起 7 日内返还消费者支付的商品价款。退回商品的运费由消费者承担；经营者和消费者另有约定的，按照约定。

9. 严格遵守公平交易的义务

经营者在经营活动中使用格式条款的，应当以显著方式提请消费者注意商品或者服务的数量和质量、价款或者费用、履行期限和方式、安全注意事项和风险警示、售后服务、民事责任等与消费者有重大利害关系的内容，并按照消费者的要求予以说明。经营者不得以格式条款、通知、声明、店堂告示等方式，作出排除或者限制消费者权利、减轻或者免除经营者责任、加重消费者责任等对消费者不公平、不合理的规定，不得利用格式条款并借助技术手段强制交易。格式条款、通知、声明、店堂告示等含有前款所列内容的，其内容无效。

10. 尊重消费者人格尊严的义务

消费者依法享有人身权，经营者不得以任何理由侵犯消费者的人身权利，不得对消费者进行侮辱、诽谤，不得搜查消费者的身体及其携带的物品，不得侵犯消费者的人身自由。

11. 保护消费者信息安全的义务

经营者收集、使用消费者的个人信息，应当遵循合法、正当、必要的原则，明示收集、使用信息的目的、方式和范围，并经消费者同意。经营者收集、使用消费者个人信息，应当公开其收集、使用规则，不得违反法律、法规的规定和双方的约定收集、使用信息。经营者及其工作人员对收集的消费者个人信息必须严格保密，不得泄露、出售或者非法向他人提供。经营者应当采取技术措施和其他必要措施，确保信息安全，防止消费者个人信息泄露、丢失。在发生或者可能发生信息泄露、丢失的情况时，应当立即采取补救措施。经营者未经消费者同意或者请求，或者消费者明确表示拒绝的，不得向其发送商业性信息。

【例6-8】经营者的下列行为违反了《消费者权益保护法》规定的是(   )。
A. 商家在商场内多处设置监控录像设备，其中包括服装销售区的试衣间
B. 商场的出租柜台更换了承租商户，新商户进场后，未更换原商户设置的名称标牌
C. 顾客以所购商品的价格高于同城其他商店的同类商品的售价为由要求退货，商家予以拒绝
D. 餐馆规定，顾客用餐结账时，餐费低于5元的不予开发票
【解析】根据《消费者权益保护法》第二十一条、第二十二条、第二十七条的规定，正确答案是ABD。

【例6-9】某大型商场在商场各醒目处张贴海报：本商场正以3折的价格处理一批因火灾而被水浸过的商品。消费者葛根见后，以433元购买了一件原价1444元的名牌女皮衣。该皮衣穿后不久，表面出现严重的泛碱现象。葛根要求商场退货，被拒绝。下列说法正确的是(   )。
A. 商场不承担退货责任
B. 商场应当承担退货责任
C. 商场可以不退货，但应当允许葛根用该皮衣调换一件价值433元的其他商品
D. 商场可以对该皮衣进行修复处理并收取适当的费用
【解析】根据《消费者权益保护法》第二十条、第二十三条的规定，正确答案是AD。

四、消费者权益的保护

(一) 消费者合法权益的国家保护

1. 立法保护

国家通过制定、修改、颁布有关消费者权益保护法的立法活动来保护消费者的合法权益。我国制定和颁布的《反不正当竞争法》《产品质量法》《中华人民共和国食品安全法》等都体现了对消费者合法权益的保护。为更好地保护消费者的合法权益，国家在制定有关法律、法规和政策时，应当听取消费者的意见和要求。

2. 行政保护

行政机关通过行政执法和监督活动对消费者的合法权益进行保护，包括行政管理和行政监督。各级人民政府应当加强领导、组织、协调和督促有关行政部门做好保护消费者合法权益的工作。

3. 司法保护

国家司法机关通过司法程序对消费者的合法权益予以保护。通过侦查、起诉、审判的活动，惩处经营者在提供商品和服务中侵害消费者合法权益的违法犯罪行为；人民法院应当采取措施方便消费者提起诉讼，对符合民事诉讼法起诉条件的消费者权益争议，应当受理及时审理。

(二) 消费者合法权益的社会保护

国家鼓励、支持一切组织和个人对损害消费者合法权益的行为进行社会监督，消费者协会和依法成立的其他消费组织，在保护消费者权益方面起着极为重要的作用；广播、电视、报刊等大众传播媒介应当为维护消费者合法权益做好宣传，对损害消费者合法权益的行为进行舆论监督。

(三) 消费者权益保护机构

1. 各级人民政府

国家和地方各级市场监督管理机关，是实施消费者权益保护的基本职能机构，其主要职能包括：拟订和组织实施有关法律、法规和政策，协调各部门共同做好保护消费者权益的工作，在市场监督管理机关职权范围内查处侵犯消费者利益的行为。

有关行政部门应当听取消费者和消费者协会等组织对经营者交易行为、商品和服务质量问题的意见，及时调查处理。有关行政部门在各自的职责范围内，应当定期或者不定期对经营者提供的商品和服务进行抽查检验，并及时向社会公布抽查检验结果。有关行政部门发现并认定经营者提供的商品或者服务存在缺陷，有危及人身、财产安全危险的，应当立即责令经营者采取停止销售、警示、召回、无害化处理、销毁、停止生产或者服务等措施。

2. 公安、司法机关

经营者的违法行为构成犯罪的，应由公安机关和人民检察院依法立案、侦查、起诉到人民法院追究相关责任人员的刑事责任。

人民法院依法受理消费者权益争议案件，及时审理，通过公正的审理保护消费者的合法权益。

3. 消费者组织

消费者协会和其他消费者组织是依法成立的对商品和服务进行社会监督的保护消费者合法权益的社会组织。消费者协会履行下列公益性职责：①向消费者提供消费信息和咨询服务，提高消费者维护自身合法权益的能力，引导文明、健康、节约资源和保护环境的消费方式；②参与制定有关消费者权益的法律、法规、规章和强制性标准；③参与有关行政部门对商品和服务的监督、检查；④就有关消费者合法权益的问题，向有关部门反映、查询，提出建议；⑤受理消费者的投诉，并对投诉事项进行调查、调解；⑥投诉事项涉及商品和服务质量问题的，可以委托具备资格的鉴定人鉴定，鉴定人应当告知鉴定意见；⑦就损害消费者合法权益的行为，支持受损害的消费者提起诉讼或者依照本法提起诉讼；⑧对损害消费者合法权益的行为，通过大众

传播媒介予以揭露、批评。

对侵害众多消费者合法权益的行为，中国消费者协会以及在省、自治区、直辖市设立的消费者协会，可以向人民法院提起诉讼。

各级人民政府对消费者协会履行职责应当予以必要的经费等支持。消费者协会应当认真履行保护消费者合法权益的职责，听取消费者的意见和建议，接受社会监督。依法成立的其他消费者组织依照法律、法规及其章程的规定，开展保护消费者合法权益的活动。

消费者组织不得从事商品经营和营利性服务，不得以收取费用或者其他牟取利益的方式向消费者推荐商品和服务。

（四）消费者权益争议的解决途径

消费者和经营者发生消费者权益争议的，可以通过下列途径解决：①与经营者协商和解；②请求消费者协会或者依法成立的其他调解组织调解；③向有关行政部门投诉；④根据与经营者达成的仲裁协议提请仲裁机构仲裁；⑤向人民法院提起诉讼。

五、违反《消费者权益保护法》的法律责任

（一）赔偿责任主体的确定

(1) 消费者在购买、使用商品时，其合法权益受到损害的，可以向销售者要求赔偿。销售者赔偿后，属于生产者的责任或者属于向销售者提供商品的其他销售者的责任的，销售者有权向生产者或者其他销售者追偿。

(2) 消费者或者其他受害人因商品缺陷造成人身、财产损害的，可以向销售者要求赔偿，也可以向生产者要求赔偿。属于生产者责任的，销售者赔偿后，有权向生产者追偿。属于销售者责任的，生产者赔偿后，有权向销售者追偿。

(3) 消费者在接受服务时，其合法权益受到损害的，可以向服务者要求赔偿。

(4) 消费者在购买、使用商品或者接受服务时，其合法权益受到损害，因原企业分立、合并的，可以向变更后承受其权利义务的企业要求赔偿。

(5) 使用他人营业执照的违法经营者提供商品或者服务，损害消费者合法权益的，消费者可以向其要求赔偿，也可以向营业执照的持有人要求赔偿。

(6) 消费者在展销会、租赁柜台购买商品或者接受服务，其合法权益受到损害的，可以向销售者或者服务者要求赔偿。展销会结束或者柜台租赁期满后，也可以向展销会的举办者、柜台的出租者要求赔偿。展销会的举办者、柜台的出租者赔偿后，有权向销售者或者服务者追偿。

(7) 消费者通过网络交易平台购买商品或者接受服务，其合法权益受到损害的，可以向销售者或者服务者要求赔偿。网络交易平台提供者不能提供销售者或者服务者的真实名称、地址和有效联系方式的，消费者也可以向网络交易平台提供者要求赔偿；网络交易平台提供者作出更有利于消费者的承诺的，应当履行承诺。网络交易平台提供者赔偿后，有权向销售者或者服务者追

偿。网络交易平台提供者明知或者应知销售者或者服务者利用其平台侵害消费者合法权益，未采取必要措施的，依法与该销售者或者服务者承担连带责任。

(8) 消费者因经营者利用虚假广告或者其他虚假宣传方式提供商品或者服务，其合法权益受到损害的，可以向经营者要求赔偿。广告经营者、发布者发布虚假广告的，消费者可以请求行政主管部门予以惩处。广告经营者、发布者不能提供经营者的真实名称、地址和有效联系方式的，应当承担赔偿责任。广告经营者、发布者设计、制作、发布关系消费者生命健康商品或者服务的虚假广告，造成消费者损害的，应当与提供该商品或者服务的经营者承担连带责任。社会团体或者其他组织、个人在关系消费者生命健康商品或者服务的虚假广告或者其他虚假宣传中向消费者推荐商品或者服务，造成消费者损害的，应当与提供该商品或者服务的经营者承担连带责任。

(二) 法律责任

违反《消费者权益保护法》的法律责任形式以民事责任为核心，同时还包括行政责任和刑事责任。

1. 民事责任

民事责任包括侵害消费者人身和财产两个方面的责任。

(1) 侵害消费者人身权利的民事责任。经营者提供商品或者服务，造成消费者或者其他受害人人身伤害的，应当赔偿医疗费、护理费、交通费等为治疗和康复支出的合理费用，以及因误工减少的收入。造成残疾的，还应当赔偿残疾生活辅助具费和残疾赔偿金。造成死亡的，还应当赔偿丧葬费和死亡赔偿金。经营者侵害消费者的人格尊严、侵犯消费者人身自由或者侵害消费者个人信息依法得到保护的权利的，应当停止侵害、恢复名誉、消除影响、赔礼道歉，并赔偿损失。经营者有侮辱诽谤、搜查身体、侵犯人身自由等侵害消费者或者其他受害人人身权益的行为，造成严重精神损害的，受害人可以要求精神损害赔偿。

(2) 侵害消费者财产权利的民事责任。经营者提供的商品或服务不符合国家规定或者约定、不履行法定或者约定的义务造成消费者财产损害的，或者产品被认定为不合格以及有欺诈行为的，都应承担民事责任。具体包括：①经营者提供商品或者服务，造成消费者财产损害的，应当依照法律规定或者当事人约定承担修理、重作、更换、退货、补足商品数量、退还货款和服务费用或者赔偿损失等民事责任。②经营者以预收款方式提供商品或者服务的，应当按照约定提供。未按照约定提供的，应当按照消费者的要求履行约定或者退回预付款；并应当承担预付款的利息、消费者必须支付的合理费用。③依法经有关行政部门认定为不合格的商品，消费者要求退货的，经营者应当负责退货。④经营者提供商品或者服务有欺诈行为的，应当按照消费者的要求增加赔偿其受到的损失，增加赔偿的金额为消费者购买商品的价款或者接受服务的费用的 3 倍；增加赔偿的金额不足 500 元的，为 500 元。法律另有规定的，依照其规定。

经营者明知商品或者服务存在缺陷，仍然向消费者提供，造成消费者或者其他受害人死亡或者健康严重损害的，受害人有权要求经营者依照《消费者权益保护法》第四十九条、第五十一条等法律规定赔偿损失，并有权要求所受损失 2 倍以下的惩罚性赔偿。

法条链接 6-3

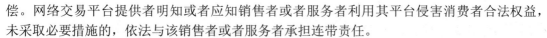

《食品安全法》的相关规定

【例 6-10】对下列经营者的行为，消费者可依法要求经营者承担惩罚性赔偿责任的是(   )。
A. 将已过有效期的商品上的日期涂覆而销售该商品
B. 谎称某家用电器为"进口原装"进行销售

C. 销售未标明中文产品名称、生产厂名和厂址的商品

D. 向消费者出售国家明令淘汰且未标明生产日期的商品

E. 某海鲜饭馆有一厨师叫鲍鱼，饭馆将该厨师炒的饭命名为"鲍鱼炒饭"并高价出售，而消费者并没有在炒饭中发现鲍鱼

【解析】根据《消费者权益保护法》第五十五条的规定，答案是ABE。

2. 行政责任

经营者违反《消费者权益保护法》的规定，侵害消费者合法权益的，除承担相应的民事责任外，其他有关法律、法规对处罚机关和处罚方式有规定的，依照法律、法规的规定执行；法律、法规未作规定的，由市场监督管理部门或者其他有关行政部门责令改正，可以根据情节单处或者并处警告、没收违法所得、处以违法所得1倍以上10倍以下的罚款，没有违法所得的，处以50万元以下的罚款；情节严重的，责令停业整顿、吊销营业执照。

经营者有违反《消费者权益保护法》规定情形的，除依照法律、法规规定予以处罚外，处罚机关应当记入信用档案，向社会公布。

法条链接6-4

《消费者权益保护法》关于行政责任的规定

【例6-11】2020年3月18日，黄烨两眼干涩并且头晕，在沈阳市康惠医药有限公司第八零售店店长张敏的极力推荐下花费150元购买了一瓶由明星Y代言的某品牌保健品——鱼油。张敏打开该鱼油的说明书，声称该保健品可对症治疗黄烨的疾病。黄烨在服用该鱼油的过程中觉得自己的症状在加重。经鉴定，该品牌的鱼油并不具有其说明书上所称的治疗眼睛干涩和头晕的功能。2020年5月8日，黄烨向康惠医药有限公司交涉要求赔偿，未果。2020年5月19日，黄烨向有管辖权的人民法院提起诉讼。下列表述正确的是(   )。

A. 黄烨可要求明星Y承担法律责任

B. 黄烨可要求康惠医药有限公司承担法律责任

C. 黄烨可要求康惠医药有限公司退还150元，并增加赔偿金500元

D. 市场监督管理部门应对康惠医药有限公司实施相应的行政处罚并记入信用档案

3. 刑事责任

经营者违反《消费者权益保护法》的规定提供商品或者服务，侵害消费者合法权益，构成犯罪的，依法追究刑事责任。以暴力、威胁等方法阻碍有关行政部门工作人员依法执行职务的，依法追究刑事责任；拒绝、阻碍有关行政部门工作人员依法执行职务，未使用暴力、威胁方法的，由公安机关依照《中华人民共和国治安管理处罚法》的规定处罚。国家机关工作人员玩忽职守或者包庇经营者侵害消费者合法权益的行为的，由其所在单位或者上级机关给予行政处分；情节严重，构成犯罪的，依法追究刑事责任。

综合实训

一、判断题

1. 《反垄断法》禁止市场中的一切垄断行为。（   ）

2. 具有竞争关系的经营者因经济不景气，为缓解销售量严重下降或者生产明显过剩而达成的固定商品价格协议属于《反垄断法》禁止的垄断协议。（   ）

3. 为保护本市某酒厂，某市政府发文规定，本市所有酒店、餐馆统一销售该酒厂的产品。此行为违

反《反垄断法》规定。( )
4. 当前社会中盛行的"山寨"行为均是不正当竞争行为。( )
5. 公用企业或者其他依法具有独占地位的经营者,可以限定他人购买其指定的经营者的商品。( )
6. 凡进行有奖销售的行为均属于不正当竞争行为。( )
7. 经营者销售或者购买商品,可以以明示方式给对方折扣,可以给中间人佣金。经营者给对方折扣、给中间人佣金,可以不入账。( )
8. 建设工程使用的建筑材料、建筑构配件和设备,不属于产品。( )
9. 游客张方在公园游玩期间,被仇人杀害,罪犯逃脱。公园不负赔偿责任。( )
10. 某品牌压力锅安全阀设计缺陷,在某商场降价销售,并提示顾客注意安全,一旦售出,概不负责。该行为符合法律规定。( )
11. 张芬在一家餐馆就餐,席间,随身携带的挎包被小偷盗走,张芬向餐馆索赔,餐馆拒绝赔偿。该餐馆的做法是合法的。( )

二、单项选择题

1. 根据《反垄断法》的规定,对于经营者从事的下列滥用市场支配地位的行为,反垄断执法机构进行违法性认定时,无须考虑行为是否有正当理由的是( )。
   A. 以不公平的高价销售商品　　　　B. 拒绝与交易相对人进行交易
   C. 限定交易相对人只能与其进行交易　　D. 搭售商品

2. 甲经营金山酒店,顾客爆满,相邻的银海酒店由乙经营,生意清淡。乙指使数十人进入金山酒店,2~3人占据一桌,每桌仅消费10余元。前来金山酒店就餐的顾客见无空桌,遂就近转往银海酒店。如此数日,银海酒店收入大增。乙的行为应定性为( )。
   A. 构成缔约过失　　　　　　　　B. 构成欺诈行为
   C. 构成不当得利　　　　　　　　D. 构成不正当竞争行为

3. 工程师甲根据其单位指派开发出某种碳酸饮料配方后,单位对该配方采取了全面的保密措施。乙公司利用高薪聘请甲到本公司工作,甲便携带该碳酸饮料配方到乙公司受聘。根据《反不正当竞争法》的有关规定,下列说法正确的是( )。
   A. 甲应承担侵权责任,乙不承担侵权责任　　B. 甲、乙都应承担侵权责任
   C. 乙应承担侵权责任,甲不承担侵权责任　　D. 甲、乙都不承担侵权责任

4. 下列行为中不属于侵犯商业秘密的行为是( )。
   A. 甲公司擅自利用乙公司的专利技术生产产品
   B. 某科研所与丙公司签订了技术开发合同,科研所违反约定将开发的技术高价卖给丁公司
   C. 戊公司胁迫已公司的技术人员将已公司的技术秘密泄露给自己
   D. 庚公司将盗窃的辛公司的商业秘密高价卖给他人

5. 某市政府所属有关部门的下列行为违反《反垄断法》规定的是( )。
   A. 市卫生局成立的儿童保健专家组受某生产厂家委托,对其婴儿保健产品提供质量认证标志并收取赞助费
   B. 市市场监督管理局和市电视台联合举办消费者信得过产品评选活动,评选中违反公平程序而使当选的前八名全部为本市产品
   C. 市交管局规定,全市货运车辆必须在指定的两种品牌中选择安装一款车辆运行记录器,否则不予年检;其指定品牌为本地的波浪牌和法国的 NJK 牌
   D. 市政府决定对市酒厂减免地方税以提供财政支持

6. 甲酒厂生产的"景阳冈"牌高粱酒，在某省市场上颇有名气。后，乙酒厂推出"不过冈"牌高粱酒，其酒形态和瓶贴标签的图样、色彩与"景阳冈"几近一致，但使用的注册商标、商品名称以及厂名、厂址均不同。对此，下列表述中正确的是( )。

   A. "景阳冈"商标未申请商标注册，故甲厂不能起诉乙厂侵权

   B. 因注册商标、商品名称以及厂名厂址均不相同，乙厂对甲厂不构成侵权

   C. 两种商品包装外观近似，足以造成购买者发生误认，故乙厂的行为构成不正当竞争

   D. 两种商品包装虽外观近似，但常喝"景阳冈"的人仔细辨认可以加以区别，故乙厂的行为不被法律禁止

7. 甲公司为了增加职工福利，从乙商场购买了一批丙公司加工生产的"红心咸鸭蛋"。甲公司的职工及家属食用后，几十人出现了胃痛、呕吐等症状。经检验查明，该批"红心咸鸭蛋"系在鸭子饲养时使用了工业用苏丹红4号原料，含有毒有害成分。关于甲公司索赔，下列选项错误的是( )。

   A. 甲公司可以向乙商场索赔

   B. 甲公司职工可以向乙商场和丙公司索赔

   C. 乙商场在进货时尽到了检查验收义务，可以免除赔偿责任

   D. 对丙公司应按无过错责任原则确定其应当承担的赔偿责任

8. 消费者在购买商品前已经知道该商品存在瑕疵，但经营者没有违反国家产品质量管理规定，则经营者( )。

   A. 不再承担质量担保义务　　　　　　B. 可以不承担质量担保义务

   C. 仍应承担质量担保义务　　　　　　D. 按一定比例承担质量担保义务

9. 张崇乘坐公共汽车，钱包被盗，造成巨额财产损失，他找到公交公司要求赔偿他的损失。公交公司称其在汽车上已张贴"警惕小偷，财物被盗，后果自负"的警示标语，拒绝赔偿，公交公司的行为违反了经营者的( )。

   A. 不作虚假宣传的义务　　　　　　B. 保障人身和财产安全的义务

   C. 不得侵犯消费者权利的义务　　　D. 不得从事不公平、不合理交易的义务

10. 消费者王嵩在某商场购买了一台音响设备，依法经有关行政部门认定为不合格商品，王嵩找到商场要求退货。按规定，正确的处理方法是( )。

    A. 商场应按照消费者的要求无条件负责退货

    B. 商场可以依法选择修理、更换、退货中的任一方式

    C. 商场认为该产品经过修理能达到合格，因而拒绝退货

    D. 商场认为可以通过更换使王嵩得到合格产品，因而拒绝退货

11. 下列行为中，经营者未违反《消费者权益保护法》规定义务的是( )。

    A. 出售蛋类食品的价格经常变化

    B. 店堂告示"商品一旦售出概不退换"

    C. 店堂告示"未成年人须由成人陪伴方可入内"

    D. 经营者以"小额商品，不开发票"为由，拒绝给顾客开发票

12. 根据《产品质量法》的有关规定，某食品加工厂生产奶粉(袋装)，该厂在奶粉的包装袋上应当标明( )。

    A. 奶粉的生产日期即可

    B. 奶粉的保质期，如1年

    C. 奶粉的生产日期和保质期或失效日期

    D. 奶粉的生产日期、保质期和失效期，必须同时具备，缺一不可

三、多项选择题

1. 张烨到一美容院做美容，美容院使用甲厂生产的"水洁"牌护肤液为其做脸部护理，结果因该护肤液系劣质产品而致张烨脸部皮肤严重灼伤，张烨为此去医院治疗，花去近5000元医药费。关于此事例，下列选项正确的是(   )。
   A. 张烨有权要求甲厂赔偿医药费
   B. 张烨有权要求美容院赔偿医药费
   C. 张烨若向美容院索赔，可同时请求精神损害赔偿
   D. 美容院若向张烨承担了责任，则其可以向甲厂追偿
   E. 张烨有权要求广告经营者、广告发布者承担赔偿责任

2. 赵贤从商场买回一台空调，下列情况下空调生产者无须承担责任的是(   )。
   A. 空调不具有制冷效果
   B. 空调不具有其包装上写明的除菌功能
   C. 空调无法启动，销售者拒绝承担责任
   D. 空调生产未采用其包装上声明的国际先进标准
   E. 赵贤没有按照空调使用说明书正确使用空调，且赵贤存在重大过错

3. 下列产品的包装不符合《产品质量法》要求的是(   )。
   A. 丙厂生产的火腿肠标识上没有标明厂址
   B. 乙厂生产的瓶装葡萄酒标识上没有标明酒精度
   C. 丁食品厂生产的面包包装上没有标明生产日期
   D. 某商场销售的"三星"彩电包装箱上没有中文字样
   E. 甲厂生产的香烟包装上没有标明"吸烟有害身体健康"

四、简答题

1. 如何对经营者集中行为进行法律规制？
2. 不正当竞争行为有哪些，具有哪些特征？
3. 消费者权益争议的解决途径有哪些？
4. 产品生产者在何种情况下不承担产品责任？

五、案例分析题

案例一： 某地区的 A 企业生产的"飞亚"牌啤酒十分畅销。但另一地区生产同类产品的小企业 B 则销路不佳。于是，B 企业决定采取以下措施：①将本企业产品的包装改为与 A 企业产品近似的包装；②散发小册子，宣传自己的产品，在宣传中加上自己产品本没有的多种疗效功能；③以获得 A 企业的营销策略和客户为目的，买通或高薪聘请 A 企业的销售人员。同时，B 企业还请求政府给予保护性支持。政府为了支持本地区企业的发展，决定制定一个啤酒质量标准，限制 A 企业的产品进入本地。以上措施实施后，A 企业的产品滞销，企业效益直线下滑。

请问：
1. B 企业采取的措施是否合法？属于什么性质的行为？
2. 政府对 B 企业的支持性做法是否合法？属于什么性质的行为？
3. B 企业应承担何种法律责任？

案例二： 2020 年 5 月 30 日，孙泉从一商场购得某品牌果汁饮料一瓶，当天并没有一次喝完。8 月 1 日中午，她拧开瓶盖准备再喝时，饮料瓶突然爆炸，瓶盖冲击到右眼，鉴定为轻微伤，共花去医药费 1500 余元并为此休病假 1 周。为此，孙泉向某市市场监督管理局投诉。该市场监督管理局经调查查明：①爆炸原因鉴定：果汁饮料开启后，有细菌侵入，在高温天气下发酵产生大量气体，所以发生爆炸。②该饮料瓶

身标签最下端标有一行小字(注：标签上最小号字体)："开启后请尽快饮用"。市场上气体同类饮料标签均以饮用须知或注意事项的方式明确说明"开启后请低温保存并于24小时内饮用完毕""开启后请5℃以下冷藏并于48小时内饮用完毕"。

请问：孙泉可要求某商场对自己的哪些损失予以赔偿？

案例三：2020年1月初，张鹤从某商厦购买了一条甲厂生产的电热毯，回家后按说明书的要求使用。使用中电热毯发生漏电，导致房间着火，烧毁价值8000元的财产，张鹤本人也被烧伤致残。事后，张鹤与该商厦协商赔偿未果，遂起诉到法院。

请问：

1. 张鹤最迟该在什么时间提起诉讼？为什么？
2. 张鹤可要求谁来承担赔偿责任？为什么？
3. 张鹤可能获得哪些赔偿？

第七章 证券法律制度

引 例

张申为某证券公司公关部负责人,由于工作关系,经常掌握一些股票价格涨落的情况。按照公司业务规则,工作人员掌握的信息不得向外泄露或为自己牟利。一次偶然的机会,张申获悉了公司证券讨论师对飞乐股份的走势预测。张申将预测结果告诉了其丈夫何坤。何坤按图索骥,购买了 5000 股飞乐股。数月后,飞乐股大幅度上涨,何坤卖出股票,得到股利 8000 余元。不久,此事东窗事发,张申受到审查。经主管机关调查后,认为张申的行为已构成内幕交易行为,应没收非法所得并处以罚款。

【提高】请你谈谈对本案的认识。

【点评】张申利用其作为证券公司公关部负责人的便利条件,掌握了证券市场的变化情况后,利用这一内幕信息,与丈夫何坤相勾结,牟取不当利益,已经构成内幕交易行为。主管机关对其处以罚款和没收非法所得,符合法律的规定。

第一节 证券法概述

一、证券的概念、种类及特征

(一) 证券的概念和种类

证券是指记载并代表特定民事权利的书面凭证,即记载并代表一定权利的文书。所谓"记载"与"书面凭证",说明特定的民事权利是通过文字或通用符号而不是以图画或其他非通用符号记载于特定物质载体之上;所谓"特定民事权利",说明可为证券所记载并代表的不是所有的民事权利,而是某种特定范围或具有某种特定性质的民事权利;所谓"代表",说明这种对权利的文字记载在一定法律环境下,不仅是对人或对事单纯地表示或证明该权利,而且这种记载特定权利的书面本身就是权利的象征物或代表者。

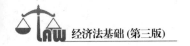

从广义上讲，证券包括资本证券、货币证券和货物证券。《中华人民共和国证券法》(以下简称《证券法》)所规范的证券仅为资本证券。

按照不同的标准，可以对资本证券进行多种分类。目前我国证券市场上发行和流通的资本证券主要包括股票、债券、证券投资基金份额，以及经国务院依法认定的其他证券。

1. 股票

股票是指股份有限公司签发的证明股东权利义务的要式有价证券。目前，我国发行的股票按照投资主体的不同可分为国家股、法人股、内部职工股和社会公众个人股；按照股东权益和风险大小不同，股票可以分为普通股、优先股及普通和优先混合股；按照认购股票投资者身份和上市地点的不同，股票可以分为境内上市内资股(A 股)、境内上市外资股(B 股)和境外上市外资股(包括 H 股、N 股、S 股)三类。股票具有权利性、非返还性、风险性和流通性等特点。

2. 债券

债券是指企业、金融机构或政府为募集资金向社会公众发行的，保证在规定的时间内向债券持有人还本付息的有价证券。根据发行人的不同，债券可分为以下三大类：①企业、公司债券，是指一般企业和公司发行的债券；②金融债券，是指银行和非银行金融机构为筹集资金补偿流动资金的不足而发行的债券；③政府债券，是指政府或政府授权的代理机构基于财政或其他目的而发行的债券。包括国库券、财政证券、建设公债、特种国债、保值公债等。由于债券是一种到期还本付息的有价证券，因而它具有风险性小和流通性强的特点。

3. 证券投资基金份额

证券投资基金份额是基金投资人持有基金单位的权利凭证。投资者按其所持基金份额在基金中所占的比例来分享基金盈利，同时分担基金亏损。

4. 存托凭证

存托凭证，又称存券收据或存股证，是指在一国证券市场流通的代表外国公司有价证券的可转让凭证，由存托人签发，以境外证券为基础在境内发行，代表境外基础证券权益的证券。存托凭证属公司融资业务范畴的金融衍生工具。存托凭证一般代表公司股票，但有时也代表债券。

5. 经国务院依法认定的其他证券

经国务院依法认定的其他证券，是指立法上尚未规定，但具有证券性质和特点，需将其纳入证券范畴的证券品种。这是一条弹性规定，用以应对不断发展的证券市场的需要。

(二) 证券的特征

证券法规定的证券，具有以下三个方面的法律特征。

1. 证券是具有投资属性的凭证

就证券的持有人而言，无论其购买证券还是在证券市场上转让证券，几乎都是以追求投资回报最大化为目的，或者说都是把自己对证券的投入或回收的资金作为投资资本来看待。所以，证券是投资者权利的载体，投资者的权利是通过证券记载，并凭借证券获取相应收益的。

2. 证券是证明持券人拥有某种财产权利的凭证

证券体现一定的财产权利。证券是一种有待证实的资本，虽然可以在兑现前为持券人带来不特定的或约定的收益，但是证券本金的投资回报还需视股票市场行情状况或义务人的经济状况而定。

3. 证券是一种可以流通的权利凭证

证券具有可转让性和变现性，其持有者可以随时将证券转让出售，以实现自身权利。

二、证券市场

证券市场作为金融市场的重要组成部分，它是股票、债券、基金单位等有价证券及其衍生产品(如期货、期权等)发行和交易的场所，其实质是通过各类证券的发行和交易以募集和融通资金并取得预期利益。在现代市场经济中，证券市场是完整市场体系的重要组成部分，它不仅反映和调节货币资金的运动，而且对整个经济的运行具有重要影响。证券市场由证券发行市场和证券流通市场两部分组成。

(一) 证券发行市场

证券发行市场又称一级市场，它是指通过发行证券进行筹资活动的市场。其功能在于一方面为资本的需求者提供募集资金的渠道，另一方面为资本的供应者提供投资的场所。通过证券发行市场，投资者的闲散资金转化为生产资本。发行市场主要由证券发行人、认购人和中介人组成。其中证券发行人包括政府、金融机构、公司和公共机构(如基金会等)；认购人即投资者，包括机构和个人两类；中介人指综合类证券公司和为证券发行服务的注册会计师机构、律师机构和资产评估机构。

(二) 证券流通市场

证券流通市场又称为二级市场，是指对已发行的证券进行买卖、转让和流通的市场。其功能在于为证券持有人提供随时卖掉所持证券进行变现的机会，同时又为新的投资者提供投资机会。通过证券交易市场，投资者持有的证券实现了流通。

证券交易场所(证券交易所、国务院批准的其他全国性证券交易场所)为证券集中交易提供场所和设施，组织和监督证券交易；按照国务院规定设立的区域性股权市场为非公开发行证券的发行、转让提供场所和设施。

三、证券法概述

证券法是规范证券发行与交易的法律。我国境内的证券发行、交易活动应符合《证券法》的规定。政府债券、证券投资基金份额的上市交易适用《证券法》，其他法律、行政法规有特别规定的，适用其规定。证券衍生品种发行、交易的管理办法，由国务院依照《证券法》的原则进行规定和实施。

在我国境内的证券的发行和交易活动适用《证券法》；《证券法》未规定的，适用《公司法》和其他法律、行政法规的规定。政府债券、证券投资基金份额的上市交易，适用《证券法》；其他法律、行政法规另有规定的，适用其规定。资产支持证券、资产管理产品发行、交易的管理办法，由国务院依照《证券法》的原则进行规定和实施。

在我国境外的证券发行和交易活动，扰乱中华人民共和国境内市场秩序，损害境内投资者合法权益的，依照《证券法》有关规定处理并追究法律责任。

第二节 证券市场主体

证券市场主体是证券市场的参与者，除证券发行人之外，主要指提供集中交易场所的证交易所和为证券活动提供各种服务的证券机构或中介机构，包括证券公司、证券交易场所、证券登记结算机构、证券服务机构、证券业协会等。它们是筹资者与投资者之间的桥梁，对证券市场的发展具有举足轻重的作用。

一、证券公司

证券公司是指依照《公司法》和《证券法》的规定并经国务院证券监督管理机构批准而成立的专门经营证券业务的营利法人。

证券公司可分为综合类证券公司和经纪类证券公司。综合类证券公司既可从事经纪业务，又可开展自营、承销及其他业务，因而是同时为本人或客户从事证券买卖、为客户提供服务的经济组织。经纪类证券公司是指接受客户的委托，以自己的名义从事证券买卖，收取一定佣金的经济组织。公司通常提供交易的基本条件和服务。《证券法》对证券公司的设立作了相应的规定。

法条链接 7-1

《证券法》关于证券公司设立的规定

为防范风险、保障投资者的合法权益，《证券法》对证券公司的净资本和其他风险控制指标、证券投资者保护基金等作出了规定；同时，《证券法》对证券公司的交易风险准备金、内部控制制度、经营行为等作了相应的规范。

法条链接 7-2

《证券法》关于证券公司业务管理的规定

二、证券交易所

（一）证券交易所的概念与特征

证券交易所是依法设立的，以股票、公司债券等证券作为交易对象，以提供集中竞价的有形交易市场为目的的法人。

证券交易所是为证券集中交易提供场所和设施，组织和监督证券交易，实行自律管理的法人。证券交易所具有以下特征：

(1) 证券交易所是提供证券集中竞价交易的公开有形市场。

(2) 证券交易所是非营利的社团法人。非营利是指证券交易所不以营利为目的，并非表明证券交易所不收取任何费用。

(3) 证券交易所担负管理职责。

（二）证券交易所的设立和组织形态

1. 证券交易所的设立

证券交易所属于非营利的社团法人，同其他社团法人一样，其设立行为应表现为其成员共同订立、设立契约和交易所章程的行为。然而，证券交易所的设立并非完全属于私法自治的范畴，以维护公共利益为出发点，公共权力可以介入证券交易所的创设行为中。

2. 证券交易所的组织形态

证券交易所依其组织形态，可以分为会员制的证券交易所与公司制的证券交易所。两种交易所在成员构成、机构设置、运营目标等方面具有一定的差异。我国的证券交易所采用的是会员制。

（三）我国证券交易所的交易规则

1. 交易账户的开立

投资人在证券交易所开展证券交易，必须委托拥有交易所交易席位的会员证券商进行。

2. 证券交易的委托

证券交易所会员所从事的经纪业务是代客买卖业务，因此只有在接受客户的委托指令之后才能入场交易。客户买卖证券都要向证券商发出委托，证券商按照客户的指令在证券交易所的交易平台上买卖证券。

3. 会员的申报、竞价与成交

(1) 申报。会员在接受客户的有效委托指令之后，应当按照接受客户委托的先后顺序向交易主机申报。

(2) 竞价与成交。交易所内的证券买卖为竞争性买卖，会员所作申报须经集中竞价之后方可成交。上海、深圳两家交易所的集中竞价交易都是通过电脑主机撮合完成的。

4. 清算交收

买卖证券的交易经计算机自动撮合完成后，即进入所谓清算交收阶段。

5. 交易所的交易信息发布

证券市场的价格瞬息万变，即时获得最新的成交信息对投资人的投资判断是相当重要的，因此现代证券交易所都设有完善、快捷的即时行情发布系统，每日发布即时行情、股价指数等信息。

三、证券登记结算机构

证券登记结算机构是依法设立的，为证券交易提供集中登记、存管与结算服务，不以营利为目的的法人。

证券登记结算机构一般具有登记、托管和结算三项职能。所谓登记职能是指证券登记结算机构具有记录并确定当事人证券账户、证券持有情况及相关权益的职责与功能；所谓托管职能，是指证券登记结算机构具有接受证券商或投资者委托，代为保管证券并提供相应服务的职责与功能；所谓结算职能，是指证券登记结算机构具有协助证券交易的双方相互交付证券与价款的职责与功能。

《证券法》第一百四十八条规定，在证券交易所和国务院批准的其他全国性证券交易所交易的证券的登记结算，应当采取全国统一的运营方式。前款规定以外的证券，其登记、结算可以委托证券登记结算机构或者其他依法从事证券登记、结算业务的机构办理。

四、证券服务机构

证券服务机构是指依法设立的从事证券服务业务的法人机构，主要包括证券投资咨询公司、信用评级机构、会计师事务所、资产评估机构、律师事务所、证券信息公司等。《证券法》规定，会计师事务所、律师事务所及从事证券投资咨询、资产评估、资信评级、财务顾问、信息技术系统服务的证券服务机构，应当勤勉尽责、恪尽职守，按照相关业务规则为证券的交易及相关活动提供服务。同时应遵守以下规则：

(1) 从事证券投资咨询服务业务，应当经国务院证券监督管理机构核准；未经核准，不得为证券的交易及相关活动提供服务。从事其他证券服务业务，应当报国务院证券监督管理机构和国务院有关主管部门备案。

(2) 证券投资咨询机构及其从业人员从事证券服务业务不得有下列行为：①代理委托人从事证券投资；②与委托人约定分享证券投资收益或者分担证券投资损失；③买卖本证券投资咨询机构提供服务的证券；④法律、行政法规禁止的其他行为。有前述所列行为之一，给投资者造成损失的，应当依法承担赔偿责任。

(3) 证券服务机构应当妥善保存客户委托文件、核查和验证资料、工作底稿，以及与质量控制、内部管理、业务经营有关的信息和资料，任何人不得泄露、隐匿、伪造、篡改或者毁损。上述信息和资料的保存期限不得少于10年，自业务委托结束之日起计算。

(4) 证券服务机构为证券的发行、上市、交易等证券业务活动制作、出具审计报告及其他鉴证报告、资产评估报告、财务顾问报告、资信评级报告或者法律意见书等文件，应当勤勉尽责，对所依据的文件资料内容的真实性、准确性、完整性进行核查和验证。其制作、出具的文件有虚假记载、误导性陈述或者重大遗漏，给他人造成损失的，应当与委托人承担连带赔偿责任，但是能够证明自己没有过错的除外。

第三节　证券发行

一、证券发行的基本条件

公开发行证券，必须符合法律、行政法规规定的条件，并依法报经国务院证券监督管理机构或者国务院授权的部门注册；未经依法注册，任何单位和个人不得公开发行证券。

有下列情形之一的，为公开发行：①向不特定对象发行证券；②向特定对象发行证券，累计超过200人，但依法实施员工持股计划的员工人数不计算在内；③法律、行政法规规定的其他发行行为。非公开发行证券，不得采用广告、公开劝诱和变相公开等方式。

发行人申请公开发行股票、可转换为股票的公司债券，依法采取承销方式的，或者公开发行法律、行政法规规定实行保荐制度的其他证券的，应当聘请证券公司担任保荐人。保荐人应当遵守业务规则和行业规范，诚实守信，勤勉尽责，对发行人的申请文件和信息披露资料进行审慎核查，督导发行人规范运作。

（一）股票发行的基本条件

1. 股票发行的概念和种类

股票发行是指符合发行条件的股份有限公司，以筹集资金为目的，依照法定程序，以同一条件向特定或不特定的公众招募或出售股票的行为。股票发行是股份发行的表现形式。

股票发行人必须是具有股票发行资格的股份有限公司，包括已成立的股份有限公司和经核准拟设立的股份有限公司。股票发行一般有两种：①为设立新公司而首次发行股票，即设立发行；②为扩大已有的公司规模而发行新股，即增资发行。

2. 股票发行的条件

(1) 设立发行股票的条件。设立发行或称首次发行，是指发起人通过发行公司股票来募集经营资本，成立股份有限公司的行为。设立股份有限公司公开发行股票，应当符合《公司法》规定的条件和经国务院批准的国务院证券监督管理机构规定的其他条件，并向国务院证券监督管理机构报送募股申请和下列文件：①公司章程；②发起人协议；③发起人姓名或者名称，发起人认购的股份数、出资种类及验资证明；④招股说明书；⑤代收股款银行的名称及地址；⑥承销机构名称及有关的协议。依照本法规定聘请保荐人的，还应当报送保荐人出具的发行保荐书。法律、行政法规规定设立公司必须报经批准的，还应当提交相应的批准文件。

(2) 发行新股的条件。股份有限公司成立后，基于增资目的而再次申请公开发行股票。公开发行新股，应当符合下列条件：①具备健全且运行良好的组织机构；②具有持续经营能力；③最近3年财务会计报告被出具无保留意见审计报告；④发行人及其控股股东、实际控制人最近3年不存在贪污、贿赂、侵占财产、挪用财产或者破坏社会主义市场经济秩序的刑事犯罪；⑤经国务院批准的国务院证券监督管理机构规定的其他条件。

上市公司发行新股，应当符合经国务院批准的国务院证券监督管理机构规定的条件，具体管理办法由国务院证券监督管理机构规定。公开发行存托凭证的，应当符合首次公开发行新股的条件及国务院证券监督管理机构规定的其他条件。

公司公开发行新股，应当报送募股申请和下列文件：①公司营业执照；②公司章程；③股东大会决议；④招股说明书或者其他公开发行募集文件；⑤财务会计报告；⑥代收股款银行的名称及地址。依法聘请保荐人的，还应当报送保荐人出具的发行保荐书。依法实行承销的，还应当报送承销机构名称及有关的协议。

公司对公开发行股票所募集的资金，必须按照招股说明书或者其他公开发行募集文件所列资金用途使用；改变资金用途，必须经股东大会作出决议。擅自改变用途，未作纠正的，或者未经股东大会认可的，不得公开发行新股。

(二) 公司债券发行的基本条件

公司债券是指公司依照法定程序发行的、约定在一定期限内还本付息的有价证券。发行公司债券的具体条件如下：①具备健全且运行良好的组织机构；②最近3年平均可分配利润足以支付公司债券1年的利息；③国务院规定的其他条件。

公开发行公司债券筹集的资金，必须按照公司债券募集办法所列资金用途使用；改变资金用途，必须经债券持有人会议作出决议。公开发行公司债券筹集的资金，不得用于弥补亏损和非生产性支出。

上市公司发行可转换为股票的公司债券，除应当符合上述规定的条件外，还应当遵守《证券法》关于公开发行新股的规定。但是，按照公司债券募集办法，上市公司通过收购本公司股份的方式进行公司债券转换的除外。

申请公开发行公司债券，应当向国务院授权的部门或者国务院证券监督管理机构报送下列文件：①公司营业执照；②公司章程；③公司债券募集办法；④国务院授权的部门或者国务院证券监督管理机构规定的其他文件。依法聘请保荐人的，还应当报送保荐人出具的发行保荐书。

有下列情形之一的，不得再次公开发行公司债券：①对已公开发行的公司债券或者其他债务有违约或者延迟支付本息的事实，仍处于继续状态；②违反本法规定，改变公开发行公司债券所募资金用途的。

二、发行公告

发行公告是指发行人在证券发行前必须依法进行向社会公众公告其招股说明书等募集文件的活动。发行人报送的证券发行申请文件，应当充分披露投资者作出价值判断和投资决策所必需的信息，内容应当真实、准确、完整。为证券发行出具有关文件的证券服务机构和人员，必须严格履行法定职责，保证所出具文件的真实性、准确性和完整性。发行人依法申请公开发行证券所报送的申请文件的格式、报送方式，由依法负责注册的机构或者部门规定。国务院证券监督管理机构或者国务院授权的部门依照法定条件负责证券发行申请的注册。

发行人申请首次公开发行股票的，在提交申请文件后，应当按照国务院证券监督管理机构的规定预先披露有关申请文件。

按照国务院的规定，证券交易所等可以审核公开发行证券的申请，判断发行人是否符合发行条件、信息披露要求，督促发行人完善信息披露内容。依照前述规定参与证券发行申请注册的人员，不得与发行申请人有利害关系，不得直接或者间接接受发行申请人的馈赠，不得持有所注册的发行申请的证券，不得私下与发行申请人进行接触。

国务院证券监督管理机构或者国务院授权的部门应当自受理证券发行申请文件之日起3个月内，依照法定条件和法定程序作出予以注册或不予注册的决定，发行人根据要求补充、修改发行申请文件的时间不计算在内。不予注册的，应当说明理由。

证券发行申请经注册后，发行人应当依照法律、行政法规的规定，在证券公开发行前公告公开发行募集文件，并将该文件置备于指定场所供公众查阅。发行证券的信息依法公开前，任何知情人不得公开或者泄露该信息。发行人不得在公告公开发行募集文件前发行证券。

国务院证券监督管理机构或者国务院授权的部门对已作出的证券发行注册的决定，发现不符合法定条件或者法定程序，尚未发行证券的，应当予以撤销，停止发行。已经发行尚未上市的，撤销发行注册决定，发行人应当按照发行价并加算银行同期存款利息返还证券持有人；发行人的控股股东、实际控制人，以及保荐人，应当与发行人承担连带责任，但是能够证明自己没有过错的除外。

股票的发行人在招股说明书等证券发行文件中隐瞒重要事实或者编造重大虚假内容，已经发行并上市的，国务院证券监督管理机构可以责令发行人回购证券，或者责令负有责任的控股股东、实际控制人买回证券。

三、证券承销

证券承销业务采取代销或者包销的方式。证券代销是指证券公司代发行人发售证券，在承销期结束时，将未售出的证券全部退还给发行人的承销方式。证券包销分两种情况：一是证券公司将发行人的证券按照协议全部购入，然后再向投资者销售，当卖出价高于购入价时，其差价归证券公司所有；当卖出价低于购入价时，其损失由证券公司承担。二是证券公司在承销期结束后，将售后剩余证券全部自行购入。在这种承销方式下，证券公司要与发行人签订合同，在承销期内，是一种代销行为；在承销期满后，是一种包销行为。股票发行采取溢价发行的，其发行价格由发行人与承销的证券公司协商确定。股票依法发行后，发行人经营与收益的变化由发行人自行负责；由此变化引致的投资风险，由投资者自行负责。

证券公司承销证券，应当对公开发行募集文件的真实性、准确性、完整性进行核查；发现有虚假记载、误导性陈述或者重大遗漏的，不得进行销售活动；已经销售的，必须立即停止销售活动，并采取纠正措施。证券公司承销证券，不得有下列行为：①进行虚假的或者误导投资者的广告宣传或者其他宣传推介活动；②以不正当竞争手段招揽承销业务；③其他违反证券承销业务规定的行为。证券公司有前述所列行为，给其他证券承销机构或者投资者造成损失的，应当依法承担赔偿责任。

向不特定对象发行证券聘请承销团承销的，承销团应当由主承销和参与承销的证券公司组成。

证券的代销、包销期限最长不得超过90日。证券公司在代销、包销期内，对所代销、包销的证券应当保证先行出售给认购人，证券公司不得为本公司预留所代销的证券和预先购入并留存所包销的证券。股票发行采用代销方式，代销期限届满，向投资者出售的股票数量未达到拟公开发行股票数量70%的，为发行失败。发行人应当按照发行价并加算银行同期存款利息返还股票认购人。公开发行股票，代销、包销期限届满，发行人应当在规定的期限内将股票发行情况报国务院证券监督管理机构备案。

第四节 证券交易

一、证券交易概述

证券交易当事人依法买卖的证券，必须是依法发行并交付的证券。非依法发行的证券，不得买卖。

公开发行的证券，应当在依法设立的证券交易所上市交易或者在国务院批准的其他全国性证券交易场所交易。非公开发行的证券，可以在证券交易所、国务院批准的其他全国性证券交易场所，按照国务院规定设立的区域性股权市场转让。

依法发行的股票、公司债券及其他证券，法律对其转让期限有限制性规定的，在限定的期限内，不得转让。

知识拓展 7-1

证券转让依法受限的几种情形

二、证券上市

申请证券上市交易，应当向证券交易所提出申请，由证券交易所依法审核同意，并由双方签订上市协议。证券交易所根据国务院授权的部门的决定安排政府债券上市交易。

申请证券上市交易，应当符合证券交易所上市规则规定的上市条件。证券交易所上市规则规定的上市条件，应当对发行人的经营年限、财务状况、最低公开发行比例和公司治理、诚信记录等提出要求。

上市交易的证券，有证券交易所规定的终止上市情形的，由证券交易所按照业务规则终止其上市交易。证券交易所决定终止证券上市交易的，应当及时公告，并报国务院证券监督管理机构备案。

对证券交易所作出的不予上市交易、终止上市交易决定不服的，可以向证券交易所设立的复核机构申请复核。

三、信息披露

信息披露亦称"信息公开"，是指发行人及法律、行政法规和国务院证券监督管理机构规定的其他信息披露义务人为保障投资者利益和接受社会公众的监督而依照法律规定公开或公布或自愿公开其有关信息和资料的行为。实行信息披露，可以了解上市公司的经营状况、财务状况及其发展趋势，从而有利于证券主管机关对证券市场的管理，引导证券市场健康、稳定地发展；有利于社会公众依据所获得的信息，及时采取措施，做出正确的投资选择；也有利于上市公司的广大股东及社会公众对上市公司进行监督。

信息披露的基本要求是真实性、准确性、完整性和及时性。信息披露义务人，应当及时依法履行信息披露义务。信息披露义务人披露的信息，应当真实、准确、完整，简明清晰，通俗易懂，不得有虚假记载、误导性陈述或者重大遗漏。证券同时在境内境外公开发行、交易的，其信息披露义务人在境外披露的信息，应当在境内同时披露。除依法需要披露的信息之外，信息披露义务人可以自愿披露与投资者作出价值判断和投资决策有关的信息，但不得与依法披露的信息相冲突，不得误导投资者。发行人及其控股股东、实际控制人、董事、监事、高级管理人员等作出公开承诺的，应当披露。不履行承诺给投资者造成损失的，应当依法承担赔偿责任。

信息披露义务人披露的信息应当同时向所有投资者披露，不得提前向任何单位和个人泄露。但是，法律、行政法规另有规定的除外。任何单位和个人不得非法要求信息披露义务人提供依法需要披露但尚未披露的信息。任何单位和个人提前获知的前述信息，在依法披露前应当保密。

依法披露的信息，应当在证券交易场所的网站和符合国务院证券监督管理机构规定条件的媒体发布，同时将其置备于公司住所、证券交易场所，供社会公众查阅。

国务院证券监督管理机构对信息披露义务人的信息披露行为进行监督管理。证券交易场所应当对其组织交易的证券的信息披露义务人的信息披露行为进行监督，督促其依法及时、准确地披露信息。

(一) 公开发行申请文件

发行人报送的证券发行申请文件，应当充分披露投资者作出价值判断和投资决策所必需的信息，内容应当真实、准确、完整。为证券发行出具有关文件的证券服务机构和人员，必须严格履行法定职责，保证所出具文件的真实性、准确性和完整性。

(二) 公开报告

1. 定期报告

上市公司、公司债券上市交易的公司、股票在国务院批准的其他全国性证券交易场所交易的公司，应当按照国务院证券监督管理机构和证券交易场所规定的内容和格式编制定期报告，并按照以下规定报送和公告：①在每一会计年度结束之日起4个月内，报送并公告年度报告，其中的年度财务会计报告应当经符合《证券法》规定的会计师事务所审计；②在每一会计年度的上半年结束之日起2个月内，报送并公告中期报告。

发行人的董事、高级管理人员应当对证券发行文件和定期报告签署书面确认意见。发行人的监事会应当对董事会编制的证券发行文件和定期报告进行审核并提出书面审核意见。监事应当签署书面确认意见。

发行人的董事、监事和高级管理人员应当保证发行人及时、公平地披露信息，所披露的信息真实、准确、完整。董事、监事和高级管理人员无法保证证券发行文件和定期报告内容的真实性、准确性、完整性或者有异议的，应当在书面确认意见中发表意见并陈述理由，发行人应当披露。发行人不予披露的，董事、监事和高级管理人员可以直接申请披露。

2. 临时报告

当发生可能对上市公司股票、在国务院批准的其他全国性证券交易场所交易的公司的股票交易价格、上市交易公司债券的交易价格产生较大影响而投资者尚未得知的重大事件时，公司应当立即将有关该重大事件的情况向国务院证券监督管理机构和证券交易场所报送临时报告，并予公告，说明事件的起因、目前的状态和可能产生的法律后果。

所谓重大事件是指下列情况：①公司的经营方针和经营范围的重大变化；②公司的重大投资行为，公司在1年内购买、出售重大资产超过公司资产总额30%，或者公司营业用主要资产的抵押、质押、出售或者报废一次超过该资产的30%；③公司订立重要合同、提供重大担保或者从事关联交易，可能对公司的资产、负债、权益和经营成果产生重要影响；④公司发生重大债务和未能清偿到期重大债务的违约情况；⑤公司发生重大亏损或者重大损失；⑥公司生产经营的外部条件发生的重大变化；⑦公司的董事、1/3以上监事或者经理发生变动，董事长或者经理无法履行职责；⑧持有公司5%以上股份的股东或者实际控制人持有股份或者控制公司的情况发生较大变化，公司的实际控制人及其控制的其他企业从事与公司相同或者相似业务的情况发生较大变化；⑨公司分配股利、增资的计划，公司股权结构的重要变化，公司减资、合并、分立、解散及申请破产的决定，或者依法进入破产程序、被责令关闭；⑩涉及公司的重大诉讼、仲裁，股东大会、董事会决议被依法撤销或者宣告无效；⑪公司涉嫌犯罪被依法立案调查，公司的控股股东、实际控制人、董事、监事、高级管理人员涉嫌犯罪被依法采取强制措施；⑫国务院证券监督管理机构规定的其他事项。

公司的控股股东或者实际控制人对重大事件的发生、进展产生较大影响的，应当及时将其知悉的有关情况书面告知公司，并配合公司履行信息披露义务。

投资者尚未得知的，发生可能对上市交易公司债券的交易价格产生较大影响的重大事件是指：①公司股权结构或者生产经营状况发生重大变化；②公司债券信用评级发生变化；③公司重大资产抵押、质押、出售、转让、报废；④公司发生未能清偿到期债务的情况；⑤公司新增借款或者对外提供担保超过上年末净资产的20%；⑥公司放弃债权或者财产超过上年末净资产的10%；⑦公司发生超过上年末净资产10%的重大损失；⑧公司分配股利，作出减资、合并、分立、解散及申请破产的决定，或者依法进入破产程序、被责令关闭；⑨涉及公司的重大诉讼、仲裁；⑩公司涉嫌犯罪被依法立案调查，公司的控股股东、实际控制人、董事、监事、高级管理人员涉嫌犯罪被依法采取强制措施；⑪国务院证券监督管理机构规定的其他事项。

(三) 违规信息披露的法律后果

信息披露义务人未按照规定披露信息，或者公告的证券发行文件、定期报告、临时报告及其他信息披露资料存在虚假记载、误导性陈述或者重大遗漏，致使投资者在证券交易中遭受损失的，信息披露义务人应当承担赔偿责任；发行人的控股股东、实际控制人、董事、监事、高级管理人员和其他直接责任人员，以及保荐人、承销的证券公司及其直接责任人员，应当与发行人承担连带赔偿责任，但是能够证明自己没有过错的除外。

【例7-1】某上市公司董事长授意有关员工采用签订虚假销售合同、转移费用支出和违规进行资产评估等手段，虚增当年营业利润和资本公积等指标误导投资者，造成投资者重大损失。案发后，该上市公司的董事长以自己并未直接参与财务造假过程为由拒绝承担连带赔偿责任。请问：该董事长是否应当承担连带赔偿责任。

【解析】根据《证券法》的规定，上市公司的年度报告中存在虚假记载、误导性陈述或者重大遗漏，致使投资者在证券交易中遭受损失的，上市公司的董事应当承担连带赔偿责任，但是能够证明自己没有过错的除外。该上市公司的董事长显然有过错，并涉嫌犯罪，因此应当承担连带赔偿责任。

四、禁止的交易行为

根据《证券法》的规定,禁止的交易行为主要包括内幕交易行为、利用未公开信息交易行为、操纵证券市场行为、编造传播虚假信息或者误导性信息行为、损害客户利益行为和其他禁止的交易行为。证券交易场所、证券公司、证券登记结算机构、证券服务机构及其从业人员对证券交易中发现的禁止的交易行为,应当及时向证券监督管理机构报告。行为人从事前述证券违法行为应承担相应的法律责任。

(一) 内幕交易行为

内幕交易是指知悉证券交易内幕信息的知情人和非法获取内幕信息的人,利用内幕信息进行证券交易的活动。

证券交易内幕信息的知情人包括:①发行人及其董事、监事、高级管理人员;②持有公司5%以上股份的股东及其董事、监事、高级管理人员,公司的实际控制人及其董事、监事、高级管理人员;③发行人控股或者实际控制的公司及其董事、监事、高级管理人员;④由于所任公司职务或者因与公司业务往来可以获取公司有关内幕信息的人员;⑤上市公司收购人或者重大资产交易方及其控股股东、实际控制人、董事、监事和高级管理人员;⑥因职务、工作可以获取内幕信息的证券交易场所、证券公司、证券登记结算机构、证券服务机构的有关人员;⑦因职责、工作可以获取内幕信息的证券监督管理机构工作人员;⑧因法定职责对证券的发行、交易或者对上市公司及其收购、重大资产交易进行管理可以获取内幕信息的有关主管部门、监管机构的工作人员;⑨国务院证券监督管理机构规定的可以获取内幕信息的其他人员。

知识拓展 7-2

非法获取证券交易内幕信息的人员

证券交易活动中,涉及发行人的经营、财务或者对该发行人证券的市场价格有重大影响的尚未公开的信息,为内幕信息。《证券法》规定的,应当公开,可能对上市公司、股票在国务院批准的其他全国性证券交易场所交易的公司的股票交易价格、上市交易公司债券的交易价格产生较大影响、而投资者尚未得知的重大事件属于内幕信息。

证券交易内幕信息的知情人和非法获取内幕信息的人,在内幕信息公开前,不得买卖该公司的证券,或者泄露该信息,或者建议他人买卖该证券。持有或者通过协议、其他安排与他人共同持有公司5%以上股份的自然人、法人、非法人组织收购上市公司的股份,《证券法》另有规定的,适用其规定。

内幕交易行为给投资者造成损失的,应当依法承担赔偿责任。

 知识加油站

内幕信息的范围

一般认为,内幕信息包括但不限于以下信息:①有可能影响公司股价的重大事件;②公司分配股利或者增资的计划;③公司股权结构的重大变化;④公司债务担保的重大变更;⑤公司营业用主要资产的抵押、出售或者报废一次超过该资产的30%;⑥公司的董事、监事、高级管理人员的行为可能依法承担重大损害赔偿责任；⑦上市公司收购的有关方案；⑧国务院证券监督管理机构认定的对证券交易价格有显著影响的其他重要信息。

【例7-2】戴利在担任甲上市公司董事期间，利用甲公司与乙上市公司进行资产重组、乙公司主营业务将要发生重大变化这一信息，于某年11月18日至20日期间，在某证券公司营业部投入资金350万元，以平均6元的价格买入乙公司股票80万股，信息公开后以每股7元的价格全部卖出，共计获利80万元。同年12月，甲公司与乙公司相继公告进行了资产重组的信息。
请问：戴利的行为是否合法？
【解析】不合法。戴利的行为属于利用内部信息进行证券交易、非法获利的行为。根据《证券法》的规定，证券交易内幕信息的知情人，在内幕信息公开前不得买入和卖出该公司的证券。

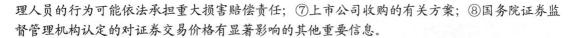

课堂讨论

2020年4月1日，甲上市公司董事长向其朋友李铭透露该公司将发行新股的信息，李铭便以每股6元的价格买入甲公司股票1万股；持有甲公司法人股2%的A公司认为甲公司具有潜在的投资价值，便以每股6.2元的价格买入8万股；受托为甲公司发行股票出具审计报告的某会计师事务所会计张锟，在审计期间也以6.2元的价格买入3万股。2020年6月1日，信息公开后，甲公司股票连续攀升，至7月份，涨幅高达50%左右。李铭、A公司、张锟分别以11.30元、11.70元、11.90元抛出其持有的甲公司股票。
请问：李铭、A公司、张锟买卖甲公司股票的行为是否符合法律规定？

（二）利用未公开信息交易行为

利用未公开信息交易行为是指特定主体利用因职务便利获取的内幕信息以外的其他未公开的信息，违反规定，从事与该信息相关的证券交易活动，或者明示、暗示他人从事相关交易活动。特定主体是指证券交易场所、证券公司、证券登记结算机构、证券服务机构和其他金融机构的从业人员、有关监管部门或者行业协会的工作人员。《证券法》第五十四条规定，禁止证券交易场所、证券公司、证券登记结算机构、证券服务机构和其他金融机构的从业人员、有关监管部门或者行业协会的工作人员，利用因职务便利获取的内幕信息以外的其他未公开的信息，违反规定，从事与该信息相关的证券交易活动，或者明示、暗示他人从事相关交易活动。利用未公开信息进行交易给投资者造成损失的，应当依法承担赔偿责任。

（三）操纵证券市场行为

操纵证券市场行为，是指单位或者个人以获取利益或减少损失为目的，利用其资金、信息等优势或采取其他手段影响证券市场价格，制造证券市场假象，诱导或者致使投资者在不了解事实真相的情况下作出买卖证券的决定，扰乱证券市场秩序的行为。

《证券法》第五十五条规定，禁止任何人以下列手段操纵证券市场，影响或者意图影响证券交易价格或者证券交易量：①单独或者通过合谋，集中资金优势、持股优势或者利用信息优势联合或者连续买卖；②与他人串通，以事先约定的时间、价格和方式相互进行证券交易；③在自己实际控制的账户之间进行证券交易；④不以成交为目的，频繁或者大量申报并撤销申报；⑤利用虚假或者不确定的重大信息，诱导投资者进行证券交易；⑥对证券、发行人公开作出评价、预测或者投资建议，并进行反向证券交易；⑦利用在其他相关市场的活动操纵证券市场；⑧操纵证券市场的其他手段。

操纵证券市场行为给投资者造成损失的，应当依法承担赔偿责任。

【例7-3】某证券公司利用资金优势,在3个交易日内对某一上市公司的股票进行连续买卖,使该股票从每股20元迅速上升至每股26元,然后在此价位大量卖出获利。请问:分析该证券公司的行为是否违法?

【解析】该证券公司的行为违法。根据《证券法》的规定,该证券公司的行为属于操纵市场的违法行为。

(四)编造传播虚假信息或者误导性信息行为

编造传播虚假信息或者误导性信息行为是指在证券交易活动中编造、传播虚假信息或误导性信息,扰乱证券市场的行为。根据《证券法》第五十六条的规定,禁止任何单位和个人编造、传播虚假信息或者误导性信息,扰乱证券市场。禁止证券交易场所、证券公司、证券登记结算机构、证券服务机构及其从业人员,证券业协会、证券监督管理机构及其工作人员,在证券交易活动中作出虚假陈述或者信息误导。各种传播媒介传播证券市场信息必须真实、客观,禁止误导。传播媒介及其从事证券市场信息报道的工作人员不得从事与其工作职责发生利益冲突的证券买卖。编造、传播虚假信息或者误导性信息,扰乱证券市场,给投资者造成损失的,应当依法承担赔偿责任。

(五)损害客户利益行为

损害客户利益是指证券公司及其从业人员在证券交易及相关活动中,诱骗投资者买卖证券及其他违背投资者真实意愿、损害其利益的行为。《证券法》第五十七条规定,禁止证券公司及其从业人员从事下列损害客户利益的行为:①违背客户的委托为其买卖证券;②不在规定时间内向客户提供交易的确认文件;③未经客户的委托,擅自为客户买卖证券,或者假借客户的名义买卖证券;④为牟取佣金收入,诱使客户进行不必要的证券买卖;⑤其他违背客户真实意思表示,损害客户利益的行为。违反前述规定给客户造成损失的,应当依法承担赔偿责任。

【例7-4】某证券公司挪用客户账户上的资金用于股票买卖,但在获利后及时、足额地归还到客户账户中。请问:该证券公司的行为是否合法?属于何种行为?

【解析】不合法。根据《证券法》的规定,该证券公司的行为属于欺诈客户的行为。

(六)其他禁止的交易行为

任何单位和个人不得违反规定,出借自己的证券账户或者借用他人的证券账户从事证券交易。禁止投资者违规利用财政资金、银行信贷资金买卖证券。

国有独资企业、国有独资公司、国有资本控股公司买卖上市交易的股票,必须遵守国家有关规定。

五、短线交易与上市公司归入权

短线交易是上市公司、股票在国务院批准的其他全国性证券交易场所交易的公司持有5%以上股份的股东、董事、监事、高级管理人员,在法定期间内,买入本公司股票或者其他具有股权性质的证券并再行卖出,或者卖出本公司股票及其他具有股权性质的证券后再行买入的行为。归入权是指公司取得短线交易者所得收益的权利。

关于短线交易和归入权,《证券法》第四十四条作出规定,上市公司、股票在国务院批准的其他全国性证券交易场所交易的公司持有5%以上股份的股东、董事、监事、高级管理人员,将其持有的该公司的股票或者其他具有股权性质的证券在买入后 6 个月内卖出,或者在卖出后 6 个月内又买入,由此所得收益归该公司所有,公司董事会应当收回其所得收益。但是,证券公司因购入包销售后剩余股票而持有 5%以上股份,以及有国务院证券监督管理机构规定的其他情形的除外。

上述所称董事、监事、高级管理人员、自然人股东持有的股票或者其他具有股权性质的证券,包括其配偶、父母、子女持有的及利用他人账户持有的股票或者其他具有股权性质的证券。

公司董事会不按照前述规定执行的,股东有权要求董事会在 30 日内执行。公司董事会未在上述期限内执行的,股东有权为了公司的利益以自己的名义直接向人民法院提起诉讼。

公司董事会不按照前述规定执行的,负有责任的董事依法承担连带责任。

【例 7-5】某上市公司董事吴雍持有该公司 6%的股份。后其将持有的该公司股票在买入后的第 5 个月卖出,获利 600 万元。关于此收益,下列选项正确的是(　　)。
A. 该收益应当全部归公司所有
B. 该收益应由公司董事会负责收回
C. 董事会不收回该收益的,股东有权要求董事会限期收回
D. 董事会未在规定期限内执行股东关于收回吴雍收益要求的,股东有权代替董事会以公司名义直接向法院提起收回该收益的诉讼

第五节　上市公司收购

一、上市公司收购概述

投资者可以采取要约收购、协议收购,以及其他合法方式收购上市公司。

(一) 上市公司收购的概念

上市公司收购,是指投资者依法定程序收购股份有限公司已经发行上市的股份,以达到对该公司控股或兼并目的的行为。实施收购行为的投资者被称为收购人,作为收购目标的上市公司被称为被收购公司或"目标公司"。

(二) 上市公司收购的方式

按照《证券法》的规定,投资者可以采取要约收购、协议收购及其他合法方式收购上市公司。采取要约收购方式的,收购人必须遵守《证券法》规定的程序和法则,在收购期限内,不得卖出被收购公司的股票,不得采取要约规定以外的形式和超出要约的条件买卖被收购公司的股票。

采取协议收购方式的,收购人可以依照法律、行政法规的规定同被收购公司的股东以协议方式进行股权转让。以协议方式收购上市公司时,达成协议后,收购人必须在 3 日内将该收购协议向国务院证券监督管理机构及证券交易所作出书面报告,并予以公告。在未作出公告前不得履行收购协议。

(三) 权益公开规则和慢走规则

1. 权益公开规则

权益公开又称权益披露,它是指任何人在直接或间接持有某一上市公司发行在外的股份达

到一定比例,或者在其达到该法定比例后又发生一定比例的增减变化时,均须依法定程序公开披露其持股权益的制度。它包括的具体内容如下。

(1) 持股信息公开。通过证券交易所的证券交易,投资者持有或者通过协议、其他安排与他人共同持有一个上市公司已发行的有表决权股份达到 5%时,应当在该事实发生之日起 3 日内,向国务院证券监督管理机构、证券交易所作出书面报告,通知该上市公司,并予公告。

(2) 持股变动公开。①投资者持有或者通过协议、其他安排与他人共同持有一个上市公司已发行的有表决权股份达到 5%后,其所持该上市公司已发行的有表决权股份比例每增加或者减少 5%,应当依照规定进行报告和公告。②投资者持有或者通过协议、其他安排与他人共同持有一个上市公司已发行的有表决权股份达到 5%后,其所持该上市公司已发行的有表决权股份比例每增加或者减少 1%,应当在该事实发生的次日通知该上市公司,并予公告。

2. 慢走规则

慢走规则又称为台阶规则,是指投资者通过证券交易所的股票交易持有,或者通过协议或其他安排与他人共同持有某一上市公司已发行股份比例达到 5%以上时,每增加或减少持有股份的一定比例时,均须暂停买卖该公司的股票,进行权益披露,且在法定期限内不得再买卖该种股票。慢走规则的作用在于使投资人对上市公司上市股份的买卖过程依法发生停顿,并依法进行信息披露,从而保护中小股东的利益,避免市场过度震荡。

依法律规定,慢走规则体现在:

(1) 通过证券交易所的证券交易,投资者持有或者通过协议、其他安排与他人共同持有一个上市公司已发行的有表决权股份达到 5%时,应当在该事实发生之日起 3 日内,不得再行买卖该上市公司的股票,但国务院证券监督管理机构规定的情形除外。

(2) 投资者持有或者通过协议、其他安排与他人共同持有一个上市公司已发行的有表决权股份达到 5%后,其所持该上市公司已发行的有表决权股份比例每增加或者减少 5%,应当依照规定进行报告和公告,在该事实发生之日起至公告后 3 日内,不得再行买卖该上市公司的股票,但国务院证券监督管理机构规定的情形除外。

违反规定买入上市公司有表决权的股份的,在买入后的 36 个月内,对该超过规定比例部分的股份不得行使表决权。

二、要约收购与协议收购

(一) 要约收购

1. 要约收购的概念

要约收购是收购人在证券交易所的集中竞价系统之外,直接向股东发出要购买其手中持有股票的一种收购方式。投资者选择向被收购公司的所有股东发出收购其所持有的全部股份要约的,称为全面要约;投资者选择向被收购公司所有股东发出收购其所持有的部分股份要约的,称为部分要约。

2. 要约收购的适用条件

(1) 持股比例达到 30%。投资者通过证券交易所的证券交易,或者协议、其他安排持有或与他人共同持有一个上市公司的股份达到 30%(含直接持有和间接持有)。

(2) 继续增持股份。在前一个条件下,投资者继续增持股份时,即触发依法向上市公司所有股东发出收购上市公司全部或者部分股份的要约的义务。

只有在上述两个条件同时具备时,才适用要约收购。收购人应当公平对待被收购公司的所有股东。持有同一种类股份的股东应当得到同等对待。

3. 收购要约的期限

收购要约约定的收购期限不得少于 30 日，并不得超过 60 日。

4. 收购要约的撤销

在收购要约确定的承诺期限内，收购人不得撤销其收购要约。投资者持有或者通过协议、其他安排与他人共同持有该上市公司 30%以上的股份，其发出收购要约已经将收购的有关信息进行了披露，这些经披露的信息对该上市公司的股票交易将发生重要影响。如果收购人撤销收购要约，会对该上市公司的股票交易产生新的影响，有可能损害中小股东的利益。因此，《证券法》规定在收购要约确定的承诺期限内，收购人不得撤销其收购要约。

5. 收购要约的变更

收购人需要变更收购要约的，应当及时公告，载明具体变更事项，且不得存在下列情形：①降低收购价格；②减少预定收购股份数额；③缩短收购期限；④国务院证券监督管理机构规定的其他情形。

(二) 协议收购

协议收购是指收购人在证券交易所之外，通过与被收购公司的股东协商一致达成协议，受让其持有的上市公司的股份而进行的收购。

以协议方式收购上市公司时，收购协议的各方应当获得相应的内部批准(如股东大会、董事会等)。收购协议达成后，收购人必须在 3 日内将该收购协议向国务院证券监督管理机构及证券交易所作出书面报告，并予公告。

采取协议收购方式的，协议双方可以临时委托证券登记结算机构保管协议转让的股票，并将资金存放于指定的银行。采取协议收购方式的，收购人收购或者通过协议、其他安排与他人共同收购一个上市公司已发行的有表决权股份达到 30%时，继续进行收购的，应当依法向该上市公司所有股东发出全面收购上市公司全部或者部分股份的要约。但是，经国务院证券监督管理机构免除发出要约的除外。如果收购人依照上述规定触发以要约方式收购上市公司股份，应当遵守前述有关要约收购的规定。

三、上市公司收购的法律后果

收购期限届满，被收购公司股权分布不符合上市条件的，该上市公司的股票应当由证券交易所依法终止上市交易；其余仍持有被收购公司股票的股东，有权向收购人以收购要约的同等条件出售其股票，收购人应当收购。收购行为完成后，被收购公司不再具备股份有限公司条件的，应当依法变更企业形式。

在上市公司收购中，收购人持有的被收购的上市公司的股票，在收购行为完成后的 18 个月内不得转让。

收购行为完成后，收购人与被收购公司合并，并将该公司解散的，被解散公司的原有股票由收购人依法更换。

收购完成,收购人应当在 15 日内将收购情况报告国务院证券监督管理机构和证券交易所，并予公告。上市公司分立或者被其他公司合并，应当向国务院证券监督管理机构报告，并予公告。

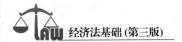

ABC 股份有限公司于 2012 年 7 月上市，从事软件研发与经营业务，近年来企业效益持续增长。甲公司从事机械制造业，近几年连续亏损，为扭转局面，决定涉足软件行业。于是，便于 2020 年 1 月至 6 月期间，悄悄购买 ABC 公司大量股票，至 2020 年 7 月 5 日，已持有 ABC 公司 51%的股份。

请问：甲公司的收购行为是否合法？

一、判断题

1. 股票是有偿还期限的证券。 （ ）
2. 证券的代销、包销期最长不得超过 90 日。 （ ）
3. 当发生可能对上市公司股票交易价格产生较大影响，而投资者尚未得知的重大事件时，上市公司应当直接向投资者公布。 （ ）
4. 知悉证券交易内幕信息的知情人员自己不得买入或者卖出所持有的该公司的证券，但可以建议他人买卖证券。 （ ）
5. 证券交易所是以营利为目的，供证券集中交易的场所。 （ ）
6. 甲、乙、丙、丁合谋，集中资金优势、持股优势联合买卖或者连续买卖证券，影响证券交易价格，从中牟取利益的行为属于内幕交易的行为。 （ ）
7. 上市公司的信息披露资料有虚假记载，致使投资者在证券交易中遭受损失的，上市公司的全体董事、监事、高级管理人员应当承担连带赔偿责任。 （ ）
8. 为上市公司年度会计报表出具审计报告的人员，自接受上市公司委托之日起至审计报告公开后 1 年内，不得买卖该上市公司的股票。 （ ）
9. 证券机构从业人员、证券监督管理机构工作人员在任职期内可以直接或者以化名、借他人名义持有、买卖股票。 （ ）

二、单项选择题

1. 下列表述正确的是（　　）。
   A. 国家机关工作人员可以在证券公司中兼任职务
   B. 证券公司从事证券融资融券业务，可以向客户出借资金或者证券
   C. 上市交易的证券，有证券交易所规定的终止上市情形的，由证券交易所按照业务规则终止其上市交易
   D. 公司不按照规定公开其财务状况，或者对财务会计报告作虚假记载，可能误导投资者的，由中国证监会决定暂停其股票上市

2. 下列人员中不属于知悉证券交易内幕信息知情人员的是（　　）。
   A. 持有公司 3%以上股份的股东
   B. 发行股票公司的控股公司的高级管理人员
   C. 发行人及其董事、监事、经理及有关高级管理人员
   D. 证券监管机构工作人员以及由于法定的职责对证券交易进行管理的其他人员

3. 以下说法，不正确的是( )。
   A. 投资者保护机构对损害投资者利益的行为，可以依法支持投资者向人民法院提起诉讼
   B. 证券交易所履行自律管理职能，应当遵守社会公共利益优先原则，维护市场的公平、有序、透明
   C. 证券公司除依照规定为其客户提供融资融券服务外，不得为其股东或者股东的关联人提供融资或者担保
   D. 因违法行为或者违纪行为被开除的证券服务机构的从业人员和被开除的国家机关工作人员，可以被聘为证券交易所的从业人员
4. 下列关于要约收购的表述正确的是( )。
   A. 要约收购不必公开进行
   B. 要约收购的期间法律作了明确规定
   C. 要约收购可以对目标公司的股东实行区别待遇
   D. 要约收购期间要约人可以以超出要约的条件买卖目标公司的股票

三、多项选择题

1. 公开发行公司债券必须符合的条件是( )。
   A. 具备健全且运行良好的组织机构
   B. 最近 3 年平均可分配利润足以支付公司债券 1 年的利息
   C. 国务院规定的其他条件
   D. 债券持有人不得少于 1 万人
   E. 债券的利率不低于年利率的 10%
2. 公司首次公开发行新股，应当符合的条件是( )。
   A. 具备健全且运行良好的组织机构
   B. 具有持续经营能力
   C. 最近 3 年财务会计报告被出具无保留意见审计报告
   D. 发行人及其控股股东、实际控制人最近 3 年不存在贪污、贿赂、侵占财产、挪用财产或者破坏社会主义市场经济秩序的刑事犯罪
   E. 经国务院批准的国务院证券监督管理机构规定的其他条件
3. 定期报告是上市公司进行持续信息披露的主要形式之一。甲上市公司下列作法中，符合证券法律制度有关定期报告的规定的是( )。
   A. 该公司第一季度报告的披露时间早于上 1 年度年度报告的披露时间
   B. 该公司的中期报告在该会计年度的第 7 个月披露
   C. 该公司的第三季度报告在该会计年度的第 11 个月披露
   D. 该公司的年度报告在该会计年度结束之日后的第 3 个月披露

四、简答题

1. 简述股票的概念与特征。
2. 简述公司债券的概念、特征与发行条件。
3. 股票交易有哪些限制性规定？
4. 简述股票交易的基本程序。
5. 简述《证券法》规定的禁止交易行为。
6. 简述上市公司收购的权益披露。

五、案例分析题

案例一： 2020年5月20日，甲公司总裁A先生打电话给公司董事B先生，通知他两天之内将召开一次特别董事会。这时，B先生正住在某饭店。虽然董事会还有两天才召开，他已经获悉了有关公司合并的传闻。他在饭店里给他的父亲C先生、他的儿子D先生和他的秘书E小姐打了电话，建议他们指示各自的经纪人关注甲公司的股票，并暗示他们应该买进该公司的股票。除C先生外，D、E都在2020年5月21至22日，大量买进了甲公司的股票。2020年5月29日，甲公司向证券市场公布了其与太平洋公司合并的消息。

请问：

1. B先生是不是知悉证券交易内幕信息的知情人员？为什么？
2. B先生的行为是否构成内幕交易？为什么？

案例二： 刘玢为甲公司的董事。甲公司与乙公司签订一购销合同，甲公司在预先支付了数额巨大的货款后得知，乙公司已经严重亏损，资不抵债，没有任何履约能力，且甲公司的预付款已被当地银行划走抵充银行欠款。刘玢得知这一消息，认为此次公司损失巨大，必定会影响本公司股票价格。他首先将自己手中的本公司股票抛售，还建议好友王哲等人也抛出该股票。半月后，甲、乙公司购销合同事宜通过媒体向社会公布，消息一出，甲公司股价跌落50%。

请问：

1. 刘玢的行为属于什么违法行为？
2. 我国法律规定的该违法行为的主体包括哪些人？
3. 依据《证券法》，应对刘玢如何处理？

案例三： 朱震等四人采取向亲戚朋友借用居民身份证等方法，申请开立了近300个股票交易卡，分别在数个证券公司开设交易账户，炒作深圳证券交易所上市的某公司股票(以下称J股票)。2017年7月至8月间，朱震在低位大量买进J股票，其中7月初建仓买进500万股，7月底加仓买进350万股，至8月再次加仓500多万股，使其掌控的各账户J股票持仓量占J股票流通总股本的35%。同年9月3日起，朱震指挥操盘手，利用对敲的交易手法，即使用不同的账户对股票作价格数量相近，方向相反的交易，拉高股票价格，在不到两个月内使该股票价格由每股14元附近升至100多元。尔后，朱震大量抛售J股票，获利近1亿元，整个炒作运用资金共9亿多元。此后，J股票价格先是由于朱震的强大抛售而触发连连暴跌，后又由于证券监管部门对某公司立案调查的消息公布而触发连续多个跌停板，从100多元最低跌至8元，前期跟风买进的投资者遭受重大损失。

请问：

1. 朱震的行为构成《证券法》规制的哪一种行为？为什么？
2. 朱震应承担什么法律责任？

第八章 票据法律制度

> **引 例**
>
> 甲、乙之间签订了一份假酒买卖合同,甲供货后,乙于 3 月 10 日签发了一张面额为 10 万元、期限为 3 个月的商业承兑汇票交付给甲。3 月 20 日,甲从丙公司购买原材料,便将该汇票依法转让给了丙。之后,假酒被查封,甲、乙之间的合同被裁定为无效合同。
>
> 【提问】票据到期后,丙提示付款,乙公司能否以买卖合同无效为由,拒绝兑付票据金额?
>
> 【点评】《中华人民共和国票据法》(以下简称《票据法》)规定,票据是无因证券,依法出票后,便与当初签发票据的基础原因分离,不论基础原因是否合法,只要票据本身无缺陷,持票人依法取得票据,即享有票据权利,付款人应当兑付票款。因此,乙公司不能拒绝兑付票据金额。

第一节 票据法基本理论

一、票据概述

(一) 票据的概念和特性

票据是出票人依法约定由自己或委托他人无条件支付一定金额,并可供流通转让的有价证券。一般认为,票据具有如下特性。

1. 票据是金钱债权证券

票据所代表的财产权利,是金钱给付请求权,属于债权,持票人只能请求票据债务人给付票面记载的金钱。

2. 票据是设权证券

票据权利的产生基于票据本身的作成，有票据即有票据权利，无票据即无权利，此为设权证券。

3. 票据是文义证券

票据上的权利义务、票据债权人与债务人、票据权利有效期等，均由票据上依法记载的文字的含义来确定，任何人都不得以票据文义之外的因素认定或改变票据权利义务及票据债权人、债务人。

4. 票据是要式证券

票据必须具备法定格式才能有效。除票据法另有规定者外，不具备法定格式的，不发生票据的效力。

5. 票据是完全有价证券

作成票据，票据权利始得发生；持有票据，就有票据上的权利；行使票据权利，以提示票据为必要；转让票据上的权利，须转让票据，因此票据为完全有价证券。

6. 票据是无因证券

所谓无因证券，又叫不要因证券，是指证券效力与作成证券的原因完全分离，证券权利的存在和行使，不以作成证券的原因为要件的一类证券。

（二）票据的作用

在现代票据法制条件下，票据的主要作用如下。

1. 支付功能

在交易中以票据代替货币，不但可用于同城或异地贸易，在国际贸易中更是普遍使用。这样，减少甚至杜绝了大量使用货币带来的不方便和不安全因素。

2. 汇兑功能

票据是一种汇兑工具。使用票据，能够在异地凭借汇票在付款人处兑取货币，或者向他人进行各种支付，解决了在异地贸易中用货币支付费时费力且不安全的不足。

3. 信用功能

票据法上的信用，是指当事人签发票据，约定期限，另为付款或由他人代为付款，把将来可以取得的货币，作为现在的货币使用，实现了人的资金信用票据化，票据即成为信用工具。

4. 结算功能

债权人可以签发票据，指定自己的债务人向自己的债权人无条件支付一定金额，由此消灭相互之间的债权债务，此为票据结算。现代各国广泛实行了票据交换制度，设立票据交换中心或票据交换场所，以利于票据结算。

5. 融资功能

票据可以有偿转让，实现资金周转。持票人急需现金时，可持票向银行请求贴现，也可以以背书方式将票据卖给他人，满足需要。

二、票据法概述

票据法是调整票据关系的法律规范的总称。它具有强行性、技术性和国际性的特点。为建立票据制度、规范票据行为、保障交易安全,我国制定了《票据法》。

三、票据法律关系

票据法律关系是指票据当事人之间在票据的签发和转让等过程中发生的权利义务关系。票据法律关系可分为票据关系和票据法上的非票据关系。票据关系是指当事人之间基于票据行为而发生的债权债务关系,如出票人与收款人之间的关系、收款人与付款人之间的关系、背书人与被背书人之间的关系等。它具有如下特点。

1. 票据关系是票据权利义务关系

票据关系当事人为票据权利义务而实施票据行为,票据权利义务成为票据关系的内容,因此,该法律关系是票据权利义务关系。

2. 票据关系是票据行为所生权利义务关系

票据行为是票据法规定的能够发生票据关系的法律行为,包括出票、背书、承兑、保证、参加承兑等。票据行为之外的行为,无论其是否合法,即使票据法上有规定,也不能发生票据权利义务,不是发生票据关系的法律事实。

3. 票据关系具有无因性

票据关系中,票据债务人负担无条件支付票面金额的义务,自有其原因或者说是基础。例如,买方为支付价款而向卖方出票,买卖关系就是票据关系的基础关系。票据法为鼓励人们使用票据,最大限度地保障票据的安全性、可信度,把票据关系与其基础关系之间的联系一刀切断,使票据关系成为独立于基础关系的法律关系。而且,只要票据关系无瑕疵,基础关系纵然无效,票据权利仍然有效。

票据法中的非票据关系则是指由《票据法》所规定的,不是基于票据行为直接发生的法律关系,如票据上的正当权利人对于因恶意而取得票据的人行使票据返还请求权而发生的关系、因手续欠缺而丧失票据上权利的持票人对于出票人或承兑人行使利益偿还请求权而发生的关系、票据付款人付款后请求持票人交换票据的关系等。

总的来说,票据关系是票据当事人之间的基本法律关系,为了保障该基本法律关系中权利义务的实现,法律另外作出了相应规定,当事人之间依照这类规定而发生的权利义务关系,即为票据法上的非票据关系。

票据关系与票据的基础关系不同。票据关系的发生是基于票据的授受行为,那么当事人之间为何而授受票据,则是基于一定的原因或前提。这种授受票据的原因或前提关系即是票据的基础关系,如基于购买货物或返还资金而授受票据,该购货关系和返还资金关系即是票据的基础关系。票据的基础关系分为原因关系、资金关系和票据预约关系。原因关系,是指票据当事人之间授受票据的原因。资金关系,是指存在于汇票的发票人和付款人之间、支票的发票人和银行之间的基础关系。票据预约,即当事人在发票前,就票据的种类、金额、到期日、付款地等事项达成的合意。

四、票据权利

(一) 票据权利的概念和特点

票据权利,是指持票人享有的请求票据债务人支付票据金额的权利,包括付款请求权和追索权。持票人取得票据应善意、合法且支付相应对价。票据权利的特点主要有如下几个。

1. 票据权利享有者,是合法持票人

凡以出票、背书等票据行为和继承等合法方式取得票据者,均为合法持票人,依票据的持有而享有票据权利。不法取得票据者,不得享有票据权利。

2. 票据权利是票据金额给付请求权

只有经过请求票据债务人付款,票据债务人满足此请求,兑付票面金额,将票面金额交付持票人,持票人才能取得金钱。

3. 票据权利是请求票据债务人支付票据金额的权利

票据债务人是在票据上签章的人。具体来讲,有出票人、背书人、保证人、承兑人、支票的付款人。

4. 票据权利是二次性权利

持票人请求票据上记载的付款人支付票面金额,此为付款请求权。当付款请求权不能实现时,持票人得向背书人、出票人追索票面金额及有关费用,此为追索权。

(二) 票据权利的行使和保全

1. 票据权利的行使

票据权利的行使,是指票据权利人向票据债务人提示票据并请求履行票据债务的行为,即行使付款请求权请求付款和行使追索权进行追索。

2. 票据权利的保全

票据权利人为防止票据权利消灭所进行的行为,称为票据权利的保全。为防止票据权利因时效期间届满而消灭,就应当采取必要行为以保全权利。保全行为有提示票据、作成拒绝证明、起诉、中断时效等。其中,作成拒绝证明是指持票人向票据上记载的承兑人或付款人提示票据请求承兑或请求付款,遭到拒绝时,请求拒绝之人出具拒绝承兑或拒绝付款的书面证明。

3. 票据权利行使和保全的处所与时间

《票据法》第十六条规定,持票人对票据债务人行使票据权利,或者保全票据权利,应当在票据当事人的营业场所和营业时间内进行,票据当事人无营业场所的,应当在其住所进行。

(三) 票据权利的消灭

票据权利的消灭包括付款请求权消灭和追索权消灭,票据权利可基于付款人的付款、被追索人清偿票据债务及追索费用、票据时效期间届满、保全手续欠缺、票据灭失等票据法上的原因而消灭,同时抵销、混同、提存、免除等民法上一般债权的消灭事由也可使票据权利消灭。

【例8-1】根据票据法律制度的相关规定,下列有关票据权利的表述正确的有( )。
A. 因税收、继承、赠与可以依法无偿取得票据,不受给付对价的限制,但所享有的票据权利不得优于其前手的权利
B. 以欺诈、偷盗或者胁迫等手段取得票据的,不得享有票据权利

C. 持票人因重大过失取得不符合法律规定的票据的，不得享有票据权利
D. 票据债务人无论如何不得以自己与出票人或者与持票人的前手之间的抗辩事由对抗持票人

【解析】根据《票据法》的规定，正确答案为 ABC。

五、票据行为

（一）票据行为的概念和特点

票据行为是指票据关系的当事人之间以发生、变更或终止票据关系为目的而进行的法律行为。它具有以下特点。

1. 要式性

票据行为的要式性主要表现在三个方面，一是必须以书面形式进行，二是行为人必须签章，票据当事人可以委托其代理人在票据上签章，并应当在票据上表明其代理关系。三是必须遵循法定的款式。

行为人违反票据行为的要式性规定，除法律有特殊规定外，一律为无效；符合法定形式的才发生票据行为的效力。如背书行为，只可在票据背面书写特定文字并签名，如果在正面进行，就不构成背书。

2. 无因性

票据行为仅以签名加交付为成立要件，实施票据行为的原因对票据行为毫无影响。例如，因买卖支付价款而由买受人签发一张银行承兑汇票给出卖人后，即使买卖行为后因法定原因而无效，也不影响出票行为本身的效力；如果出卖人将该汇票背书转让的，受让人仍然可以取得完整的票据权利。

3. 文义性

票据行为的内容，仅依票据文义确定。即使该记载与行为人的真意或者实质情形不符，也依该记载来确定，不允许当事人以票据之外的证明方法对票据文义予以变更或补充。

4. 独立性

票据上的各个票据行为之间相互独立，是否有效须根据各自的要件评判。一个票据行为如果形式上合法但因为欠缺其他要件而无效，原则上不影响其他票据行为的效力。当然，在特定情形下，票据行为的独立性也有例外。

法条链接 8-1

《票据法》关于票据行为独立性的规定

需要提及的是，《票据法》规定了出票、承兑、背书、保证这几种票据行为应当如何作成，分别发生何种效果。当事人如果要进行票据行为，就只能按照这种要求去做，对于所发生的法律后果也没有另作特别约定的余地。票据行为的这个特点使得票据行为如同一种法定的格式性法律行为。

(二) 票据行为成立的有效要件

根据《民法典》和《票据法》的有关规定,票据行为的成立,必须符合以下基本条件。

(1) 行为人必须具有从事票据行为的能力。

(2) 行为人的意思表示必须真实或无缺陷。

《票据法》第十二条规定,以欺诈、偷盗或者胁迫等手段取得票据的,或者明知有前列情形,出于恶意取得票据的,不得享有票据权利。这一规定表明,尽管票据的形式符合法定条件,但从事票据行为的意思表示不真实或存在缺陷,票据持有人也不得享有票据上的权利,该等行为无效。除上述情形之外,根据《民法典》第一百五十四条的规定,行为人与相对人恶意串通,损害他人合法权益的民事法律行为无效。这同样适用于票据行为。

(3) 票据行为的内容必须符合法律、法规的规定。

(4) 票据行为必须符合法定形式。票据行为是一种要式行为,即须采用法律规定的形式,因此,票据行为必须符合法律、法规规定的形式。《票据法》规定,票据上的签章为签名、盖章或者签名加盖章;法人和其他使用票据的单位在票据上的签章,为该法人或者该单位的盖章加其法定代表人或者其授权的代理人的签名;在票据上的签名,应当为当事人的本名。出票人在票据上的签章不符合规定的,该票据无效;承兑人、保证人在票据上的签章不符合规定的,或者无民事行为能力人、限制民事行为能力人在票据上签章的,其签章无效,但不影响其他符合规定签章的效力;背书人在票据上的签章不符合规定的,其签章无效,但不影响其前手符合规定签章的效力。

票据记载相关事项是票据行为的一项重要内容。票据记载事项一般分为绝对记载事项、相对记载事项、非法定记载事项等。绝对记载事项是指票据法明文规定必须记载的,如无记载,票据即为无效的事项;相对记载事项是指某些应该记载而未记载,适用法律的有关规定而不使票据失效的事项;非法定记载事项是指票据法规定由当事人任意记载的事项。

票据可以记载《票据法》及该办法规定事项以外的其他出票事项,但是该记载事项不具有票据上的效力,银行不负审查责任。由于票据种类的不同,记载的事项也不一样,但票据的种类、票据金额、年月日的记载应严格依法进行。

【例8-2】根据票据法律制度的规定,下列有关票据签章效力的表述正确的是(   )。
A. 没有代理权而以代理人名义在票据上签章的,应当由签章人承担票据责任
B. 出票人在票据上的签章不符合规定的,票据无效
C. 承兑人、保证人在票据上的签章不符合规定的,其签章无效,但不影响其他符合规定签章的效力
D. 背书人在票据上的签章不符合规定的,其签章无效,但不影响其前手符合规定签章的效力

【解析】根据《票据法》的规定,正确答案为ABCD。

(三) 票据行为的种类

一般认为,票据行为包括出票、背书、承兑、参加承兑、保证五种。五种票据行为中,出票、背书为各种票据都适用的行为;承兑、参加承兑是汇票特有行为;保证是汇票、本票都适用的行为。

《票据法》对出票、背书、承兑三种行为分别下了定义,对参加承兑未作规定,虽规定了票据保证制度,但未给保证定义。依《票据法》规定,出票是指出票人签发票据并将其交付给收款人的票据行为。背书是指在票据背面或者粘单上记载有关事项并签章票据行为。承兑是指汇

票付款人承诺在汇票到期日支付汇票金额的票据行为。保证是票据债务人之外的人为担保债务的履行而在票据上记载担保文字并签名的票据行为。

（四）票据伪造、变造、更改与涂销

票据伪造指假冒或虚构他人名义为票据行为并在票据上签章。被伪造人不承担任何票据责任，伪造人亦不承担票据义务但须承担其他法律责任。伪造的签章不影响真实签章的效力。

票据变造指无合法变更权限之人，对除签章外的票据记载事项加以变更。变造人在票据上没有签章，则不承担票据义务，但应负相应民事、行政及刑事责任；若变造人在票据上有签章，则按其变造以后的票据记载事项承担票据义务，并承担相应民事、行政及刑事责任；在变造之前签章的其他人对原记载事项负责；在变造之后签章的其他人对变造后的记载事项负责；不能辨别在变造之前签章或变造之后签章的，视为在变造之前签章。

票据更改指依《票据法》有更改权限之人，以法定方式对票据上的可更改记载事项加以更改。票据更改应在原记载人交付票据之前进行，交付之后进行更改的，须征得相关票据当事人同意，并由同意人在改写处签章。

票据涂销是指有涂销权之人故意将票据记载事项进行涂抹或消除。被涂销部分的记载事项失去票据记载效力，被涂销部分的票据权利消灭。

甲签发一张本票交给收款人乙，金额为2万元，乙背书转让给丙，丙取得本票后将金额改为5万元然后转让给丁，丁又背书转让给戊。因甲、乙签章在变造之前，故应就2万元负责；丙为变造人，应对其所变造的文义负责，即对5万元负责；丁签章在变造之后，应对5万元负责。如果戊向甲请求付款，甲只负责付给2万元。戊已付给丁5万元，其所受损失3万元应向丁和丙请求赔偿。

请问：上述有关甲、乙、丙、丁承担责任的表述是否正确？

六、票据抗辩与补救

（一）票据抗辩的概念与种类

票据抗辩即票据抗辩权，是指票据债务人依照票据法享有的、因法定事由的存在而对抗持票人，拒绝履行票据债务的权利。票据抗辩权是与票据权利对立存在的一种权利，是它的权利人维护自身权益的主要手段。票据抗辩权的特点是：①对票据金额全额抗辩；②票据保证人不具有先诉抗辩权。票据抗辩包括对物的抗辩、对人的抗辩两大类。

1. 对物的抗辩

对物的抗辩又称绝对抗辩、客观抗辩，是指基于票据本身所作的，票据债务人可对任何票据债权人所作的抗辩。主要有以下情形：①欠缺法定必要记载事项或有法定禁止记载事项或不符合法定格式；②超过票据权利时效；③背书不连续；④票据尚未到期；⑤票据因除权判决而被宣告无效；⑥票据伪造时，被伪造的签章人可以提出抗辩；⑦票据变造时，变造前的签章人可对变造后的记载事项提出抗辩，变造后的签章人可对变造前的记载事项提出抗辩；⑧无权代理、越权代理情形下，本人可以提出相应抗辩；⑨无民事行为能力人或限制民事行为能力人的监护人可主张被监护人所为票据行为无效；⑩欠缺保全手续。

2. 对人的抗辩

对人的抗辩又称主观抗辩和相对抗辩，是指基于票据义务人与特定票据权利人之间一定关系发生的抗辩，抗辩只能对特定票据权利人主张。

对人的抗辩主要有以下情形：①在原因关系不存在、无效或消灭的情形下，票据债务人可对有直接原因关系的票据权利人进行抗辩；②票据债务人可对有直接债权债务关系且未履行约定的持票人进行抗辩；③持票人以欺诈、偷盗、胁迫等非法手段取得票据，或明知有此类情形仍恶意取得票据；④持票人明知票据债务人与出票人或与持票人前手之间存在抗辩事由而取得票据；⑤持票人以重大过失取得票据。

若存在上述情形，票据纠纷案件的当事人可以提供担保、申请法院采取保全或执行措施。

(二) 票据抗辩的补救

票据抗辩的补救即票据抗辩权的限制，又称票据抗辩切断，是指《票据法》对票据债务人不得对特定票据权利人行使抗辩权的规定。《票据法》第十三条规定，票据债务人不得以自己与出票人或者与持票人前手之间的抗辩事由，对抗持票人。但是，持票人明知存在抗辩事由而取得票据的除外。此即抗辩限制的规定。

对物抗辩是绝对的，不存在限制问题。票据抗辩限制主要指对人抗辩的限制，主要有以下两种情形。

1. 对出票人抗辩的切断

票据债务人不得以自己与出票人之间的抗辩事由对抗持票人。

2. 对持票人前手的抗辩切断

票据债务人不得以自己与持票人前手(任何前手)之间的抗辩事由对抗持票人。持票人在取得票据时，明知票据债务人与出票人或自己前手之间存在抗辩事由，则不受抗辩切断的保护。

第二节 汇票、本票与支票

一、汇票

(一) 汇票概述

1. 汇票的概念

汇票是出票人签发的，委托付款人在见票时或者在指定日期无条件支付确定的金额给收款人或者持票人的票据。在汇票法律关系中享有票据权利和承担票据责任者，称为汇票当事人，其中享有票据权利者称为汇票权利人，承担汇票责任的称为汇票债务人。根据各当事人参与汇票活动时间的不同，可分为基本当事人与非基本当事人两种。汇票的基本当事人是指基于最初的汇票行为而明确的当事人，包括出票人、收款人和(受托)付款人，其名称或商号均记载于汇票的正面。汇票的非基本当事人包括被背书人和保证人。

我国现行的汇票均由商业银行总行统一印制，票面上印刷有"银行汇票""银行承兑汇票""商业承兑汇票"的字样。持票人可以将该汇票通过设质背书进行质押，用以担保主债务的履行；还可以选择汇票作为远期付款的工具，在汇票付款的期限未到之前，持票人可以通过转让汇票取得现款。

2. 汇票的种类

(1) 即期汇票与远期汇票。这是按汇票付款时间的不同而定的。即期汇票是指以持票人提示日为到期日，持票人持票到银行或其他委托付款人的营业点，后者见票必须付款的一种汇票。即期汇票权利人可以随时行使自己的票据权利，在此之前无须提前通知付款人准备履行义务。远期汇票是指约定一定的期日付款的汇票，可分为定日付款汇票、出票后定期付款汇票、见票后定期付款三种形式。

(2) 记名汇票与无记名汇票。记名汇票是指在票据上记载收款人的姓名或商号的汇票，无记名汇票是指在票据上不记载收款人的姓名，凡持票人都可以享有票据权利，直接向付款人请求承兑和请求付款的汇票。

(3) 银行汇票与商业汇票。银行汇票是指汇款人将确定的款项交存所选定的银行，由银行签发给汇款人持往异地办理转账结算或提取现金的票据。商业汇票是由出票人签发的，委托付款人在指定日期无条件支付确定的金额给收款人或者持票人的票据。按承兑人的不同，分为商业承兑汇票和银行承兑汇票。

(二) 汇票的票据行为

1. 出票

出票是指出票人依照票据法的要求记载汇票所必须记载的事项，签署自己的姓名、加盖单位公章(或者与银行约定的财务章)，然后交付给收款人的票据行为。由于票据的背书、保证、承兑、付款和追索等行为都产生在出票行为之后，所以人们将出票行为称为基础票据行为，由出票行为陆续产生之后的各种票据权利义务。

根据出票时汇票上的记载事项对出票行为效力的影响，可以将其分为绝对必要记载事项、相对必要记载事项和任意记载事项，此外还有禁止记载事项。绝对必要记载事项，是票据法规定票上必须记载，否则就不能使票据生效的事项。包括：票据文句、无条件支付的委托、确定的金额、付款人名称、收款人名称、出票日期、出票人签章。相对必要记载事项，是指票据法规定应当记载，但如果不记载时，法律另行拟制推定效果，不致票据无效的事项。例如，《票据法》规定，未记载付款日期的汇票付款日期为见票即付；汇票上未记载付款地的，付款人的营业场所、住所或者经常居住地为付款地。汇票上未记载出票地的，出票人的营业场所、住所或者经常居住地为出票地。任意记载事项是指票据法允许当事人按其意思记载或者不记载，但一经记载亦发生票据上效力的事项。禁止记载事项，是指票据法禁止记载于票据上，如果记载了也不发生票据效力或者使票据无效的事项。

2. 背书

背书是指在票据背面或者粘单上记载有关事项并签章的票据行为。它可以分为转让背书与非转让背书。转让背书是以转让票据权利为目的的背书，转让人称为背书人，受让人称为被背书人。《票据法》第二十七条规定，持票人可以将汇票权利转让给他人或者将一定的汇票权利授予他人行使，此种行为应当背书并交付汇票。被背书人可以以背书的连续证明自己是合法的票据持有人，从而享有完整的票据权利。非转让背书包括授权背书和质押背书。根据《票据法》规定，以背书转让的汇票，后手(在票据签章人之后签章的其他票据债务人)应当对其直接前手背书的真实性负责。背书不得附有条件；背书时附有条件的，所附条件不具有汇票上的效力。将汇票金额的一部分转让的背书或者将汇票金额分别转让给二人以上的背书无效。背书人在汇票上记载"不得转让"字样，其后手再背书转让的，原背书人对后手的被背书人不承担保证责任。背书记载"委托收款"字样的，被背书人有权代背书人行使被委托的汇票权利。但是，被背书人不得再以背书转让汇票权利。汇票可以设定质押；质押时应当以背书记载"质押"字样。被背书人依法实现其质权时，可以行使汇票权利。背书人以背书转让汇票后，即承担保证其后手所持汇票承兑和付款的责任。

实务应用

以下为某银行转账支票背面背书签章的示意图。

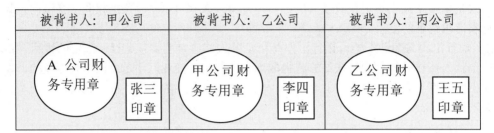

请问：该转账支票背书是否有效？

【应用提示】该转账支票背书连续，背书有效。

3. 承兑

承兑是指汇票付款人承诺在到期日支付汇票金额的票据行为。《票据法》规定的三种票据中只有商业汇票才有承兑制度，承兑后，承兑人就成为该汇票的主债务人。

定日付款或者出票后定期付款的汇票，持票人应当在汇票到期日前向付款人提示承兑。见票后定期付款的汇票，持票人应当自出票日起1个月内向付款人提示承兑。汇票未按照规定期限提示承兑的，持票人丧失对其前手的追索权。

4. 保证

汇票保证是指汇票除主债务人及连带债务人以外的第三人以承担无条件付款为目的，在汇票上签章及记载必要事项的票据行为。其中担保汇票付款者称为保证人，被担保的汇票债务人称为被保证人。汇票保证以担保汇票付款增强信用为目的，有利于保障交易安全。

保证人在汇票上签章即构成保证责任，保证人应当与被保证人对持票人承担连带责任，汇票到期后，被保证人为主债务人的不能付款时，持票人有权向保证人请求付款，保证人应当无条件付款；当汇票被付款人拒付，持票人向连带债务人追索，为被追索的连带债务人担保的保证人承担连带无条件付款责任。保证人清偿汇票债务后，代替被追索的债务人取得汇票权利，可以行使持票人对被保证人及其前手的追索权。

根据《票据法》规定，汇票的债务可以由保证人承担保证责任。保证人由汇票债务人以外的他人担当。保证人为二人以上的，保证人之间承担连带责任。保证人对合法取得汇票的持票人所享有的汇票权利，承担保证责任。但是，被保证人的债务因汇票记载事项欠缺而无效的除外。被保证的汇票，保证人应当与被保证人对持票人承担连带责任。汇票到期后得不到付款的，持票人有权向保证人请求付款，保证人应当足额付款。保证人清偿汇票债务后，可以行使持票人对被保证人及其前手的追索权。保证不得附有条件；附有条件的，不影响对汇票的保证责任。

5. 付款

付款是债务人将票面金额无条件付给持票人的票据行为，是持票人实现经济利益的行为。《票据法》第五十三条规定："持票人应当按照下列期限提示付款：(一)见票即付的汇票，自出票日起一个月内向付款人提示付款；(二)定日付款、出票后定期付款或者见票后定期付款的汇票，自到期日起十日内向承兑人提示付款。"

(三) 汇票的追索权

1. 汇票追索的原因

该原因主要包括拒绝付款或附加条件，汇票被拒绝承兑，承兑人付款人死亡、逃匿，承兑人或付款人被依法宣告破产或责令终止业务活动。

2. 追索权的行使

持票人承兑汇票或请求付款被拒绝时，以及具有其他不能行使请求付款权的情形时，在行使追索权前，将不能行使请求付款权的事实书面告诉其前手及所有汇票债务人的一种票据行为，其内容应当记明汇票的主要记载事项，并说明该汇票已经不能得到付款的情况。持票人行使追索权时，应当提供被拒绝承兑或者被拒绝付款的有关证明。

3. 追索对象

《票据法》第六十八条第一款规定，汇票的出票人、背书人、承兑人和保证人对持票人承担连带责任。上述人员对持票人被拒绝承兑或拒绝付款承担无条件地给付汇票全部金额的责任，持票人可以按《票据法》第六十八条第二款、第三款的规定，自由选择对自己有利的追索对象。

4. 再追索

再追索是指当被追索人清偿债务时，应收取持票人提示的汇票原件和有关拒绝证明，并出具所收到已经支付利息和费用的收据。被追索者清偿债务后，与持票人享有同一(追索)权利，如果其还有前手的，依法再向前手债务人行使追索权。依此顺序，直至该汇票的债权债务关系因履行或其他法定原因而消灭为止。但是，持票人为出票人的，对其前手无追索权；持票人为背书人的，对其后手无追索权。

【例8-3】根据《票据法》的有关规定，下列有关汇票的表述中正确的是(   )。
A. 汇票金额中文大写与阿拉伯数字记载不一致的，以中文大写金额为准
B. 汇票保证中，被保证人的名称属于绝对应记载事项
C. 见票即付的汇票，无须提示承兑
D. 汇票承兑后，承兑人如果没有出票人的资金，则可对抗持票人
【解析】根据《票据法》的规定，正确答案为C。

二、本票

(一) 本票的概念和特点

本票，是指出票人签发的，承诺自己在见票时无条件支付确定的金额给持票人的票据。

1. 本票是自付证券

本票由出票人承担付款责任，基本法律关系的当事人仅为出票人和持票人两方。当事人方面少，票据权利义务关系就简明一些，票据权利的行使也要简便一些。例如，不需第三人即付款人承兑即可直接请求付款，无须担心票据不获承兑等。

2. 本票以出票人为当然的主债务人

本票出票人对持票人负无条件付款责任。各国票据法均认为，本票出票人的付款责任为绝对责任。到期不付款者，持票人可以请求法院强制执行。

3. 本票为预约支付证券

本票出票人承诺于到期日由自己无条件支付票据金额的，属于一种"预约支付"，因此本票是预约支付证券。

4. 本票是无须承兑但有见票的票据

本票均不需承兑，但见票后定期付款的本票，以"见票"为必要程序。《票据法》第七十九条规定，本票的持票人未按照规定的期限提示见票的，丧失对出票人以外的前手的追索权。

所谓"见票"，是指本票出票人因持票人按规定的期限提示本票，请求确定付款日期，在本票上签名并记载见票文义和时间的行为，它是本票特有的一种现象。汇票虽然也有见票后定期付款的种类，但它通过提示承兑的程序，有效地确定票据付款日，不必为见票手续。本票无承兑程序，以见票来确定付款日期。支票是见票即付的票据，无须见票后另定付款日，不存在见票程序。

5. 本票出票人仅负付款责任而无承兑担保责任

本票无须承兑，出票人即没有承兑担保责任。

6. 本票背书人负担保付款责任

本票依背书转让的，背书人对被背书人负有担保付款的责任，持票人到期不获付款时，有权利保全手续的，对前手得行使追索权。

（二）见票

见票是指本票的出票人因持票人的提示，为确定见票后定期付款本票的到期日，在本票上记载见票字样及日期，并且签名的行为。

见票的效力表现在两个方面：①确定到期日；②保全追索权。持票人提示见票，见票人可能予以"签见"，也可能拒绝见票。签见的，发生到期日确定的效果；拒绝见票的，持票人得在规定的期限内作成拒绝证书，以便行使追索权，如果持票人未在规定期限内提示见票的，丧失对前手的追索权。

三、支票

支票，是指出票人签发的，委托办理支票存款业务的银行或者其他金融机构在见票时无条件支付确定的金额给收款人或者持票人的票据。与汇票、本票相比较，支票有下列特点：

(1) 付款人资格有限制。支票的付款人，限于出票人开立存款账户的银行和其他金融机构。

(2) 支票的出票人与付款人之间须有资金关系。汇票的出票人与付款人之间，不必先有资金关系。本票是出票人付款，无资金关系可言。

(3) 支票的出票人与付款人之间先有支付委托合同。只有在银行开户，与开户行订有支付委托合同的存款人，才能从开户行或信用社买得空白支票凭证，在使用支票时签发。

(4) 支票为见票即付的票据。

(5) 支票无须承兑或见票，提示票据就是请求付款。

(6) 支票的主债务人是出票人。

(7) 支票的出票人负担付款保证责任。

(8) 支票无须保证。

(9) 支票可为空白授权出票。依《票据法》第八十五条、第八十六条规定，支票出票时，金额、收款人名称均可空白，由出票人授权持票人补记。汇票和本票则不得签发空白票据。

(10) 支票有无记名式。《票据法》不允许汇票和本票采用无记名方式，却认可支票的无记名方式。在《统一汇票本票法公约》和《统一支票法公约》中亦如此。

(11) 支票有划线制度。在支票法中，有划线支票的规定，划线支票的收款人仅限于银行或付款人的客户，安全性较大。汇票和本票均不得划线。

(12) 支票信用作用弱而支付功能强。支票为见票即付票据，提示付款的期限极短，一般在10天左右。按照《票据法》第九十一条的规定，除异地使用的支票由中国人民银行另行规定外，同城使用的支票，提示付款的期限为自出票日起10日内。由于付款提示期限短，出票人自收款人处得到信用的时间就很短，支票的信用功能就很弱。

(13) 支票仅限一份，不得有复本和誊本。在外国票据法中，汇票可有复本与誊本，本票可有誊本，支票却仅限一份，不准使用复本和誊本。《票据法》未认可复本与誊本制度，支票也仅有一式一份。支票有"存根"，存根只供出票人留存备查和记账使用，不是支票的复本或誊本。

四、《票据法》对本票、支票准用汇票规范的规定

《票据法》第八十条规定："本票的背书、保证、付款行为和追索权的行使，除本章规定外，适用本法第二章有关汇票的规定。本票的出票行为，除本章规定外，适用本法第二十四条关于汇票的规定。"

《票据法》第九十三条规定："支票的背书、付款行为和追索权的行使，除本章规定外，适用本法第二章有关汇票的规定。支票的出票行为，除本章规定外，适用本法第二十四条、第二十六条关于汇票的规定。"

综合实训

一、判断题

1. 票据金额以中文和数码同时记载，两者必须一致，不一致时，票据无效。（ ）
2. 票据背书是指在票据背面或粘单上记载有关事项并签章的行为。（ ）
3. 变更票据上的金额属于票据的伪造，不属于票据的变造。（ ）
4. 支票的出票人于2020年6月9日出票时，在票面上记载"到期日为2020年6月18日"，该记载有效。（ ）
5. 票据担保付款义务是指与票据权利中的追索权相对应的，被追索人所应承担的对付款人和其他前手票据义务人未承担的票据金额进行付款的义务，它是主票据义务。（ ）
6. 付款人承兑汇票，不得附有条件；附有条件的，视为拒绝承兑。（ ）
7. 票据丧失后可以采取挂失止付、公示催告、普通诉讼三种形式进行补救。（ ）
8. 持票人因超过票据权利时效或者因票据记载事项欠缺而丧失票据权利的，仍享有民事权利，可以请求出票人或者承兑人返还其与未支付的票据金额相当的利益。（ ）
9. 在票据权利的行使顺序上，追索权以持票人的第一次请求权未能实现为行使的前提，相对于主票

据权利来说，具有从票据权利的性质。( )

二、单项选择题

1. 甲在一张承兑汇票上签署"保证"字样，并记载自己为保证人，但是没有记载被保证人名称，则下列说法正确的是( )。

   A. 该汇票无效
   B. 出票人为被保证人
   C. 承兑人为被保证人
   D. 甲的票据保证行为无效

2. 蓝精灵公司与格格巫公司订立合同，从格格巫公司获得汇票一张，蓝精灵公司将此汇票背书给税务局缴纳税款。后格格巫、蓝精灵公司之间合同因故被撤销，税务局向格格巫公司提示付款被拒绝。对此说法正确的是( )。

   A. 格格巫公司不能拒付，因为税务局是善意持票人
   B. 格格巫公司不能拒付，因为合同被撤销不影响票据的效力
   C. 格格巫公司有权拒付，因为税务局无偿取得票据，票据权利不优于前手
   D. 格格巫公司有权拒付，因为格格巫、蓝精灵公司之间合同被撤销，该汇票也就失效

3. 甲公司与乙公司虚立买卖合同一份，并以该合同为基础开立商业汇票一张。银行审查合同和收取保证金后，与甲公司签订承兑协议，并在汇票上签章承兑。随后乙公司将汇票向某信用社贴现。两公司负责人分得票据款项后潜逃，公司处于歇业倒闭状态。如信用社向承兑银行提示付款，则( )。

   A. 银行不能对信用社拒付，因为信用社是善意持票人
   B. 银行应当拒付，因为本案涉嫌犯罪，应当先处理刑事部分
   C. 银行可以拒付，理由是两公司恶意串通损害第三人利益，汇票自始无效
   D. 银行可以拒付，理由是银行承兑是被欺诈而为的行为，属于无效票据行为

4. 以下各项中可以取得票据权利的是( )。

   A. 票据有承兑人签章，但无出票人签章
   B. 取得金额未填写的空白支票，持票人将金额填写完整
   C. 明知票据系偷盗而来，仍从盗窃人手中以低价取得票据
   D. 明知甲、乙间合同已经解除，乙应当返还票据，仍然从乙处受让票据

5. 下列对票据代理关系的认定，正确的是( )。

   A. 甲向其开户银行乙作委托收款背书，甲、乙之间构成票据代理
   B. 丙应甲的请求，以丙的名义签发金额为2万元的汇票一份给乙，丙的行为构成票据代理
   C. 甲将自己的印鉴交给乙，让乙代自己签发一份支票。乙用甲的印鉴签发了支票。乙的行为构成票据代理
   D. 甲一时无法找到自己的印鉴，便委托丙代作承兑。丙在汇票上记载"承兑人：甲，代理人：丙。"并加盖了丙的印章和有关人员的私章。甲、丙之间构成票据代理

6. 甲从乙处购买钢材，为支付货款，甲将其从丙处受让的汇票一张背书转让给乙，该背书记载："货物验收后，同意付款。"根据《票据法》的规定，下列说法正确的是( )。

   A. 该背书不具有《票据法》上的效力
   B. 该记载不具有《票据法》上的效力
   C. 如货物经检验合格，该记载产生《票据法》上的效力
   D. 该记载在承兑前有法律效力，在承兑后无法律效力

7. 某人将汇票无偿背书转让给他人，但同时记载不担保该汇票获得付款。根据《票据法》的规定，下列说法正确的是( )。

   A. 这是附条件背书，背书无效

B. 此记载有效，后手不能向该背书人追索

C. 此记载无效，后手对该背书人享有追索权

D. 无偿转让票据的，背书人无担保后手汇票权利实现的义务

8. 一汇票金额为 15 万元，甲、乙二人在汇票上签章保证。甲注明保证金额为 10 万元，乙注明保证金额为 5 万元，则(　　)。

A. 保证无效，甲、乙不承担票据保证责任

B. 保证有效，甲、乙按其记载承担保证责任

C. 保证有效，甲、乙对 15 万元承担连带责任

D. 保证无效，甲、乙按其过错对票据权利人承担责任

三、多项选择题

1. 康辉公司在与海亚公司交易中获汇票一张，付款人为某银行。康辉公司请求承兑时，该银行在汇票上签注："承兑。海亚公司款到后支付。"根据《票据法》的规定，该银行的行为后果是(　　)。

A. 该银行已经承兑，应承担付款责任

B. 如果该银行事后拒绝付款，应当承担票据责任

C. 应视为该银行拒绝承兑，该银行不承担付款责任

D. 海亚公司向该银行付款后，该银行才承担付款责任

2. 2020 年 4 月 27 日，甲签发支票向乙支付货款，但甲填写的出票日期为 2020 年 5 月 8 日。由于货物数量未最终核定，支票金额未填写。乙将支票背书给丙，嘱咐丙补填金额不可超过 12 万元。丙将金额记载为 25 万元，后背书转让给丁。丁向银行提示付款。银行以甲的账户余额不足支付为由退票。丁以甲、乙、丙为被告向法院起诉，要求他们连带承担票据责任。根据《票据法》的规定，下列说法中正确的是(　　)。

A. 丙无权将金额填写为 25 万元

B. 虽然甲签发出票日期与实际不符，但该支票有效

C. 乙将金额空白支票背书转让给丙，该转让行为有效

D. 虽然甲交付给乙金额空白的支票，但该出票行为有效

3. 不符合《票据法》规定的是(　　)。

A. 记载出票日与实际出票日不符　　B. 不记载收款人名称，只填写"持票人"

C. 把出票申请人当作银行汇票的出票人　　D. 在银行汇票上记载见票后 30 日内付款

E. 出票时注明以某账户资金为限承担责任

四、简答题

1. 如何理解票据抗辩？

2. 票据行为的特征有哪些？

3. 简述汇票背书的种类及其法律意义。

4. 简述支票的特点。

五、案例分析题

案例一：2020 年 1 月 15 日，红花公司和月华公司签订买卖合同，合同约定：红花公司向月华公司开出 30 万元的银行承兑汇票作为预付款，其余货款待货物交付验收后结算；票据不得转让；承兑银行为 A 银行，到期日为 2020 年 4 月 1 日。2020 年 1 月 20 日，红花公司开出汇票，A 银行作了承兑。同年 2 月 1 日蓝天公司向月华公司催要欠款，月华公司将该汇票背书转让给蓝天公司，蓝天公司随后将汇票向 B 银行贴现。后红花公司发现月华公司产品存在质量问题而拒绝提货，至 2020 年 3 月 29 日双方协商未果，红花公司行使单方解除权解除合同，并通知 A 银行不得支付该汇票金额。2020 年 4 月 1 日汇票到期，大地银

行向 A 银行提示付款，A 银行以红花公司通知银行止付为由拒绝支付。

请问：

1. 月华公司背书转让汇票给蓝天公司的行为是否有效？为什么？

2. A 银行的拒付理由是否成立？A 银行是否存在抗辩事由？

3. 在 A 银行拒付的情况下，B 银行怎样利用《票据法》的规定维护自己的合法权益？

案例二： 李四与王五签订了一份货物买卖合同，李四从王五处购买价值 10 万元的货物，为付货款，李四开具了一张票面金额为 10 万元的汇票交付王五。汇票承兑后，王五将汇票背书转让给赵六，在赵六将汇票背书转让给孙三时，孙三要求赵六提供保证，赵六请王五(前背书人)在票据上保证后，将汇票背书转让给黄二，黄二请求付款人付款时，发现付款人逃匿。

请问：

1. 该汇票上的保证是否有效？为什么？

2. 黄二可向哪些人行使什么权利？

3. 若李四与王五签订的合同被认定为无效，李四是否可以以此作为对抗其他人(除王五外)的抗辩事由？为什么？

第九章 会计法律制度

引 例

某国有公司总经理李仁,在2019年通过篡改会计凭证、隐匿销售事项等活动偷逃税款,被该单位会计张闯发现,张闯将李仁的行为向税务机关进行报告。为此,李仁对张闯怀恨在心。此后,在没有任何理由的情况下,将张闯调离会计岗位,去从事仓库保管工作。随后,李仁又借口张闯年龄较大,不能胜任仓库保管工作,强行解聘了张闯。

【提问】请谈谈你对本案的认识。

【点评】在会计活动过程中,各会计单位应依法设置会计账簿、依法办理各项会计事务,确保会计信息的真实性,否则应承担相应的法律责任。李仁的行为违反了《中华人民共和国会计法》(以下简称《会计法》)的规定,应当承担相应的法律责任。

第一节 会计核算与会计监督

一、会计核算的法律规定

(一) 会计核算的内容

会计的基本职能是会计核算和会计监督。会计核算的内容,包括实行独立核算的单位在其生产经营或者执行业务过程中所发生的一切可以利用货币计价反映的经济活动。根据《会计法》规定,下列经济业务事项应当办理会计手续,进行会计核算:①款项和有价证券的收付;②财物的收发、增减和使用;③债权债务的发生和结算;④资本、基金的增减;⑤收入、支出、费用、成本的计算;⑥财务成果的计算和处理;⑦需要办理会计手续、进行会计核算的其他事项。

(二) 会计年度及记账本位币

我国会计年度采用公历制,自公历1月1日起至12月31日止。记账本位币为人民币。业务收支以人民币以外的货币为主的单位,可以选定其中一种货币作为记账本位币,但是编报的财务会计报告应当折算为人民币。

(三) 会计核算的方法、程序和要求

1. 会计核算的方法

会计机构、会计人员依照法律规定进行会计核算，实行会计监督。各单位必须根据实际发生的经济业务事项进行会计核算，填制会计凭证，登记会计账簿，编制财务会计报告。任何单位不得以虚假的经济业务事项或者资料进行会计核算。

2. 会计核算的程序

会计核算的基本程序包括：①凡符合应当办理会计制度、能够会计核算的事项，必须填制或者取得原始凭证，并及时送交会计机构。会计机构则必须对原始凭证进行审核，并根据审核过的原始凭证编制记账凭证。②会计机构根据经过审核的原始凭证和记账凭证，按照会计制度关于记账规则的规定记账。③各单位应当建立财产清查制度，保证账簿记录与实物、款项相符。④各单位按照国家统一的会计制度的规定，根据账簿记录编制会计报表，报送财政部门和有关部门。会计报表必须及时、准确。各单位应当按照国家规定，按季、按月编制和报送会计报表。⑤会计报表由单位领导人和会计机构负责人、会计主管人员签名或者盖章，设置总会计师的单位，还必须由总会计师签名或者盖章。

3. 会计核算的要求

(1) 对会计凭证的要求。会计凭证包括原始凭证和记账凭证。会计凭证、会计账簿、财务会计报告和其他会计资料，必须符合国家统一的会计制度的规定。使用电子计算机进行会计核算的，其软件及其生成的会计凭证、会计账簿、财务会计报告和其他会计资料，也必须符合国家统一的会计制度的规定。任何单位和个人不得伪造、变造会计凭证、会计账簿及其他会计资料，不得提供虚假的财务会计报告。会计机构、会计人员必须按照国家统一的会计制度的规定对原始凭证进行审核，对不真实、不合法的原始凭证有权不予接受，并向单位负责人报告；对记载不准确、不完整的原始凭证予以退回，并要求按照有关国家统一的会计制度的规定更正、补充。原始凭证记载的各项内容均不得涂改；原始凭证有错误的，应当由出具单位重开或者更正，更正处应当加盖出具单位印章。原始凭证金额有错误的，应当由出具单位重开，不得在原始凭证上更正。记账凭证应当根据经过审核的原始凭证及有关资料编制。

【例9-1】某公司从外地购买了一批原材料，收到发票后，在与实际支付款项进行核对时发现发票金额错误。经办人员因急于休假、交接工作，又一时找不到销售方有关人员了解情况，因此自行在原始凭证上进行了更改，写明情况并加盖了自己的印章，拟作为原始凭证据此入账。请问：上述做法是否合规？

【解析】公司经办人员自行更改原始凭证金额的做法不符合规定。原始凭证金额有错误的，应当由出具单位重开，不得在原始凭证上更正。

(2) 对会计登记账簿的要求。会计账簿登记，必须以经过审核的会计凭证为依据，并符合有关法律、行政法规和国家统一的会计制度的规定。会计账簿包括总账、明细账、日记账和其他辅助性账簿。会计账簿应当按照连续编号的页码顺序登记。会计账簿记录发生错误或者隔页、缺号、跳行的，应当按照国家统一的会计制度规定的方法更正，并由会计人员和会计机构负责人(会计主管人员)在更正处盖章。使用电子计算机进行会计核算的，其会计账簿的登记、更正，应当符合国家统一的会计制度的规定。各单位发生的各项经济业务事项应当在依法设置的会计

账簿上统一登记、核算，不得违反《会计法》和国家统一的会计制度的规定私设会计账簿登记、核算。各单位应当定期将会计账簿记录与实物、款项及有关资料相互核对，保证会计账簿记录与实物及款项的实有数额相符、会计账簿记录与会计凭证的有关内容相符、会计账簿之间相对应的记录相符、会计账簿记录与会计报表的有关内容相符。各单位采用的会计处理方法，前后各期应当一致，不得随意变更；确有必要变更的，应当按照国家统一的会计制度的规定变更，并将变更的原因、情况及影响在财务会计报告中说明。

(3) 对财务会计报告的要求。财务会计报告应当根据经过审核的会计账簿记录和有关资料编制，并符合《会计法》和国家统一的会计制度关于财务会计报告的编制要求、提供对象和提供期限的规定；其他法律、行政法规另有规定的，从其规定。财务会计报告由会计报表、会计报表附注和财务情况说明书组成。向不同的会计资料使用者提供的财务会计报告，其编制依据应当一致。有关法律、行政法规规定会计报表、会计报表附注和财务情况说明书须经注册会计师审计的，注册会计师及其所在的会计师事务所出具的审计报告应当随同财务会计报告一并提供。财务会计报告应当由单位负责人和主管会计工作的负责人、会计机构负责人(会计主管人员)签名并盖章；设置总会计师的单位，还须由总会计师签名并盖章。单位负责人应当保证财务会计报告真实、完整。

(4) 对会计记录的文字和会计档案的要求。会计记录的文字应当使用中文。在民族自治地方，会计记录可以同时使用当地通用的一种民族文字。在中华人民共和国境内的外商投资企业、外国企业和其他外国组织的会计记录可以同时使用一种外国文字。各单位对会计凭证、会计账簿、财务会计报告和其他会计资料应当建立档案，依法妥善保管。

(四) 公司、企业会计核算的特别规定

1. 公司、企业会计核算必须遵循的基本行为准则

公司、企业必须根据实际发生的经济业务事项，按照国家统一的会计制度的规定确认、计量和记录资产、负债、所有者权益、收入、费用、成本和利润。

2. 公司、企业会计核算不得实施的行为

公司、企业进行会计核算不得有下列行为：①随意改变资产、负债、所有者权益的确认标准或者计量方法，虚列、多列、不列或者少列资产、负债、所有者权益；②虚列或者隐瞒收入，推迟或者提前确认收入；③随意改变费用、成本的确认标准或者计量方法，虚列、多列、不列或者少列费用、成本；④随意调整利润的计算、分配方法，编造虚假利润或者隐瞒利润；⑤违反国家统一的会计制度规定的其他行为。

二、会计监督

(一) 单位内部的会计监督

各单位应当建立、健全本单位内部会计监督制度。单位内部会计监督制度应当符合下列要求：①记账人员与经济业务事项和会计事项的审批人员、经办人员、财物保管人员的职责权限应当明确，并相互分离、相互制约；②重大对外投资、资产处置、资金调度和其他重要经济业务事项的决策和执行的相互监督、相互制约程序应当明确；③财产清查的范围、期限和组织程序应当明确；④对会计资料定期进行内部审计的办法和程序应当明确。

单位负责人应当保证会计机构、会计人员依法履行职责；不得授意、指使、强令会计机构和会计人员违法办理会计事项。

会计机构、会计人员在会计监督方面的职权主要是：发现会计账簿记录与实物、款项及有关资料不相符的，按照国家统一的会计制度的规定有权自行处理的，应当及时处理；无权处理的，应当立即向单位负责人报告，请求查明原因，作出处理。具体的监督职权包括以下内容：

(1) 对原始凭证进行审核和监督。对不真实、不合法的原始凭证，不予受理；对弄虚作假、严重违法的原始凭证，在不予受理的同时，应当予以扣留，并及时向单位领导人报告，请求查明原因，追究当事人的责任；对记载不准确、不完整的原始凭证予以退回，要求经办人员更正、补充。

(2) 对伪造、变造、故意毁灭会计账簿或者账外设账行为，应当制止和纠正；制止和纠正无效的，应当向上级主管单位报告，请求作出处理。

(3) 对实物、款项进行监督，督促建立并严格执行财产清查制度。发现账簿记录与实物、款项不符时，应当按照国家有关规定进行处理。超出会计机构、会计人员职权范围的，应当立即向本单位领导报告，请求查明原因，作出处理。

(4) 对指使、强令编造、篡改财务报告的行为，应当制止和纠正；制止和纠正无效的，应当向上级主管单位报告，请求处理。

(5) 对财务收支进行监督。对审批手续不全的财务收支，应当退回，要求其补充、更正；对违反规定不纳入单位统一会计核算的财务收支，应当制止和纠正；对违反国家统一的财政、财务、会计制度规定的财务收支，不予办理；对认为是违反国家规定的财务收支，应当制止和纠正；制止和纠正无效的，应当向单位领导人提出书面意见请求处理。单位领导人应当在接到书面意见起10日内作出书面决定，并对决定承担责任；对违反国家规定的财务收支，不予制止和纠正，又不向单位领导人提出书面意见的，也应当承担责任；对严重违反国家利益和社会公众利益的财务收支，应当向主管单位或者财政、审计、税务机关报告。

(6) 对违反单位内部会计管理制度的经济活动，应当制止和纠正；制止和纠正无效的，向单位领导人报告，请求处理。

(7) 对单位制定的预算、财务计划、经济计划、业务计划的执行情况进行监督。

(8) 各单位必须依照法律和国家有关规定接受财政、审计、税务等机关的监督。如实提供会计凭证、会计账簿、会计报表和其他会计资料以及有关情况，不得拒绝、隐匿和谎报。

(9) 按照法律规定应当委托注册会计师进行审计的单位，应当委托注册会计师进行审计，并配合注册会计师的工作，如实提供会计凭证、会计账簿、会计报表和其他会计资料以及有关情况。不得拒绝、隐匿和谎报，不得示意注册会计师出具不当的审计报告。

(二) 国家监督

根据《会计法》及相关规定，财政部门对各单位的会计工作实施监督主要包括如下几个方面。

(1) 监督各单位是否依法设置会计账簿。各单位应当按照国家统一会计制度的规定和会计业务的需要设置会计账簿。会计账簿包括总账、明细账、日记账和其他辅助性账簿。现金日记账和银行存款日记账必须采用订本式账簿，不得用银行对账单或者其他方法代替日记账。实行会计电算化的单位，用计算机打印的会计账簿必须连续编号，经审核无误后装订成册，并由记账人员和会计机构负责人、会计主管人员签字或者盖章。启用会计账簿时，应当在账簿封面上写明单位名称和账簿名称。在账簿扉页上应当附启用表，内容包括：启用日期、账簿页数、记账人员和会计机构负责人、会计主管人员姓名，并加盖名章和单位公章。记账人员或者会计机构负责人、会计主管人员调动工作时，应当注明交接日期、接办人员或者监交人员姓名，并由交接双方人员签名或者盖章。启用订本式账簿，应当从第一页到最后一页顺序编写页数，不得跳页、缺号。使用活页式账页，应当按账户顺序编号，并须定期装订成册。装订后再按实际使用的账页顺序编写页码，并另加目录，记明每个账户的名称和页次。

财政部门依法对各单位设置会计账簿实施监督检查的内容包括：应当设置会计账簿的是否按规定设置会计账簿；是否存在账外账行为；是否存在伪造、变造会计账簿的行为；设置会计账簿是否存在其他违反法律、行政法规和国家统一的会计制度的行为。

(2) 监督各单位的会计凭证、会计账簿、财务会计报告和其他会计资料是否真实、完整。各单位必须依法保证其会计凭证、会计账簿、财务会计报告和其他会计资料真实、完整。在监督时发现重大违法嫌疑，国务院财政部门及其派出机构可以向与被监督单位有经济业务往来的单位和被监督单位开立账户的金融机构查询有关情况，有关单位和金融机构应当给予支持。财政部门依法对各单位会计凭证、会计账簿、财务会计报告和其他会计资料的真实性、完整性实施监督检查的内容包括：《会计法》第十条规定的应当办理会计手续、进行会计核算的经济业务事项是否如实在会计资料上反映；填制的会计凭证、登记的会计账簿、编制的财务会计报告与实际发生的经济业务事项是否相符；财务会计报告的内容是否符合有关法律、行政法规和国家统一会计制度的规定；其他会计资料是否真实、完整。

(3) 监督各单位的会计核算是否符合《会计法》和国家统一的会计制度的规定。会计核算是全部会计工作的核心，各单位的会计核算必须符合《会计法》和国家统一的会计制度的规定。各单位必须根据实际发生的经济业务事项进行会计核算，填制会计凭证，登记会计账簿，编制财务会计报告。任何单位不得以虚假的经济业务事项或者资料进行会计核算。

各单位进行会计核算必须以公历年制为会计年度，即自公历1月1日起至12月31日止。会计核算以人民币为记账本位币。业务收支以人民币以外的货币为主的单位，也可以选定某种人民币以外的货币作为记账本位币，但是编报的会计报表应当折算为人民币反映。

各单位办理《会计法》规定的事项，必须填制或者取得原始凭证，并及时送交会计机构。会计机构必须对原始凭证进行审核，并根据经过审核的原始凭证编制记账凭证。原始凭证是指证明经济业务已经发生，并用作记账的原始依据，是用来明确经济责任的一种凭证。原始凭证按其来源的不同，可分为外来原始凭证和自制原始凭证两种。前者是指经济业务发生时从外单位取得的原始凭证，如购货时取得的发票、付款时取得的收据等；后者则是指由本单位经办人员填制的原始凭证，如入库单、领料单等。原始凭证是会计核算工作的基本依据，取得原始凭证并及时送交会计机构，是保证会计核算工作正常运行的前提条件。对原始凭证进行审核，主要包括以下内容：①审核凭证所记载的经济业务是否真实、可靠，判断是否正常，涉及业务发生的日期、季节，经办负责人员，数量和单价，业务的程序和手续等是否符合要求。②合法性、合规性、合理性审核，主要审核经济业务的内容是否符合有关政策、法令、制度、计划、预算和合同等的规定，是否符合审批权限和手续，以及是否符合节约原则等。③完整性审核，主要审核原始凭证的手续是否完备，应填项目是否填写齐全，有关经办人员是否都已签名或盖章，主管人员是否审批同意等。④正确性审核，主要审核原始凭证的摘要和数字是否填写清楚、正确，数量、单价、金额的计算有无差错，大写与小写金额是否相符等。会计机构在对原始凭证审核之后，应根据审核无误的原始凭证编制记账凭证。记账凭证是一种用来确定经济业务性质和分类——即会计分录的凭证，主要包括收款凭证、付款凭证和转账凭证三种类型。记账凭证必须附有原始凭证，以供备查。

各单位按照国家统一的会计制度的规定，根据账簿记录编制会计报表，报送财政部门和有关部门。会计报表由单位负责人和主管会计工作的负责人、会计机构负责人(会计主管人员)签名并盖章，设置总会计师的单位并由总会计师签名并盖章。会计报表是根据会计账簿的日常核算资料，按照规定的报表格式，总括反映一定期间的经济活动和财务收支情况及其结果的一种报告文件。

《会计法》中所指的会计报表主要是单位对外提供的会计报表，一些单位根据管理需要编制的仅供内部管理使用的会计报表不在此限。对会计报表中诸项数据的基本要求是合法、真实、准确、完整。单位负责人、会计机构负责人、会计主管人员及总会计师在会计报表上签名或盖章后,应对会计报表中数据的合法性、真实性、准确性、完整性承担相应的责任。

财政部门依法对各单位会计核算实施监督检查的内容主要包括:采用会计年度、使用记账本位币和会计记录文字是否符合法律、行政法规和国家统一的会计制度的规定;填制或者取得原始凭证、编制记账凭证、登记会计账簿是否符合法律、行政法规和国家统一会计制度的规定;财务会计报告的编制程序、报送对象和报送期限是否符合法律、行政法规和国家统一会计制度的规定;会计处理方法的采用和变更是否符合法律、行政法规和国家统一会计制度的规定;使用的会计软件及其生成的会计核算资料是否符合法律、行政法规和国家统一会计制度的规定;是否按照法律、行政法规和国家统一会计制度的规定建立并实施内部会计监督制度;会计核算是否有其他违法会计行为。

(4) 监督各单位是否依法管理会计档案。会计凭证、会计账簿、会计报表和其他会计资料,应当按照国家有关规定建立档案,妥善保管。会计档案是指会计凭证、会计账簿和会计报表等会计核算资料,它是记录和反映经济业务的重要史料和证据。各单位必须严格按照要求管理好会计档案。财政部门依法对各单位会计档案的建立、保管和销毁是否符合法律、行政法规和国家统一会计制度的规定实施监督检查。

(5) 从事会计工作的人员是否具备专业能力、遵守职业道德。根据《会计法》的规定,会计人员应当具备从事会计工作所需要的专业能力。担任单位会计机构负责人(会计主管人员)的,应当具备会计师以上专业技术职务资格或者从事会计工作3年以上经历。

财政、审计、税务、人民银行、证券监管、保险监管等部门应当依照有关法律、行政法规规定的职责,对有关单位的会计资料实施监督检查。

(三) 社会监督

有关法律、行政法规规定,须经注册会计师进行审计的单位,应当向受委托的会计师事务所如实提供会计凭证、会计账簿、财务会计报告和其他会计资料以及有关情况。任何单位或者个人不得以任何方式要求或者示意注册会计师及其所在的会计师事务所出具不实或者不当的审计报告。财政部门有权对会计师事务所出具审计报告的程序和内容进行监督。

第二节 会计机构和会计人员

一、会计机构

(一) 会计机构和会计人员的设置

各单位应当根据会计业务的需要配备会计人员,并确保其具备从事会计工作所需要的专业能力;设置会计机构,或者在有关机构中设置会计人员并指定会计主管人员。设置会计机构,应当配备会计机构负责人,在有关机构中配备专职会计人员,应当在专职会计人员中指定会计主管人员。会计机构负责人、会计主管人员应当具备五项基本条件:①坚持原则,廉洁奉公;②具备会计师以上专业技术职务资格或者从事会计工作3年以上经历;③熟悉国家财经法律、法规、规章和方针、政策,掌握本行业业务管理的有关知识;④有较强的组织能力;⑤身体状况能够适应本职工作的要求。

没有设置会计机构和配备会计人员的单位,应当根据《代理记账管理办法》委托会计师事务所或者持有代理记账许可证书的其他代理记账机构进行代理记账。

国有的和国有资产占控股地位或者主导地位的大、中型企业必须设置总会计师。国务院颁布的《总会计师条例》规定，总会计师由具有会计师以上专业技术资格的人员担任。总会计师是单位行政领导成员，协助单位主要行政领导人工作，直接对单位主要行政领导人负责。总会计师组织领导本单位的财务管理、成本管理、预算管理、会计核算和会计监督等方面的工作，参与本单位重要经济问题的分析和决策。总会计师具体组织本单位执行国家有关财经法律、法规、方针、政策和制度，保护国家财产。

总会计师负责对本单位财会机构的设置和会计人员的配备、会计专业职务的设置和聘任提出方案；组织会计人员的业务培训和考核；支持会计人员依法行使职权。

【例9-2】 振兴公司是一家国有大型企业。2020年5月，公司召开董事会，董事长兼总经理胡赟认为：财务会计报告专业性很强，我也看不懂，以前我在财务会计报告上签字盖章，也只是履行程序而已，意义不大。从今以后公司对外报送的财务会计报告一律改由公司总会计师范伟一人签字盖章后报出。请问：胡赟的观点是否合法？

【解析】 胡赟的观点不符合《会计法》的规定。董事长胡赟作为企业法人代表，应当依法对本企业的会计工作和会计资料的真实性、完整性负责，也应当依法在本单位对外出具的财务会计报告上签名并盖章。

（二）会计机构内部应当建立稽核制度

会计机构内部稽核制度是会计机构自身对于会计核算工作进行的一种自我检查、自我审核的制度，其主要内容包括：稽核工作的组织形式和具体分工；稽核工作的职责、权限；审核会计凭证和复核会计账簿、会计报表的方法。建立会计机构内部稽核制度的目的在于防止会计核算工作上的差错和有关人员的舞弊，提高会计核算工作的质量。

根据《会计基础工作规范》的规定，各单位应当根据会计业务需要设置会计工作岗位。会计工作岗位，可以一人一岗、一人多岗或者一岗多人。但出纳人员不得兼管稽核、会计档案保管和收入、支出、费用、债权债务账目的登记工作。

二、会计人员

（一）会计人员的任职资格

会计人员应当具备从事会计工作所需要的专业能力。担任单位会计机构负责人(会计主管人员)的，应当具备会计师以上专业技术职务资格或者从事会计工作3年以上经历。

因有提供虚假财务会计报告，做假账，隐匿或者故意销毁会计凭证、会计账簿、财务会计报告，贪污，挪用公款，职务侵占等与会计职务的有关违法行为被依法追究刑事责任的人员，不得再从事会计工作。

会计人员有下列行为之一，情节严重的，5年内不得从事会计工作：①不依法设置会计账簿的；②私设会计账簿的；③未按照规定填制、取得原始凭证或者填制、取得的原始凭证不符合规定的；④以未经审核的会计凭证为依据登记会计账簿或者登记会计账簿不符合规定的；⑤随意变更会计处理方法的；⑥向不同的会计资料使用者提供的财务会计报告编制依据不一致的；⑦未按照规定使用会计记录文字或者记账本位币的；⑧未按照规定保管会计资料，致使会计资料毁损、灭失的；⑨未按照规定建立并实施单位内部会计监督制度或者拒绝依法实施的监督或者不如实提供有关会计资料及有关情况的；⑩任用会计人员不符合《会计法》规

知识拓展 9-1
违反《会计法》应承担的法律责任

定的。

会计人员有下列情形之一，5年内不得从事会计工作：①伪造、变造会计凭证、会计账簿，编制虚假财务会计报告尚未构成犯罪的；②隐匿或者故意销毁依法应当保存的会计凭证、会计账簿、财务会计报告尚未构成犯罪的。

课堂讨论

请结合新时期会计工作的特点，谈谈会计人员在从事会计工作过程中的法律风险，以及如何有效应对这些风险。

(二) 会计人员调动或离职时应当办理交接手续

会计人员调动工作或者离职，必须与接管人员办清交接手续。一般会计人员办理交接手续，由会计机构负责人(会计主管人员)监交；会计机构负责人(会计主管人员)办理交接手续，由单位负责人监交，必要时主管单位可以派人会同监交。会计人员工作调动或者因故离职，必须将本人所经营的会计工作全部移交给接替人员。没有办清交接手续的，不得调动或者离职。接替人员应当认真接管移交工作，并继续办理移交的未了事项。会计人员办理移交手续前，必须及时做好以下工作：①已经受理的经济业务尚未填制会计凭证的，应当填制完毕；②尚未登记的账目，应当登记完毕，并在最后一笔余额后加盖经办人员印章；③整理应该移交的各项资料，对未了事项写出书面材料；④编制移交清册，列明应当移交的会计凭证、会计账簿、会计报表、印章、现金、有价证券、支票簿、发票、文件、其他会计资料和物品等内容；实行会计电算化的单位，从事该项工作的移交人员还应当在移交清册中列明会计软件及密码、会计软件数据磁盘(磁带等)及有关资料、实物等内容。

移交人员在办理移交时，要按移交清册逐项移交，接替人员要逐项核对点收：①现金、有价证券要根据会计账簿有关记录进行点交。库存现金、有价证券必须与会计账簿记录保持一致。不一致时，移交人员必须限期查清。②会计凭证、会计账簿、会计报表和其他会计资料必须完整无缺。如有短缺，必须查清原因，并在移交清册中注明，由移交人员负责。③银行存款账户余额要与银行对账单核对，如不一致，应当编制银行存款余额调节表调节相符，各种财产物资和债权债务的明细账户余额要与总账有关账户余额核对相符；必要时，要抽查个别账户的余额，与实物核对相符，或者与往来单位、个人核对清楚。④移交人员经管的票据、印章和其他实物等，必须交接清楚；移交人员从事会计电算化工作的，要对有关电子数据在实际操作状态下进行交接。会计人员临时离职或者因病不能工作且需要接替或者代理的，会计机构负责人、会计主管人员或者单位领导人必须指定有关人员接替或者代理，并办理交接手续。临时离职或者因病不能工作的会计人员恢复工作的，应当与接替或者代理人员办理交接手续。移交人员因病或者其他特殊原因不能亲自办理移交的，经单位领导人批准，可由移交人员委托他人代办移交，但委托人应当承担相应的责任。单位撤销时，必须留有必要的会计人员，会同有关人员办理清理工作，编制决算。未移交前，不得离职。接收单位和移交日期由主管部门确定。单位合并、分立的，其会计工作交接手续比照上述有关规定办理。移交人员对所移交的会计凭证、会计账簿、会计报表和其他有关资料的合法性、真实性承担法律责任。

会计机构负责人、会计主管人员移交时，还必须将全部财务会计工作、重大财务收支和会计人员的情况等，向接替人员详细介绍。对需要移交的遗留问题，应当写出书面材料。交接完毕后，交接双方和监交人员要在移交清册上签名或者盖章，并应在移交清册上注明：单位名称、交接日期，交接双方和监交人员的职务、姓名，移交清册页数以及需要说明的问题和意见等。

移交清册一般应当填制一式三份，交接双方各执一份，存档一份。接替人员应当继续使用移交的会计账簿，不得自行另立新账，以保持会计记录的连续性。

(三) 会计人员应遵守职业道德

会计人员在会计工作中应当遵守职业道德，树立良好的职业品质、严谨的工作作风，严守工作纪律，努力提高工作效率和工作质量。财政部门、业务主管部门和各单位应当定期检查会计人员遵守职业道德的情况，并作为会计人员晋升、晋级、聘任专业职务、表彰奖励的重要考核依据。

(四) 会计人员的教育和培训

会计专业技术人员应当按照国家有关规定参加会计业务的教育和培训。具有会计专业技术资格的人员应当自取得会计专业技术资格的次年开始参加继续教育，并在规定时间内取得规定学分。不具有会计专业技术资格但从事会计工作的人员应当自从事会计工作的次年开始参加继续教育，并在规定时间内取得规定学分。会计专业技术人员可以自愿选择参加继续教育的形式。会计专业技术人员参加继续教育实行学分制管理，每年参加继续教育取得的学分不少于 90 学分。会计专业技术人员参加继续教育取得的学分，在全国范围内当年度有效，不得结转以后年度。

对会计专业技术人员参加继续教育情况实行登记管理。用人单位应当建立本单位会计专业技术人员继续教育与使用、晋升相衔接的激励机制，将参加继续教育情况作为会计专业技术人员考核评价、岗位聘用的重要依据。会计专业技术人员参加继续教育情况，应当作为聘任会计专业技术职务或者申报评定上一级资格的重要条件。

继续教育管理部门应当加强对会计专业技术人员参加继续教育情况的考核与评价，并将考核、评价结果作为参加会计专业技术资格考试或评审、先进会计工作者评选、高端会计人才选拔等的依据之一，并纳入其信用信息档案。对未按规定参加继续教育或者参加继续教育未取得规定学分的会计专业技术人员，继续教育管理部门应当责令其限期改正。

综合实训

一、判断题

1. 任何单位不得以虚假的经济业务事项或者资料进行会计核算。　　　　　　　　（　）
2. 任何单位和个人不得伪造、变造会计凭证、会计账簿及其他会计资料，不得提供虚假的财务会计报告。　　　　　　　　　　　　　　　　　　　　　　　　　　　　　　（　）
3. 会计账簿登记必须以经过审核的会计凭证为依据并符合相关法律、法规的规定。（　）
4. 会计记录的文字应当使用中文。　　　　　　　　　　　　　　　　　　　　（　）
5. 单位负责人对本单位会计工作和会计资料的真实性、完整性负责。　　　　　（　）

6. 国有企业必须设置总会计师。（　　）

二、单项选择题

1. 根据会计法律制度的规定，下列行为中，属于伪造会计资料的是(　　)。
   A. 随意变更会计处理方法
   B. 以虚假的经济业务编制会计凭证和会计账簿
   C. 由于差错导致会计凭证与会计账簿记录不一致
   D. 用涂改、挖补等手段改变会计凭证和会计账簿的真实内容

2. 根据会计法律制度的有关规定，在办理会计工作交接手续中，发现"白条顶库"现象，应采取的做法是(　　)。
   A. 由监交人员负责查清处理
   B. 由接管人员在移交后负责查清处理
   C. 由会计档案管理人员负责查清处理
   D. 由移交人员在规定期限内负责查清处理

3. 某单位会计甲在审查业务员乙交来的一张购买原材料的发票时，发现该发票在产品及规格等栏目中所填内容与实际采购情况有较大差异。甲、乙二人到仓库进行核对后，由乙在发票上进行更正并写了书面说明，甲将这张发票和乙的书面说明一起作为原始凭证入账。下列关于此事的说法错误的是(　　)。
   A. 乙无权对原始凭证记载的内容加以更正
   B. 乙应将这张发票拿回出票单位要求重开或更正
   C. 甲有权拒绝接受这张发票，并向单位负责人报告
   D. 甲应将发票连同乙的书面说明交单位负责人审查签字后才能入账

4. 根据《会计法》的规定，某公司的下列人员中，应当对本公司会计工作和会计资料的真实性、完整性负责的单位负责人是(　　)。
   A. 董事长张三
   B. 总经理王五
   C. 总会计师李四
   D. 财务部经理赵六

5. 2020年3月18日，会计人员王琅伪造、变造会计凭证、会计账簿，编制虚假财务会计报告，王琅的前述行为被他人举报后，经查属实。根据《会计法》的规定，关于王琅的行为及其法律责任，下列表述不正确的是(　　)。
   A. 若王琅的行为构成犯罪，应依法追究刑事责任
   B. 若王琅的行为不构成犯罪，可能会受到相应的行政处罚
   C. 若王琅属于国家工作人员，其所在单位或有关单位应依法给予其撤职直至开除的行政处分
   D. 王琅10年内不得从事会计工作

三、多项选择题

1. 下列行为中，不符合会计法律制度规定的是(　　)。
   A. 某镇财政所对一名会计人员作出禁止从事会计工作的行政处罚
   B. 某大型国有企业同时设置了总会计师和分管会计工作的副总经理
   C. 某医院在行政办公室设置了会计人员并指定符合条件的会计主管人员
   D. 某市财政局对本行政区域内的单位执行国家统一的会计制度情况进行检查

2. 下列情形中，应当用红字更正法进行更正的是(　　)。
   A. 记账以后，发现记账凭证中的应借、应贷的会计科目有错误的
   B. 结账以前，发现会计账簿记录有数字错误，而记账凭证没有错误的
   C. 记账以后，发现记账凭证和账簿中所记金额大于应记金额，而应借、应贷的会计科目并无错误
   D. 记账以后，发现记账错误是由记账凭证所列金额小于应记金额引起的，但记账凭证中所列的会计科目及其对应关系均正确

四、简答题

1. 简述《会计法》对会计人员的法律保护。
2. 简述会计核算的基本内容和要求。

五、案例分析题

太合公司是一家大型国有控股企业，该公司发生以下情况：

(1) 2019 年 3 月，公司董事长胡格主持召开董事会会议，研究进一步加强会计工作问题。根据公司经理的提名，会议决定增设 1 名副经理主管财会工作，现任总会计师配合其工作。

(2) 2019 年 5 月，公司会计科负责收入、费用账目登记工作的会计张莉提出休产假。因会计科长出差在外，主管财会工作的副经理指定没有会计从业资格证的出纳员李娜兼管张莉的工作，并让李娜与张莉自行办理会计工作交接手续。

(3) 2020 年 2 月，公司财务会计报告经主管财会工作的副经理、总会计师、会计科长签名并盖章后报出，公司董事长胡格未在财务会计报告上签章。

请问：

1. 该公司增设主管财会工作的副经理的做法是否符合法律规定？简要说明理由。
2. 该公司指定出纳员李娜兼管会计张莉的工作并让李娜与张莉自行办理会计工作交接是否符合法律规定？分别简要说明理由。
3. 该公司是否还存在其他会计违法行为？

第十章 税收法律制度

> **引 例**
>
> 余旸 2018 年大学毕业后到上海工作,目前每月工资收入大约为 8800 元。2020 年 6 月,其支出情况如下:①购置 1800 元高档化妆品一套;②购买 1050 元西装一件;③购买 300 元书籍一批;④支付水、电、煤气费用,合计 250 元;⑤在餐馆请客吃饭,花费 1000 元。
>
> 【提问】你认为余旸 2020 年 6 月要缴纳哪些税?
>
> 【点评】根据我国税收法律制度的规定,余旸要缴纳个人所得税、消费税、增值税等。

第一节 税法概述

一、税收的概念和特点

税收是国家为实现其职能,凭借政治权力参与社会产品和国民收入分配,按照法定的标准和程序无偿地、强制取得财政收入的分配关系。这种分配关系的主体是国家,客体是劳动人民创造的国民收入和积累的社会财富,目的是为了实现国家的职能。

税收与其他财政收入形式相比,具有强制性、无偿性、固定性的特点。

第一,税收在征收上具有强制性。国家税务机关依照法律规定直接向纳税人征税,法律的强制力是导致税收的强制性特征的最直接原因。即税收的征收以国家强制力为后盾,纳税与否不以纳税人的意志为征税的要件,纳税人必须依法纳税,否则国家通过法律强制力迫使纳税人履行纳税义务,并追究其相应的法律责任。

第二,税收在缴纳性质上具有无偿性。即国家的征税过程,就是把纳税人所有的这部分财产转移给国家所有,形成国家财政收入,不再返还给原纳税人,也不向纳税人支付任何报酬。

第三,税收在征税对象和标准上具有固定性。税收的法定性来源于税收法定原则,国家以法律的形式明确规定税收的纳税主体、征收对象和税率等基本要素,即通过税法把对什么征税、对谁征税和征多少税预先固定下来,不仅纳税人必须严格依法按时足额申报纳税,而且国家也只能依法定程序和标准征税。

二、税法的概念及调整对象

税法是调整国家税收关系的所有法律规范的总称。税法的调整对象是税收关系。税收关系是指税收利益在各个相关主体之间进行分配时所产生的各种关系的总称，其核心内容就是税收利益的分配。税收关系包括国家与税收机关之间的授权关系。税收机关与纳税人之间的征纳关系及它们的衍生关系。如中央政府与地方政府之间的税收归属关系，税务机关与委托代征人的行政委托关系，其他行政机关或机构与税务机关的行政协助关系，代扣代缴义务人与纳税人之间的代扣代缴关系等。

三、税法的构成要素

税法构成要素，又称课税要素，是指各种单行税法具有的共同的基本要素的总称。这一概念包含以下基本含义：一是税法要素既包括实体性的，也包括程序性的；二是税法要素是所有完善的单行税法都共同具备的，仅为某一税法所单独具有而非普遍性的内容，不构成税法要素，如扣缴义务人。

具体而言，税法要素主要包括以下内容。

1. 纳税主体

纳税主体又称纳税人或纳税义务人，是指税法规定的直接负有纳税义务的自然人、法人或其他组织。纳税人应当与负税人进行区别，负税人是经济学中的概念，即税收的实际负担者，而纳税人是法律用语，即依法缴纳税收的人。税法只规定纳税人，不规定负税人。二者有时可能相同，有时不尽相同，如个人所得税的纳税人与负税人是相同的，而增值税的纳税人与负税人就不一定一致。

2. 征税对象

征税对象又称征税客体，是指税法规定对什么征税，它是征税的标的，具体可分为流转额、所得额、财产和行为四个因素。征税对象是各个税种之间相互区别的根本标志。

3. 税目

税目是征税对象的具体化，它反映具体的征税范围并代表征税的广度。有些税种的征税对象简单、明确，如房产税、屠宰税等，但对大多数税种来说，一般征税对象都比较复杂，在具体征税时，对这些征税对象还必须进一步划分并作出具体规定，这些规定的界限范围就是税目。

4. 税率

税率是应纳税额与课税对象之间的数量关系或比例，是计算税额的尺度。税率的高低直接关系到纳税人的负担和国家税收收入的多少，是国家在一定时期内的税收政策的主要表现形式，是税收制度的核心要素。税率主要有比例税率、累进税率和定额税率三种基本形式。

(1) 比例税率。比例税率是对同一课税对象不论数额大小，都按同一比例征税，税额占课税对象的比例总是相同的。比例税率是最常见的税率之一，应用广泛。比例税率具有横向公平性，其主要优点是计算简便，便于征收和缴纳。

(2) 累进税率。累进税率是指按课税对象数额的大小规定不同的等级，随着课税数量增大而随之提高的税率。具体做法是按课税对象数额的大小划分为若干等级，规定最低税率、最高税率和若干等级的中间税率，不同等级的课税数额分别适用不同的税率，课税数额越大，适用税率越高。累进税率一般在所得课税中使用，可以充分体现对纳税人收入多的多征、收入少的少征、无收入不征的税收原则，从而有效地调节纳税人的收入，正确处理税收负担的纵向公平问题。

(3) 定额税率。定额税率又称固定税率，是按课税对象的计量单位直接规定应纳税额的税率形式，课税对象的计量单位主要有吨、升、平方米、千克每立方米、辆等。定额税率一般适用于从量定额计征的某些课税对象，实际是从量比例税率。

5. 纳税环节

纳税环节是指商品在整个流转过程中按照税法规定应当缴纳税款的阶段。

6. 纳税期限

纳税期限是税法规定的纳税主体向税务机关缴纳税款的具体时间。纳税期限是衡量征纳双方是否按时行使征税权力和履行纳税义务的尺度。纳税期限一般分为按次征收和按期征收两种。在现代税制中，一般还将纳税期限分为缴税期限和申报期限两段，但也可以将申报期限内含于缴税期限之中。

7. 税收优惠

税收优惠是指税法对某些特定的纳税人或征税对象给予的一种免除规定，它包括减免税、税收抵免等多种形式。税收优惠按照优惠目的通常可以分为照顾性和鼓励性两种；按照优惠范围可以分为区域性和产业性两种。

8. 违章处理和税务纠纷处理

违章处理是指纳税主体如果有欠税、偷税、抗税等违法行为，依法对其采取相应行政处罚，情节严重的，应依法承担刑事责任。

税收纠纷是指税务机关，因实施税务管理采取行政措施，作出税务行政处理而与纳税人、代征人、代缴义务人、直接责任人之间引起的争议。解决税务纠纷的手段为税务行政复议和税务行政诉讼。

第二节 流转税法

一、流转税法的概念

流转税法是调整以商品流转额和非商品流转额为征税对象的一系列税收关系的法律规范的总称。所谓商品流转额，是指在商品流转中因销售或购进商品而发生的货币收入或支出金额。所谓非商品流转额，是指各种劳务或服务性业务的收入金额。流转税包括增值税、消费税、关税等，是我国税收收入的主要来源。流转税法律制度在我国整个税法体系中占有重要地位。

二、增值税

根据规定，增值税是对在我国境内销售货物，提供加工、修理修配劳务(以下简称应税劳务)，销售服务、无形资产或者不动产(以下简称应税行为)，以及进口货物的单位和个人，就其实现的增值额作为征税对象而课征的一种流转税。所谓增值额，是指企业或者其他经营者从事生产、服务、销售无形资产、不动产和提供劳务，在购入的货物、劳务、服务、无形资产和动产的价值基础上新增加的价值额，是从事生产、经营、服务过程中新创造的那部分价值。

1. 增值税的纳税人

增值税的纳税人是指在我国境内销售或者进口货物，提供应税劳务和应税行为的单位和个人。其中，单位是指企业、行政单位、事业单位、军事单位、社会团体及其他单位；个人是指个体工商户和其他个人。

我国将增值税的纳税人划分为小规模纳税人和一般纳税人。

小规模纳税人是指年应征增值税销售额(以下简称年应税销售额,是指纳税人在连续不超过12个月的经营期内累计应征增值税销售额,包括纳税申报销售额、稽查查补销售额、纳税评估调整销售额、税务机关代开发票销售额和免税销售额)在规定标准以下,会计核算不健全,不能按规定报送有关税务资料的增值税纳税人。会计核算不健全是指不能正确核算增值税的销项税额、进项税额和应纳税额。一般纳税人是指年应税销售额达到规定标准的增值税纳税人,或年应税销售额未达规定标准但会计核算健全、能够提供准确税务资料,并向主管税务机关办理一般纳税人资格登记的增值税纳税人。

2. 征税范围

根据我国现行相关规定,在一般情况下,增值税的征税范围为:

(1) 销售货物。"货物"是指有形动产,包括电力、热力、气体在内。"销售货物"是指有偿转让货物的所有权,其中,"有偿"不仅指从购买方取得货币,还包括取得货物或其他经济利益。

(2) 进口货物。进口货物指申报进入我国海关境内的有形动产。进口货物包括国外产制和我国已出口又转内销的货物、国外捐赠的货物,以及进口者自行采购的货物、用于贸易行为的货物,自用或用于其他方面的货物。

(3) 应税劳务。应税劳务是指有偿提供加工、修理修配劳务(不包含单位或者个体工商户聘用的员工为本单位或者雇主提供加工、修理修配劳务)。"加工"是指受托加工货物,即委托方提供原料及主要材料,受托方按照委托方的要求,制造货物并收取加工费的业务。"修理修配"是指受托方对损伤和丧失功能的货物进行修复,使其恢复原状和功能的业务。

(4) 应税行为。应税行为是指销售服务、无形资产或者不动产。销售服务是指提供交通运输服务、邮政服务、电信服务、建筑服务、金融服务、现代服务、生活服务。销售无形资产是指转让无形资产所有权或者使用权的业务活动,其中,无形资产是指不具实物形态,但能带来经济利益的资产,包括技术、商标、著作权、商誉、自然资源使用权和其他权益性无形资产。销售不动产是指转让不动产所有权的业务活动,其中,不动产是指不能移动或者移动后会引起性质、形状改变的财产,包括建筑物、构筑物等。

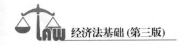

知识拓展 10-1

增值税税率表

在经济实务中,某些特殊项目或行为也属于增值税的征税范围。

3. 增值税的税率

(1) 基本税率。纳税人销售或进口货物(另有列举的货物除外)、提供应税劳务、提供有形动产租赁服务的,税率为13%。这一税率即为增值税的基本税率。

(2) 低税率。①纳税人销售或者进口下列货物,税率为9%:粮食等农产品、食用植物油、食用盐;自来水、暖气、冷气、热水、煤气、石油液化气、天然气、二甲醚、沼气、居民用煤炭制品;图书、报纸、杂志、音像制品、电子出版物;饲料、化肥、农药、农机、农膜;国务院规定的其他货物。②提供交通运输业服务、邮政业服务、基础电信服务、建筑服务、不动产租赁服务,销售不动产,转让土地使用权,税率为9%。③提供现代服务、增值电信服务、金融服务、生活服务、销售无形资产(转让土地使用权除外),税率为6%。

(3) 零税率。零税率适用于出口货物(国务院另有规定的除外)和符合条件的服务、无形资产。符合条件的服务、无形资产是指境内的单位和个人销售的下列服务和无形资产:①国际运输服务。②航天运输服务。③向境外单位提供的完全在境外消费的研发服务、合同能源管理服务、设计服务、广播影视节目(作品)的制作和发行服务、软件服务、电路设计及测试服务、信息系统服务、业务流程管理服务、离岸服务外包业务、转让技术。④财政部和国家税务总局规定的其他服务。

4. 增值税的征收率

依据我国现行增值税的相关规定，对小规模纳税人和一般纳税人适用的征收率不尽相同，具体由财政部和国家税务总局规定。

5. 增值税的计算方法

一般纳税人的计税方法为：应纳税额＝当期销项税额－当期进项税额。

其中，销项税额＝销售额×税率。

小规模纳税人的计税方法为：应纳税额＝销售额×征收率。

【例10-1】爱菊面粉厂(一般纳税人)向超市销售面粉一批，开具普通发票注明价款12 000元，请计算该业务的销项税额。

【解析】不含税销售额＝12 000÷(1＋9%)≈11 009.17(元)

销项税额＝11 009.17×9%≈990.83(元)

【例10-2】某餐饮连锁企业属于增值税一般纳税人，2020年6月营业额为200万元，该企业该月购买适用9%税率的面粉、油、自来水等原材料17.699万元，增值税税额为1.947万元；购买适用13%税率的酒水、饮料等原材料8.547万元，增值税税额为1.453万元，均取得增值税专用发票。请计算该企业该月应纳增值税额。

【解析】销项税额＝200÷(1＋6%)×6%＝11.321(万元)

进项税额＝1.947＋1.453＝3.4(万元)

应纳增值税＝11.321－3.4＝7.921(万元)

三、消费税

消费税是对应税消费品和特定的消费行为按消费流转额征收的一种流转税。消费税的征收范围是有选择性的，这种选择性能够更好地体现国家的产业政策、消费政策，对调整产业结构、引导消费能起到积极作用。

消费税与增值税有密切关联。

知识拓展10-2

消费税与增值税的关系

1. 消费税的纳税人

消费税的纳税人，是指在我国境内生产、委托加工和进口应税消费品的单位和个人。

2. 消费税的税目和税率

税目是征税对象的具体化。我国的消费税共有15个税目，分别是烟、酒、高档化妆品(包括高档美容、修饰类化妆品、高档护肤类化妆品和成套化妆品)、贵重首饰及珠宝玉石、鞭炮和焰火、成品油(包括汽油、柴油、石脑油、溶剂油、航空煤油、润滑油、燃料油，需要说明的是航空煤油暂缓征收消费税)、小汽车、摩托车、游艇、高尔夫球及球具、高档手表、木制一次性筷子、实木地板、电池、涂料。

消费税税率有两种形式：一种是比例税率；另一

种是定额税率，即单位税额。根据不同的应税消费品分别实行从价定率、从量定额和从量定额与从价定率相结合的复合计税方法。

3. 消费税的计算

从价征收消费税的，其计算公式为：应纳税额＝销售额(不含增值税额)×税率。

从量征收消费税的，其计算公式为：应纳税额＝销售数量×单位税额。

适用复合计税法的，其计算公式为：应纳税额＝销售数量×单位税额＋销售额(或组成计税价格)×税率。

> **【例 10-3】** 丽妍化妆品厂为增值税一般纳税人，2020 年 6 月销售化妆品一批，取得不含税销售额 100 万元，并负责运输，收取运费 2 万元，请计算该笔业务应纳消费税和增值税销项税额。
>
> **【解析】** 应纳消费税＝$[100＋2\div(1＋13\%)]\times15\%\approx15.27$(万元)
>
> 销项税额＝$[100＋2\div(1＋13\%)]\times13\%\approx13.23$(万元)

第三节　所得税法

一、企业所得税

企业所得税是指对内资企业的生产经营所得和其他所得征收的一种税。根据《中华人民共和国企业所得税法》(以下简称《企业所得税法》)的规定，我国内资企业和外商投资企业、外国企业统一适用的《企业所得税法》的主要内容如下。

1. 纳税主体

在中国境内，企业和其他取得收入的组织为企业所得税的纳税人，依照《企业所得税法》的规定缴纳企业所得税。个人独资企业、合伙企业不适用《企业所得税法》的规定缴纳企业所得税。企业分为居民企业和非居民企业。居民企业是指依法在中国境内成立或者依照外国法律成立但实际管理机构在中国境内的企业。非居民企业是指依照外国法律成立且实际管理机构不在中国境内，但在中国境内设立机构、场所的，或者在中国境内未设立机构、场所，但有来源于中国境内所得的企业。

2. 征税对象

企业所得税的征税对象也根据居民企业和非居民企业而有所不同。居民企业应当就其来源于中国境内、境外的所得缴纳企业所得税。非居民企业的征税对象根据该企业在中国境内是否设立机构、场所进行区分：在中国境内设立机构、场所的，应当就其所设机构、场所取得的来源于中国境内的所得，以及发生在中国境外但与其所设机构、场所有实际联系的所得，缴纳企业所得税；在中国境内未设立机构、场所的，或者虽设立机构、场所但取得的所得与其所设机构、场所没有实际联系的，应当就其来源于中国境内的所得缴纳企业所得税。

3. 税率

企业所得税的基本税率为 25%，适用于居民企业和在中国境内设有机构、场所且所得与机构、场所有关联的非居民企业。

企业所得税的低税率为 20%，适用于在中国境内未设立机构、场所的，或虽设立机构、场所但取得的所得与其所设机构、场所没有实际联系的非居民企业，但实际征税时适用 10% 的税率。

4. 企业所得税应纳税额的计算

企业所得税的计算公式为

$$应纳税额＝应纳税所得额×适用税率－减免和抵免税额$$
$$应纳税所得额＝每一纳税年度收入总额－不征税收入－免税收入$$
$$－按税法规定的各项扣除－允许弥补的以前年度亏损$$

5. 税收抵免

企业取得的下列所得已在境外缴纳的所得税税额，可以从其当期应纳税额中抵免，抵免限额为该项所得依照《企业所得税法》的规定计算的应纳税额；超过抵免限额的部分，可以在以后5个年度内，用每年度抵免限额抵免当年应抵税额后的余额进行抵补：

(1) 居民企业来源于中国境外的应税所得；

(2) 非居民企业在中国境内设立机构、场所，取得发生在中国境外但与该机构、场所有实际联系的应税所得。

居民企业从其直接或者间接控制的外国企业分得的来源于中国境外股息、红利等权益性投资收益，外国企业在境外实际缴纳的所得税税额中属于该项所得负担的部分，可以作为该居民企业的可抵免境外所得税税额，在《企业所得税法》第二十三条规定的抵免限额内抵免。

二、个人所得税

个人所得税是对居民个人和非居民个人应税所得征收的一种税。根据《个人所得税法》及其实施条例，个人所得税的内容主要包括以下几方面。

知识拓展 10-3

《个人所得税法》的修订及完善

1. 纳税主体

个人所得税以所得人为纳税人，以支付所得的单位或者个人为扣缴义务人。纳税人为居民个人(在中国境内有住所，或者无住所而一个纳税年度内在中国境内居住累计满183天的个人)、非居民个人(在中国境内无住所又不居住，或者无住所而一个纳税年度内在中国境内居住累计不满183天的个人)。纳税年度自公历1月1日起至12月31日止。

2. 征税范围

居民个人从中国境内和境外取得的所得、非居民个人从中国境内取得的所得，应依照《个人所得税法》规定缴纳个人所得税。

居民个人从中国境外取得的所得，可以从其应纳税额中抵免已在境外缴纳的个人所得税税额，但抵免额不得超过该纳税人境外所得依照《个人所得税法》规定计算的应纳税额。

3. 征税对象

根据《个人所得税法》第二条规定，应缴纳个人所得税的个人所得有：①工资、薪金所得；②劳务报酬所得；③稿酬所得；④特许权使用费所得；⑤经营所得；⑥利息、股息、红利所得；⑦财产租赁所得；⑧财产转让所得；⑨偶然所得。

居民个人取得前款第①项至第④项所得(以下称综合所得)，按纳税年度合并计算个人所得税；非居民个人取得前款第①项至第④项所得，按月或者按次分项计算个人所得税。纳税

人取得前款第⑤项至第⑨项所得，依照《个人所得税法》规定分别计算个人所得税。

4. 税率

个人所得税实行超额累进税率与比例税率相结合的税率体系。

(1) 综合所得适用3%～45%的超额累进税率，如表10-1所示。

表10-1 个人所得税税率表(一)

(综合所得适用)

级数	全年应纳税所得额	税率/%	速算扣除数
1	不超过36 000元的	3	0
2	超过36 000元至144 000元的部分	10	2520
3	超过144 000元至300 000元的部分	20	16 920
4	超过300 000元至420 000元的部分	25	31 920
5	超过420 000元至660 000元的部分	30	52 920
6	超过660 000元至960 000元的部分	35	85 920
7	超过960 000元的部分	45	181 920

注：①本表所称全年应纳税所得额是指依照《个人所得税法》第六条的规定，居民个人取得综合所得以每一纳税年度收入额减除费用6万元以及专项扣除、专项附加扣除和依法确定的其他扣除后的余额。②非居民个人取得工资、薪金所得，劳务报酬所得，稿酬所得和特许权使用费所得，依照本表按月换算后计算应纳税额。

(2) 经营所得适用5%～35%的超额累进税率，如表10-2所示。

表10-2 个人所得税税率表(二)

(经营所得适用)

级数	全年应纳税所得额	税率/%	速算扣除数
1	不超过30 000元的	5	0
2	超过30 000元至90 000元的部分	10	1500
3	超过90 000元至300 000元的部分	20	10 500
4	超过300 000元至500 000元的部分	30	40 500
5	超过500 000元的部分	35	65 500

注：本表所称全年应纳税所得额是指依照《个人所得税法》第六条的规定，以每一纳税年度的收入总额减除成本、费用以及损失后的余额。

(3) 利息、股息、红利所得，财产租赁所得，财产转让所得和偶然所得，适用比例税率，税率为20%。

5. 应纳税所得额的计算

(1) 居民个人的综合所得，以每一纳税年度的收入额减除费用6万元以及专项扣除、专项附加扣除和依法确定的其他扣除后的余额，为应纳税所得额。

专项扣除，包括居民个人按照国家规定的范围和标准缴纳的基本养老保险、基本医疗保险、失业保险等社会保险费和住房公积金等；专项附加扣除，包括子女教育、继续教育、大病医疗、住房贷款利息或者住房租金、赡养老人等支出，具体范围、标准和实施步骤由国务院确定，并报全国人民代表大会常务委员会备案。

(2) 非居民个人的工资、薪金所得，以每月收入额减除费用5000元后的余额为应纳税所得额；劳务报酬所得、稿酬所得、特许权使用费所得，以每次收入额为应纳税所得额。

(3) 经营所得，以每一纳税年度的收入总额减除成本、费用以及损失后的余额，为应纳税所得额。

(4) 财产租赁所得，每次收入不超过4000元的，减除费用800元；4000元以上的，减除20%

的费用,其余额为应纳税所得额。

(5) 财产转让所得,以转让财产的收入额减除财产原值和合理费用后的余额,为应纳税所得额。

(6) 利息、股息、红利所得和偶然所得,以每次收入额为应纳税所得额。劳务报酬所得、稿酬所得、特许权使用费所得以收入减除20%的费用后的余额为收入额。稿酬所得的收入额减按70%计算。个人将其所得对教育、扶贫、济困等公益慈善事业进行捐赠,捐赠额未超过纳税人申报的应纳税所得额30%的部分,可以从其应纳税所得额中扣除;国务院规定对公益慈善事业捐赠实行全额税前扣除的,从其规定。

6. 免税、减税及纳税调整

(1) 免税。根据《个人所得税法》第四条的规定,免征个人所得税的情形有:①省级人民政府、国务院部委和中国人民解放军军以上单位,以及外国组织、国际组织颁发的科学、教育、技术、文化、卫生、体育、环境保护等方面的奖金;②国债和国家发行的金融债券利息;③按照国家统一规定发给的补贴、津贴;④福利费、抚恤金、救济金;⑤保险赔款;⑥军人的转业费、复员费、退役金;⑦按照国家统一规定发给干部、职工的安家费、退职费、基本养老金或者退休费、离休费、离休生活补助费;⑧依照有关法律规定应予免税的各国驻华使馆、领事馆的外交代表、领事官员和其他人员的所得;⑨中国政府参加的国际公约、签订的协议中规定免税的所得;⑩国务院规定的其他免税所得。

(2) 减税。根据《个人所得税法》第五条规定,有下列情形之一的,可以减征个人所得税,具体幅度和期限由省、自治区、直辖市人民政府规定,并报同级人民代表大会常务委员会备案:①残疾、孤老人员和烈属的所得;②因自然灾害遭受重大损失的。国务院可以规定其他减税情形,报全国人民代表大会常务委员会备案。

(3) 纳税调整。税务机关有权基于《个人所得税法》规定,按照合理方法进行纳税调整。税务机关依照法定情形①作出纳税调整,需要补征税款的,应当补征税款并依法加收利息。

【例10-4】在新冠肺炎疫情期间,某民警在一次执行公务中牺牲,被公安部授予"一级英模"称号,并奖励奖金1万元,奖金由该民警家属代领,同时其家属还收到全国各地捐款共达10万元。对该民警家属的11万元所得应否纳税存在下列几种意见,正确的是( )。
A. 对11万元全额征收个人所得税
B. 对11万元全部免纳个人所得税
C. 对1万元的奖金免纳个人所得税,对10万元的受赠金可减纳个人所得税
D. 对11万元减纳个人所得税
【解析】根据《个人所得税法》第四条、第五条的规定,正确答案是C。

【例10-5】根据法律规定,下列个人所得可以免征个人所得税的是( )。
A. 甲存入某商业银行存款而获得的利息收入500元
B. 乙向保险公司投保获得的保险赔款200元
C. 丙因工负伤获得的抚恤金3000元
D. 丁获得县人民政府颁发的教育奖金5000元
【解析】根据《个人所得税法》第四条的规定,正确答案是BC。

---

① 这里提及的法定情形具体包括:个人与其关联方之间的业务往来不符合独立交易原则而减少本人或者其关联方应纳税额,且无正当理由;居民个人控制的,或者居民个人和居民企业共同控制的设立在实际税负明显偏低的国家(地区)的企业,无合理经营需要,对应当归属于居民个人的利润不作分配或者减少分配;个人实施其他不具有合理商业目的的安排而获取不当税收利益。

第四节 税收征收管理法

税收征收管理，是税收机关对纳税人依法征收税款和进行税务监督的管理的总称。税收征收管理机关是税务机关。税收征收管理机关的职权包括税务管理、税款征收、税务检查和税务处罚。

一、税务管理

税务管理包括税务登记管理，账簿、凭证管理，发票管理和纳税申报管理等四个部分的内容。

（一）税务登记管理

税务登记又称纳税登记，是税务机关对纳税人的开业、变动、歇业以及生产经营范围变化实行法定登记的一项制度，是确定纳税人履行纳税义务的法定手续，也是税务机关切实控制税源和对纳税人进行纳税监督的一种手段。税务登记包括开业登记，变更登记，停业、复业登记，注销登记，外出经营报验登记等。

从事生产、经营的纳税人，应当自领取营业执照之日起，或依法成为纳税人之日起 30 日内，向所在地税务机关申请办理开业税务登记登记。纳税人税务登记的内容发生变化的，应当自市场监督管理部门办理变更登记之日起 30 日内，到原税务登记机关申报办理变更税务登记。

（二）账簿、凭证管理

从事生产经营的纳税人、扣缴义务人按照国务院财政、税务主管部门的规定设置账簿，根据合法、有效凭证记账，进行核算。纳税人、扣缴义务人应自领取营业执照之日起 15 日内设置账簿。扣缴义务人应当在法定扣缴义务发生之日起 10 日内，按照所代扣、代收的税种，分别设置代扣代缴、代收代缴税款账簿。

（三）发票管理

根据国家有关发票管理的法律规定，在全国范围内统一式样的发票，由国家税务总局确定；在省、自治区、直辖市范围内统一式样的发票，由省级税务机关确定。增值税专用发票由国务院税务部门指定的企业印制；其他发票按照国务院税务主管部门的规定，分别由省、自治区、直辖市税务机关指定的企业印制。

（四）纳税申报管理

纳税人、扣缴义务人必须按照法定的或税务机关确定的申报期限、申报内容如实办理纳税申报和代扣代缴、代收代缴税款的申报手续，报送纳税申报表、财务会计报表及税务机关要求纳税人报送的其他纳税资料。

二、税款征收

税款征收是税务机关依照税收法律、法规的规定，将纳税人依法应纳的税款以及扣缴义务人代扣代缴的税款通过不同的方式组织征收入库的活动。

（一）税款征收方式

我国税款征收主要有以下几种方式。

(1) 查账征收。适用于掌握税收法律法规，账簿、凭证、财务会计制度比较健全，能够如实反映生产经营成果，正确计算应纳税额的纳税人。

(2) 查定征收。适用于生产规模较小、账册不健全、财务管理和会计核算水平较低、产品零星、税源分散的纳税人。

(3) 查验征收。适用于某些零星、分散的高税率工业产品。

(4) 定期定额征收。适用于生产经营规模小，又确无建账能力，经主管税务机关审核，县级以上(含县级)税务机关批准可以不设置账簿或暂缓建账的小型纳税人。

(5) 其他征收方式。主要包括代扣代缴、代收代缴、委托代征、邮寄申报纳税等。

(二) 税收征收措施

税收征收措施是指为保证税款即时征收入库，税收征收管理机关所采取的特殊措施。主要有加收滞纳金、核定应纳税额、税收保全措施、税收强制执行措施、出境清税、税款追征等。

(1) 加收滞纳金。纳税人、扣缴义务人未按期缴纳或解缴税款的，税务机关除责令限期缴纳外，从滞纳税款之日起，按日加收滞纳税款 0.5‰的滞纳金。纳税人确有特殊困难，不能按期缴纳税款的，经县以上税务局(分局)批准，可以延期缴纳税款，但最长不得超过 3 个月。

(2) 税收保全措施。纳税人在纳税期限到来前，有逃避纳税义务行为，可能导致征税决定不能执行，并且不能提供担保的，税务机关可以按照法定的程序通知银行暂停支付，或者扣押查封其财产。

(3) 税收强制执行措施。纳税期限已经届满，纳税人不仅未缴纳税款，而且在税务机关责令限期缴纳或扣押查封财产后仍未缴纳的，税务机关可以按照法定的程序通知银行扣缴税款，或者扣押、查封、拍卖纳税人的财产抵缴税款。

(4) 出境清税。欠税人应当在出境前结清税款或提供担保，否则税务机关可以阻止其出境。

(5) 税款追征。因纳税人、扣缴义务人计算错误等失误，未缴或者少缴税款的，税务机关在 3 年内可以追征税款、滞纳金；有特殊情况的，追征期可以延长到 5 年。对于偷税、抗税、骗税的行为，实行无限期追征。因税务机关责任，致使纳税人、扣缴义务人未缴或者少缴税款的，税务机关在 3 年内可以要求他们补缴税款，但不得加收滞纳金。

三、税务行政处罚、行政复议和行政诉讼

(一) 税务行政处罚

税务行政处罚，是指公民、法人或者其他经济组织有违反税收征收管理秩序的违法行为，尚未构成犯罪，依法应当承担行政责任的，由税务机关给予行政处罚。税务行政处罚的种类有罚款、没收非法所得、停止出口退税权。

(二) 税务行政复议

税务行政复议是指纳税人和其他税务当事人对税务机关的具体行政行为不服，依法向该税务机关的上一级税务机关(复议机关)提出申诉，由上一级税务机关对引起争议的具体行政行为依法作出维持、变更、撤销等决定的活动。

(三) 税务行政诉讼

税务行政诉讼是指公民、法人和其他组织认为税务机关及其工作人员的具体税务行政行为违法或不当，侵犯了其合法权益，依法向人民法院提出行政诉讼，由人民法院对具体税务行政行为的合法性和适当性进行审理并作出裁决的司法活动。

(四)税务行政处罚、行政复议和行政诉讼的关系

纳税人、扣缴义务人、纳税担保人同税务机关在纳税上发生争议时,必须先依照法律、行政法规的规定缴纳或者解缴税款及滞纳金,或提供相应的担保,然后可以依法申请行政复议;对行政复议决定不服的,可以依法向法院起诉。当事人对税务机关的处罚决定、强制执行措施或者税收保全措施不服的,可以依法申请行政复议,也可以依法向法院起诉。

四、法律责任

违反税法的行为包括违反税收征收管理法的行为和危害税收征管罪两大类,前者为违法行为,后者为犯罪行为。

违反税收征收管理法的法律责任包括纳税人违反税法行为的法律责任、扣缴义务人违反税法行为的法律责任、开户银行及金融机构违反税法行为的法律责任和税务机关及其税务人员违反税法行为的法律责任等。

危害税收征管罪的种类有:偷税罪;抗税罪;逃避追缴欠税罪;骗取出口退税罪;虚开增值税专用发票、用于骗取出口退税、抵扣税款发票罪;伪造、出售伪造的增值税专用发票罪;非法出售增值税专用发票罪;非法购买增值税专用发票、购买伪造的增值税专用发票罪;非法制造、出售非法制造的用于骗取出口退税、抵扣税款发票罪;非法制造、出售非法制造的发票罪;非法出售用于骗取出口退税、抵扣税款发票罪;非法出售发票罪。

综合实训

一、判断题

1. 居民纳税义务人应就来源于中国境内和境外的全部所得征税,非居民纳税人则只就来源于中国境内所得部分征税,境外所得不属于我国征税范围。( )
2. 某演员取得一次性的演出收入2.2万元,计算个人所得税时,应以该次收入额为应纳税所得额,适用20%的比例税率。( )
3. 个人从境外取得所得的,应该向其境内户籍所在地或经营居住地税务机关申报纳税。( )
4. 张教授从出版社取得稿酬收入按照综合所得征收个人所得税。( )

二、单项选择题

1. 根据税收征收管理法律制度的规定,经县以上税务局(分局)局长批准,税务机关可以依法对纳税人采取税收保全措施。下列各项中,不属于税收保全措施的是( )。
   A. 责令纳税人暂时停业,直至缴足税款
   B. 扣押纳税人的价值相当于应纳税款的商品
   C. 查封纳税人的价值相当于应纳税款的货物
   D. 书面通知纳税人开户银行冻结纳税人的金额相当于应纳税款的存款

2. 根据增值税法律制度规定,视同销售行为应当征收增值税的事项是( )。
   A. 将外购货物用于基建   B. 将外购货物作为原材料投入生产
   C. 将外购货物无偿赠送他人   D. 将外购货物租赁给他人使用

3. 根据消费税法律制度规定，我国现行免征消费税的消费品是（   ）。
   A. 生产应税消费品　　　　　　　　B. 委托加工应税消费品
   C. 自产自用应税消费品　　　　　　D. 出口应税消费品
4. 根据现行规定，可以免征个人所得税的收入事项是（   ）。
   A. 购买福利彩票的中奖收入　　　　B. 单位自行规定发放的补贴
   C. 劳动者失业领取的失业救济金　　D. 参加中央电视台体育比赛竞猜活动获得的奖金

三、多项选择题

1. 下列选项中属于我国增值税纳税人的是（   ）。
   A. 转让无形资产的丙公司　　　　　B. 从事服装销售的乙公司
   C. 从事房屋租赁业务的甲公司　　　D. 从事证券经纪业务的丁公司
2. 张浩为南方某大学著名学者，其取得的下列收入应当缴纳个人所得税的是（   ）。
   A. 撰写科普读物获得的稿酬　　　　B. 国务院规定的政府特殊津贴
   C. 所在学校发给的特殊岗位津贴　　D. 所在学校科技公司的红利收入
   E. 为科协培训班授课获得的讲课费
3. 根据现行《个人所得税法》的规定，下列各项个人所得中，经批准可以免征个人所得税的是（   ）。
   A. 抚恤金　　B. 救济金　　C. 国债利息　　D. 保险赔偿款　　E. 军人的转业费
4. 根据增值税法律制度规定，适用9%税率征收增值税的货物是（   ）。
   A. 报纸　　　B. 鲜奶蛋糕　　C. 方便面　　D. 化肥　　　E. 农药
5. 按规定税务机关有权依法直接核定纳税人应纳税额的情形是（   ）。
   A. 戊公司按法律规定不设置账簿
   B. 甲公司擅自销毁账簿，拒不提供纳税资料
   C. 乙公司申报的计税依据明显偏低，又无正当理由
   D. 丙公司设置了账簿，但账目混乱，凭证不全，难以查证
   E. 丁公司未按规定期限办理纳税申报，经税务机关责令限期申报后才申报

四、简答题

1. 税收有哪些特点？税法的构成要素有哪些？
2. 增值税的征税范围是什么？
3. 在什么情形下可以免征个人所得税？

五、案例分析题

案例一：位于某市区的化妆品生产企业属于增值税一般纳税人。2020年6月发生下列经济业务：①购入原材料取得增值税专用发票上注明的价款为500万元；②购入电力28万元并取得专用发票，其中6万元用于集体福利方面，其余均用于生产应税产品；③销售化妆品实现不含增值税的销售收入1000万元，销售时用自己的车队负责运输，向购买方收取运费25.74万元；④提供非应税消费品的加工业务，共开具普通发票56张，金额合计为35.1万元；⑤销售成本共计400万元；税金及附加为385万元；销售费用15万元、管理费用10万元、财务费用中的利息支出8万元；⑥支付滞纳金和行政性罚款共计5万元，支付购货合同违约金3万元。取得的增值税专用发票已通过认证，化妆品的消费税税率为15%。

请问：
1. 计算本企业当月应该缴纳的增值税。
2. 计算本企业当月应该缴纳的消费税。
3. 计算本企业当月应该缴纳的企业所得税。

案例二：Z省H市某大学教授胡汉阳(居民纳税人)2020年1月的收入情况如下：①月工资收入为6500元；②在某出版社出版专著一部，一次性获得稿酬21 000元；③向某公司转让专有技术一项，获得特殊权使用费6000元；④为某企业进行产品设计，取得报酬30 000元；⑤在某学校举办讲座，一次性取得收入2000元；⑥为某杂志社审校翻译的资料，一次性获得劳务报酬3500元；⑦购买的某期国债到期，利息收入1860元；⑧因汽车失窃，获得保险公司赔偿80 000元；⑨因勇斗歹徒获得Z省人民政府颁发的见义勇为奖金2000元。

请问：胡汉阳教授2020年1月应纳的个人所得税额是多少(假设扣除2000元"三险一金"专项扣除和法律规定的其他扣除费用，不考虑专项附加扣除)？

第十一章

劳动合同法律制度

引 例

19岁的张闯系陕北农民，来广州打工。2020年5月18日被一家个体餐馆招用为搬运工。双方未签订劳动合同，只约定每月工资1200元，发生伤亡事故餐馆一概不负责任。一日，张闯在搬运货物时，被货物压伤，导致腰部、手部受伤。张闯要求餐馆承担医药费、营养费等工伤赔偿责任时，该餐馆老板拒绝了张闯的请求，称双方没有劳动合同，张闯是农民，不能适用劳动法，并将张闯解雇。张闯想讨回"公道"，但苦于只有初中文化，不知道该怎么办，很无助。

【提问】假如你是律师，该如何帮助张闯维护合法权益。

【点评】根据我国劳动法律的相关规定，张闯的合法权益应予以保护，个体餐馆老板应承担工伤赔偿责任。张闯可依法向当地的劳动争议仲裁机构申请劳动仲裁，申请工伤赔偿。对仲裁裁决不服的，15日内可向人民法院提起诉讼。

第一节 劳动合同概述

一、劳动关系

（一）劳动关系概述

劳动关系是劳动者与用人单位在运用劳动能力实现劳动过程中形成的一种社会关系，是劳动法调整的对象，具体表现为劳动者与用人单位的关系。劳动关系的当事人一方是劳动者，另一方是用人单位。同时，劳动者要参加到用人单位中以一定形式进行劳动，并遵守用人单位的各项规章制度。

劳动关系纷繁复杂，现阶段劳动法律关系是我国劳动关系的重要一种。所谓劳动法律关系是劳动法律规范在调整劳动关系的过程中形成的法律上

知识拓展 11-1

劳动关系和劳务关系的区别及应用

的劳动权利和劳动义务关系,是劳动关系在法律上的表现。一般认为,劳动法律关系的基础是劳动关系。劳动法律关系主体一方是劳动者(用人单位的员工),另一方是用人单位,且主体双方具有平等性和隶属性(管理与被管理)。

【例 11-1】张三系从事货物运输经营活动的个体经营者,长期雇用李四和王五为其开车,并为其两人缴纳了社会保险费。2020 年 1 月 12 日,张三承揽到一项运输电线杆的业务。运输开始后,张三认为两人无法在规定的时间内完成运输任务,于是,李四介绍了自己的邻居赵六参加运输,张三同意,并与赵六约定完成这次运输任务后即不再雇用赵六,费用一次性给付赵六。谁知赵六在卸车过程中,不慎被电线杆砸压身亡。2020 年 5 月 8 日,赵六家属向劳动局申请,请求对赵六死亡作出工伤事故认定。请问:本案应如何处理?

【解析】由于赵六并非张三个体经济组织的成员,平时不接受张三的管理,双方约定的报酬方式也是一次性的,与工资报酬关系的持续性支付不同。因此,张三与赵六之间是劳务关系而不是劳动关系。赵六在为张三提供劳务时死亡,可以作为一般的民事纠纷处理。

课堂讨论

2012 年 2 月罗霏到某医院打扫卫生,双方签订了卫生保洁合同,协议期限约定为 1 年,协议中要求罗霏每日早晚各打扫卫生 1 次,每月由医院支付罗霏报酬 300 元,以后卫生保洁合同一年一签。罗霏与医院均按保洁合同履行了相应义务。在协议履行期间,罗霏从未参加过医院组织的任何活动。2019 年 2 月,医院通知罗霏不用再为医院打扫卫生。罗霏即向当地劳动争议仲裁委员会申请仲裁,请求医院支付解除劳动合同的经济补偿金。劳动争议仲裁委员会以不属于受理范围为由驳回了罗霏的申请。罗霏不服,又于 2019 年 12 月初将该医院诉至某人民法院,请求被告支付经济补偿金 2100 元及额外经济补偿金 1050 元。

请问:你认为人民法院会支持罗霏的诉讼请求吗?

知识加油站

我国劳动法的渊源

我国已构建了较完整的规范劳动法律关系的法律、法规,主要包括如下。

(1) 宪法、法律,主要包括《中华人民共和国工会法》《中华人民共和国劳动法》(以下简称《劳动法》)、《中华人民共和国劳动合同法》(以下简称《劳动合同法》)、《中华人民共和国安全生产法》《中华人民共和国就业促进法》《中华人民共和国劳动争议调解仲裁法》(以下简称《劳动争议调解仲裁法》)、《民事诉讼法》《刑法》等。

(2) 行政法规,主要包括《工伤保险条例》《劳动保障监察条例》《女职工劳动保护规定》《国务院关于建立统一的企业职工基本养老保险制度的决定》等。

(3) 行政规章、地方性法规、国际条约等。

(二) 劳动关系的主体

1. 劳动者

劳动者是指具有劳动能力,以从事劳动获取合法劳动报酬的自然人。自然人要成为劳动者,须具有劳动权利能力和劳动行为能力。依《劳动法》规定,凡年满 16 周岁、有劳动能力的公民是具有劳动权利能力和劳动行为能力的人。除法律另有规定以外，任何单位不得与未满16周岁的未成年人发生劳动关系。凡违反规定使用童工的应承担相应的法律责任。

根据《劳动法》的规定，劳动者的劳动权利主要有：①平等就业和选择职业的权利；②取得劳动报酬的权利；③休息休假的权利；④获得劳动安全卫生保护的权利；⑤接受职业技能培训的权利；⑥享受社会保险和福利的权利；⑦依法参加工会和职工民主管理的权利；⑧提请劳动争议处理的权利；⑨法律规定的其他劳动权利。

【例11-2】许铎的日工资为120元，每周工作5天，每天工作8小时。她在2019年10月的一个周六加班了1天，在"十一"国庆节法定假期加班了两天。请问许霁10月份可以获得多少加班工资？如果公司不支付，许霁可以得到哪些补偿？

【解析】许霁周六加班1天，获得2倍工资报酬：$120×2=240$(元)；法定假日加班获得3倍工资报酬：$120×3×2=720$(元)；一共是$240+720=960$(元)。如果公司不同意支付，许霁可向劳动行政部门反映，由劳动行政部门责令用人单位限期支付；公司逾期仍不支付的，由劳动行政部门责令公司支付，并按应付金额即960元的50%以上100%以下的标准向许霁加付赔偿金。

课堂讨论

花霁初中未毕业便辍学，他虚岁16岁，其与一汽车修理厂签订了劳动合同。

请问：花霁与汽车修理厂之间的劳动合同有效吗？

2. 用人单位

用人单位应是依法成立或核准登记的企业、个体经济组织、民办非企业单位、国家机关、事业组织、社会团体，其依法具有使用和管理劳动者的权利。用人单位应同时具有用人权利能力和用人行为能力。用人单位的用人权利能力和用人行为能力的范围取决于法律、法规的规定及用人单位的用人需求。对不具备合法经营资格的用人单位的违法犯罪行为，依法追究法律责任。劳动者已经付出劳动的，该单位或者其出资人应当依照法律有关规定向劳动者支付劳动报酬、经济补偿、赔偿金；给劳动者造成损害的，应当承担赔偿责任。个人承包经营者违反法律规定招用劳动者，给劳动者造成损害的，发包的组织与个人承包经营者承担连带赔偿责任。

目前，根据我国法律规定，用人单位可以是企业、事业单位、国家机关以及其他组织、个体工商户等，但个人不能作为用人单位。

(三) 劳动关系建立的时间

用人单位自用工之日起即与劳动者建立劳动关系。用人单位应当建立职工名册备查。建立劳动关系，应当订立书面劳动合同。已建立劳动关系，未同时订立书面劳动合同的，应当自用工之日起1个月内订立书面劳动合同。用人单位与劳动者在用工前订立劳动合同的，劳动关系自用工之日起建立。根据《劳动合同法》第七条、第十条第二款、第八十二条和《劳动合同法实施条例》第五至七条的规定，用人单位订立书面劳动合同的义务以及不履行此义务的法律后果，如表11-1所示。

表 11-1　用人单位订立书面劳动合同的义务以及不履行此义务的法律后果

义务起点	第 1 阶段：自用工之日起 1 个月内	第 2 阶段：自用工之日起超过 1 个月不满 1 年	第 3 阶段：自用工之日起满 1 年后
用人单位自用工之日起即与劳动者建立劳动关系	用人单位未与劳动者订立书面劳动合同		
	用人单位诚信协商的义务		用人单位诚信成立合同的义务
	(1) 用人单位应书面通知劳动者订立书面劳动合同 (2) 劳动者不与用人单位订立书面劳动合同的，用人单位应书面通知劳动者终止劳动关系，无须支付经济补偿 (3) 用人单位应依法向劳动者支付劳动报酬	(1) 用人单位应与劳动者补订书面劳动合同 (2) 劳动者不与用人单位订立书面劳动合同的，用人单位应书面通知劳动者终止劳动关系，并依法支付经济补偿 (3) 用人单位未履行此义务应依照《劳动合同法》第八十二条第一款的规定向劳动者每月支付 2 倍的工资	(1) 视为已与劳动者订立无固定期限劳动合同 (2) 用人单位应立即与劳动者补订书面无固定期限劳动合同 (3) 用人单位未履行此义务应依照《劳动合同法》第八十二条第二款的规定向劳动者每月支付 2 倍的工资

二、劳动合同的概念和种类

（一）劳动合同的概念

劳动合同，是劳动者与用人单位之间确立劳动关系，明确双方权利和义务的书面协议。劳动合同是确立劳动关系的普遍性法律形式，是用人单位与劳动者履行劳动权利义务的依据。

法条链接 11-1

有关劳动关系建立的规定

（二）劳动合同的种类

根据劳动合同法的规定，劳动合同的类型分为固定期限、无固定期限和以完成一定工作任务为期限三种。签订何种类型的劳动合同，用人单位与劳动者可以通过自由协商确定，但要遵守法律强制性规定。

1. 固定期限的劳动合同

固定期限的劳动合同，是指用人单位与劳动者约定合同终止时间的劳动合同。用人单位与劳动者协商一致，可以订立固定期限劳动合同。双方约定的劳动合同期满，双方无续订劳动合同的意思表示，劳动合同即告终止。如果双方有续订劳动合同的意思表示的，可以续订。但劳动合同法对固定期限的劳动合同有订立次数的限制，连续两次订立固定期限劳动合同后续订，劳动者提出要求签订无固定期限劳动合同的，用人单位应当按照法律规定签订无固定期限的劳动合同。固定期限的劳动合同在具备法定终止情形时，该固定期限劳动合同亦终止。

2. 无固定期限的劳动合同

无固定期限劳动合同，是指用人单位与劳动者约定无确定终止时间的劳动合同。即双方当事人在合同书上只约定合同生效的起始日期，没有确定合同的终止日期。在不出现法律、法规规定的或当事人约定的变更、解除劳动合同的条件或法定终止情形时，无固定期限劳动合同可持续至劳动者法定退休年龄为止。无固定期限劳动合同在符合法律、法规规定的或双方当事人约定的变更、解除的条件或法定终止情形时，可以依法解除、变更、终止。法律规定无固定期限劳动合同的目的在于保护劳动者的"黄金年龄"，保护劳动者的职业稳定权，解决劳动合同短期化问题。

用人单位与劳动者协商一致的，可以订立无固定期限劳动合同。根据《劳动合同法》的规定，有下列情形之一，劳动者提出或者同意续订、订立劳动合同的，除劳动者提出订立固定期限劳动合同外，用人单位应当与劳动者订立无固定期限劳动合同。

(1) 劳动者在该用人单位连续工作满 10 年的。

(2) 用人单位初次实行劳动合同制度或者国有企业改制重新订立劳动合同时，劳动者在该用人单位连续工作满 10 年且距法定退休年龄不足 10 年的。

(3) 连续订立两次固定期限劳动合同，且劳动者没有《劳动合同法》第三十九条规定的过错性辞退和第四十条第一项、第二项规定的非过错性辞退情形，续订劳动合同的。为了使劳动合同制度平稳过渡，《劳动合同法》规定连续订立固定期限劳动合同的次数，自《劳动合同法》施行后续订固定期限劳动合同时开始计算。

(4) 用人单位自用工之日起满 1 年不与劳动者订立书面劳动合同的，视为用人单位与劳动者已订立无固定期限劳动合同。

为保证劳动者签订无固定期限劳动合同选择权的实现，《劳动合同法》规定了用人单位不履行该义务时应当加倍支付工资，即用人单位违反《劳动合同法》规定不与劳动者订立无固定期限劳动合同的，自应当订立无固定期限劳动合同之日起向劳动者每月支付 2 倍的工资。

【例 11-3】小黄从 2019 年 2 月 1 日起为一家服装公司工作，工资为每月 6000 元，双方未订立书面劳动合同。其后小黄多次向公司提出订立书面合同的要求，公司却没有回应。2020 年 3 月，公司突然通知小黄签订书面合同，薪水降为每月 3000 元，小黄不同意签订该劳动合同。请问：该案应如何解决？

【解析】从 2019 年 2 月至 2020 年 3 月，小黄在该单位工作已满 1 年，用人单位未与小黄签订书面劳动合同，那么视为用人单位与小黄签订了无固定期限劳动合同，小黄可要求公司签订无固定期限劳动合同。同时小黄可获得从 2019 年 3 月起至 2020 年 1 月(自用工之日起满 1 个月的次日至满 1 年的前一日)共 11 个月的双倍工资补偿，即除了正常的工资外，小黄可再获得 66 000 元(6000×11)。

3. 以完成一定工作任务为期限的劳动合同

以完成一定工作任务为期限的劳动合同，是指用人单位与劳动者约定以某项工作任务的完成时间为合同期限的劳动合同。当该项工作完成后，劳动合同即告终止。这种劳动合同没有明确约定合同有效时间的长短，而是把某项工作任务完成的时间作为劳动合同终止的时间，实际是固定期限劳动合同的转化。主要是便于用人单位根据工作性质、工作任务完成的状况，灵活确定劳动合同开始和结束的时间，具有较大的灵活性。

《劳动合同法》对以完成一定工作任务为期限的劳动合同在签订上没有特殊或强制性的要求，用人单位与劳动者协商一致，可以订立以完成一定工作任务为期限的劳动合同。它适用于建筑业以及临时性、季节性的工作，或者由于工作性质可以采取此种合同期限的工作。

三、劳动合同的特征

由特定的用人单位和劳动者双方构成的劳动合同是一种特殊的合同，除有一般合同的特征外，还具有如下特征。

(1) 劳动合同的标的是劳动者的劳动行为。劳动合同是必须由特定的劳动者来履行的合同，而且劳动者向用人单位提供劳动的行为具有持续性。

(2) 劳动合同的有偿性。劳动合同中，劳动者给付劳动和用人单位支付报酬，两者构成对待给付关系。在发生工伤、非工伤、法定休息日、法定节假日等特定情况下，劳动者即使未给付劳动，仍享有获得报酬的权利。劳动合同订立时不仅要规定用人单位与劳动者本人的权利义务关系，而且还要涉及劳动者的直系亲属在一定条件下享有的物质帮助权。

(3) 劳动合同履行中的从属性和非强制性。劳动者实施劳动行为时，必须让渡自己对作息时间支配的自由，服从用人单位的时间安排。同时，劳动者创造的劳动成果并不属于劳动者，而是归用人单位所有。在劳动合同的履行中应尊重劳动者劳动自由，用人单位没有强制劳动者劳动的权利。

(4) 劳动合同权利义务的延续性。①在劳动合同的有效期内，劳动者即使未向用人单位提供劳动，在一定条件下对用人单位仍有劳动报酬的请求权，用人单位仍有支付劳动报酬的义务。②劳动合同结束或终止后，用人单位仍对劳动者负有相应的责任。

(5) 劳动合同内容的法定性。劳动者的就业与退休年龄、安全与卫生的劳动条件、社会保险费的承担与分担比例等内容直接由法律加以规定，双方当事人都无权变更；最长的工作时间、最长的加班加点、最低的工资数额等内容只能在法定限度内选择，双方当事人都不能突破法定标准所许可的限度。如以扣除劳动者的工资作为赔偿支付时，每月的扣除额不得超过劳动者本人当月工资的20%，若扣除后的剩余工资部分低于当地最低工资标准，则按最低工资标准支付，以保障劳动者及其家庭的基本生活不受影响。

第二节　劳动合同的订立

一、劳动合同订立的原则

根据《劳动合同法》的规定，订立和变更劳动合同必须遵循下列原则。

1. 合法原则

合法原则即劳动合同必须依法订立，不得违反法律、行政法规的规定，不得违反国家强制性、禁止性的规定。劳动合同依法订立即具有法律效力，而违法订立的劳动合同，不具有法律效力。合法原则的具体要求如下：

(1) 订立劳动合同的主体合法，即劳动合同的当事人必须具备合法资格。劳动合同的订立主体不合法，有可能导致劳动合同的全部无效，造成劳动合同无效的过错方根据法律规定要承担法律责任。

(2) 劳动合同的内容合法。劳动合同的内容必须符合国家法律、行政法规的规定。实践中，类似"周六加班不付加班费""年轻的女性不得结婚、恋爱"的约定无效。

(3) 劳动合同订立的程序和形式合法。未经双方协商一致、强迫订立的劳动合同无效。同时，劳动合同必须以书面形式订立。

【例11-4】某化妆品公司招聘销售人员，在签订劳动合同时要求员工交300元制服押金，以便制作统一的工作服装，并表示在员工与公司结束劳动关系并将制服完好返还公司后，公司将该押金全额返还给员工。部分员工认为公司收取押金违反了法律规定，遂向劳动行政部门投诉。请问：劳动行政部门是否可以就此事作出行政处理？

【解析】根据法律规定，用人单位不得以任何名义向劳动者收取财物，该公司以提供制服的名义收取押金的做法违反了法律规定。劳动行政部门可以责令该公司将押金返还给员工，并对公司依法处以相应罚款。

2. 公平原则、平等自愿、协商一致的原则

公平原则是指订立、履行、变更、解除或者终止劳动合同时，应公平合理，利益均衡，不得使某一方的利益过于失衡。平等，是指在订立劳动合同过程中，双方当事人的法律地位平等，有双向选择权，不存在管理与服从的关系，任何一方不得凭借事实上的优势地位强迫对方接受不合理、不公平、不合法的条款。自愿，是指劳动合同的订立及其合同内容的达成，完全出于当事人自己的意志，是其真实意思的表示，任何一方不得将自己的意志强加于对方，也不允许第三者非法干预。协商一致，是指经过双方当事人充分协商，达成一致意见，签订劳动合同。

3. 诚实信用原则

诚实信用原则是指劳动合同的双方当事人订立、履行、变更、解除或者终止劳动合同过程中，应当讲究信用，诚实不欺，在追求自身合法权益的同时，以善意的方式履行义务，尊重对方当事人的利益和他人利益，不得损人利己。诚信原则要求劳动关系的双方当事人互相尊重，用人单位尊重劳动者的人格，尊重劳动者的选择，平等待人；劳动者要有自我意识，克服心理失衡，自觉维护用人单位的形象和荣誉，双方真正建立一种平等、和谐的关系，在用人单位内部形成公平、公开、公正、有序的劳动秩序。诚实信用原则的实施需要有相应的法律规定作保障，《劳动合同法》中规定的订立劳动合同时劳动者的知情权，用人单位有权利要求劳动者如实说明与劳动合同直接相关的基本情况，用人单位的劳动规章制度应公示或者告知劳动者等就是诚实信用原则的具体体现。

【例11-5】某一公司员工申请劳动仲裁，要求公司支付加班工资，理由是其周末也在公司加班。公司以规章制度规定，周末到公司加班者应在前台办理加班登记，而该员工以未登记为理由表示抗辩。在仲裁过程中，公司出示了该规章制度。但该员工表示，公司在与其签订劳动合同时并未出示过该规章，在其后的劳动关系过程中也从未向其表明有该规章，该员工没有在该规章上签过字，不知道该规章的存在，更不知道周末加班应到前台办理登记的规定。请问：该员工的主张能否得到支持？

【解析】根据法律规定，公司没有证据证明该规章告知过劳动者，因此该规章对劳动者没有法律约束力，员工的主张能得到仲裁庭支持。

二、劳动合同的形式

劳动合同的形式，是指劳动合同当事人确立、变更、终止劳动权利义务关系的表现方式。《劳动合同法》第十条规定，建立劳动关系，应当订立书面劳动合同。

劳动合同的书面形式除劳动合同书外，还包括专项劳动协议(指作为劳动合同书补充内容的书面文件，如岗位协议书、专项劳动协议)、用人单位依法制定的劳动规章制度等劳动合同书的附件。用人单位的劳动规章制度要依法制定，在制定、修改或者决定有关劳动报酬、工作时间、休息休假、劳动安全卫生、保险福利、职工培训、劳动纪律以及劳动定额管理等直接涉及劳动者切身利益的规章制度或者重大事项时，应当经职工代表大会或者全体职工讨论，提出方案和意见，与工会或者职工代表平等协商确定。在规章制度和重大事项决定实施过程中，工会或者职工认为不适当的，有权向用人单位提出，通过协商予以修改完善。用人单位并应当将直接涉及劳动者切身利益的规章制度和重大事项决定公示，或者告知劳动者。用人单位制定的内部规章制度与集体合同或者劳动合同约定的内容不一致，劳动者有权请求优先适用合同的约定。

签订书面劳动合同是用人单位应履行的法定强制性义务。如果不签订书面劳动合同，用人单位将承担相应的法律责任。《劳动合同法》规定，用人单位自用工之日起即与劳动者建立劳动关系。用人单位自用工之日起超过 1 个月不满 1 年未与劳动者订立书面劳动合同的，应当向劳动者每月支付 2 倍的工资。用人单位未在用工的同时订立书面劳动合同，与劳动者约定的劳动报酬不明确的，新招用的劳动者的劳动报酬应当按照企业的或者行业的集体合同规定的标准执行；没有集体合同的，用人单位应当对劳动者实行同工同酬。

知识拓展 11-2

劳动合同（参考范本）

三、劳动合同的条款

劳动合同的条款一般分为法定条款和约定条款。

（一）法定条款

劳动合同的法定条款是法律规定劳动合同必须具备的条款，它是生效劳动合同所必须具备的条款。法定条款的不完善会导致合同不能成立。向劳动者提供载明法律规定的法定条款的劳动合同文本是用人单位的法定义务，不履行这一义务的用人单位将承担行政责任和赔偿责任。《劳动合同法》第八十一条规定，用人单位提供的劳动合同文本未载明本法规定的劳动合同必备条款或者用人单位未将劳动合同文本交付劳动者的，由劳动行政部门责令改正；对劳动者造成损害的，应当承担赔偿责任。

法定条款一般包括：①用人单位的名称、住所和法定代表人或者主要负责人；②劳动者的姓名、住址和居民身份证或者其他有效身份证件号码；③劳动合同期限；④工作内容和工作地点；⑤工作时间和休息休假；⑥劳动报酬；⑦社会保险；⑧劳动保护、劳动条件和职业危害防护；⑨法律、法规规定应当纳入劳动合同的其他事项。

（二）约定条款

约定条款是指除法定必备条款外劳动合同当事人可以协商约定、也可以不约定的条款。是否约定，由当事人确定，约定条款的缺少并不影响劳动合同的成立。约定条款的内容不得违反法律、法规的规定。

约定条款一般包括以下内容。

1. 试用期条款

劳动合同的试用期是劳动者和用人单位为相互了解、选择而约定的考察期。试用期满，被试用者即成为正式职工。对劳动合同的试用期，《劳动合同法》作了如下规范。

(1) 不能任意约定试用期的长短。劳动合同法对试用期的长短作出了限制性规定。根据劳动合同的期限规定了不同时间长短的试用期。劳动合同期限 3 个月以上不满 1 年的，试用期不得超过 1 个月；劳动合同期限 1 年以上 3 年以下的，试用期不得超过 2 个月；3 年以上固定期限和无固定期限的劳动合同，试用期不得超过 6 个月。

(2) 限制试用期的约定次数。同一用人单位与同一劳动者只能约定一次试用期。劳动者在同一用人单位调整或变更工作岗位，用人单位不得再次约定试用期。

(3) 规定不得约定试用期的情形。以完成一定工作任务为期限的劳动合同或者劳动合同期限不满 3 个月的，不得约定试用期。非全日制用工不得约定试用期。

(4) 规定试用期不成立的情形。试用期包含在劳动合同期限内。劳动合同仅约定试用期的，试用期不成立，该期限为劳动合同期限。

(5) 保障试用期内劳动者的劳动报酬权。《劳动合同法》第二十条规定，劳动者在试用期的工资不得低于本单位相同岗位最低档工资或者劳动合同约定工资的80%，并不得低于用人单位所在地的最低工资标准。

(6) 试用期内劳动者的各项劳动权利受法律保护。试用期内用人单位为试用者提供的劳动条件不得低于劳动法律、法规规定的标准，用人单位应为试用者缴纳社会保险费。

(7) 对在试用期中的劳动者，用人单位不得滥用解雇权。除有证据证明劳动者不符合录用条件、劳动者有违规违纪违法行为、不能胜任工作等情形外，用人单位不得解除劳动合同。用人单位在试用期解除劳动合同的，应当向劳动者说明理由。

(8) 违反试用期规定应承担行政责任和赔偿责任。用人单位违反《劳动合同法》规定与劳动者约定的试用期无效的，由劳动行政部门责令改正；违法约定的试用期已经履行的，由用人单位以劳动者试用期满月工资为标准，按已经履行的超过法定试用期的期限向劳动者支付赔偿金。

【例11-6】2020年5月18日，甲与某公司签订了1年期的劳动合同，合同规定试用期为3个月，试用期工资为1800元，试用期满后工资为2000元。请问：该试用期约定是否有效？

【解析】该试用期约定不能生效，根据《劳动合同法》规定，1年期的劳动合同试用期不能超过2个月。如果甲已经履行了3个月的试用期，并在该3个月内只获得每月1800元的试用期工资，那么该公司应以2000元的工资标准，对超过2个月法定试用期的另1个月予以赔偿，即赔偿差额200元。

2. 保守商业秘密和与知识产权相关的保密事项条款

商业秘密是指不为公众所知悉，能为权利人带来经济利益，具有实用性并经权利人采取保密措施的技术信息和经营信息。用人单位与劳动者可以在劳动合同中约定保守用人单位的商业秘密和与知识产权相关的保密事项。约定保守商业秘密条款的目的在于保护用人单位的知识产权。双方当事人可以就商业秘密的范围、保密期限、保密措施、保密义务及违约责任和赔偿责任等进行约定。劳动者因违反约定保密事项给用人单位造成损失的，应承担赔偿责任。

3. 竞业限制条款

竞业限制是指双方当事人在劳动合同中约定的劳动者在劳动关系存续期间或在解除、终止劳动关系后的一定期限内不得自营或者为他人经营与原用人单位有竞争关系的业务。约定竞业限制条款的目的主要在于防止不正当竞争。在劳动合同中，双方当事人可以约定劳动者承担竞业限制的义务、违约责任及赔偿责任。我国法律规定竞业限制的期限最长不得超过2年，且在竞业限制期限内，用人单位应按月给予劳动者一定的经济补偿。劳动者违反竞业限制约定的，应当按照约定向用人单位支付违约金。竞业限制的人员法律规定限于用人单位的高级管理人员、高级技术人员和其他负有保密义务的人员。竞业限制的范围、地域、期限由用人单位与劳动者约定，竞业限制的约定不得违反法律、法规的规定。

【例11-7】曹文化原是某公司的销售总监，公司与他签订了竞业限制协议，约定无论曹文化因何离职，离职后1年内均不得在本行业从事相关业务，公司在其离职时、3个月和半年时应分三次支付总数为6万元的补偿金。在该公司工作3年后，曹文化突然向公司辞职，但公司只给了他第一笔补偿金2万元，其余部分公司一直没有支付。曹文化认为公司违约，竞业限制协议已自动失效，遂在离职4个月后到原公司的对手公司上班。请问：曹文化的做法是否能得到法律支持？其对原公司是否应承担违约责任？

【解析】竞业禁止合同是双务合同，离职员工承担保守原企业商业秘密、不与原企业竞争的义务，同时享有获取一定经济报酬的权利。因用人单位原因不按协议约定支付经济补偿金，经劳动者要求仍不支付的，劳动者可以解除竞业限制协议。因此，曹文化应该先向公司要求支付剩余的经济补偿，如果公司仍不履行合同义务的话，曹文化可主张竞业限制协议终止，此时，曹文化可以自由择业。而本案中，虽然曹文化只拿到一笔经济补偿，但竞业限制协议并未自然失效，曹文化仍然负有不与原企业竞争的义务。因此，曹文化的做法不能得到法律支持，其对原公司应承担违约责任。

4. 服务期条款

服务期是指法律规定的因用人单位为劳动者提供专业技术培训，双方约定的劳动者为用人单位必须服务的期间。劳动关系实践中，用人单位经常通过服务期限协议，进行人力资源的合理调配。法律规定用人单位为劳动者提供专项培训费用，对其进行专业技术培训的，可以与该劳动者订立协议约定服务期，并约定劳动者违反服务期约定的，应当按照约定向用人单位支付违约金。同时，要保障劳动者的劳动报酬权，用人单位与劳动者约定服务期的，不影响按照正常的工资调整机制提高劳动者在服务期期间的劳动报酬。

5. 违约金条款

违约金是用人单位与劳动者在劳动合同中约定的不履行或不完全履行劳动合同约定义务时，由违约方支付给对方的一定金额的货币。《劳动合同法》对违约金条款进行限制，规定只有在用人单位与劳动者约定服务期限、约定保守用人单位的商业秘密和与知识产权相关的保密事项、约定竞业限制条款时，才能与劳动者约定违约金，且对因劳动者违反服务期限协议而约定的违约金的数额不得超过用人单位提供的培训费用，用人单位要求劳动者支付的违约金不得超过服务期尚未履行部分所应分摊的培训费用。

【例11-8】某公司为员工田宇支付培训费10 000元，约定服务期为5年。3年后，田宇以劳动合同期满为由，不肯再续签合同。公司要求其支付违约金。请问：田宇是否应支付违约金？数额是多少？

【解析】田宇违反服务期约定，应支付违约金。公司为其支付的培训费为1万元，约定的服务期为5年，每年扣减2000元。因已履行劳动合同3年，则田宇应支付的违约金额为余额4000元。

签订劳动合同时应注意五类常见的合同陷阱

劳动合同是劳动者与用人单位之间建立劳动关系、维护合法权益的法律依据。实践中，因为不平等的劳动合同引发的纠纷比比皆是。一些求职者签订的劳动合同中有不少概念模糊、有歧义甚至不合法的条款。例如，"工资待遇高"的工资条款、"由公司提供住处"的住房条款，应聘方如毁约需按毁约时间交纳一定数额的违约金，有的规定毕业生的试用期长达12个月，有的规定毕业生不得恋爱结婚，甚至还出现了"生死合同"。一些用人单位利用求职者合同意识淡薄、法律观念不强、求职心切或盲目轻信设下合同陷阱侵害求职者的合法权益。常见的合同陷阱有以下几种。

(1) 口头合同。一些用人单位与求职者就责、权、利达成口头约定，并不签订书面正式文本。可是，这种口头合同是最靠不住的，因为一旦发生纠纷很难举证。

(2) 格式合同。一些用人单位按国家有关法律和劳动部门制定的合同示范文本事先打好聘用合同，表面看起来这种合同似乎无可挑剔，可是具体条款却表述含糊，甚至可以有几种解释。一旦发生纠纷，往往对应聘者不利。

(3) 单方合同。一些企业利用应聘者求职心切的心理，只约定应聘方有哪些义务，如遵守企业的各项规章制度，若有违反要承担怎样的责任；毁约要交纳违约金等，而合同中关于应聘者的权利几乎一字不提。这是最典型的不平等合同。

(4) 生死合同。一些危险性行业的用人单位为逃避该承担的责任，常常在签订合同时，要求应聘方接受合同中的"生死协议"，即一旦发生意外事故，企业不承担任何责任。

(5) "两张皮"合同。有些用人单位慑于劳动主管部门的监督，往往与应聘方签订两份合同。一份合同用来应付劳动部门的检查，另一份合同才是双方真正履行的合同。用来应付检查的合同常常是用人单位一手炮制的，连签名也是假冒的，应聘者不但见不到这份合同，甚至不知道有这份合同的存在。

为了维护合法权益，求职者在签订劳动合同时一定要对合同条款字斟句酌地进行推敲，谨防合同陷阱。

四、劳动合同的效力

劳动合同依法成立，即具有法律效力，对双方当事人都有约束力，双方必须履行劳动合同中规定的义务。一般情况下，劳动合同依法成立，即双方当事人意思表示一致，签订劳动合同之日，就产生法律效力；双方当事人约定需鉴证或公证方可生效的劳动合同，其生效时间始于鉴证或公证之日。由于劳动合同的鉴证和公证采取自愿原则，所以鉴证和公证不是法律规定的劳动合同生效的必经程序。

劳动合同的无效是指当事人违反法律、法规，订立的不具有法律效力的劳动合同。劳动合同的无效有下列情形：①以欺诈、胁迫的手段或者乘人之危，使对方在违背真实意思的情况下订立或者变更劳动合同的；②用人单位免除自己的法定责任、排除劳动者权利的；③违反法律、行政法规强制性规定的。

对劳动合同的无效或者部分无效有争议的，由劳动争议仲裁机构或者人民法院确认。劳动合同的无效，由劳动争议仲裁委员会或者人民法院确认。劳动合同部分无效，不影响其他部分效力的，其他部分仍然有效。

一般认为，无效劳动合同的法律后果有：①撤销劳动合同，适用于被确认为全部无效的劳动合同。被确认为无效的劳动合同，尚未履行的不得履行，正在履行的停止履行。劳动合同被确认无效，劳动者已付出劳动的，用人单位应当向劳动者支付劳动报酬。劳动报酬的数额，参照本单位相同或者相近岗位劳动者的劳动报酬确定。②修正劳动合同，适用于被确认部分无效的劳动合同及程序不合法而无效的劳动合同。③赔偿损失。由于用人单位原因订立的无效劳动合同，对劳动者造成损害的，应承担赔偿责任。

知识拓展 11-3

劳动合同签订过程中的法律风险

第三节 劳动合同的履行

一、劳动合同的履行

劳动合同的履行是指劳动合同的双方当事人按照合同规定，履行各自应承担义务的行为。

劳动合同依法订立即具有法律约束力,当事人必须履行合同规定的义务。履行劳动合同应保障劳动者劳动报酬权的实现,用人单位应当按照劳动合同约定和国家规定,向劳动者及时、足额支付劳动报酬;用人单位拖欠或者未足额支付劳动报酬的,劳动者可以依法向当地人民法院申请支付令,人民法院应当依法发出支付令;用人单位安排加班的,应当按照国家有关规定向劳动者支付加班费。劳动合同应依法履行,用人单位应当严格执行劳动定额标准,不得强迫或者变相强迫劳动者加班;劳动者拒绝用人单位管理人员违章指挥、强令冒险作业的,不视为违反劳动合同。劳动者对危害生命安全和身体健康的劳动条件,有权对用人单位提出批评、检举和控告;用人单位变更名称、法定代表人、主要负责人或者投资人等事项,不影响劳动合同的履行;用人单位发生合并或者分立等情况,原劳动合同继续有效,劳动合同由承继其权利和义务的用人单位继续履行。

二、劳动合同的变更

劳动合同的变更是指当事人双方对尚未履行或尚未完全履行的劳动合同,依照法律规定的条件和程序,对原劳动合同进行修改或增删的法律行为。劳动合同变更应遵守平等自愿、协商一致原则,不得违反法律、行政法规的规定。用人单位与劳动者协商一致,可以变更劳动合同约定的内容。变更劳动合同,应当采用书面形式。变更后的劳动合同文本由用人单位和劳动者各执一份。劳动合同变更的条件应为订立劳动合同的主客观情况发生变化;其变更程序应与订立劳动合同的程序相同,如原劳动合同经过公证、鉴证的,变更后的劳动合同也应当经过公证和鉴证,方为有效变更。

三、劳动合同的解除

劳动合同的解除是指劳动合同当事人在劳动合同期限届满之前依法提前终止劳动合同关系的法律行为。劳动合同的解除可分为双方协商解除、用人单位单方解除、劳动者单方解除等。

(一) 双方协商解除劳动合同

用人单位与劳动者协商一致,可以解除劳动合同。《劳动法》对双方协商解除劳动合同没有规定实体、程序上的限定条件,只要双方达成一致,内容、形式、程序没有违反法律禁止性、强制性规定,该解除行为有效。双方协商解除劳动合同的,用人单位应向劳动者支付解除劳动合同的经济补偿金。

(二) 用人单位单方解除劳动合同

劳动合同依法生效,在有效期内用人单位原则上无权单方解除合同,但在具备法律规定的条件时,用人单位享有单方解除权,无须双方协商达成一致意见。用人单位单方解除劳动合同有以下三种情况。

1. 预告解除

这种情况下,一般是非因劳动者本人过错,由于主客观原因致使劳动合同无法履行,用人单位在符合法律规定的情形、履行法律规定的程序后有权单方解除劳动合同。因为在这种情形下，用人单位要提前30日通知劳动者，因此称作预告解除。依据法律规定，适用预告解除的情形包括：

（1）劳动者患病或者非因工负伤，医疗期满后，不能从事原工作也不能从事由用人单位另行安排的工作的。医疗期，是指劳动者根据其工龄等条件，依法可以享受的停工医疗并发给病假工资的期间，也是禁止解除劳动合同的期间。根据《劳动法》的规定，基于劳动者工作年限的长短，医疗期确定为3~24个月。

（2）劳动者不能胜任工作，经过培训或者调整工作岗位，仍不能胜任工作的。

（3）劳动合同订立时所依据的客观情况发生重大变化，致使劳动合同无法履行，经用人单位与劳动者协商，未能就变更劳动合同内容达成协议的。预告解除劳动合同，用人单位应履行提前30日以书面形式通知劳动者本人的义务或者以额外支付劳动者1个月工资代替提前通知义务后，可以解除劳动合同。用人单位还应承担支付经济补偿金的义务。

【例11-9】2016年2月14日，李奎被某企业录用，双方签订为期5年的劳动合同。2020年5月20日，李奎患病住院，经诊断需住院1个月。李奎住院期间，用人单位停发李奎全部工资，并以不能适应工作、不符合录用条件为由，解除了与李奎的劳动合同。请问：该单位的做法是否合法？李奎是否可以请求用人单位收回解除劳动合同的决定，继续履行合同，并给予其病假待遇？

【解析】劳动者患病或负伤，在规定的医疗期内，劳动用人单位不得解除劳动合同。本例中，用人单位在李奎患病住院依规定应享有的医疗期内，即决定解除李奎的劳动合同，属于违反规定的行为。用人单位解除劳动合同的决定无效，李奎可以请求单位继续履行合同，补发病假工资和报销医疗费用。

2. 即时解除

与预告解除不同，在试用期内因劳动者不符合录用条件或者劳动者有严重违反规章制度、违法等有过错性情形时，用人单位有权单方即时解除劳动合同，而不必经过30日的预告期。依据法律规定，劳动者有下列情形之一的，用人单位可以即时解除劳动合同：①在试用期间被证明不符合录用条件的。②严重违反用人单位的规章制度的。③严重失职，营私舞弊，给用人单位造成重大损害的。④劳动者同时与其他用人单位建立劳动关系，对完成本单位的工作任务造成严重影响，或者经用人单位提出，拒不改正的。⑤因以欺诈、胁迫的手段或者乘人之危，使对方在违背真实意思的情况下订立或者变更劳动合同的。⑥因劳动者以欺诈、胁迫的手段或者乘人之危，使对方在违背真实意思的情况下订立或者变更劳动合同的情形致使劳动合同无效的。⑦被依法追究刑事责任的。

劳动合同即时解除的，用人单位无须支付劳动者解除劳动合同的经济补偿金。至于劳动者的行为是否构成"严重"违反，或"严重"失职等，一般要依赖于规章制度来判断，双方对上述事项有争议的，均有权提出劳动争议，由劳动争议仲裁部门依法认定。

案例链接

员工做变性手术被公司按旷工解雇，是否违法

【例11-10】甲所在公司人手一册的《员工守则》规定，"上班时间不得利用办公电脑玩游戏。如有违者，第一次给予书面警告，第二次再犯，则给予立即解除劳动合同的处理"。甲在公司上班时间屡次用办公电脑玩游戏，公司经理口头予以过多次警告。后公司董事长发现甲上班时间玩电脑游戏，令经理立即解聘甲。请问：该公司可以立即解聘甲吗？

【解析】企业的规章制度是对法律法规和劳动合同的补充规定。劳动者与用人单位在履行劳

动合同的过程中，双方要共同遵守企业内部的规章制度。劳动者严重违反劳动纪律或者用人单位规章制度的，用人单位可以随时解除劳动合同。但是，用人单位依据规章制度对违纪的劳动者作出处理决定，既要符合实体性的规定，又要符合程序性的规定。本案中，企业规章制度规定，解除违纪员工的劳动合同必须经过书面警告的程序。由于该企业对甲违纪行为未给予书面警告，那么甲利用办公电脑玩游戏的行为就不能直接产生解除劳动合同的法律后果，即该企业立即解除与甲的劳动合同这一处理决定的程序不合法。

3. 经济性裁员

经济性裁员是指用人单位为降低劳动成本，改善经营管理，因经济或技术等原因一次裁减20人以上或者裁减不足20人但占企业职工总数10%以上的劳动者。

裁员的人数限定为：裁减人员20人以上或者裁减不足20人但占企业职工总数10%以上的。

裁员的程序规定为：用人单位提前30日向工会或者全体职工说明情况，听取工会或者职工的意见后，裁减人员方案经向劳动行政部门报告，可以裁减人员。

裁员的法定情形限定为：①依照《企业破产法》规定进行重整的；②生产经营发生严重困难的；③企业转产、重大技术革新或者经营方式调整，经变更劳动合同后，仍需裁减人员的；④其他因劳动合同订立时所依据的客观经济情况发生重大变化，致使劳动合同无法履行的。

为保护劳动者的利益，法律规定用人单位裁减人员时，应当优先留用下列人员：①与本单位订立较长期限的固定期限劳动合同的；②与本单位订立无固定期限劳动合同的；③家庭无其他就业人员，有需要扶养的老人或者未成年人的。

用人单位依法裁减人员，在6个月内重新招用人员的，应当通知被裁减的人员，并在同等条件下优先招用被裁减的人员，用人单位应当依法向被裁减人员支付经济补偿金。

为保护劳动者的合法权益，法律还规定了禁止用人单位解除劳动合同的情形。劳动者有下列情形之一的，用人单位不得依据《劳动合同法》解除劳动合同或裁员：

(1) 从事接触职业病危害作业的劳动者未进行离岗前职业健康检查，或者疑似职业病病人在诊断或者医学观察期间的。

(2) 在本单位患职业病或者因工负伤并被确认丧失或者部分丧失劳动能力的。

(3) 患病或者非因工负伤，在规定的医疗期内的。

(4) 女职工在孕期、产期、哺乳期的。

(5) 在本单位连续工作满15年，且距法定退休年龄不足5年的。

(6) 法律、行政法规规定的其他情形。

但是劳动者有过错的情况下，用人单位仍可以行使单方即时解除权，且不必支付经济补偿金。

【例11-11】 沈洋与一家公司签订了劳动合同，合同期限自2017年12月2日起至2019年3月1日止。合同期满后双方未续订，但公司继续安排沈洋在原工作岗位上班，并向其支付相应的劳动报酬。2020年4月10日上午，沈洋在作业时不慎受伤，经当地劳动和社会保障局认定沈洋为工伤，七级伤残。沈洋受伤后，请求单位给予工伤待遇，并保持与单位的劳动关系；公司认为劳动合同早已届满，不同意保持与沈洋的劳动关系。请问：该案应如何处理？

【解析】 沈洋与公司的劳动合同期满后未续订，但公司让沈洋继续在本单位原工作岗位上工作，并向其支付相应的劳动报酬，这些做法符合法律、法规规定的事实劳动关系的要件，因此，沈洋与公司间已形成事实上的劳动关系，事实劳动关系同样受劳动法律保护。沈洋在此期间发生了工伤，根据法律规定，公司不能解除与沈洋的劳动关系，除非劳动者本人提出终止劳动合

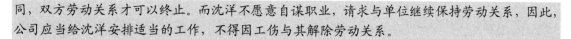

同，双方劳动关系才可以终止。而沈洋不愿意自谋职业，请求与单位继续保持劳动关系，因此，公司应当给沈洋安排适当的工作，不得因工伤与其解除劳动关系。

用人单位单方解除劳动合同，应当事先将理由通知工会。用人单位违反法律、行政法规规定或者劳动合同约定的，工会有权要求用人单位纠正。用人单位应当研究工会的意见，并将处理结果书面通知工会。

用人单位应当在解除劳动合同同时出具终止劳动合同的证明，并在 15 日内为劳动者办理档案和社会保险关系转移手续。劳动者应当按照双方约定，办理工作交接。用人单位在办结工作交接时向劳动者支付经济赔偿。用人单位对已经终止的劳动合同的文本，至少保存 2 年备查。

（三）劳动者单方解除劳动合同

即具备法律规定的条件时，劳动者享有单方解除权，无须双方协商达成一致意见，也无须征得用人单位的同意。劳动者单方解除劳动合同有三种情况。

1. 预告解除

预告解除即劳动者履行预告程序后单方解除劳动合同。预告解除的期限有两种：①一般情况下，劳动者应提前 30 日以书面形式通知用人单位；②在试用期内，劳动者提前 3 日通知用人单位。

2. 即时解除

用人单位有违法、违约情形，劳动者有权单方解除劳动合同。用人单位有下列情形之一的，劳动者可以解除劳动合同：①未按照劳动合同约定提供劳动保护或者劳动条件的；②未及时足额支付劳动报酬的；③未依法为劳动者缴纳社会保险费的；④用人单位的规章制度违反法律、法规的规定，损害劳动者权益的；⑤因用人单位以欺诈、胁迫的手段或者乘人之危，使劳动者在违背真实意思的情况下订立或者变更劳动合同而致使劳动合同无效的；⑥法律、行政法规规定劳动者可以解除劳动合同的其他情形。

【例 11-12】甲 2019 年 9 月与单位签订了为期 5 年的劳动合同，试用期为 3 个月。2019 年 12 月 27 日，甲在查询社保缴纳记录时，发现单位未缴纳试用期(2019 年 9—11 月)的社保费。根据合同上的有关约定，2019 年 12 月 28 日，甲向单位提出补缴社保费的要求，遭到拒绝，于是甲向单位寄出"解除劳动合同通知书"；同时，准备申请仲裁，请求单位支付经济补偿以及补缴社保费。请问：甲的请求能否得到法律的支持？

【解析】用人单位给劳动者参加社会保险是法定的义务。只要建立了劳动关系就应当依法参加社会保险，缴纳社会保险费。试用期包括在劳动合同期限中，试用期同样属于劳动关系的存续期间，因此，用人单位也应当为试用期内的员工缴纳社保费。该单位对甲请求补缴社保费的要求予以拒绝，甲有权随时通知单位解除劳动合同，并且得到经济补偿和补缴社保费的待遇。

3. 立即解除劳动合同

在预告解除和即时解除的情况下，劳动者均须履行通知义务。但是在用人单位有危及劳动者人身自由和人身安全的情形时，劳动者有权立即解除劳动合同。用人单位以暴力、威胁或者非法限制人身自由的手段强迫劳动者劳动的，或者用人单位违章指挥、强令冒险作业危及劳动者人身安全的，劳动者可以立即解除劳动合同，不需事先告知用人单位。

四、劳动合同的终止

劳动合同的终止，是指劳动合同的法律效力自然消失或经判决、裁决而消失。劳动合同的终止必须符合法定的条件。

除劳动合同期限届满终止外，下列情况劳动合同也应终止：①劳动合同双方当事人发生劳动争议，经劳动仲裁机关或人民法院判决终止其效力的劳动合同应终止。②劳动者达到退休年龄、劳动者死亡或者人民法院宣告死亡或者宣告失踪的、劳动者完全丧失劳动能力。③用人单位被依法宣告破产、被吊销营业执照、责令关闭、撤销或者用人单位提前解散，使得原劳动关系一方主体不复存在，劳动合同也应终止。④劳动合同履行中，由于自然因素或社会因素而发生了不可抗力的情况，如地震、水灾、火灾、战争等事由，在合同期限内不可能恢复，原合同无法继续履行或履行成为不必要，合同可以终止。⑤劳动合同经劳动仲裁机关或人民法院确认无效后，即行终止。⑥经双方当事人协商同意终止劳动合同，可以终止。

劳动合同期满，劳动者有下列情形之一的，劳动者应当延续相应的情形消失时终止：①从事接触职业病危害作业的劳动者未进行离岗前职业健康检查，或者疑似职业病人在诊所或者医学观察期间的。②在本单位患职业病或者因工负伤并被确认丧失或者部分丧失劳动能力的。③患者或者非因工负伤，在规定的医疗期内的。④女职工在孕期、产期、哺乳期的。⑤在本单位连续工作满15年，且距离法定退休年龄不足5年的。⑥法律、行政法规规定的其他情形。

丧失或者部分丧失劳动能力的劳动者的劳动合同的终止，按照国有关工伤保龄的规定执行。

根据《劳动合同法》的规定，劳动合同终止是因为劳动合同期满的，除用人单位维持或者提高劳动合同约定条件续订劳动合同，劳动者不同意续订的情形下，用人单位应向劳动者支付经济补偿；或者是因用人单位被依法宣告破产、用人单位被吊销营业执照、责令关闭、撤销或者用人单位提前解散的，用人单位也应当向劳动者支付经济补偿。

用人单位违反法律规定终止劳动合同，劳动者要求继续履行劳动合同的，用人单位应当继续履行；劳动者不要求继续履行劳动合同或者劳动合同已经不能继续履行的，用人单位应当支付赔偿金。

用人单位应当在终止劳动合同同时出具终止劳动合同的证明，并在15日内为劳动者办理档案和社会保险关系转移手续。劳动者应当按照双方约定，办理工作交接。用人单位在办结工作交接时向劳动者支付经济赔偿。用人单位对已经终止的劳动合同的文本，至少保存2年备查。

五、经济补偿金

经济补偿金是用人单位解除或终止劳动合同时，给予劳动者的一次性货币补偿。一般认为，经济补偿金兼具劳动贡献补偿和失业后生活补助的性质，从功能上讲，经济补偿金既可从经济方面制约用人单位的解雇行为，也可以对失去工作的劳动者给予经济上的补偿，解决劳动合同解除后一定期限内劳动者生活保障问题。

（一）补偿标准

经济补偿按劳动者在本单位工作的年限，每满1年支付1个月工资的标准向劳动者支付。月工资是指劳动者在劳动合同解除或者终止前12个月的平均工资，6个月以上不满1年的，按

1 年计算；不满 6 个月的，向劳动者支付半个月工资的经济补偿。经济补偿金最高数额的限制：劳动者月工资高于用人单位所在直辖市、设区的市级人民政府公布的本地区上年度职工月平均工资 3 倍的，向其支付经济补偿的标准按职工月平均工资 3 倍的数额支付，向其支付经济补偿的年限最高不超过 12 年。

（二）用人单位应当支付经济补偿金的法定情形

根据《劳动合同法》第四十六条的规定，用人单位应当在下列情形下，向劳动者支付经济补偿金。

法条链接 11-2

《劳动合同法》的相关规定

(1) 因用人单位违法、违约迫使劳动者依照《劳动合同法》第三十八条解除劳动合同的。

(2) 用人单位依照《劳动合同法》第三十六条规定向劳动者提出解除劳动合同并与劳动者协商一致解除劳动合同的。

(3) 用人单位依照《劳动合同法》第四十条规定解除劳动合同的。

(4) 用人单位依照《劳动合同法》第四十一条第一款规定解除劳动合同的。即以裁员的方式解除与劳动者的劳动合同的，用人单位应向劳动者支付经济补偿金。

(5) 除用人单位维持或者提高劳动合同约定条件续订劳动合同，劳动者不同意续订的情形外，依照《劳动合同法》第四十四条第一款规定终止固定期限劳动合同的。即在劳动合同期满时，用人单位以低于原劳动合同约定的条件要求与劳动者续订劳动合同，而劳动者不同意续订的，用人单位须向劳动者支付经济补偿金。反之，用人单位则不必向劳动者支付经济补偿金。

(6) 依照《劳动合同法》第四十四条第四款、第五款规定终止劳动合同的。即在用人单位因被依法宣告破产、被吊销营业执照、责令关闭、撤销或者用人单位决定提前解散而终止劳动合同的，用人单位应向劳动者支付经济补偿金。

(7) 法律、行政法规规定的其他情形。

经济补偿金应在劳动者离职办理工作交接时支付给劳动者。为解决法律衔接问题，《劳动合同法》规定，施行之日存续的劳动合同在《劳动合同法》施行后解除或者终止，依法应当支付经济补偿的，经济补偿年限自《劳动合同法》施行之日起计算；《劳动合同法》施行前按照当时有关规定，用人单位应当向劳动者支付经济补偿的，按照当时有关规定执行。

第四节　劳动合同中的特殊问题

一、集体合同

集体合同，是企业职工一方与用人单位通过平等协商，就劳动报酬、工作时间、休息休假、劳动安全卫生、保险福利等事项订立的书面协议。集体合同是协调劳动关系、保护劳动者权益、建立现代企业管理制度的重要手段。劳动合同与集体合同的关系体现在：

(1) 劳动合同规定的劳动者的个人劳动条件和劳动标准不得低于集体合同的规定，否则无效。《劳动合同法》第五十五条规定，集体合同中劳动报酬和劳动条件等标准不得低于当地人民政府规定的最低标准；用人单位与劳动者订立的劳动合同中劳动报酬和劳动条件等标准不得低于集体合同规定的标准。

(2) 劳动合同约定不明时，适用集体合同的规定。《劳动合同法》第十八条规定，劳动合同对劳动报酬和劳动条件等标准约定不明确，引发争议的，用人单位与劳动者可以重新协商；协商不成的,适用集体合同规定;没有集体合同或者集体合同未规定劳动报酬的,实行同工同酬;没有集体合同或者集体合同未规定劳动条件等标准的,适用国家有关规定。

(3) 未订立书面劳动合同的,有集体合同适用集体合同的规定。《劳动合同法》第十一条规定,用人单位未在用工的同时订立书面劳动合同,与劳动者约定的劳动报酬不明确的,新招用的劳动者的劳动报酬按照集体合同规定的标准执行;没有集体合同或者集体合同未规定的,实行同工同酬。

集体合同的订立,是指工会或职工代表与企业单位之间,为规定用人单位和全体职工的权利义务而依法就集体合同条款经过协商一致,确立集体合同关系的法律行为。在我国,集体合同主要是由代表劳动者的工会或职工代表与企业签订。尚未建立工会的用人单位,由上级工会指导劳动者推举的代表与用人单位订立。在县级以下区域内,建筑业、采矿业、餐饮服务业等行业可以由工会与企业方面代表订立行业性集体合同,或者订立区域性集体合同。企业职工一方与用人单位可以订立劳动安全卫生、女职工权益保护、工资调整机制等专项集体合同。

集体合同按如下程序订立:①讨论集体合同草案或专项集体合同草案。经双方代表协商一致的集体合同草案或专项集体合同草案应提交职工代表大会或者全体职工讨论。②通过草案。全体职工代表半数以上或者全体职工半数以上同意,集体合同草案或专项集体合同草案方获通过。③集体协商双方首席代表签字。

集体合同的生效与劳动合同的生效不同,法律对集体合同的生效规定了特殊程序:集体合同订立后,应当报送劳动行政部门;劳动行政部门自收到集体合同文本之日起15日内未提出异议的,集体合同即行生效。依法订立的集体合同对用人单位和劳动者具有约束力。行业性、区域性集体合同对当地本行业、本区域的用人单位和劳动者具有约束力。

用人单位违反集体合同,侵犯职工劳动权益的,工会可以依法要求用人单位承担责任;因履行集体合同发生争议,经协商解决不成的,工会可以依法申诉仲裁、提起诉讼。

二、劳务派遣

(一) 劳务派遣概述

所谓劳务派遣,也叫劳动派遣,就是用人单位将自己直接雇用的劳动者提供给他人,并且使其在该人的指挥下从事劳动的劳动力运用方式。在这一关系中有三方当事人,其中组织劳务派遣的用人单位一方称为劳务派遣单位,接受以劳务派遣形式用工的单位称为用工单位,而劳务派遣关系中的劳动者称为被派遣劳动者。

传统的典型劳动合同是全日制的直接雇用的劳动合同,与此不同的是,劳务派遣是用人单位为向第三人给付劳动而雇用受派遣劳动者。劳务派遣是典型的"有关系无劳动,有劳动无关系",即劳务派遣单位与被派遣劳动者建立劳动关系,但劳动者却不为劳务派遣单位提供劳动,劳动者为用工单位提供劳动,但却没有劳动关系,造成了劳动力的雇用和劳动力的使用分离。劳务派遣中三方主体间的法律关系,如图11-1所示。

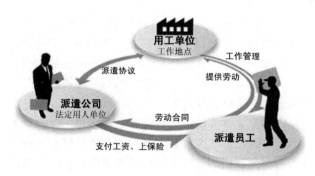

图 11-1 劳务派遣中三方主体间的法律关系

(二) 有关劳务派遣的特殊规定

实践中，企业依法适用劳务派遣这种用工形式，可以简化管理程序、降低成本费用。为了使劳务派遣能够得到健康发展，同时防止用工单位规避劳动法规，维护被派遣劳动者合法权益，《劳动合同法》对劳务派遣作出了一些特别规定。

1. 劳务派遣用工的适用范围

劳动合同用工是我国企业的基本用工形式。劳务派遣用工是补充形式，只能在临时性、辅助性或者替代性的工作岗位上实施。临时性工作岗位是指存续时间不超过 6 个月的岗位；辅助性工作岗位是指为主营业务岗位提供服务的非主营业务岗位；替代性工作岗位是指用工单位的劳动者因脱产学习、休假等原因无法工作的一定期间内，可以由其他劳动者替代工作的岗位。

用工单位应当严格控制劳务派遣用工数量，不得超过其用工总量的一定比例。

2. 被派遣劳动者

《劳动合同法》赋予劳务派遣者如下权利。

(1) 同工同酬的权利。享有与用工单位的劳动者同工同酬的权利，用工单位无同类岗位劳动者的，参照用工单位所在地相同或者相近岗位劳动者的劳动报酬确定。

(2) 参加和组织工会的权利。被派遣劳动者有权在劳务派遣单位或者用工单位依法参加或者组织工会，维护自身的合法权益。

(3) 解除劳动合同的权利。被派遣劳动者可以依照《劳动合同法》与用人单位协商一致解除劳动合同，在用人单位有违法、违约情形时，被派遣劳动者有权与劳务派遣单位单方解除劳动合同。

3. 劳务派遣单位

劳务派遣单位是将劳动者派遣到实际用工单位的企业法人。《劳动合同法》规定，未经劳动行政部门依法行政许可的，任何单位和个人不得经营劳务派遣业务。经营劳务派遣业务的劳务派遣单位应当具备以下条件：①注册资本不得少于人民币 200 万元；②有与开展业务相适应的固定的经营场所和设施；③有符合法律、行政法规规定的劳务派遣管理制度；④法律、行政法规规定的其他条件。

用人单位不得设立劳务派遣单位向本单位或者所属单位派遣劳动者。作为用人单位，劳务派遣单位应当履行用人单位对劳动者的义务，遵守《劳动法》的相关规定，与被派遣的劳动者订立书面劳动合同。其劳动合同应符合如下要求：①在劳动合同中除应当载明劳动合同的必备条款外，还应当载明被派遣劳动者的用工单位以及派遣期限、工作岗位等情况；②劳务派遣单位应当与被派遣劳动者订立两年以上的固定期限劳动合同(不得以非全日制用工形式招用被派遣劳动者),按月支付劳动报酬;被派遣劳动者在无工作期间,劳务派遣单位应当按照所在地人民政府规定的最低工资标准,向其按月支付报酬。③劳务派遣单位与被派遣劳动者订立的劳动合同和与用工单位订立的劳务派遣协议,载明或者约定的向被派遣劳动者支付的劳动报酬应符合《劳动合同法》中关于同工同酬的规定。

劳务派遣单位不得克扣用工单位按照劳务派遣协议支付给被派遣劳动者的劳动报酬;劳务派遣单位跨地区派遣劳动者的,被派遣劳动者享有的劳动报酬和劳动条件,按照用工单位所在地的标准执行。劳务派遣单位和用工单位不得向被派遣劳动者收取费用。劳务派遣单位解除与劳动者的劳动合同,应遵守《劳动合同法》有关规定。

4. 用工单位

《劳动合同法》规定,用工单位应当履行下列义务:①执行国家劳动标准,提供相应的劳动条件和劳动保护,告知被派遣劳动者的工作要求和劳动报酬;②支付加班费、绩效奖金,提供与工作岗位相关的福利待遇;③对在岗被派遣劳动者进行工作岗位所必需的培训;④连续用工的,实行正常的工资调整机制;⑤不得将被派遣劳动者再派遣到其他用人单位;⑥不得设立劳务派遣单位向本单位或者所属单位派遣劳动者。

《民法典》规定,劳务派遣期间,被派遣的工作人员因执行工作任务造成他人损害的,由接受劳务派遣的用工单位承担责任;劳务派遣单位有过错的,承担相应的责任。

2020年6月18日,甲单位保安吴翰在工作期间与来访客人刘粟发生口角,后将刘粟打伤,引起纠纷。经查,吴翰为乙保安公司派遣到甲单位工作的人员。

请问:刘粟该如何维权?

5. 劳务派遣协议

劳务派遣协议是劳务派遣单位与实际用工单位就劳务派遣事项签订的书面协议。《劳动合同法》规定:劳务派遣单位派遣劳动者应当与接受以劳务派遣形式用工的单位订立劳务派遣协议。劳务派遣协议应当约定派遣岗位和人员数目、派遣期限、劳动报酬和社会保险费的数额与支付方式以及违反协议的责任;用工单位应当根据工作岗位的实际需要与劳务派遣单位确定派遣期限,不得将连续用工期限分割订立数个短期劳务派遣协议。劳务派遣单位应当将劳务派遣协议的内容告知被派遣劳动者。

三、非全日制用工

非全日制用工,是指以小时计酬为主,劳动者在同一用人单位平均每日工作时间不超过4小时,每周工作时间累计不超过24小时的用工形式。非全日制用工是灵活用工的一种形式,非全日制用工可以不订立书面劳动合同,双方当事人可以订立口头协议;法律允许非全日制用工建立双重或多重劳动关系,从事非全日制用工的劳动者可以与一个或者一个以上用人单位订立劳动合同;但是,后订立的劳动合同不得影响先订立的劳动合同的履行;非全日制用工双方当事人任何一方都可以随时通知对方终止用工。终止用工的,用人单位不向劳动者支付经济补偿。

为保障非全日制用工劳动者的劳动权利,《劳动合同法》规定,非全日制用工双方当事人不得约定试用期；非全日制用工小时计酬标准不得低于用人单位所在地人民政府规定的最低小时工资标准；非全日制用工劳动报酬结算支付周期最长不得超过15日。

第五节 劳动争议处理法律制度

一、劳动争议的概念

劳动争议是劳动关系的当事人双方因执行劳动法律、法规或者履行劳动合同、集体合同而发生的争议。劳动争议分为个人劳动争议与集体劳动争议。就劳动争议的内容讲，包括因履行劳动合同而发生的争议，因履行集体劳动合同而发生的争议，因执行国家有关工作时间、休息休假、工资、社会保险与福利、劳动安全卫生、女职工和未成年职工特殊保护、职业培训等的规定而发生的争议，因开除、除名、辞退职工和职工辞职、自动离职等而发生的争议，因经济补偿、赔偿而发生的争议等。

知识拓展 11-4

劳动争议相关案例

二、劳动争议解决机构

劳动争议的处理机构有劳动争议调解委员会、劳动争议仲裁委员会、人民法院。

1. 劳动争议调解委员会

劳动争议调解委员会是用人单位内部设立的，调解本单位发生的劳动争议的群众性组织。劳动争议调解委员会由职工代表、用人单位代表和工会代表组成，调解委员会的主任由工会代表担任。劳动争议发生后当事人可以向劳动争议调解委员会申请调解，也可以不经调解而直接申请仲裁。

2. 劳动争议仲裁委员会

劳动争议仲裁委员会是国家授权、依法独立的对劳动争议案件进行专门仲裁的机构。劳动争议仲裁委员会由劳动行政部门代表、同级工会代表、用人单位方面的代表组成，劳动争议仲裁委员会的主任由劳动行政部门代表担任。劳动争议仲裁委员会负责管辖本区域内发生的劳动争议。

仲裁委员会受理本行政区域内的下列劳动争议案件：因确认劳动关系发生的争议；因订立、履行、变更、解除和终止劳动合同发生的争议；因除名、辞退和辞职、离职发生的争议；因工作时间、休息休假、社会保险、福利、培训以及劳动保护发生的争议；因劳动报酬、工伤医疗费、经济补偿或者赔偿金等发生的争议。法律、法规规定的其他劳动争议。

3. 人民法院

人民法院是审理劳动争议案件的司法机构。我国尚未设立劳动法院或劳动法庭，由各级人民法院的民事审判庭审理劳动争议案件。其受案范围为：属于《劳动法》第二条规定的劳动争议，当事人不服劳动争议仲裁委员会作出的裁决，依法向人民法院起诉的，人民法院应当受理。具体如下：

(1) 劳动者与用人单位在履行劳动合同过程中发生的纠纷。

(2) 劳动者与用人单位之间没有订立书面劳动合同，但已形成劳动关系后发生的纠纷。

(3) 劳动者退休后，与尚未参加社会保险统筹的原用人单位因追索养老金、医疗费、工伤保险待遇和其他社会保险费而发生的纠纷。

(4) 用人单位和劳动者因劳动关系是否已经解除或者终止，以及应否支付解除或终止劳动关系经济补偿金产生的争议，经劳动争议仲裁委员会仲裁后，当事人依法起诉的，人民法院应予受理。

(5) 劳动者与用人单位解除或者终止劳动关系后，请求用人单位返还其收取的劳动合同定金、保证金、抵押金、抵押物产生的争议，或者办理劳动者的人事档案、社会保险关系等移转手续产生的争议，经劳动争议仲裁委员会仲裁后，当事人依法起诉的。

(6) 劳动者因为工伤、职业病，请求用人单位依法承担给予工伤保险待遇的争议，经劳动争议仲裁委员会仲裁后，当事人依法起诉的，人民法院应予受理。

三、劳动争议解决方式

《劳动法》第七十七条规定，用人单位与劳动者发生劳动争议，当事人可以依法申请调解、仲裁、提起诉讼，也可以协商解决。调解原则适用于仲裁和诉讼程序。

1. 协商

协商不是解决劳动争议的必经程序。经协商达成的和解协议，无必须履行的法律效力。

2. 调解

调解也不是解决劳动争议的必经程序。劳动争议调解委员会调解劳动争议，应当自当事人申请调解之日起 30 日内调解结束。到期未结束的，视为调解不成。经调解达成协议的，应制作调解书。调解协议也无必须履行的法律效力。调解解决劳动争议期间，仲裁申诉时效中止，中止期间最长不得超过 30 日。调解结束之日仲裁申诉时效继续计算。

3. 仲裁

仲裁是用人单位与劳动者之间劳动争议解决的必经程序。劳动争议申请仲裁的时效期间为 1 年，从当事人知道或者应当知道其权利被侵害之日起计算。自劳动争议发生之日起 1 年内，当事人可以向劳动争议仲裁委员会书面申请仲裁。劳动仲裁的申请不以事先在劳动合同中有仲裁的协议或者争议发生后达成仲裁的书面协议为条件，这与一般的民生纠纷的仲裁不同。

仲裁应贯彻先调解的原则，经调解达成协议的，应制作调解书。仲裁调解书具有法律效力，自送达之日起产生约束力，当事人必须自觉履行。一方当事人不履行的，另一方当事人可以申请法院强制执行。

劳动争议仲裁委员会受理案件后，经调解不成，一般应在收到仲裁申请的 45 日内作出裁决。当事人无异议的，必须履行裁决。当事人对仲裁裁决不服的，可以在收到裁决书之日起 15 日内向法院提起诉讼。逾期不起诉的，仲裁裁决发生法律效力。

4. 诉讼

劳动争议必须先进行仲裁，未经仲裁的劳动争议案件，当事人不得向人民法院起诉。对仲裁的裁决不服的，15 日内可以向人民法院提起诉讼。诉讼同仲裁一样，贯彻先调解的原则，调解不成的，通过审理最终解决争议。

第十一章 劳动合同法律制度

一、判断题

1. 某工厂中央空调坏了,请了厂外两位修理工来修理,并支付了劳动报酬,这两位修理工与该厂已形成事实上的劳动关系。（   ）
2. 某超市招聘营业员,双方不得订立以完成一定工作任务为期限的劳动合同。（   ）
3. 某机械工业公司在与小程签订劳动合同时,要求小程介绍其外语程度、学习经历和工作经历,对此小程有义务如实告知。（   ）
4. 用人单位与劳动者签订竞业限制条款,可以约定不给予劳动者经济补偿。（   ）
5. 用人单位与劳动者订立劳动合同时可以收取一定的抵押金。（   ）
6. 李浩与某公司签订为期2个月的劳动合同,该公司提出因工作时间短,试用期也可以相应短些,前2周为试用期,该公司的做法符合法律规定。（   ）
7. 用工单位在劳务派遣协议期限内,可以将被派遣劳动者再派遣到其他用人单位。（   ）
8. 无固定期限的劳动合同不能解除。（   ）
9. 劳动合同解除、终止后,劳动者再无为单位保守商业秘密的义务。（   ）
10. 劳动合同争议的处理可以采取劳动争议当事人之间自行协商的办法解决。（   ）

二、单项选择题

1. 王谷与甲公司签订的劳动合同有效期到2020年4月30日。乙公司因业务需要高薪招揽人员,在2020年2月1日与王谷签订了劳动合同,王谷在未与甲公司解除劳动合同的情况下于2月15日到乙公司上班,由此给甲公司造成了经济损失。下列说法,不正确的是(   )。
   A. 王谷应赔偿甲公司的损失
   B. 乙公司应承担连带赔偿责任
   C. 如果王谷提前30日向甲公司提出辞职,则王谷不应承担责任
   D. 这是正常的"跳槽"现象,甲公司不应阻拦,王谷也不该承担法律责任

2. 2020年2月10日,张丰到一家水泥厂工作,双方未订立书面劳动合同。9个月后,张丰的下列要求符合法律规定的是(   )。
   A. 双方应签订无固定期限劳动合同   B. 用人单位支付1个月工资的赔偿金
   C. 用人单位支付过去8个月每月2倍的工资   D. 用人单位支付过去9个月每月2倍的工资

3. 李熳(17岁)是甲公司招用的职工,双方订立了书面劳动合同。在试用期内,李熳为发泄对公司的不满,在公司生产的饮料中放入污物。下列表述正确的是(   )。
   A. 甲公司可以解除与李熳的劳动合同
   B. 李熳与公司之间成立的劳动合同无效
   C. 在试用期内,公司不能解除与李熳的劳动合同
   D. 李熳与甲公司之间成立的劳动合同是可撤销的合同

三、多项选择题

1. 根据《劳动合同法》的规定,下列关于试用期的说法正确的是(   )。
   A. 试用期的约定不超过1年
   B. 同一用人单位和同一劳动者能多次约定试用期

  C. 试用期内，劳动者提前3日通知用人单位可解除劳动合同

  D. 劳动者在试用期的工资不得低于本单位相同岗位最低档工资或者劳动合同约定工资的80%

2. 2020年5月15日，甲公司向社会公开招聘人员。在甲公司与被录用人员吴冬订立的劳动合同中，下列情形不符合劳动法规定的是(　　)。

  A. 约定劳动合同期限3年，其中试用期为1年

  B. 吴冬如被依法追究刑事责任，甲公司可以解除劳动合同

  C. 为防止吴冬中途离职，合同期内吴冬的大学毕业证书由甲公司保管

  D. 在试用期间，如吴冬被证明不符合录用条件，甲公司可以解除劳动合同

3. 下列情况下签订的劳动合同属于无效或部分无效的是(　　)。

  A. 某公司与员工李淮签订的劳动合同没有约定试用期

  B. 某石材厂与员工签订的合同中约定了"死伤自负"条款

  C. 车间主任与乙签订为期一年从事生产香烟工作的劳动合同

  D. 某公司招聘启事称招聘3名文秘人员，劳动者签订合同后实际从事推销员工作

4. 根据法律规定，下列纠纷属于劳动争议的是(　　)。

  A. 因企业开除、除名职工而发生的争议

  B. 职工李亮因单位未准其探亲假而与单位发生的纠纷

  C. 退休职工郑洲与原单位因退休费用的发放而发生的争议

  D. 职工王郎与工伤认定机关因工伤认定结论而发生的争议

四、简答题

1. 试述劳动合同的法律特征。
2. 根据《劳动合同法》，劳动合同终止的法定事由有哪些？
3. 简述劳动合同解除的条件和程序。
4. 简述《劳动合同法》关于劳务派遣的相关规定。
5. 简述我国现行劳动争议处理相关法律制度。

五、案例分析题

案例一：2020年5月8日，施令与甲公司订立经营用房装修协议，约定由施令负责组织人员施工，装修费用50万元。装修过程中除装修材料外的所有费用一律由施令自付，施工过程中出现任何安全问题，均由施令自行承担，甲公司不承担任何责任。订立协议后，施令即组织人员施工。

6月1日，陈浩在接受施令指派执行高处作业时摔伤，造成8级伤残，发生各项损失65 000元。陈浩欲维护自身权益，咨询相关律师。

请问：

1. 陈浩与甲公司之间是否存在劳动关系？为什么？
2. 陈浩索赔应以谁为被告？为什么？
3. 施令与甲公司之间是否存在劳动关系？为什么？
4. 陈浩为维护自己的合法权益，是否需申请劳动仲裁？为什么？
5. 本案中，甲公司是否需要承担法律责任？如果承担责任，承担何种责任？
6. 假设陈浩属于某劳务派遣公司劳动者，接受劳务派遣公司指派为甲公司从事装修工作，是否可以申请劳动仲裁？为什么？

案例二：2019年2月，刘玢经某宾馆考核，招收为服务员，在该宾馆餐厅工作，并与宾馆签了为期5年的劳动合同。该合同约定："鉴于宾馆服务行业的特殊要求，凡在本宾馆工作的女性服务员合同期内不得怀孕。否则，宾馆有权解除劳动合同。"当时，刘玢对这一条款没太注意，就在合同上签了字。2019年

10月，因刘玢男友工作单位正在筹建家属楼。为了能分得住房，刘玢与男友结了婚，不久怀了孕。该宾馆得知后，以刘玢违反劳动合同为由，于2020年5月15日作出了解除与刘玢所订劳动合同的决定，并没收了刘玢签订劳动合同时缴纳的抵押金人民币2000元。刘玢不服，欲向当地劳动争议仲裁委员会申请仲裁。

请问：

1. 该宾馆的做法有哪些违反了《劳动合同法》的规定？
2. 本案中，刘玢申请仲裁的时效是多少？
3. 本案中，刘玢可以提出的仲裁请求有哪些？

综合模拟试题

一、单项选择题(请从下列每小题列出的四个选项中选出一个正确答案，并将其字母标号填入相应题目后的括号内。每小题 1 分，共 25 分。)

1. 张帅打算自己投资设立一家企业从事商贸业务。下列选项错误的是(   )。
   A. 张帅可以设立一个个人独资企业从事商贸业务
   B. 张帅可以设立一个一人有限责任公司从事商贸业务
   C. 如果张帅设立个人独资企业，则该企业不能再入伙普通合伙企业
   D. 如果张帅设立一人有限责任公司，则该公司可以再入伙普通合伙企业

2. 甲、乙、丙共同出资设立一家有限责任公司，在公司章程中明确约定股东应对自己的出资真实性承担完全责任，其他股东不承担任何连带责任。公司设立后，又吸收丁入股。后查明，丙作价 30 万元出资的房产实际上仅值 20 万元，丙现有可执行的个人财产 6 万元。下列有关说法中，符合规定的是(   )。
   A. 丙以现有可执行财产补交差额，不足部分由丙从公司分得的利润予以补足
   B. 丙以现有可执行财产补交差额，不足部分由甲、乙补足
   C. 丙以现有可执行财产补交差额，不足部分由甲、乙、丁补足
   D. 丙以现有可执行财产补交差额，甲、乙、丁按照章程规定可以不承担补足出资的连带责任

3. 注册会计师甲、乙、丙投资设立 A 会计师事务所，该会计师事务所的形式为特殊的普通合伙企业。后甲在对 B 上市公司的年度会计报告进行审计过程中，遗漏了一笔销售收入，经人民法院认定系甲轻微过失所致，判决 A 会计师事务所承担赔偿责任。对该债务责任的承担，根据《合伙企业法》的规定，正确的表述是(   )。
   A. 甲承担无限责任，其他合伙人以其在合伙企业中的财产份额为限承担责任
   B. 甲以其在合伙企业中的财产份额为限承担责任，其他合伙人承担无限连带责任
   C. 全体合伙人以其在合伙企业中的财产份额为限承担责任
   D. 全体合伙人承担无限连带责任

4. 根据《合伙企业法》的规定，有限合伙人在出现一定情形时当然退伙。下列各项中，不属于当然退伙情形的是(   )。
   A. 作为有限合伙人的自然人被依法宣告死亡
   B. 有限合伙人在合伙企业中的全部财产份额被人民法院强制执行
   C. 作为有限合伙人的自然人丧失民事行为能力
   D. 作为有限合伙人的法人被责令关闭

5. 王福投资设立了甲个人独资企业，委托李姗管理企业事务，并授权李姗可以自行决定 10 万元以下的交易。随后，李姗以甲个人独资企业的名义与乙公司订立合同，将甲个人独资企业的商标以 15 万元的价格转让

给乙公司。王福得知后表示反对，发生争议。下列有关该商标转让合同效力的说法中，符合法律规定的是(　　)。

　　A. 该合同有效，乙公司有权使用该商标

　　B. 该合同无效，李姗的行为超越了职权限制

　　C. 如果王福不能向乙公司出示给李姗的授权委托书，则王福应当履行该合同

　　D. 该合同未经投资人王福的同意，属于无效合同

6. 美国的甲企业与中国的乙企业拟设立丙外商投资企业(以下称丙企业)，下列说法正确的是(　　)。

　　A. 甲企业和乙企业可以基于自愿原则和商业规则开展技术合作

　　B. 丙企业的组织形式不能依据《合伙企业法》的规定

　　C. 丙企业的组织形式只能依据《公司法》的规定

　　D. 如若丙企业依法设立，则必须设立股东大会

7. 某有限责任公司选任董事，下列人员中，依法不得担任董事的是(　　)。

　　A. 王一，10年前为国家公务员

　　B. 张二，大学本科毕业，年满60周岁

　　C. 赵三，硕士研究生毕业，因炒股而负债5000万元，到期未还

　　D. 李四，8年前担任一家经营不善破产的企业厂长，并对企业破产负直接个人责任

8. 某股份有限公司经营管理发生困难，继续存续会使股东利益受到重大损失，通过其他途径不能解决的，公司股东可以请求人民法院解散公司。下列各项中，有权提出解散请求的是(　　)。

　　A. 持有公司全部股东表决权1%以上的股东　　B. 持有公司全部股东表决权3%以上的股东

　　C. 持有公司全部股东表决权5%以上的股东　　D. 持有公司全部股东表决权10%以上的股东

9. 2018年5月15日，某股份有限公司依股东大会决议收购了本公司部分股份用于奖励公司职工。该公司现有已发行股份总额8000万股。下列关于该公司收购本公司部分股份奖励职工的表述中，符合《公司法》规定的是(　　)。

　　A. 公司可以收购的本公司股份不得超过400万股

　　B. 公司可以收购的本公司股份不得超过800万股

　　C. 公司用于收购本公司股份的资金可以从公司的税前利润中支出

　　D. 公司收购的本公司股份应在2020年5月15日之前转让给职工

10. 张甲欲开一家饭店，便与高级厨师李乙商量，欲请李乙加盟。并说："你无须投资，店面、餐具和资金由我负责，你只负责炒菜就行，利润三七分成。我得七，你得三。"李乙应允。第一年，饭店获利颇丰，按三七分成，张甲获利21万元，李乙获利9万元。第二年饭店出现中毒事件，顾客索赔70万元。对此事，顾客正确的索赔方式是(　　)。

　　A. 只能向张甲索赔

　　B. 应首先向张甲索赔，不足部分才能向李乙索赔

　　C. 应向张甲索赔49万元，向李乙索赔21万元

　　D. 可向张甲、李乙共同索赔70万元

11. 万一因出国留学将自己的个人独资企业委托陈二管理，并授权陈二在5万元以内的开支和50万元以内的交易可自行决定。若第三人对此授权不知情，则陈二受托期间实施的下列行为中为我国法律所禁止或无效的是(　　)。

　　A. 未经万一同意与某公司签订交易额为100万元的合同

　　B. 未经万一同意将自己的房屋以1万元出售给本企业

　　C. 未经万一同意向某电视台支付广告费8万元

　　D. 未经万一同意聘用其妻为企业销售主管

12. 陈五将装有2万元现金的行李箱寄存在车站寄存处，但在寄存时未告知行李箱内有现金。陈五凭

取物单取行李箱时发现该行李箱已被人取走，陈五要求寄存处赔偿。根据《民法典》的规定，下列关于寄存处承担赔偿责任的表述中正确的是( )。

A. 按寄存物品的全部价值赔偿 B. 不予赔偿
C. 按一般物品的价值赔偿 D. 按寄存物品的一半价值赔偿

13. 王三向赵四借款 10 万元，以其卡车抵押并办理了抵押登记。后因发生交通事故，王三将该卡车送到甲修理厂修理。修理完毕，王三因无法支付 1 万元维修费，该卡车被甲修理厂留置。后王三欠赵四的借款到期，赵四要求对该卡车行使抵押权，甲修理厂以王三欠修理费为由拒绝，双方发生争议。根据合同法律制度的规定，下列关于如何处理该争议的表述中正确的是( )。

A. 甲修理厂应同意赵四对该卡车行使抵押权，所欠修理费只能向王三要求清偿
B. 赵四应向甲修理厂支付修理费，之后甲修理厂向赵四交付该卡车
C. 如果经甲修理厂催告，王三 2 个月后仍不支付修理费，甲修理厂有权行使留置权，所得价款偿付修理费后，剩余部分赵四有优先受偿权
D. 甲修理厂应将该卡车交给赵四行使抵押权，所得价款偿付借款后，剩余部分甲修理厂有优先受偿权

14. 某有限责任公司有甲、乙、丙三个股东，丙持股40%。现丙为了顺利离婚，欲将其持有的公司股权的一半让与即将与之离婚的妻子，下列说法正确的是( )。

A. 在任何情况下，甲、乙均享有优先购买权
B. 丙必须就此事书面通知甲、乙并征求他们的同意
C. 在符合转让条件的情况下，受让人丙妻应当将股权转让款支付给公司
D. 未经市场主体变更登记，受让人丙妻不能取得公司股东资格

15. 某市车辆清洗业协会在本市各洗车企业协商后，于 2019 年 8 月 5 日向该市区 100 多个洗车企业发布《关于规范机动车辆清洗收费标准的通知》，规定全市机动车清洗行业收费指导价为：小型车辆单次洗车 15 元，中型车单次洗车 20～30 元，大型车辆单次洗车 40～60 元。新标准从 2019 年 9 月 1 日起执行。该行为被反垄断行为的具体类型是( )。

A. 横向联合限制竞争 B. 纵向联合限制竞争
C. 独家交易 D. 限制市场准入

16. 某公司将其生产并上市销售的糖果冠以"大白兔"且其字样、图案与注册商标——"大白兔"非常相似。"大白兔"在糖果品牌中知名度很高。根据《反不正当竞争法》的规定，下列对该公司行为定性的表述中，正确的是( )。

A. 假冒他人的注册商标
B. 擅自用与知名商品近似的名称、包装、装潢，造成和他人的知名商品相混淆，使购买者误认为是该知名商品
C. 擅自使用他人的企业名称或者姓名，引人误认为是他人的商品
D. 在商品上伪造或者冒用认证标志、名优标志等质量标志，伪造产地，对商品的质量做引人误解的虚假表示

17. 某会计事务所与某公司合谋，为公司出具的验资报告严重不实，给债权人造成损失，该会计事务所应承担的责任是( )。

A. 承担行政责任，不对公司债权人承担民事责任
B. 就公司所负全部债务，与公司一起向公司债权人承担连带责任
C. 公司债权人需证明会计事务所有过错，会计事务所才对债权人承担责任
D. 会计事务所在证明不实的范围内对公司债权人承担责任

18. 半年前黄三向张四借款 15 万元，到期未还。黄三经商负债累累，可能不能归还张四的借款，张

四从朋友处得知李五欠黄三15万元,1年前黄三免除了李五的债务,则张四( )。

   A. 可以代位行使对李五的债权　　　　B. 可以请求人民法院撤销黄三免除李五债务的行为

   C. 可以直接申请人民法院执行李五的财产　　D. 不能对李五主张任何权利

19. 甲以个人财产设立了一个人独资企业,后甲病故,其妻和其子女(均已满18岁)都明确表示不愿继承该企业,该企业只得解散。该企业解散时,应由( )进行清算。

   A. 应由其子女进行清算　　　　　　　B. 应由其妻进行清算

   C. 应由其妻和其子女共同进行清算　　D. 应由债权人申请法院指定清算人进行清算

20. 王一、李二、甲个人独资企业和乙国有独资企业准备设立一普通合伙企业,其拟定的合伙协议中,不符合规定的是( )。

   A. 王一以货币5万元出资,在合伙企业设立后1年内缴纳

   B. 李二以劳务出资,但作价金额应当经法定评估机构评估

   C. 甲个人独资企业以机器设备出资,对合伙企业债务承担无限连带责任

   D. 乙国有独资公司以专利权出资,对合伙企业债务承担无限连带责任

21. 甲、乙双方订立买卖合同,甲为出卖人,乙为买受人,约定收货后10日内付款。甲交货前从乙的竞争对手丙处得知乙的经营状况严重恶化,于是中止发货并要求解除合同。根据《民法典》的规定,下列说法中,正确的是( )。

   A. 甲的行为合法,属于行使同时履行抗辩权　　B. 甲的行为合法,属于行使后履行抗辩权

   C. 甲的行为合法,属于行使不安抗辩权　　　　D. 甲的行为属于违约,应当承担相应的违约责任

22. 陈红于2019年12月25日向某银行借款4万元,借期3个月。刘军对陈红的上述借款提供保证。若某银行在保证期间与陈红擅自协商将该借款中的3万元转由李明负责清偿,对此,刘军应( )。

   A. 不再承担保证责任　　　　　　　　B. 仍得承担4万元借款本息的保证责任

   C. 只承担1万元借款本息的保证责任　　D. 承担3万元的保证责任

23. 2020年7月18日,神牛公司在H省广播电视台主办的赈灾义演募捐现场举牌表示向S省红十字会捐款100万元,并指明此款专用于S省B中学的校舍重建。事后,神牛公司仅支付50万元。对此,下列选项中正确的是( )。

   A. H省广播电视台、S省红十字会、B中学均无权请求神牛公司支付其余50万元

   B. S省红十字会、B中学均有权请求神牛公司支付其余50万元

   C. S省红十字会有权请求神牛公司支付其余50万元

   D. B中学有权请求神牛公司支付其余50万元

24. 下列各项中,符合《公司法》关于股份有限公司设立规定的是( )。

   A. 甲公司注册资本拟为人民币300万元

   B. 乙公司由一名发起人认购公司股份总额的35%,其余股份拟全部向特定对象募集

   C. 丙公司的全部5名发起人均为外国人,其中3人长期定居北京

   D. 丁公司采用募集方式设立,发起人认购的股份分期缴纳,拟在公司成立之日起2年内缴足

25. 一张汇票的出票人是甲,乙、丙、丁依次是背书人,戊是持票人。戊在行使票据权利时发现汇票的金额被变造。经查,乙是变造之前签章,丁是在变造之后签章,但不能确定丙是在变造之前或之后签章。根据《票据法》的规定,下列关于甲、乙、丙、丁对汇票金额承担责任的表述中,正确的是( )。

   A. 甲、乙、丙、丁均只就变造前的汇票金额对戊负责

   B. 甲、乙、丙、丁均需就变造后的汇票金额对戊负责

   C. 甲、乙就变造前的汇票金额对戊负责;丙、丁就变造后的汇票金额对戊负责

   D. 甲、乙、丙就变造前的汇票金额对戊负责;丁就变造后的汇票金额对戊负责

二、多项选择题(请从下列每小题列出的选项中选出多个正确答案，并将其字母标号填入相应题目后的括号内。每小题2分，共20分。多选、少选、错选均无分。)

1. 甲、乙、丙三个注册会计师各出资100万元，设立A会计师事务所，甲、乙因故意出具了虚假的审计报告，致使合伙企业负担了1000万元的债务，合伙企业全部财产为600万元。根据《合伙企业法》的规定，下列说法中，符合规定的是(   )。

    A. 应当先以合伙企业的全部财产600万元清偿债务
    B. 不足的400万元由甲、乙、丙承担连带责任
    C. 不足的400万元由甲、乙承担连带责任
    D. 甲、乙对给合伙企业造成的损失承担赔偿责任

2. 根据《票据法》的规定，下列情形中，属于汇票背书行为无效的是(   )。

    A. 附有条件的背书
    B. 只将汇票金额的一部分进行转让的背书
    C. 将汇票金额分别转让给予两人或两人以上的背书
    D. 背书人在汇票上记载"不得转让"，其后手又进行背书转让的

3. 甲公司有一幢办公楼(价值300万元)，2018年2月1日抵押给乙银行借款100万元，并办理了抵押登记手续，2018年3月15日，甲公司又以该办公楼作为抵押物向丙公司借款50万元，同时也办理了抵押登记手续。乙银行和丙公司的债权均到期后，甲公司无力偿还款项，乙银行和丙公司均同时人民法院申请拍卖该办公楼以清偿债务。下列各项中，不符合《民法典》规定的是(   )。

    A. 乙银行享有抵押权，丙公司不享有抵押权
    B. 乙银行和丙公司均享有抵押权
    C. 乙银行和丙公司应当按照债权比例分享该办公楼的拍卖款
    D. 该办公楼拍卖所得款项应当先偿还乙银行的债权

4. 李六和王七共同设立一有限合伙企业，李六为普通合伙人，合伙协议对合伙人从事竞争业务或与本企业进行交易未作任何约定。根据《合伙企业法》的规定，下列说法中不符合规定的是(   )。

    A. 经过王七同意，李六可以自营与本企业相竞争的业务
    B. 经过王七同意，李六可以同本企业进行交易
    C. 王七自营与本企业相竞争的业务必须征得李六的同意
    D. 王七同本企业进行交易必须取得李六的同意

5. 下列说法中不正确的是(   )。

    A. 在任何情况下，商业广告在法律性质上都属于要约
    B. 某煤矿公司职工高玲的儿子刚满7个月，公司可以要求高玲下矿井从事采煤工作
    C. 因有提供虚假财务会计报告，做假账，隐匿或者故意销毁会计凭证、会计账簿、财务会计报告，贪污、挪用公款，职务侵占等与会计职务的有关违法行为被依法追究刑事责任的人员，不得再从事会计工作
    D. "红十字"牌药箱、"新西兰"牌帆布、"蜘蛛牌"财务软件、"白粉笔"牌粉笔、"布什"牌尿不湿等商标均可以作为注册商标

6. 下列关于公司收购自身股份限制的表述中，正确的是(   )。

    A. 公司因将股份用于员工持股计划的，应当在1年内转让或者注销
    B. 公司因减少注册资本收购本公司股份的，应当自收购之日起10日内注销
    C. 公司因与持有本公司股份的其他公司合并收购本公司股份的，应当在6个月内转让或者注销
    D. 公司因将股份用于转换上市公司发行的可转换为股票的公司债券的，应当在1年内转让或者注销

7. 下列股票交易行为中，属于国家有关证券法律、法规禁止的是(　　)。
   A. 甲上市公司的董事乙离职后第 4 个月，转让其所持甲公司的股票
   B. 因包销购入售后剩余股票而持有丙上市公司 6%股份的丁证券公司，第 3 个月转让其所持丙公司的股票
   C. 戊上市公司的收购人，在收购行为完成后的第 8 个月，转让其所购股票的 1/3
   D. 庚上市公司持股 8%的股东，将其持有的庚公司股票在买入后 4 个月内卖出

8. 甲服装厂与乙超市签订了一份童装买卖合同，约定甲于儿童节前 10 日向乙交付童装若干件。下列选项中正确的是(　　)。
   A. 若甲服装厂所在地洪水泛滥成灾致合同不能履行，则甲得解除合同
   B. 若甲服装厂所在地洪水泛滥，致甲须推迟 1 个月交货，则乙得解除合同
   C. 若甲服装厂所在地洪水泛滥，致甲只能如期交付 80%的童装，则乙得解除合同
   D. 若甲服装厂延迟至儿童节前一周尚未交货，则乙得解除合同并要求赔偿损失

9. 老刘欠老王 1000 元钱，老王意外身亡，但是老刘一直找不到老王唯一的遗产继承人小王，便将该 1000 元钱提存了。下列选项正确的是(　　)。
   A. 提存费用应当由小王负担
   B. 提存机关将 1000 元钱存在银行，由此取得的利息归小王所有
   C. 只有找到小王，小王到提存机关领取 1000 元钱，老刘的债务才消灭
   D. 从提存之日起 5 年内仍然没有找到小王的，扣除提存费用后剩下的归国家所有

10. 下列说法中正确的是(　　)。
    A. 用人单位可以实物代替货币的方式支付劳动者工资
    B. 女职工在孕期、产期、哺乳期的，用人单位可以解除劳动合同
    C. 在票据保证中，保证不得附有条件；附有条件的，不影响对汇票的保证责任
    D. 劳动者被依法追究刑事责任的，用人单位可以解除劳动合同且不需给予经济补偿

三、判断题(请判断每小题的表述是否正确，正确的划"√"，错误的划"×"，每小题 0.5 分，共 5 分。)
   1. 合伙人应当对合伙企业的债务依法承担无限连带责任。(　　)
   2. 有限责任公司的最高权力机构是股东大会。(　　)
   3. 公司股东滥用公司法人独立地位和股东有限责任逃避债务，严重损害公司债权人利益的，应当对公司债务承担连带责任。(　　)
   4. 上市公司最近 3 年连续亏损，在其后 1 个年度内未能恢复盈利，由证券交易所决定终止其股票上市交易。(　　)
   5. 甲没有代理权而以代理人名义在票据上签章，应由票面上显示的本人和甲连带承担票据责任。(　　)
   6. 甲公司与乙公司签订一份买卖合同。合同约定：若发生合同纠纷，须提交 A 市仲裁委员会仲裁。后因乙公司违约，甲公司依法解除合同，并要求乙公司赔偿损失。双方对赔偿额发生争议，甲公司就该争议向 A 公司仲裁委员会申请仲裁。乙公司认为，因合同被解除，合同中的仲裁条款已失效，故甲公司不能向 A 市仲裁委员申请仲裁。乙公司的观点是正确的。(　　)
   7. 保证合同约定保证人承担保证责任直至主债务本息还清时为止等类似内容的，视为约定不明，保证期间为主债务履行期届满之日起 2 年。(　　)
   8. 张洋住旅馆时，把一台笔记本电脑交总服务台寄存处保管，若未作特别规定，此保管合同自电脑交给保管员时成立。(　　)
   9. 某普通合伙企业三个合伙人甲、乙、丙分别实际缴纳出资 30 万元、20 万元、10 万元，但对利润分配比例没有在合伙协议中作出约定。该合伙企业在第一年获利，盈利 20 万元。三个合伙人对于利润分

配发生争议，协商未果，则应当平均分配。（　）

10. 甲企业向乙企业购买了一批总价款 100 万元的建筑材料。甲企业支付了 60 万元，约定其余的 40 万元在 3 个月内付清。后甲企业将一台价值 30 万元的施工设备交由乙企业代为保管。3 个月后，几经催告，甲企业仍未支付乙企业 40 万元货款。则甲企业要求提取该设备时，乙企业可以将设备留置以担保货款债权的实现。（　）

四、简答题（请仔细阅读案例所设置的情景并按要求正确答题。本题满分 20 分。）

情景一（本题满分 6 分）

甲、乙、丙拟设 A 有限合伙企业（以下简称 A 企业），合伙协议约定：甲为普通合伙人，以实物作价出资 3 万元；乙、丙为有限合伙人，各以 5 万元现金出资，丙自企业成立之日起 2 年内缴纳出资；甲执行 A 企业事务，并由 A 企业每月支付报酬 3000 元；A 企业定期接受审计，由甲和乙共同选定承办审计业务的会计师事务所；A 企业的盈利在丙未缴纳 5 万元出资前全部分配给甲和乙。

请问：

1. 合伙协议可否约定每月支付甲 3000 元报酬？简要说明理由。（2 分）
2. 合伙协议有关乙参与承办审计的会计师事务所的约定可否被视为乙在执行合伙企业事务？简要说明理由。（2 分）
3. 合伙协议可否约定 A 企业的利润全部分配给甲和乙？简要说明理由。（2 分）

情景二（本题满分 7 分）

2019 年 2 月，甲合伙企业（以下简称甲企业）向乙银行借款 100 万元，期限为 2 年，由王二和陈三与乙银行签订保证合同，为甲企业借款提供共同保证，保证方式为一般保证，后甲企业经营业绩不佳，亏损严重，王二遂与陈三约定，以 3：2 的比例分担保证责任。

2020 年 5 月，因甲企业提出破产申请，人民法院受理了该破产案件，故乙银行要求王二与陈三承担连带保证责任。王二认为：保证合同约定的保证方式为一般保证，乙银行应先要求甲企业承担责任；陈三则宣称自己没有财产，且认为自己与王二已有约定，只需承担 40% 的责任经查，陈三对自己的远亲林四还享有 10 万元的到期借款债权，一直没有要求林四返还。乙银行最后决定分别对王二、陈三和林四提起诉讼，请求法院判定由王二和陈三承担责任，由林四代替陈三向自己偿还 10 万元借款。

请问：

1. 王二提出的乙银行应先要求甲企业承担责任的主张是否成立？简要说明理由。（3 分）
2. 陈三提出自己对银行的保证自然人只需要承担 40% 的主张是否成立？简要说明理由。（2 分）
3. 乙银行请求法院判定林四代替陈三偿还 10 万元借款能否得到法律支持？简要说明理由。（2 分）

情景三（本题满分 7 分）

甲、乙两公司签订水泥购买合同，合同约定：乙公司向甲公司提供水泥，总价款 500 万元。甲公司应预支货款 200 万元。在甲公司即将支付预付款前，得知乙公司因经营不善，有可能无法交付水泥，并有确切证据证明。于是，甲公司拒绝支付预付款，除非乙公司能提供一定的担保，乙公司拒绝提供担保。为此，双方发生纠纷并诉至法院。

请问：

1. 甲公司拒绝支付预付款是否合法？为什么？（4 分）
2. 如果乙公司的经营状况没有好转，也不提供担保，甲公司如何维护自己的权利？（3 分）

五、综合分析题（请仔细阅读案例并按要求正确答题，本题满分 30 分。）

案例一（本题满分 10 分）

2019 年 9 月，万方农贸公司与绿岛家禽养殖场签订合同，合同约定：绿岛家禽养殖场在 2020 年 1 月向万方农贸公司供应 1 万只家禽；万方农贸公司支付预付款 10 万元；如有纠纷，提交仲裁机构裁决。2019

年 10 月,万方农贸公司按期支付预付款 10 万元。

2020 年 1 月,因当地发生禽流感,绿岛家禽养殖场的家禽被全数捕杀。万方农贸公司闻讯后通知绿岛家禽养殖场解除合同,要求对方返还预付款并承担违约责任。绿岛家禽养殖场认为:造成不能履行合同的原因是不可抗力所致,而非主观过错,不应承担违约责任;至于预付款,由于是万方农贸公司首先提出解除合同的,故无权要求返还。万方农贸公司无奈,向仲裁机构申请仲裁。

请问:

1. 万方农贸公司是否有权解除合同?(1 分)简要说明理由。(2 分)
2. 绿岛家禽养殖场可否免除不能履行合同的违约责任?(1 分)简要说明理由。(2 分)
3. 绿岛家禽养殖场是否应返还万方农贸公司预付款?(1 分)简要说明理由。(1 分)
4. 如万方农贸公司不经仲裁而直接向法院起诉,是否符合法律规定?(1 分)简要说明理由。(1 分)

案例二(本题满分 20 分)

甲公司准备与乙公司、丙公司共同投资一家生产汽车的有限责任公司——丁公司。三家公司经过商量,约定由甲公司、乙公司各出资 2000 万元人民币,丙公司以其专有技术折价出资 1000 万元作为出资。合同签订后,甲、乙两家公司于 2018 年 2 月 3 日分别将 2000 万元划入筹建公司的专用账户。2018 年 4 月 6 日登记成立了丁公司,注册资本为 20 000 万元,并推选王皓(王皓现年 62 周岁,系甲公司董事长的舅舅,15 年前因赌博罪被判刑 3 年)为该公司董事长。2018 年 5 月 9 日,甲公司、乙公司各从丁公司账户中取出 1000 万元。

2018 年 8 月 8 日,丁公司职工 K 在车床工作期间,因操作不慎将自己右手臂切断,经医院抢救,脱离生命危险,但留下终身残疾。董事长王皓决定解除与 K 的劳动合同并不给予经济补偿,理由是 K 没有按照规定的操作规范操作,责任应自负。

2018 年 11 月,消费者 H 购买丁公司生产的"奔马"牌汽车,在使用过程中发现该汽车的制动装置存在着严重的瑕疵,并且发现该车的发动机并不是厂家在销售广告中所宣称的进口发动机,经检测系二手发动机。于是 H 与丁公司交涉要求 3 倍赔偿。

2019 年,因市场行情的变化,丁公司因转产致使一台价值 2000 万元的精密机床闲置,该公司董事长王皓与 F 公司签订了一份机床转让合同。合同规定,精密机床作价 1980 万元,甲公司于 2019 年 10 月 31 日前交货,F 公司在收货后 10 天内付清款项。在交货日前,丁公司发现 F 公司经营状况恶化,通知 F 公司中止交货并要求 F 公司提供担保,F 公司予以拒绝。又过了 1 个月,丁公司发现 F 公司的经营状况进一步恶化,于是提出解除合同。F 公司遂向法院起诉。法院查明:①丁公司股东会决议规定,对精密机床等重要资产的处置应经股东会特别决议;②丁公司的机床原由 M 公司保管,保管期限至 10 月 11 日,保管费 50 万元。10 月 8 日,丁公司将机床提走,并约定 10 天内付保管费,如果 10 天内不付保管费,M 公司可对该机床行使留置权。现 M 公司要求对该机床行使留置权。

请问:

1. 丁公司的设立是否合法?(1 分)为什么?(1 分)
2. 甲公司、乙公司、丙公司的行为该如何认定?(2 分)是否应该承担相应的责任?(1 分)
3. 在公司设立过程中,为丁公司验资的中介机构是否应承担相应的法律责任?(1 分)
4. 丁公司与 F 公司之间转让机床的合同效力如何?(1 分)为什么?(2 分)
5. 基于 F 公司履约能力的变化,丁公司所采取的措施是否合法?(1 分)为什么?(2 分)
6. 设法院查明,F 公司实际上并不存在经营状况恶化的情形,则丁公司应负什么责任?(1 分)
7. M 公司能否行使留置权?(1 分)为什么?(2 分)
8. 董事长王皓解除与 K 的劳动合同是否合法?(1 分)为什么?(1 分)
9. 消费者 H 的赔偿请求能否得到法院支持?(1 分)为什么?(1 分)

参考文献

[1] 张文显. 法理学[M]. 5版. 北京：高等教育出版社，2018.
[2] 杨紫烜. 经济法[M]. 5版. 北京：北京大学出版社，2014.
[3] 李昌麒. 经济法学[M]. 3版. 北京：法律出版社，2016.
[4] 漆多俊. 经济法基础理论[M]. 5版. 北京：法律出版社，2017.
[5] 张守文. 经济法学[M]. 7版. 北京：北京大学出版社，2018.
[6] 刘文华. 经济法[M]. 6版. 北京：中国人民大学出版社，2019.
[7] 杨立新. 债法[M]. 2版. 北京：中国人民大学出版社，2018.
[8] 王利明. 民法[M]. 7版. 北京：中国人民大学出版社，2018.
[9] 郑云瑞. 民法总论[M]. 8版. 北京：北京大学出版社，2018.
[10] 张卫平. 民事诉讼法[M]. 5版. 北京：法律出版社，2019.
[11] 施天涛. 商法学[M]. 6版. 北京：法律出版社，2020.
[12] 赵旭东. 公司法学[M]. 4版. 北京：高等教育出版社，2015.
[13] 王军. 中国公司法[M]. 2版. 北京：高等教育出版社，2017.
[14] 施天涛. 公司法论[M]. 4版. 北京：法律出版社，2018.
[15] 甘培忠. 企业和公司法学[M]. 9版. 北京：北京大学出版社，2018.
[16] 范健. 公司法[M]. 5版. 北京：法律出版社，2018.
[17] 李建伟. 公司法学[M]. 4版. 北京：中国人民大学出版社，2018.
[18] 朱锦清.公司法学(修订本)[M]. 北京：清华大学出版社，2019.
[19] 王利明，房绍坤，王轶. 合同法[M]. 4版. 北京：中国人民大学出版社，2013.
[20] 崔建远. 合同法[M]. 3版. 北京：北京大学出版社，2016.
[21] 郑云瑞. 合同法学[M]. 3版. 北京：北京大学出版社，2018.
[22] 吴汉东. 知识产权法学[M]. 7版. 北京：北京大学出版社，2019.
[23] 江帆. 竞争法[M]. 北京：法律出版社，2019.
[24] 范健. 证券法[M]. 3版. 北京：法律出版社，2020.
[25] 刘心稳. 票据法[M]. 4版. 北京：中国政法大学出版社，2018.
[26] 刘燕. 会计法[M]. 2版. 北京：北京大学出版社，2014.
[27] 刘剑文. 财税法——原理、案例与材料[M]. 4版. 北京：北京大学出版社，2020.
[28] 林嘉. 劳动法和社会保障法[M]. 4版. 北京：中国人民大学出版社，2016.
[29] 王全兴. 劳动法[M]. 4版. 北京：法律出版社，2017.
[30] 刘俊. 劳动与社会保障法学[M]. 2版. 北京：高等教育出版社，2018.